中文社会科学引文索引（CSSCI）2021—2022年来源集刊

中国国际法年刊

2021

Chinese Yearbook of International Law

中国国际法学会　主办

法律出版社
LAW PRESS·CHINA
北京

图书在版编目(CIP)数据

中国国际法年刊. 2021 / 中国国际法学会主办. --北京 : 法律出版社, 2022
ISBN 978 -7 -5197 -7077 -8

Ⅰ. ①中… Ⅱ. ①中… Ⅲ. ①国际法—2021—年刊 Ⅳ. ①D99 -54

中国版本图书馆 CIP 数据核字(2022)第 166885 号

中国国际法年刊(2021)
ZHONGGUO GUOJIFA NIANKAN(2021)

中国国际法学会 主办

责任编辑 王 珊
装帧设计 李 瞻

出版发行 法律出版社
编辑统筹 学术·对外出版分社
责任校对 王 丰 李景美
责任印制 陶 松
经 销 新华书店

开本 A5
印张 17.5 **字数** 449 千
版本 2022 年 10 月第 1 版
印次 2022 年 10 月第 1 次印刷
印刷 永清县金鑫印刷有限公司

地址:北京市丰台区莲花池西里 7 号(100073)
网址:www. lawpress. com. cn
投稿邮箱:info@ lawpress. com. cn
举报盗版邮箱:jbwq@ lawpress. com. cn

销售电话:010 -83938349
客服电话:010 -83938350
咨询电话:010 -63939796

书号:ISBN 978 -7 -5197 -7077 -8
定价:96.00 元

《中国国际法年刊》编辑委员会名单

目　录

特　载

论　文

书 评

机构综述

文件资料

Contents

· Book Review ·

· Institutions and Activities ·

· Documents and Materials ·

特　　载

践行真正的多边主义，构建以国际法为基础的国际秩序

——在第六届东湖国际法律论坛开幕式上的致辞

黄　进*

2021 年 11 月 20 日

今天，因新冠疫情防控的原因，我们在北京、武汉两地，通过线下和线上两种方式，别开生面地举行第六届东湖国际法律论坛。首先，我代表主办方之一的中国国际法学会，对在北京、武汉两地线下和线上参会的所有嘉宾、专家学者表示热烈的欢迎、衷心的感谢，并致以崇高的敬意！说实在的，疫情期间，大家都不容易，牺牲周末、不辞辛劳，积极与会、不离不弃，挺令我感动的。这说明大家对东湖国际法律论坛这个已坚持举办了六届的学术品牌和本次论坛关于“坚持真正的多边主义与维护以国际法为基础的国际秩序”的主题是肯定、认同和支持的。

本次论坛将“坚持真正的多边主义与维护以国际法为基础的国际秩序”设为主题，具有很强的现实性和针对性。这表明我们东湖国际法律论坛坚持立足中国、心怀天下，坚持求真务实、与时俱进。

---

* 中国国际法学会会长。

当今世界正处于百年未有之大变局,政治、经济、社会、文化、生态格局都在发生深刻调整,不确定性、不稳定性突出。经济全球化遭遇逆流,增长动能不足,国际贸易和投资大幅萎缩,贫富分化日益严重。地区热点问题此起彼伏,恐怖主义、网络安全、重大传染性疾病、气候变化等非传统安全威胁持续蔓延。新冠疫情全球肆虐,疫情防控隔离加剧世界分隔。中美两国激烈战略博弈,是合作还是竞争与对抗牵动全球。在世界进入动荡期、变革期和调整期的大背景下,单边主义、保护主义、孤立主义、霸权主义重新抬头,特别是个别国家放弃对多边组织和多边主义的尊重,对多边组织和多边主义规则"合则用,不合则弃",动辄"退群毁约",异常任性。针对这种情形,中国则继续高举多边主义的旗帜,提出坚持和践行真正的多边主义。在我看来,践行真正的多边主义,一定是与单边主义反其道而行之,一定会摒弃"有选择的多边主义""小圈子多边主义""俱乐部式多边主义"等"伪多边主义",一定要构建开放、包容、多元,自由、平等、法治,共商、共建、共享的多边主义。践行真正的多边主义,必须厉行国际法治,坚决维护以国际法为基础的国际秩序,维护以联合国宪章宗旨和原则为基础的国际法基本原则和国际关系基本准则。践行真正的多边主义,必须强化多边国际组织平台,坚决维护以联合国为核心的国际体系,维护联合国在国际事务中的核心作用,维护以世界贸易组织为核心的多边贸易体制。践行真正的多边主义,必须加强世界各国合作,国际上的事应该由大家共同商量着办,世界前途命运应该由各国共同掌握,特别是要注意提升广大发展中国家在国际事务中的代表性和发言权,推动国际关系民主化。践行真正的多边主义,必须积极推进全球治理体系改革和建设,推动构建人类命运共同体。我想,为什么要践行真正的多边主义,践行什么样的真正的多边主义,以及怎么践行真正的多边主义,就是我们今天要讨论的话题。

当前,个别国家到处鼓吹维护"基于规则的国际秩序",并大肆渲染中国是"基于规则的国际秩序的破坏者"。而中国则主张

“坚定维护以国际法为基础的国际秩序”，谴责个别国家提出“基于规则的国际秩序”别有用心，是在搞移花接木、偷梁换柱的把戏。这就有必要对“基于规则的国际秩序”和“以国际法为基础的国际秩序”进行研讨，予以辨析。如果仅仅从字面上看，“基于规则的国际秩序”本身没有错，考虑到国际法也是规则，“以国际法为基础的国际秩序”也可以说是“基于规则的国际秩序”，但关键要看两者被使用的语境，使用者的真实意图，“规则”指的是什么，怎么解释它。首先，我们要注意的是，“规则”有国内规则，也有国际规则。国内规则是国内法，是一个国家自己制定的规则，主要用于处理国内事务；而国际规则是国际法，是相关国家协商制定的，是相关国家的共同意志的体现，用于处理国际事务。所谓“基于规则的国际秩序”的“规则”指向的是“国际秩序”，因而它只能是国际规则、国际法，而不应是国内规则、国内法。如果指的是基于某一国的国内规则来规制国际秩序，将一国规则凌驾于国际法之上，基于国内规则滥施单边制裁和长臂管辖，那么显然是偷换概念、移花接木、大错特错了。显然，一个国家不能把自己国家制定的规则强加于人，国际社会不能由个别国家的单边主义给整个世界“带节奏”。其次，我们要注意的是，就国际法、国际规则而言，有全球性的，有区域性的，有多边的，还有双边的。严格讲，除了国际社会全体接受的国际法上的强行法、国际法基本原则外，其他国际法规则的适用必须基于国家的同意，未经一个国家同意或者接受的国际法规则，对这个国家是没有约束力的。因此，所谓“基于规则的国际秩序”讲的“规则”即使是指国际规则、国际法，但其说法也具有极强的模糊性、迷惑性，很容易被个别国家或者个别国家集团用来把其“小圈子”的国际规则强加于人，强加于圈外国家，这显然是唯我独尊、单边霸凌的做法，是违反国际关系基本准则的做法。再次，我们还要注意的是，即使个别国家讲的“基于规则的国际秩序”中的“规则”是大家都适用的国际法，也有一个正确解释、善意适用的问题。但“基于规则的国际秩序”这个说法极易被个别国家用来随意解释和任意适用国际法,或者把自己的标准当作国际标准,或者采用双重标准,对别人一套,对自己一套,肆意而为。总之,个别国家鼓吹“基于规则的国际秩序”,实际上是借“法治”之名谋求政治私利,进行政治操弄,试图把自己的意志强加于其他国家,用自己制定的规则取代普遍接受的国际法规则。这是我们必须坚决反对的。

坚持真正的多边主义与维护以国际法为基础的国际秩序是两个命题,我们之所以把两者结合起来作为本次论坛的主题,是因为它们联系密切,需要结合起来研讨。今天论坛上主旨演讲人的精彩演讲和点评嘉宾的精彩点评,是值得我们期待的。

最后,我想引用习近平主席在第76届联大一般性辩论中讲的一段话来结束我的致辞,这段话关涉我们今天论坛的主题,可以作为我们今天研讨的指引。他明确指出,世界只有一个体系,就是以联合国为核心的国际体系。只有一个秩序,就是以国际法为基础的国际秩序。只有一套规则,就是以联合国宪章宗旨和原则为基础的国际关系基本准则。我们必须高举多边主义旗帜,践行真正的多边主义,加强国际法治,完善全球治理,坚定维护以国际法为基础的国际秩序。

预祝第六届东湖国际法律论坛圆满成功！谢谢大家！

统筹推进国内法治和涉外法治：开启国际法研究运用新征程

——在中国国际法学会“习近平法治思想与国际法研讨会”“恢复联合国合法席位50周年：中国的国际法贡献研讨会”暨2021年学术年会开幕式上的致辞

黄　进*

2021年5月22日

尊敬的海南省高级人民法院陈凤超院长，尊敬的海南大学校长骆清铭院士，各位嘉宾、各位专家学者、各位同仁，老师们、同学们：

大家上午好！

初夏时节的海口，城翠海碧，风和日丽。在这样一个火热的季节里，我们从祖国的四面八方汇聚于此，共襄盛举，召开中国国际法学会“习近平法治思想与国际法研讨会”“恢复联合国合法席位50周年：中国的国际法贡献研讨会”暨2021年学术年会。新冠疫情肆虐以来，大家见面的机会少多了。今天，我们在座的每个人，能有机会在此同新老朋友见面，都感到十分高兴，还真有点儿海南

* 中国国际法学会会长。

民歌唱道的“久久不见久久见,久久见过还想见”的感觉。

首先,我谨代表中国国际法学会,对各位嘉宾、各位专家学者、各位同仁的到来表示热烈的欢迎并致以诚挚的问候和美好的祝愿!对会议的成功召开表示热烈的祝贺!对与我会共同主办会议的海南大学和承办会议的海南大学法学院及其师生员工表示衷心的感谢!

本次会议是在特殊背景下召开的。当前,世界正经历百年未有之大变局。新冠疫情全球肆虐,史无前例;经济全球化遭遇逆流,单边主义、保护主义抬头,世界经济低迷、增长动能不足,国际贸易和投资大幅萎缩,贫富分化日益严重;地区热点问题此起彼伏,恐怖主义、网络安全、重大传染性疾病、气候变化等非传统安全威胁持续蔓延;中美两个大国国运世纪博弈,中国同美西方国家之间的竞争在强化、对抗在加剧、合作在减少。世界面临的不稳定性不确定性日益突出,国际关系和世界格局剧烈动荡、深刻调整。另一方面,和平与发展仍是时代主题,维护多边主义,维护以联合国为核心的国际体系,维护以国际法为基础的国际秩序,仍是世界最广泛共识。回望国内,中国特色社会主义进入新时代,这意味着近代以来久经磨难的中华民族迎来了从站起来、富起来到强起来的伟大飞跃,迎来了实现中华民族伟大复兴的光明前景。经过全国人民共同艰苦努力,我国抗击新冠疫情取得重大战略成果,脱贫攻坚战取得了全面胜利,小康社会全面建成,京津冀协同发展战略、长江经济带发展战略、粤港澳大湾区发展战略和“一带一路”倡议稳步推进,各地自由贸易区建设和海南自由贸易港建设蓬勃发展,从而开启了全面建设社会主义现代化国家的新征程。当然,我国仍处于社会主义初级阶段,我国仍是世界上最大的发展中国家,我国仍面临许多困难,存在许多问题和不足。上述这些情况就是我们这次会议所处的时代背景和历史方位。可以这样说,我们所处的是一个充满挑战的时代,也是一个充满希望的时代。错综复杂、丰富多彩的国际国内形势,给我国国际法理论与实践、教学与研究、传播与运用等带来了许多急需解决的新问题、新课题、新难题，给我国国际法学界提出了新任务、新期待、新要求，机遇与挑战并存，风险与发展同在，任重而道远。我们唯有不负时代重托、无愧历史选择，奋发有为、勤学实干，才能推动我国国际法理论与实践的繁荣发展、创新发展、可持续发展，才能做出与时俱进、与时代相匹配的贡献，才能有真才实学自立于世界国际法学术之林。

过去的一年，在外交部的有力领导和指导下，中国国际法学会团结依靠全体国际法同仁，勠力抗疫，共克时艰，奋勇向前。2020年11月7日，学会成功召开了“中国国际法学会成立40周年纪念大会”，还通过举办缅怀国际法先贤、专题学术研讨会和制作纪念视频等系列纪念活动，隆重纪念学会成立40周年。在40周年纪念大会召开之际，学会同时举办了“中国国际法学会2020年学术年会”。2020年上半年，学会还先后在线召开了“国际公共卫生安全与国际法研讨会”和“抗疫国际合作与WTO改革新问题研讨会”，组织专家学者研讨与新冠疫情相关的国际法问题。(2020年)下半年，学会举办了年度“东湖国际法律论坛”，与亚洲国际法律研究院在香港地区联合主办了以“制裁:对相互依存的世界的挑战”为主题的“2020·国际法论坛”。学会作为发起单位和理事单位，参与发起成立了非政府间非营利性的“国际商事争端预防与解决组织”(ICDPASO)。学会在顺利如期出版《中国国际法年刊》《国际法学刊》的同时，开通了“Global Health and Global Governance”英文网站，有效推进和强化了我国国际法理论与实践的国际传播。在过去的一年，学会的工作尽管因新冠疫情受到一些影响，但在全体会员、理事、常务理事的共同努力下，大家尽力而为、量力而行，取得的成绩、成果、成效仍然是明显的，有目共睹、日月可鉴。借此机会，我要代表学会对所有奋战在国际法教学、科研、实践一线，为我国国际法理论与实践的发展做出贡献的同仁们，表示真诚的敬意和衷心的感谢！

2021年是中国共产党建党100周年，是国家“十四五”规划开局之年,是我国“两个一百年”奋斗目标的历史交汇点。从今年开始,我国已开启全面建设社会主义现代化国家新征程,正在向第二个百年奋斗目标进军。作为这段历史的见证者、参与者、创造者,我们每个中国人都应当为这段历史做出自己的贡献,这就是历史责任感和使命感。站在历史交汇点上,作为国际法学人,我们尤其应该考虑如何在国际法领域提升我们的历史责任感和使命感,在各自的岗位上,激发动力、活力、创造力,为推进国家现代化建设、完成祖国统一大业、实现中华民族伟大复兴,为维护世界和平及安全、促进全球共同发展、推动构建人类命运共同体贡献智慧和力量。

在此,我提出如下几点建议,与各位同仁共勉。

一是要深入学习贯彻习近平法治思想,特别是深刻领会其中关于国际法治的深刻意涵。2020 年,中央全面依法治国工作会议将习近平法治思想明确为全面依法治国的指导思想。习近平法治思想的国际法治观,内容十分丰富。它产生于中国特色社会主义新时代,也产生于世界正经历百年未有之大变局这一历史变革期。从思想渊源上讲,习近平法治思想的国际法治观主要源自中国特色社会主义理论、中国特色大国外交思想。当然,它也根植于以联合国宪章宗旨和原则、“和平共处五项原则”为基础的现代国际法理论和古老的中华传统文化。它的核心价值理念是推动构建人类命运共同体,这一价值理念辩证维护和扬弃发展了传统国际法的价值理念。习近平总书记反复强调,要加强国际法研究和运用,提高国际法在全球治理中的地位和作用,确保国际规则有效遵守和实施,坚持民主、平等、正义,建设国际法治;要坚持统筹推进国内法治和国际法治、协调推进国内治理和国际治理,加强国际法治合作;要加快涉外法治工作战略布局,加强涉外法治工作,提高涉外工作法治化水平,加强涉外法治体系建设;要完善涉外法律法规,加强我国法的域外适用法律体系建设;要强化法治思维,运用法治方式,有效应对挑战、防范风险;要优化涉外法律服务,加强企业合规建设,切实维护中外当事人的合法权益;要加强高素质涉外法治人才培养;要始终做多边主义的践行者,积极参与全球治理体系改革和建设,坚定维护以联合国为核心的国际体系,坚定维护以国际法为基础的国际秩序,坚定维护联合国在国际事务中的核心作用。习近平法治思想的国际法治观,为我国开展涉外法治工作、通过国际法治推进全球治理和国际法学界开展国际法教学研究指明了前进方向,提供了根本遵循,增加了前进动力。

二是加强国际法基础理论研究,夯实学术基础。俗话说:“基础不牢,地动山摇”“想要盖多高的楼,就要打多深的基础”。这几年,我一直在强调加强国际法基础理论研究,因为我们在这方面还很薄弱,没有做出什么有广泛影响的学术研究成果。因此,我们要克服浮躁,潜下心来,“板凳甘坐十年冷”,在国际法基础理论上下深功夫,努力提高研究质量和水平,创新发展中国特色国际法理论与实践,加快构建既有中国特色又能走进世界的国际法学科体系、学术体系、话语体系,力争在国际法理念、思想、理论、制度、文化层面作出原创性贡献。

三是注重研究解决我国对外交往中的重大现实国际法问题,服务国家重大战略需求,打造高端智库。当前,中国和平发展进程中面临的“法律战”日益突出。中美博弈中的国际法问题、周边涉海和边界领土问题、共建“一带一路”法治保障、涉外法治体系构建、海南自由贸易港建设等热点问题亟待国际法工作者献策献力。另一方面,全球治理体系改革和建设也需要中国的积极参与。气候变化、生物多样性、跨国公司与人权、网络、外空、极地等新领域规则的制定需要深入研究,新冠疫情暴露的全球公共卫生治理体系短板需要完善,非传统安全问题亟待解决,多边投资贸易体制改革尚在路上,构建人类命运共同体需要国际法规则和制度转化。这些对我们国际法学人来说既是挑战,更是机遇。我们要积极服务国家重大战略需求,服务国家对外战略和外交实践,述学立论、建言献策,努力把我们学会打造成能立时代潮头、通古今变化、发思想先声、助科学决策的新型高端智库。

四是高度重视国际法学科专业建设，着力培养一大批高素质的涉外法治人才。加强涉外法治工作，提高涉外工作法治化水平，参与全球治理体系改革和建设，人才是关键。我国现有涉外法治人才的数量和质量与中国的大国地位和国家战略需求极不匹配，远远不能适应高水平对外开放格局和日益多元化的涉外法治工作需求，高端涉外法治人才尤其匮乏。随着中国日益走近世界舞台中央，培养一大批德才兼备、具有家国情怀和世界眼光、通晓国际法律规则、善于处理国际法律事务的高素质法治人才，既是当务之急，也是长远所需。这是一项战略性工程，要推动有关部门制定长远规划，出台鼓励性政策，建立特殊的体制机制。当务之急是加强国际法学科专业建设，建立国际法学一级学科，恢复设立国际法学本科专业，因为国际法学科专业是涉外法治人才培养的平台，而且，大批量地培养涉外法治人才一定要从国际法学本科专业教育抓起。我希望，所有国际法学界的同仁，携起手来，团结起来，同心协力，呼吁呐喊，据理力争，不要随波逐流，不要采取机会主义，保持学术定力，努力实现我们的目标，提升国际法学在法学教育中的地位，充分发挥国际法学和国际法专业教师队伍在涉外法治人才培养中的核心和主导作用。

各位嘉宾、各位专家学者、各位同仁，

大潮海南起，弄潮正当时。本次会议是中国国际法学会第一次到海南来举办学术年会和专题研讨会，吸引我们来到这里的是如火如荼的海南自贸港建设，是这片山青海蓝、风景绚丽的热土地。海南自贸港建设在本质上是通过实行以贸易投资自由便利为重点的自贸港政策，进一步扩大和深化国家的改革开放，推动形成全面开放新格局，这与国际法和国际法治建设有着天然的联系，因此，研究海南自贸港建设的国际法问题是我们中国国际法学界的责任和使命。本次会议以“统筹推进国内法治和涉外法治：开启国际法研究运用新征程”为主题，将“习近平法治思想与国际法研讨会”“恢复联合国合法席位50周年：中国的国际法贡献研讨会”与学会2021年学术年会结合起来召开，相辅相成、相得益彰，恰逢其时、恰到好处，具有深厚的学术底蕴和重要的现实意义。我相信，各位与会者一定会珍惜这次学习交流的机会，在会上畅所欲言，提出真知灼见。我也相信，在大家的共同努力下，本次会议一定会功德圆满，取得成功！

谢谢大家！

论　　文

论统筹国内法治与涉外法治的若干国际法问题*

张乃根**

摘要：在习近平法治思想指引下，统筹推进国内法治与涉外法治，有许多亟待全面深入研究的国际法重大理论与实际问题。源于悠久中华文明和立足改革开放现实，统筹国内法治与涉外法治应看到其涉外与国际的双重性以及国际法的重要性。在宪法之下统筹国内法治与涉外法治，应以国内法优先；同时，依据宪法加入条约须承担履约的国际法义务，在这一意义上应以国际法优先。基于这些认识，在百年未有之大变局中我国日益走近世界舞台中央之际，应高度关注适应统筹国内法治与涉外法治时代需求的宪法修改问题，包括条约的国内立法阶位、重要协定的区分、条约的类型及其批准或缔结程序；应理论紧密联系实际，研究统筹国内法治与涉外法治相关立法和执法中，国际法转化与适用的一系列问题，包括条约和习惯国际法或国际惯例的转化、接受与适用，以及涉外法与国际法的协调。

关键词：统筹；国内；涉外；法治；宪法；国际法

---

* 本文为国家社会科学基金重大课题项目"'构建人类命运共同体'国际法治创新研究"(项目编号：18ZDA153)的阶段性研究成果之一，并受益于"统筹推进国内法治与涉外法治基础理论研讨会"(2021年11月28日，复旦大学法学院)的交流。

** 复旦大学特聘教授，中国国际法学会副会长。

引　言

“坚持统筹推进国内法治和涉外法治”是习近平法治思想的重要组成部分和新时代中国特色社会主义法治建设的行动指南。[①] 依据我国《宪法》,“法治”可诠释为“依法治理”。[②] 这与联合国对“法治”的权威解释一致,主要是指“法律至高无上、法律面前人人平等、对法律负责、公正适用法律”的依法治理,[③] 或者说,所有个人和机构包括国家本身“都有责任遵守公正、公平和平等的法律”。[④] 简言之,根据我国《宪法》,“任何组织或者个人都不得有超越宪法和法律的特权”。[⑤] 这是“国内法治”的精髓。国内法治下“涉外”是所涉法律关系的主体、客体或事项含有外国因素。[⑥] “涉外法治”首先是国内法治的涉外部分,同时与国际法休戚相关。我国国际法学界对此已开展了全面深入的

---

① 参见《习近平在中央全面依法治国工作会议上强调　坚定不移走中国特色社会主义法治道路　为全面建设社会主义现代化国家提供有力法治保障》,载《人民日报》2020年11月18日,第1版。这次会议明确了习近平法治思想涵盖11个方面的要求,其中包括“坚持统筹推进国内法治和涉外法治”,内涵丰富。可以说,这是习近平法治思想中的涉外法治思想。

② 《宪法》(根据2018年3月11日第十三届全国人民代表大会第一次会议通过的《宪法修正案》修正)第5条第1款规定:“中华人民共和国实行依法治国,建设社会主义法治国家。”

③ 联合国安全理事会:秘书长报告《冲突中和冲突后社会的法治和过渡司法》,S/2004/616,2004年8月3日,第6段。

④ 联合国大会2012年9月24日第67/1号决议:《国内和国际的法治问题大会高级别会议宣言》,A/RES/67/1,2012年11月30日,第2段。

⑤ 《宪法》(2018年修正)第5条第5款。

⑥ 参见《涉外民事关系法律适用法》(2010年10月28日第十一届全国人民代表大会常务委员会第十七次会议通过)。这是现行唯一的名称含有“涉外”用词的法律。最高人民法院《关于适用〈中华人民共和国涉外民事关系法律适用法〉若干问题的解释(一)》规定涉外民事关系的涉外因素包括主体、标的物和法律事实。

研究。[①] 本文认为关键在于如何"坚持统筹推进国内法治和涉外法治"。

本文旨在探讨统筹国内法治与涉外法治所涉及的一系列重大国际法理论与实践问题,包括统筹国内法治与涉外法治的涉外性与国际性、体现一国对内和对外主权的宪法具有的国际法意义、条约和习惯国际法或国际惯例等国际法的国内立法转化和司法适用,以及涉外法与国际法的协调问题。本文首先从历史与现实的视角探讨统筹国内法治与涉外法治具有涉外性与国际性的双重意义;其次就统筹国内法治与涉外法治中,宪法的对内和对外主权的内在统一性,阐述其国际法理论意义,以及从立法角度试论在习近平法治思想指导下相应的宪法修改问题;再次分别论述,统筹国内法治与涉外法治中国际法的转化与适用,以及统筹相关立法与执法的协调问题;最后提出本文的结论。

一、统筹国内法治与涉外法治的涉外性与国际性

如果说"国内法治"或"国内法"是世界各国各地区的国际法学界熟悉的用语,[②]那么"涉外法治"或"涉外法(律)"可能是具有当代中国特色的用语,或者说,首先在中文语境下创制的法律

① 参见黄惠康:《论习近平法治思想关于国际法治系列重要论述的实践逻辑、历史逻辑和理论逻辑》,载《国际法研究》2021 年第 1 期,第 3 页;柳华文:《论习近平法治思想中的国际法要义》,载《比较法研究》2020 年第 6 期,第 9 页;韩立余:《习近平法治思想的涉外法治观》,载《中国国际法学会 2021 年学术年会论文集》(第 1 卷),2021 年 5 月 22 日,第 49 页。

② 参见王铁崖主编:《国际法》,法律出版社 1995 年版,第 27 页,"国际法与国内法的关系";[英]詹宁斯、瓦茨修订:《奥本海国际法》(第 1 卷第 1 分册),王铁崖等译,中国大百科全书出版社 1995 年版,第 31 页,"国际法与国内法的关系";[德]沃尔夫刚 · 格拉夫 · 魏智通主编:《国际法》,吴越等译,法律出版社 2002 年版,第 132 页,"导论:各国国内法对国际法与国内法关系的规定";[美]路易斯 · 亨金:《国际法:政治与价值》,张乃根等译,中国政法大学出版社 2005 年版,第 90 页,"国际法与国内法"。

用语。[1] 我国改革开放初期兴起的国际经济法研究论著在评述国外相关理论时,虽曾用过“涉外”一词,但这与外文的中译有关,往往与“外部”“对外”混用。[2] 当时我国法律也有“涉外”的用语,如《涉外经济合同法》,[3]相应有“涉外经济法”的学说。[4] 然而,这些都缺乏如今“涉外法(律)”或“涉外法治”用语的一般意义。至少这些一般用语还不是我国国际法学者惯用术语。[5]

目前学界理解是,“涉外法治在国内法治和国际法治之间发挥着桥梁纽带、互动融通的作用”,[6]“涉外法律与国际法是相互交叉的概念”。[7] 从历史和现实的视角看,体现中国特色的这些用语所包含的厚重或丰富的涉外性和国际性含义,值得探讨。本文侧重研究的“涉外性”是指基于本国视角与外国(境外)法律关系的性质,“国际性”是指国家间法律关系的性质。“涉外观”则是涵盖有关涉外性或国际性的观念。“涉外法(律)”虽是国内法涉外部分的法律,但往往又与国际法密不可分。国际法包括条约法、习惯国际法或国际惯例。至于国内法治与涉外法治,涉外法与国际法等相关概念的一般理论性界定及其相互关系的进一步探究,本文存而不论。

---

① “涉外法律”和“涉外法治”的正式提法第一次分别出现在 2014 年 10 月中国共产党第十八届四中全会通过的中共中央《关于全面推进依法治国若干重大问题的决定》和 2019 年 10 月中国共产党第十九届四中全会通过的中共中央《关于坚持和完善中国特色社会主义制度　推进国家治理体系和治理能力现代化若干重大问题的决定》。

② 参见刘丁编著:《国际经济法》,中国人民大学出版社 1984 年版,第 26 页;姚梅镇主编:《国际经济法概论》,武汉大学出版社 1989 年版,第 9 页。

③ 《涉外经济合同法》,1985 年 3 月 21 日第六届全国人民代表大会常务委员会第十次会议通过,现已废止。

④ 参见孙南申等:《中国涉外经济法》,南京大学出版社 1998 年版。

⑤ 譬如,自《中国国际法年刊》1982 年创立至今,尚无一篇论文以“涉外法(律)”或“涉外法治”为主题。

⑥ 黄进:《坚持统筹推进国内法治和涉外法治》,载《光明日报》2020 年 12 月 9 日,第 11 版;黄惠康:《统筹推进国内法治和涉外法治》,载《学习时报》2021 年 1 月 27 日,A2 版。

⑦ 柳华文:《论进一步加强国际法研究和运用》,载《国际法研究》2020 年第 1 期,第 3 页。

(一)历史视角:从"九夷"到"邦交"的涉外观

在源远流长的中华文明史上,有过从夏朝"九夷"到清朝"邦交"的涉外观。众所周知,源于中原黄河流域的中华文明与古代世界其他文明相互隔绝。夏商周称东方其他氏族为"东夷",泛称"九夷";[①]秦汉又有"西南夷";[②]汉之后也有"东夷南蛮"等对周边其他民族之称。[③] 古代所称"夷"或"蛮"等氏族或民族,许多历来且至今仍是中国的一部分,中华文明从一开始就是多民族的大家庭。直到唐朝及之后,"东夷"仅指高丽、新罗和日本等,乃至宋元明时期,以"外国"称呼之,这才区别于中国。中华法统以刑法著称,从秦律到清律,各朝代刑法涵盖刑民诸法,[④]根据《唐律》,"诸化外人,同类自相犯者,各依本俗法;异类相犯者,以法律论"。[⑤]这是最早明确以属人法为依据的涉外法律适用规定。显然,涉外法是国内法。这是本国立法角度的涉外观。值得关注的是,清朝开始将外国称为"邦交"。[⑥] 这是基于中国与其他国家的交往,处理国与国之间关系的视角。也正是这时,中国开始接触,并适用产生于调整欧洲近现代国家间关系的国际法,来处理与邦交国的关系。这是国际法角度的涉外观。可见,中文语境下的"涉外法(律)"真正具有涉及"外国"的法律适用,大致始于唐宋时期;而到清朝之后,尤其是自鸦片战争前后,此类涉外法既有本国法,也包括适用国家间关系的国际法。概言之,凡是我国制定的涉外法都

---

① 参见谭其骧主编:《简明中国历史地图集》,中国地图出版社 1991 年版,第 6 页。

② 参见《二十五史 1(史记汉书)》,上海书店、上海古籍出版社 1986 年版,第 356 页。

③ 参见《二十五史 2(后汉书)》,上海书店、上海古籍出版社 1986 年版,第 287 ~ 302 页。

④ 参见蔡枢衡:《中国刑法史》,广西人民出版社 1983 年版,第 41 页。根据"睡虎秦简"可知,早在战国时期我国就出现了律。又参见《历代刑法志》,群众出版社 1988 年版;这是《二十四史》刑法志汇编。

⑤ (唐)长孙无忌等撰:《唐律疏义》,中华书局 1983 年版,第 133 页。

⑥ 参见《二十五史 11(清史稿上)》,上海书店、上海古籍出版社 1986 年版,第 587 ~ 617 页。

是本国法,而我国与他国共同制定或各国公认的涉外法则为国际法。在中国,这种涉外性和国际性的产生和演变一点也离不开中华文明发展史。

(二)现实视角:从改革开放的涉外法到走近世界舞台的国际法

新中国成立后有过对外贸易等方面的行政法规。20 世纪 70 年代末,改革开放之初的中国出现了调整涉外民商事关系的涉外法。1979 年 7 月由全国人民代表大会通过新中国第一部涉外经济立法——《中外合资经营企业法》(已失效)。该法旨在吸收外国(商)在华直接投资,引进急需资金、技术和设备。对资本输入国(东道国)而言,外资法是涉外法;对资本输出国而言,保护在东道国的投资需要双边投资协定或求助于习惯国际法,因而是国际法。譬如,1982 年 3 月,中国与瑞典签订了相互保护投资的协定。① 当时我国学界引进了在第二次世界大战之后兴起,尤其是 20 世纪 70 年代开始系统理论化的国际经济法学说。其中,有以条约法为基础的欧洲国际经济法,②也有侧重外资法的日本国际经济法,③更有涉外法和国际法混合的美国国际经济法。④ 就对我国学界影响而言,美国国际经济法学说为主。这从 20 世纪 80

---

① 《中华人民共和国政府与瑞典王国政府关于相互保护投资的协定》,1982 年 3 月 29 日签订。

② 参见[法]卡路、佛罗利、朱依拉:《国际经济法》,石蒂译,载《国外法学》1980 年第 6 期,目录第 1 页。该书法文版为 D. Carreau, P. Juillard, T. Floy, *Droit International Economique*,1976 年第 1 版。

③ 参见[日]金泽良雄:《国际经济法的结构》,姚梅镇译,载《国外法学》1982 年第 2 期,第 28 页。该书日文版为有斐阁 1979 年版。该书所论双边条约包括相互保护投资协定。姚梅镇先生研究国际经济法侧重于国际投资法,参见姚梅镇:《国际投资的法律保护》,载《中国国际法年刊(1982)》,中国对外翻译出版公司 1982 年版;姚梅镇:《国际投资法》,武汉大学出版社 1985 年版。

④ 参见刘丁:《国际经济法》,第 26 页。其中提及美国洛文费德等主编的《国际经济法》(第 6 卷,1975 年第 1 版)中包括国内立法、国际条约和惯例。

年代末至90年代我国国际经济法学系列教材的内容涵盖涉外性的国内经济立法和国际性的国际经贸条约和惯例，可窥见一斑。[①] 也有学者将其中的国内涉外经济立法专门作为涉外经济法研究。

经过40多年改革开放，我国随着综合国力及国际地位的不断提升，日益走近世界舞台中央。在百年未有之大变局中，统筹国内国际两个大局的框架下，我国初步建立了中国特色涉外法律体系。《宪法》（2018年修正）规定全国人大常委会和国务院分别有权“决定同外国缔结的条约和重要协定的批准和废除”和“管理对外事务，同外国缔结条约和协定”；《缔结条约程序法》（1990年）具体规定了各类条约和协定的缔结程序。有关涉外管辖权的一般规定包括《刑法》（2020年修正）下属地、属人、保护和普遍管辖权及《刑事诉讼法》（2018年修正）下追究外国人刑事责任适用我国刑事诉讼法的原则和国际司法协助规定；《民法典》（2020年）下特别法或另有规定原则，包括《涉外民事关系法律适用法》（2010年）和《民事诉讼法》（2021年修正）下涉外民事诉讼程序的特别规定；《行政诉讼法》（2017年修改）下涉外行政诉讼规定；《国家安全法》（2015年）、《反间谍法》（2014年）、《反外国制裁法》（2021年）和《引渡法》（2000年）涉及国家安全等重大利益的涉外立法；《外商投资法》（2019年）、《对外贸易法》（2016年修正）、《海商法》（1992年）、《民用航空法》（2021年修改）、《海关法》（2021年修正）、《出口管制法》（2020年）和《出境入境管理法》（2012年）等国际经贸、民商等方面一系列涉外立法及其相应的行政法规、部门规

---

① 以法律出版社的出版先后为序：《国际贸易法新论》（沈达明、刘大同，1989年）、《国际技术转让》（郭寿康主编，1989年）、《国际金融法》（董世忠主编，1989年）、《涉外经济法律文书》（王贵国主编，1990年）、《国际经济法总论》（陈安主编，1991年）、《国际投资法》（余劲松主编，1994年）、《国际民事程序法概论》（李浩培，1996年）等。

章、地方性法规[①]和司法解释。[②]

同时,我国缔结或加入的国际条约多达约30,000项,其中双边条约25,000余项,多边条约近500项。[③] 根据《宪法》的规定,凡经全国人大常委会和国务院批准或缔结的条约,与其制定的法律和行政法规具有相同立法位阶。其中很多条约经相关法律和行政法规转化为国内立法。譬如,我国加入世界贸易组织(WTO)后应履行有关条约义务,为此修订或制定相关法律法规近30部,修订或制定的地方性法规更多。[④] 从国内立法角度看,这些都是涉外法;从我国履行国际义务角度看,相关条约是国际法。我国在与世贸组织成员处理经贸关系时,既要实施国内立法,也要履行相关条约义务。因此,无论是我国对外经贸关系的法律调整,还是国内实施这些相关法律法规,均具有涉外性和国际性。这充分印证了统筹国内法治和涉外法治的必要性,也说明就这些国内立法而言,属于涉外法,就其相关条约而言,属于国际法。两者不可偏废。可印证的案例举不胜举。[⑤]

因此,在统筹国内法治与涉外法治中,如果将我国批准或缔结的条约人为地排除在包括涉外法在内的中国特色社会主

---

① 根据《立法法》(2015年3月15日第十二届全国人民代表大会第三次会议通过修正),国务院行政法规及部门规章和地方性法规及其政府规章,均属立法范畴。根据《中国加入世界贸易组织议定书》第2条第2款,这些立法均属我国入世承诺义务的约束范围。

② 全国人民代表大会常务委员会《关于加强法律解释工作的决议》(1981年6月10日)授权最高人民法院和最高人民检察院对具体应用法律的问题可进行司法解释。因此,这具有授权立法解释的性质。司法解释在全国司法机关具有普遍法律效力。

③ 参见《中国的条约工作及其实践》,载中华人民共和国外交部条约法律司编著:《中国国际法实践案例选编》,世界知识出版社2018年版,第81页。

④ 参见张乃根:《论WTO法下的中国法制变化》,载《法学家》2011年第1期。该文被收入英文版 *Renmin Chinese Law Review* (*Selected Papers of the Jurist*), Vol. 1 (Cheltenham: Edward Elgar Publishing, 2013), pp. 72 - 92。

⑤ 譬如,2007年美国在WTO提起"中国知识产权执行案",涉及我国入世后修订的《著作权法》等有悖WTO有关规则。根据国际惯例,我国有关国内立法(涉外法)在案件解决中属于事实,而可适用法是WTO规则(国际法)。截至2021年10月,我国入世以来涉及国内立法可能与WTO规则抵触的案件累计已达47起。

义法律体系之外，那么这是不合适的，有损于“这一法律体系的完整性”。[①] 如果简单认为涉外法涵盖国际法，甚至认为统筹国内法治和涉外法治与国际法无关，那么与上述现实及其观察之应有视角乃至历史视角，也不尽吻合。无论在古代还是当代中国，涉外法都是基于国内立法角度，而国际法是我国与其他国家共同接受的条约或公认习惯国际法或惯例等。在处理涉外关系时，两者往往缺一不可，既有相互联系一面，又有各自独立一面。涉外法是国内法律实施的依据，在这个意义上，涉外法治也是国内法治；在国与国关系上共同可适用法应是国际法，而相关国内法也应符合一定的国际法，在这个意义上，国内法治又是涉外法治。在这样双重意义上的统筹国内法治与涉外法治，离不开国际法或应兼顾涉外性和国际性。

二、统筹国内法治与涉外法治中宪法的国际法意义

（一）体现对内和对外主权的宪法

进一步探讨统筹国内法治与涉外法治，必须分析宪法的国际法意义。宪法在一国法律体系中的地位至高无上，体现了传统国际法至今所公认的“在平等者之间，没有统治权”，[②]或者说，一国主权对内最高性的基本原则。宪法统辖一国包括涉外法在内的所有国内立法。我国《宪法》序言明确：本宪法“是国家的根本法，具

① 国务院新闻办公室：《中国特色社会主义法律体系》（2011 年 10 月），http://www.scio.gov.cn/ztk/dtzt/62/3/Document/1035422/1035422.htm，最后访问时间：2022 年 1 月 1 日。该法律体系未包括我国加入的国际条约。当时就有国际法学者对此提出不同看法。参见刘楠来：《国际条约是中国特色社会主义法律体系不可或缺的一部分》，载赵建文主编：《国际法研究》第 4 卷，中国人民公安大学出版社 2011 年版，第 3 页。

② ［奥］菲德罗斯等：《国际法》（上册），李浩培译，商务印书馆 1981 年版，第 278 页。

有最高的法律效力”。《立法法》第 87 条规定:“宪法具有最高的法律效力,一切法律、行政法规、地方性法规、自治条例和单行条例、规章都不得同宪法相抵触。”因此,包括全国人大常委会和国务院批准或缔结的条约,其立法位阶等同于法律法规,毫无疑问,也不得抵触宪法。在宪法居于国内最高法律效力的意义上,这是国内法优先于国际法的“一元论”。在这一意义上统筹国内法治与涉外法治,也毫无疑问以国内法优先,也就是以宪法统辖包括涉外法在内的所有国内立法优先。

从比较的眼光看,世界各国宪法均是如此。譬如,美国《宪法》第 6 条第 2 款规定:“本宪法,以及依本宪法所制定之合众国法律;以及合众国已经缔结或将要缔结的一切条约,皆为全国的最高法律;任何一州的法官,均须予以遵守,即使任何一州的宪法或法律与之有抵触时,亦是如此。”①该条款所规定的宪法、法律与美国缔结之条约,高于各州宪法和法律,体现了美国联邦制的特点。就宪法与法律或条约的关系而言,“如同严格意义上的美国国内法律,作为美国法律的国际法,受制于宪法”。② 法国《宪法》第 54 条、第 55 条分别规定:“国际条约条款经宪法委员会应共和国总统、总理,或国会任何一院议长之咨请而宣告与宪法抵触时,在宪法未修改前,不得予以批准或认可。”“国际条约或协议经正式批准或认可并经签约国对方付诸实施者,自公布日起具有优于国会法律之效力。”③一国宪法在国内法体系中具有高于相关国际法的地位,因此,一国在对外关系中以其宪法为准则决定缔结及批准有关条约,除非其宪法明确在一定条件下允许其立法机构批准与宪法抵触的条约。比如,荷兰《宪法》第 91 条第 3 款规定:“如任何

① 《美利坚合众国宪法》(1787 年颁布),载《外国法制史资料选编》(下册),北京大学出版社 1982 年版,第 468 页。

② Loris Fisher Damrosch, Louis Henkin, etc., *International Law*: *Cases and Materials* (St. Paul: West Group, 4th edn, 2001), p. 164.

③ 译自法国《宪法》(Constitution of October 4, 1958)英文本。

条约之规定与本宪法抵触或引起抵触，只有经议会两院至少三分之二多数投票支持方可通过。”①

然而，宪法作为一国意志的集中体现，在国与国关系上又代表国家对外主权。我国《宪法》序言规定坚持独立自主的对外政策、和平共处五项原则和推动构建人类命运共同体。如前所述，我国对外缔结或加入的国际条约数以万计，体现了宪法规定的对外政策和国际法基本原则或理念。根据宪法规定批准和缔结的条约，在我国处理对外关系的各项事务中，既是国内法上的涉外法，又是国际法上的条约法。宪法既统辖包括涉外法的所有国内法，也是我国适用相关条约法的国内法上的根本依据。简言之，这就是体现对内和对外主权的宪法。

“条约必须遵守”是国际公认的基本规则，亦即“凡有效之条约对其各当事国有拘束力，必须由各该国善意履行”。② 就国际法的这一基本原则而言，假如在当事国履约时与其宪法冲突，也应以相关条约为准。这就是国际法优先于国内法的“一元论”。不同于前述一国批准或缔结条约的国内立法意义，基于宪法具有国内最高法律位阶的国内法优先“一元论”，一国履约时应遵循条约国际法优先“一元论”完全是基于国与国关系的基本准则。在世界各国的履约实践中，同样都是如此。譬如，1994 年 9 月美国国会根据《宪法》规定批准世贸组织“一揽子协定”时，通过了修改相应国内法的《乌拉圭回合法》，包括在不修改其《1974 年贸易法》第 301 ~ 310 节对外采取单边贸易制裁规定的同时，通过《政府行政声明》授权其行政机构酌定采取此类单边制裁。这可能有悖美国应遵循的世贸组织多边争端解决规则第 23 条的条约义务。经世贸组织争端解决专家组裁定，《建立世贸组织协定》要求各成员应

① 译自荷兰《宪法》(Constitution of the Kingdom of the Netherlands of August 24，1815)英文本。

② Vienna Convention on the Law of Treaties(VCLT)签署作准本(含中文本)，第 26 条。参见《国际条约集(1969—1971)》，商务印书馆 1980 年版，第 42 页。

保证其国内法与“所附各协定对其规定的义务相一致”(第16条第4款)。美国接受该协定,却未修改与之不符的有关国内法。但是,鉴于《政府行政声明》为立法授权,且美国政府在该专家组审理时重申不采取此类单边制裁的承诺,因此,“就国际法而言,美国承诺的效果是预先准备或排除本案审查的国内法在仅由条文构成的情况下,可能引起的国家责任。当然,依此,美国如果以任何方式否定或排除其承诺,美国将招致国家责任,因为其法律将被认为与第23条项下的义务不一致”。[①] 世贸组织争端解决迄今数以百计的案件无不说明至少在该组织多边机制下国际法优先于成员方内部法。

总之,体现对内与对外主权的宪法在国内立法意义上优先于国际法,而在条约履行意义上,条约国际法优先于包括宪法的国内法。因此,统筹国内法治与涉外法治,必须兼顾前者的宪法统辖国内法的涉外性和后者的“条约必须遵守”的国际性。两者如同硬币两面,具有主权对内与对外的内在统一性。

(二)在统筹国内法治与涉外法治的思想指导下的宪法修改问题

由于上述宪法具有的国际法意义,在习近平法治思想指导下,建立健全具有中国特色,统筹国内法治与涉外法治的机制,应探讨我国《宪法》的进一步修改问题。[②] 现行《宪法》关于批准或缔结条约的规定秉承了新中国第一部《宪法》(1954年)第31条第12项关于全国人大常委会“决定同外国缔结的条约的批准和废除”和第49条关于国务院“管理对外事务”的规定,并进一步规定最高立法机关、国家元首和最高行政机关依宪行使有关条约或协定的谈

① “美国—《1974年贸易法》第301~310节案”(DS152/R),第7.126段。

② 有关我国《宪法》条约款项的修改问题,参见张乃根:《重视国际法与国内法关系的研究》,载《政治与法律》1999年第3期,第11页;张乃根:《论条约批准的宪法程序修改》,载《政治与法律》2004年第1期,第17页。

判、缔结、批准、废除的权力,乃至决定战争与和平问题。新中国的立宪,尤其是改革开放之初的修宪,适应了当时我国处理对外关系的需要。但是,回顾近40年来国内涉外立法与国际条约实践,有些突出问题值得关注。

1.条约的立法位阶问题

根据《宪法》和《立法法》规定,宪法之下全国性立法依次为基本法律、法律、行政法规和部门规章。然而,《宪法》规定全国人大常委会和国务院批准或缔结的条约仅具有法律或行政法规的效力位阶,全国人大"决定战争与和平问题"仅限和平条约。一方面,全国人大未曾批准过和平条约;另一方面,《缔结条约程序法》没有全国人大批准条约的程序规定,而将"友好合作条约、和平条约等政治性条约"的批准及其程序作为全国人大常委会的权限。因此,全国人大实际上不行使批准任何条约的权限。在全国人大制定的基本法律与其常委会或国务院批准或缔结的条约发生冲突时,如欲解决,无法可依。譬如,《民法典》是基本法律,删除了原《民法通则》第142条有关条约适用规定,且没有明确涉及条约适用的任何相应规定。似乎《民法典》适用不可能与全国人大常委会或国务院批准或缔结的条约发生冲突,但是,实际并非如此。以《民法典》第466条合同解释规定①与《联合国国际货物销售合同公约》(CISG)第7条解释规定②之

① 《民法典》(2020年5月28日第十三届全国人民代表大会第三次会议通过)第466条规定:"当事人对合同条款的理解有争议的,应当依据本法第一百四十二条第一款的规定,确定争议条款的含义。合同文本采用两种以上文字订立并约定具有同等效力的,对各文本使用的词句推定具有相同含义。各文本使用的词句不一致的,应当根据合同的相关条款、性质、目的以及诚信原则等予以解释。"第142条第1款规定:"有相对人的意思表示的解释,应当按照所使用的词句,结合相关条款、行为的性质和目的、习惯以及诚信原则,确定意思表示的含义。"

② 该公约于1980年4月11日在联合国大会授权的外交会议上通过。中国于1986年12月11日递交国务院核准书,因此,该公约具有行政法规的效力位阶。该公约于1988年1月1日起对包括中国在内的缔约国生效。该公约第7条规定:"在解释本公约时,应考虑到本公约的国际性质和促进适用的统一以及在国际贸易上遵守诚信的需要。"第8条是关于当事人行为的解释原则。参见张玉卿编著:《国际货物买卖统一法:联合国国际货物销售合同公约释义》(第3版),中国商务出版社2009年版,第55页。

间可能冲突为例,两者至少条文规定不完全一致。《民法典》的合同解释条款似乎融合了《维也纳条约法公约》(VCLT)条约解释规则[①]和CISG的解释规定。如在我国人民法院或国际商事仲裁庭的实践中,将两者视为实质一致,不存在冲突问题。但是,也不能完全排除冲突的可能性,因为CISG第7条解释规定的关键是以诚信和目的为主原则,而《民法典》合同解释条款首先侧重于合同文本用语,类似于条约解释惯例的约文主义。假如存在冲突,就会碰到何者优先适用的问题。

诚然,从立法位阶看,《民法典》为基本法律,CISG仅由国务院核准生效而只具有行政法规的效力位阶。如有冲突,理应前者优先于后者。然而,在CISG对我国生效之际,最高人民法院向全国各级人民法院发出的有关执行该公约的通知明确:"我国政府既已加入了公约,也就承担了执行公约的义务……发生纠纷或诉讼亦得依据公约处理。"[②]最高人民法院2013年对一起国际货物买卖合同纠纷案的判决重申"当事人未排除该公约的适用,因此本案审理首先适用该公约"。[③]《民法典》施行后,在涉外民商事案件中发生类似情况,与优先适用的CISG发生冲突的问题,根据《民法典》第12条,"法律另有规定的,依照其规定"解决。可是,无论是关于《民法典》(草案)的说明,还是最高人民法院已颁布的《民法典》适用司法解释,均未涉及该第12条的立法宗旨及其具体适用。有学者认为:如发生此类冲突,全国人大常委会可在批准民商事条约时明确该条约在我国法院的适用。[④] 可是,这恰恰忽视了批准条约的立法位阶低于《民法典》,其法律效力低于基本

---

① 《维也纳条约法公约》第31条第1款规定:"条约应依其用语按其上下文并参照条约之目的及宗旨所具有之通常意义,善意解释之。"

② 最高人民法院《转发对外经济贸易部〈关于执行联合国国际货物销售合同公约应注意的几个问题〉的通知》(1987年12月10日)。

③ 最高人民法院民事判决书,(2013)民四终字第35号。

④ 参见车丕照:《〈民法典〉颁布后国际条约与惯例在我国的适用》,载《中国应用法学》2020年第6期,第1~15页。

法律。因此，在现行《宪法》下，全国人大常委会不可通过批准条约来解决与《民法典》的任何可能冲突。更不用说 CISG 的核准生效在我国的立法位阶仅为行政法规。其实，原《民法通则》第 142 条[①]已存在条约的立法位阶问题，只是《民法典》在删除了该第 142 条的同时未规定与我国批准或缔结的条约发生冲突的解决。今后应通过修宪，统筹国内法治与涉外法治，从条约批准或缔结的权限上，期待根本上解决条约的立法阶位以及与基本法律或法律的冲突问题。

2. 重要协定的区分问题

根据《宪法》的规定，全国人大常委会和国务院分别批准或缔结重要协定或协定。根据《缔结条约程序法》第 7 条，“同中华人民共和国法律有不同规定”者为重要协定。然而，实践中，不少未经全国人大常委会批准的协定存在与法律有不同规定。仅以 2020 年 1 月《中美经贸协议》[②]有关专利保护条款与我国当时《专利法》有不同或尚无规定为例，包括第 1. 12 条第 1 项“双方应规定延长专利有效期以补偿专利授权或药品上市审批过程中的不合理延迟”（不同于 20 年专利有效期规定）；第 1. 11 条规定对于专利药品的原始试验数据拥有人之外的其他人提交同样数据申请新药上市，则应通知相关人，“让该专利权人在被指控侵权的产品上市之前寻求”有关纠纷的早期解决（尚无规定）；第 1. 10 条第 1 项“中国应允许药品专利申请人在专利审查程序、专利复审程序和司法

① 原《民法通则》第 142 条第 2、3 款规定：“中华人民共和国缔结或者参加的国际条约同中华人民共和国的民事法律有不同规定的，适用国际条约的规定，但中华人民共和国声明保留的条款除外。中华人民共和国法律和中华人民共和国缔结或者参加的国际条约没有规定的，可以适用国际惯例。”由于民事法律中的基本法律由全国人大制定，而全国人大常委会和国务院批准或缔结的条约之立法阶位低于基本法律，因此，该条款存在条约的立法阶位问题。

② 即《中华人民共和国政府和美利坚合众国政府经济贸易协议》，其文本见商务部等《关于发布中美第一阶段经贸协议的公告》（2020 年 1 月 16 日）。根据该协议的第 8. 6 条，中文和英文“两种文本同等作准”。有关对该协议知识产权条款分析，参见张乃根：《非多边经贸协定下的知识产权新规则》，载《武大国际法评论》2020 年第 1 期，第 1 页。

程序中,依据补充数据来满足可专利性的相关要求,包括对公开充分和创造性的要求"(尚无规定)。在该协议之后修订的《专利法》(2020年10月)第42条第2款和第3款(专利有效期延长)、第76条(与药品专利有关纠纷的早期解决机制)和《专利审查指南》(2021年1月)第二部分第十章第3.5节"关于补交的实验数据"规定,修改或新增了国内专利立法(法律及其部门规章)相关条款或规定。此类根据《宪法》应由全国人大常委会批准的重要协定,为何在实践中却没有呢?原因可能在于根据《缔结条约程序法》第7条,区分协定的重要性以及核审的权力归国务院,而具体核审通常由主管部门及其经办人员负责。显然,这必须通过修宪从根本上建立健全有关重要协定的区分及审核制度。

3. 条约的类型及其批准或缔结程序问题

《宪法》仅规定全国人大常委会和国务院批准或缔结"同外国缔结"的条约和重要协定或协定,缺少同国际组织缔结的条约等规定。实践中不乏我国与国际组织缔结的一类条约。譬如,《中国入世议定书》前言明确:"世贸组织根据其部长级会议按照《建立世贸组织协定》第12条通过的决议,与中华人民共和国达成如下协定。"[①]政府间国际组织作为当代国际法公认的缔约主体与有关国家缔结条约早已是普遍实践。1986年《关于国家与国际组织间或国际组织相互间条约法的维也纳公约》虽未生效,但其完全参照已生效的1969年《维也纳条约法公约》,很多规定已成为公认的国际规则。然而,即便我国已有实践,《宪法》至今仍无相关规定。修宪理应增加相关规定。此外,在实践中也发生《宪法》无明文规定的批准或缔结条约的情况。譬如,2001年11月11日,时任外经贸部部长石广生代表中国政府签署《中国入世议定书》,并根据全国人大常委会授权决定(2000年8月25日,2001年11月9日新华

---

① 《中国入世议定书》,上海人民出版社2001年版,第3页。

社公布)，当即递交批准接受加入书。[①] 根据《建立世贸组织协定》第14条第1款，该议定书在接受之日后的第30天，也就是2001年12月11日生效。这也就是中国入世之日。如此事先授权批准固然有其特殊原因，但这显然突破《宪法》规定，因为《宪法》及《缔结条约程序法》没有授权批准的明文规定。由于未经全国人大常委会的批准程序，因此包括《中国入世议定书》这一与世贸组织达成的条约性文件在内的中国入世法律文件，至今均无应由全国人大常委会公报公布的中文本。虽然中国入世只有一次，但是，在统筹国内法治与涉外法治及完善我国法制的新形势下，可以通过修宪增加必要时的授权批准程序，以适应我国日益走向世界舞台中央，面对复杂多边国际关系的需要。

总之，由于宪法在统筹国内法治与涉外法治中具有极其重要的根本大法地位，因此，通过必要修宪建立健全有关统筹机制，势在必行。不同于先前历次修宪，[②]有关统筹机制的修宪涉及条约相关规定，需要更多地从法学尤其是国际法专业角度加以研究。

---

① 该决定有关内容："2000年8月25日第九届全国人民代表大会常务委员会第十七次会议通过了关于我国加入世界贸易组织的决定。……根据第十五次会议以后我国加入世界贸易组织谈判的新的进展情况，本次会议决定：同意国务院根据上述原则完成加入世界贸易组织的谈判和委派代表签署的中国加入世界贸易组织议定书，经国家主席批准后，完成我国加入世界贸易组织的程序。"参见《中国加入世界贸易组织决定获通过》，载《新闻晨报》(沪)2001年11月10日，第1版。

② 迄今对现行的1982年《宪法》进行了五次修改，包括1988年允许私营经济和土地使用权转让；1993年将"坚持改革开放""社会主义市场经济""家庭联产承包责任制"等写入《宪法》，县级人大每届任期改为5年；1999年将"邓小平理论"等写入《宪法》，将"反革命的活动"改为"危害国家安全的犯罪活动"；2004年将"三个代表""公民的合法的私有财产不受侵犯""国家尊重和保障人权"等写入《宪法》，"戒严"的决定和宣布权改为"紧急状态"，增加国歌规定；2018年将"科学发展观""习近平新时代中国特色社会主义思想""推动构建人类命运共同体"等写入《宪法》序言，并对第1条第2款增加"中国共产党领导是中国特色社会主义最本质的特征"等，第79条第3款改为"中华人民共和国主席、副主席每届任期同全国人民代表大会每届任期相同"等。

三、统筹国内法治与涉外法治中国际法的转化与适用问题

一国批准其签署或加入条约，接受该条约对其国际法约束力，实质是将条约转化为其国内法的前提或直接的组成部分。我国《宪法》虽未明确规定批准或缔结条约之后相应的国内立法程序，但在实践中根据“条约必须遵守”的国际公认规则，一般通过必要的国内立法或国内直接适用以履行有关条约义务。这就是上文论述的国内立法的涉外性与国际性，以及条约批准或缔结规定体现宪法对内与对外的主权性。我国在统筹国内法治与涉外法治中，如何建立健全包括条约和习惯国际法或国际惯例的国内转化及适用机制，值得全面深入研究探讨。

（一）统筹国内法治与涉外法治相关立法的国际法转化问题

1. 统筹立法下的条约转化问题

这是指我国批准或缔结条约后，通过国内立法转化，完成国内履约义务的问题。譬如，改革开放以来我国知识产权立法基本上均为缔约在前，立法在后。1979 年 7 月《中华人民共和国和美利坚合众国贸易关系协定》是第一项我国签订包括知识产权保护规定的双边条约，1980 年 6 月和 1985 年 3 月，我国先后加入《世界知识产权组织公约》和《保护工业产权巴黎公约》。为了在国内履行这些条约下的义务，我国先后制定实施了《商标法》（1982 年）、《专利法》（1984 年）和《著作权法》（1990 年）。这些知识产权立法，既是国内法，也是涉外法，因为外国人在我国的商标注册、专利授予和著作权保护，均以此为依据；同时，这些立法应与相关条约义务相一致，与国际法密切相关，因而具有国际性。此后，我国达成 1992 年中美《关于知识产权的谅解备忘录》，并于同年加入《保

护文学艺术作品伯尔尼公约》,接着修改《专利法》(1992 年)和《商标法》(1993 年),制定《反不正当竞争法》(1993 年)和《实施国际著作权条约的规定》(1992 年)。2001 年我国入世前后,根据该组织《与贸易有关知识产权协定》,再次全面修订《知识产权法》。虽然 2008 年和 2013 年分别修改《专利法》和《商标法》与缔结新条约无关,但是,这与《保护工业产权巴黎公约》下有关原则进一步相符,不无关系。例如,尊重该公约规定专利申请人有权自行选择申请专利的国家,废止以前有关在中国国内完成的发明创造须先申请中国专利,后申请外国专利的限制,允许先向外国申请专利(包括依据《专利合作条约》申请多个外国专利)。在 2020 年达成《中美经贸协议》前后,我国第三次全面修订《知识产权法》。① 诸如此类条约义务在先、国内立法在后的例子,也是举不胜举。

如不通过国内立法转化,我国就可能以国内直接适用条约的方式履行国际义务。这也被称为条约"采纳"(adoption)。② 譬如,全国人大常委会于 1986 年 12 月批准加入《承认及执行外国仲裁裁决公约》,最高人民法院于翌年 4 月在关于执行该公约的通知中明确:"根据我国加入该公约时所作的互惠保留声明,我国对在另一缔约国领土内作出的仲裁裁决的承认和执行适用该公约。"③ 由于这属于统筹执法而非立法的条约适用问题,因而留待下文进一步分析。

2. 统筹立法下的习惯国际法接受问题

与条约不同,国际公法的习惯国际法或民商事的国际惯例,如在我国得到接受,可径直通过立法转化。譬如,2021 年 6 月全国

① 参见张乃根:《涉华经贸协定下知识产权保护相关国际法问题》,载《河南财经政法大学学报》2021 年第 3 期,第 44 页。

② 参见刘楠来:《条约在国内的适用与我国的法制建设》,载朱晓青、黄列主编:《国际条约与国内法的关系》,世界知识出版社 2000 年版,第 139 页。

③ 1987 年 4 月 10 日最高人民法院《关于执行我国加入的〈承认及执行外国仲裁裁决公约〉的通知》(法[经]发〔1987〕5 号)。

人大常委会通过的《反外国制裁法》第 3 条第 2 款规定:“外国国家违反国际法和国际关系基本准则,以各种借口或者依据其本国法律对我国进行遏制、打击,对我国公民、组织采取歧视性限制措施,干涉我国内政的,我国有权采取相应反制措施。”该条款所遵循的是 2001 年国际法委员会编纂的《国家对国际不法行为的责任》条款草案所包含的习惯国际法。对于实行了国际不法行为的国家,且未停止其不法行为或对不法行为导致受害国的损害未作任何补救,受害国在必要时可采取反措施。国际法院在 1997 年“加布奇科沃 – 大毛斯工程案”中援引了先前多个判例,并以当时起草中该条款草案有关反措施规定为依据,明确指出:“采取反措施必须是对另一国家此前一项国际不法行为的回应,并且必须针对该另一国家。”①又如,《海商法》的共同海损条款(第 193 ~ 203 条),部分将《约克 – 安特卫普规则》包含的国际惯例转化为国内立法。②

同样,如不采取这样转化而是直接适用国际惯例,如《民法典》第 10 条规定,“处理民事纠纷,应当依照法律;法律没有规定的,可以适用习惯,但是不得违背公序良俗”。这里的“习惯”没有明确限定于国内范畴。《民法典》第 835 条规定可作为佐证。该条规定:“货物在运输过程中因不可抗力灭失,未收取运费的,承运人不得请求支付运费;已经收取运费的,托运人可以请求返回。法律另有规定的,依照其规定。”该“另有规定”包括《民法典》第 10 条的规定,即如法无明文规定国际货物运输的预付运费可否返回,按国际惯例,即便遇到不可抗力也可不返回。这部分是统筹执法的国际惯例适用问题,下文将进一步分析。

---

① Gabcikovo-Nagymaros Project (Hungary/Slovakia), Judgment, ICJ Reports 1997, p. 55, para. 83. 联合国国际法委员会《习惯国际法的识别》专题报告援引了该案。See *Draft Conclusions on Identification of Customary International Law, with Commentaries*, 2018, Footnote 77.

② 参见吴焕宁主编:《海商法学》(第 2 版),法律出版社 1996 年版,第 12 页。

3. 统筹立法下涉外法与国际法的协调

统筹的关键在于协调。这既体现于我国批准或缔结条约之后的国内立法,或将已有习惯国际法或国际惯例转化为国内立法,更需要瞻前性地统筹国内立法相关的涉外法与国际法(外转内),或将已有国内立法通过条约提升为国际法(内转外)。这种积极主动地协调内外互相转化,就是以习近平法治思想为指导,把握国内法治与涉外法治的协同发展,协调推进国内治理与国际治理。

在瞻前性统筹协调方面,还有不少值得探讨之处。譬如,《区域全面经济伙伴关系协定》(RCEP)已经生效。① 以知识产权条款为例,我国虽刚刚全面修订相关国内立法,但仍面临一些国内履约义务。根据"缔约方不得将标志可被视觉感知作为一项注册条件"的规则(第11.19条),我国《商标法》第8条关于可作为商标申请注册的要素应增加"气味标志";根据不影响专利申请时新颖性的"宽限期"(grace period)规定(第11.24条),我国《专利法》第22条关于在专利申请之日前已公开披露的发明失去其新颖性的规定,应考虑作相应修改,且由于这涉及传统申请在先的专利制度的一系列基本规定,可谓"牵一发而动全身",因此应通盘考虑相关专利制度的完善。虽然RCEP的专利宽限期规定还不是应当履行的义务,但是,我国已正式申请加入的《全面与进步跨太平洋伙伴关系协定》(CPTPP)则将专利申请之前12个月内已公开披露的发明不失去其新颖性的宽限期作为应当履行的义务。因此,我国必须考虑修改《专利法》相关规定。此类问题表明:我国在修改相关国内立法时缺乏瞻前性统筹外转内的协调,亟待转变片面的"倒逼"思维,从相关国内立法的涉外性与国际性入手,全面积极主动

① 2021年11月2日,RCEP保管机构东盟秘书处宣布该协定的6个东盟成员国(文莱、柬埔寨、老挝、新加坡、泰国、越南)和4个非东盟成员国(中国、日本、新西兰、澳大利亚)已被批准加入,根据该协定第20章的最终条款第6条第2款,该协定应当在该日起60天后,即2022年1月1日起生效。

地瞻前协调。CPTPP 还有许多需要国内立法的瞻前协调,不必逐一枚举。

在国内立法的国际性方面,应不断拓宽并提升协调水平。如前所述,我国是在清朝末期才引进西方的国际法处理邦交关系。虽然对于以《联合国宪章》为基石的当代国际法,我国作出了许多贡献,包括"和平共处五项原则"的倡议和发展,推动构建人类命运共同体的理念以及维护真正多边主义的国际法秩序,但是,总体上,现行国际法的绝大数规则是由西方国家创制的。在我国日益走近世界舞台中央,处于百年未有之大变局和统筹国内国际两个大局中,如何统筹国内法治与涉外法治,向国际社会提供具有中国特色并可以为世界所接受的国际法规则,是不可逆转的中华民族伟大复兴之路的重要方面。"国强则国际法强",这是四百多年来国际关系中的一个客观现象。历史上很多强国都通过国内立法创制规则,再逐步推向世界。这是值得我们深入研究思考的问题。

(二)统筹国内法治与涉外法治相关执法的国际法转化问题

1. 统筹执法下的条约适用问题

本文所说"执法"是指相对于立法而言的执行或实施。通常所说"有法可依、执法必严",指的就是立法和执法或法律实施的两个方面。执法主要包括行政和司法机关的执法。下文限于探讨司法机关的执法。

如前所述,如不通过国内立法转化,我国就可能以国内直接适用条约的方式履行国际义务。这涉及条约适用的司法解释。我国尚未对此类条约解释作出明确规定。2002 年,最高人民法院曾就审理国际贸易行政案件中适用法律法规的具体条文存在两种以上的合理解释,规定应当选择与国际条约的有关规定相一致的解释,[①]并在2007年一起行政提审案件中适用了该一致性解释的规定。[②] 显然,这是针对已将我国加入的条约转化为国内立法的间接适用所引起的涉及条约的解释问题,还不是对我国法院直接适用加入的条约解释。[③] 晚近也有学者注意到该一致性解释"涉及到对国际条约的解释"。[④] 2015年,最高人民法院在有关"一带一路"的司法文件中第一次明确要求在适用我国加入的经贸相关国际条约时,应严格依照VCLT的规定,"根据条约用语通常所具有的含义按其上下文并参照条约的目的及宗旨进行善意解释"。[⑤] 至少从最高人民法院发布的指导性案例看,我国已有涉及此类条约解释的司法实践。

譬如,最高人民法院在一起再审的商标注册案中,认定"在申请材料仅欠缺《中华人民共和国商标法实施条例》规定的部分视图等形式要件的情况下,商标行政机关应当秉承积极履行国际公约义务的精神,给予申请人合理的补正机会"。[⑥] 这显然适用了我国加入的《商标国际注册马德里协定》和《商标国际注册马德里协定有关议定书》,因为该协定及其议定书"制定的主要目的是通过建立国际合作机制,确立和完善商标国际注册程序,减少和简化注册手续,便利申请人以最低成本在所需国家获得商标保护。结合本案事实,申请商标作为指定中国的马德里商标国际注册申请,有

---

① 参见2002年8月27日最高人民法院《关于审理国际贸易行政案件若干问题的规定》(法释〔2002〕27号)。

② 参见最高人民法院行政判决书,(2007)民二行提字第2号。

③ 参见张乃根:《国际法原理》(第2版),复旦大学出版社2012年版,第57页。

④ 彭岳:《一致性解释原则在国际贸易行政案件中的适用》,载《法学研究》2019年第1期,第193页。

⑤ 最高人民法院《关于人民法院为"一带一路"建设提供司法服务和保障的若干意见》(法发〔2015〕9号)。

⑥ 克里斯蒂昂迪奥尔香料公司诉国家工商行政管理总局商标评审委员会商标申请驳回复审行政纠纷案,最高人民法院指导案例114号(2019年)。

关申请材料应当以国际局向商标局转送的内容为准”。[①] 这虽未采用条约解释的用语,但其实质在于通过解释涉案条约之目的,阐明其规定含义。又如,在一起海难救助合同纠纷案中,最高人民法院也认为该案虽适用《海商法》,但我国加入了《1989 年国际救助公约》,该公约“所确立的宗旨在本案中应予遵循”。[②] 再如,对于一起国际货物买卖合同纠纷案,最高人民法院明确该案当事各方所在国均为 CISG 缔约国,“应优先适用公约的规定”,并以 CISG 判例法摘要汇编“作为适当的参考资料”,认定“在国际货物买卖合同中,卖方交付的货物虽然存在缺陷,但只要买方经过合理努力就能使用货物或转售货物,不应视为构成 CISG 规定的根本违约的情形”。[③]

可见,我国司法实践中适用加入的公约或条约,虽未明确援引 VCLT 解释规则,但涉及条约目的或参考资料等,实质上含有条约解释,并通过解释使涉案条约真正转化为国内可适用法。VCLT 解释规则是非常重要的一般国际法,在国际争端解决中已有十分丰富和复杂多样的实践。[④] 各国法院适用 VCLT 解释规则的情况大相径庭。[⑤] 我国司法实践通过直接适用有关条约,使其成为国内解决涉外案件的可适用法。其中对国内法的解释与适用条约时的解释分别采取什么规则?前文从立法层面探讨《民法典》合同解释条款与 CISG 第 7 条解释规定时,就指出两者可能存在不同或冲突。如在执法层面上确实有不同或冲突,有无必要统筹?在什

① 克里斯蒂昂迪奥尔香料公司诉国家工商行政管理总局商标评审委员会商标申请驳回复审行政纠纷案,最高人民法院指导案例 114 号(2019 年)。

② 交通运输部南海救助局诉阿昌格罗斯投资公司、香港安达欧森有限公司上海代表处海难救助合同纠纷案,最高人民法院指导案例 110 号(2019 年)。

③ 中化国际(新加坡)有限公司诉蒂森克虏伯冶金产品有限责任公司国际货物买卖合同纠纷案,最高人民法院指导案例 107 号(2019)。

④ 参见张乃根:《条约解释的国际法》(上下卷),上海人民出版社 2019 年版。

⑤ See Helmut Philipp Aust and Georg Nolte, *The Interpretation of International Law by Domestic Courts: Uniformity, Diversity, Convergence* (Oxford: Oxford University Press, 2016).

么意义上统筹？如何统筹？这需要全面深入的实证研究。

2. 统筹执法下的习惯国际法或国际惯例适用问题

我国法院在国际公法意义上适用习惯国际法的案例鲜为人知，然而，以最高人民法院国际商事法庭公布的案例来看，民商事涉外案件适用国际惯例的案例不少。譬如，在一起涉外合同仲裁条款解释的案件中，该法庭指出“仲裁条款是当事人就纠纷解决方式订立的合同，应当依照合同解释的一般原则进行解释，即按照仲裁条款所使用的措辞、上下文、目的、交易习惯以及诚实信用原则，确定条款的真实意思”。① 在另一起涉外合同条款的案件中，该法庭认为：“解释合同条款，应当尽可能赋予其有效性，而不应使其成为冗余或毫无意义的条款。如果没有其他更强有力的理由，涉案仲裁条款不应理解为是对2012年贸仲仲裁规则第27条的简单重复，否则仲裁条款的约定将变得毫无意义。”②这在很大程度上遵循了合同解释的国际惯例。“根据各国立法及合同解释实线，合同解释的一般原则有：不拘泥合同文字的客观性原则、整体性原则、参照习惯或惯例的原则、合法性原则、符合合同目的的原则和诚实信用原则。”③此类“一般原则”与惯例实质相同。

不同于条约，习惯国际法和国际惯例的识别是非常复杂的国际法问题。联合国国际法委员会从事的《习惯国际法识别》专题研究迄今限于结论草案。④ 国际民商事惯例的识别规则尚无专门国际法文件。上述案例也没有明确涉案解释原则为国际惯例。当然，诸如《国际贸易术语解释通则》此类“被普遍认可的一种国际

---

① 广州飞机维修工程有限公司与泰国东方航空有限公司留置权纠纷案，最高人民法院(2020)最高法商初4号民事裁定书。

② 张某、盛兰控股集团(BVI)有限公司与甜蜜生活美食集团控股有限公司申请撤销仲裁裁决案，最高人民法院(2019)最高法民特5号民事裁定书。

③ 李双元、温世扬主编：《比较民法学》，武汉大学出版社1998年版，第727～728页。

④ See *Draft Conclusions on Identification of Customary International Law, with Commentaries*, 2018, A/73/10.

贸易惯例”,[①]其国际惯例的地位还是很清楚的。如果通过我国司法适用,此类国际惯例作为可适用法,就像直接适用的条约那样被纳入国内法的范畴,因而也存在统筹国内法治与涉外法治、国内法与涉外法,也离不开国际法或应兼顾涉外性和国际性。

3. 统筹执法下涉外法与国际法适用的协调

这种协调主要体现于司法实践如何统筹涉外法与国际法的适用。这方面有很多值得深入研究的问题。譬如,前述我国入世后,最高人民法院就审理国际贸易行政案件中适用法律法规的具体条文存在两种以上的合理解释,规定应当选择与国际条约的有关规定相一致的解释。实际上,这类似于美国判例法创设的“国会制定法律的解读应尽可能不抵触国际法或美国缔结国际协定”[②]这一国内法与国际法的协调规则。

在前述2007年一起行政提审案件中,最高人民法院针对涉案《商标法》第15条“代理人”的多种含义,认为根据与相关国际条约相一致的解释要求,“《保护工业产权巴黎公约》第6条之七第(1)款的权威性注释、有关成员国的通常做法和我国相关行政执法的一贯做法”,应作广义的解释。“代理人”包括“总经销商、总代理商等特殊销售关系意义上的代理人”。[③] 然而,该判决既没有对比说明狭义的解释,也没有提供“权威性注释”“通常做法”“一贯做法”的进一步阐释。这可能是我国司法实践仍有待改进之处,尽管近年来判决文书的说理性已有很显著的进步。有意思的是,2018年最高人民法院在另一起涉及《商标法》第15条解释的案件中认为:根据该第15条,“代理人或者代表人不得申请注册的商标

① 赵承壁编著:《国际贸易统一法》,法律出版社1998年版,第385页。

② 该规则最早出于1804年美国最高法院的判例 Murry v. Schooner Charming, 6 U. S. (2 Cranch) 64。美国1987年《对外关系法重述》(第3版)第114节将该规则概括为“Where fairly possible, a United States statute is to be construed so as not to conflict with international law or with an international agreement of the United States”。

③ (2007)民二行提字第2号。

标志，不仅包括与被代理人或者被代表人商标相同的标志，也包括相近似的标志；不得申请注册的商品既包括与被代理人或者被代表人商标所使用的商品相同的商品，也包括类似的商品”。[①] 这显然也是广义解释。作为广义上的代理人，涉案被告为原告的经销商，虽根据与原告的销售合同未涵盖涉案商标，但其销售商品与原告系列酒定制商品相似，且商标（“江小白”）部分含有原告公司名称（“江津”）用语。可是，该判决还是认定涉案商标既不是原告在先使用商标，也不属于双方合同涵盖商标，因此，被告未违反《商标法》第15条。这不仅严格以双方合同为限，而且与先前根据与我国加入条约相一致的原则对《商标法》第15条“代理人”的广义解释（涵盖具有特殊销售关系意义上的代理人）和本案对《商标法》第15条“商品”的广义解释（包括类似的商品）不尽吻合，尤其是本案没有说明如此裁判是否与我国加入条约的解释相一致。此类对国内法（部分系履行我国加入条约的义务而转化的立法）的涉外性和国际法缺乏统筹、协调的问题，恐怕不只是体现于个别案例。

这进一步印证国内立法存在涉外性与国际性的双重性，统筹国内法治与涉外法治应当充分认识这一双重性，以不断加强相关协调，建立健全包括条约、习惯国际法或国际惯例的国际法的司法适用制度。

结　　论

在中华文明的古代历史上，曾有过将相对于中原地区而言的其他民族称为“九夷”，到逐渐将邻国称为“外国”，乃至将我国与所有其他国家的关系归纳为“邦交”而实际上形成国内涉外法与

---

① 重庆江小白酒业有限公司诉国家知识产权局、第三人重庆市江津酒厂（集团）有限公司商标权无效宣告行政纠纷案，最高人民法院指导案例162号（2021年）。

国家间国际法并存的情况。这一具有中国特色的涉外法与国际法双重性以及体现于国内立法与执法的传统延续至今。研究统筹我国的国内法治与涉外法治,离不开中国历史与现实的上下文。基于此,我们应全面深入研究统筹国内法治与涉外法治中宪法具有的国际法意义。现行宪法制度中不适应我国在百年未有之大变局下日益走近世界舞台中央的迫切需求,尤其是条约缔结和批准程序存在的问题,包括条约的立法位阶不清楚、重要协定的区分不清晰和条约类型不周全,亟待解决。在统筹国内法治与涉外法治的执法中,如何前瞻性地统筹国内立法相关条约和习惯国际法或国际惯例的转化、如何解决统筹执法下国际法适用的一系列复杂问题,建立健全中国特色社会主义涉外法律体系和执法机制,需要理论联系实际,深入研究,切实解决。

On Several Issues of International Law about Coordination of the Rule of Laws for Domestic Affairs and Foreign Relations

ZHANG Naigen

Abstract: Under the guidance of Xi Jinping Thought on the Rule of Law to promote coordination of the rule by domestic law and the law of foreign relation, it needs to have the comprehensive and further studies on many significant issues of international laws in theories and practices. Looking back the history of Chinese civilization and rooting in the realty of China's reform and opening up, we should understand the dual nature of this coordination with foreign and international aspects as well as the importance of international laws. The domestic laws should be prevailed in the term of the constitution as the supreme law in domestic legal system to take this coordination, and meanwhile, the international law would be prevailed in the term of having joined the treaties under the constitution to implement them as the obligation of international law. Based on these understandings, we must pay more attentions to the issues of constitutional amendments to respond the requirements to coordinate the rule by domestic law and the law of foreign relations in the time of unknown changes in century and China is moving closely to the center of world forum. These issues include the domestic legislative rank of treaty, the distinction of important agreement, the different types of treaties and the procedures of ratification and conclusions. We also need to study the problems of this coordination in both theories and practices about the transformation of international law and its application including treaty, customary international law or international customs with the harmonized consideration.

Key Words: coordination; domestic; foreign relations; rule of law; constitution; international law

论如何妥善处理国家安全与多边贸易体制的关系

余劲松*

摘要:近年来,美国以国家安全为由,采取单边贸易保护措施对中国及其他国家进行贸易制裁,给多边贸易体制提出了严峻挑战。因此,如何妥善处理国家安全与多边贸易体制的关系,是国际社会需要面对和解决的重要问题。本文认为,妥善处理这一关系,就必须对 GATT 第 21 条“安全例外”条款予以正确解释和适用,防止该例外的不当使用或滥用;成员方对滥用安全例外及不履行多边贸易体制义务的行为,可根据规定通过补偿或报复措施予以制约;多边贸易体制对于成员方的国家安全来说,是一种互补关系,维护多边贸易体制符合所有成员方的长远国家安全利益。

关键词:国家安全;多边贸易体制;WTO 争端解决机制;非歧视原则

当前国际经济关系和格局正在发生深刻的变化和调整。其中,中美经贸关系的变化及其对世界经济格局和秩序的影响,为世人所瞩目。美国政府将中国的崛起看作对其安全构成威胁,强调经济安全就是国家安全,并以国家安全为由,依据其有关国内立

---

* 中国人民大学法学院教授。

法,对中国以及其他有关国家进行贸易制裁或采取贸易限制措施。其中,美国依据其《1962 年贸易扩展法》第 232 节对输美钢产品和铝产品加征关税(以下简称 232 节措施),①并援引《关税与贸易总协定》(GATT)第 21 条国家安全例外作为免责理由,对多边贸易体制(GATT/WTO 体制)提出了严峻挑战。因此,如何妥善处理国家安全与多边贸易体制的关系,包括如何正确解释 GATT 国家安全例外条款,防止该例外的不当使用或滥用;如何对滥用安全例外及不履行多边贸易体制义务的行为予以制约;为何要维护多边贸易体制等,是国际社会需要面对和解决的重要问题。本文拟对上述问题进行讨论和分析。

一、GATT 国家安全例外条款的解释和适用问题

国家安全在国际法中是个比较敏感且复杂的问题,有人比喻其是国际法的"阿喀琉斯之踵"。② 这在很大程度上是因为,国家安全与国家主权及基本利益是紧密联系在一起的,因而通常成为适用国际法的一个例外。在国际经贸领域,早在 18 世纪亚当·斯密在其《国富论》中论述自由贸易时就谈到,国家对与国防有关产

① 美国前任总统特朗普认为,关税是"应对进口的钢铁和铝制品对国家安全产生威胁的必要和适当措施",因此在其上任不久即指示美国商务部对进口到美国的钢铝产品根据第 232 节进行调查。美国商务部于 2018 年 2 月 16 日发布报告认为,出于第 232 节的目的,"国家安全"包括对于经济和政府的最低运行至关重要的某些行业的一般安全和福利,而钢铁和铝进口的"当前数量和情况"通过"削弱我们的内部经济"威胁国家安全。特朗普认同商务部的意见,并于 2018 年 3 月 8 日宣布对全球钢产品的进口从价征收 25% 的关税,对全球铝产品从价征收 10% 的关税。See Kristina Daugirdas and Julian Davis Mortenson, "Trump Administration Continues Push to Reshape American Trade Relations by Imposing Tariffs on Steel and Aluminum Imports", (2018) 112 *American Journal of International Law* 315, p. 315.

② See Hannes L. Schloemann and Stefan Ohlhoff, "'Constitutionalization' and Dispute Settlement in the WTO: National Security as an Issue of Competence", (1999) 93 *American Journal of International Law* 424, p. 426.

业的贸易可以采取保护措施,因为“国防与国富相较,则国防居于遥为重要的地位”。[①] “二战”后建立的国际经济秩序三大支柱之一的GATT,就将国家安全列为例外,[②]为成员方采取维护国家基本安全利益所必需的措施预留空间。

然而,GATT安全例外条款如何解释和适用,近年来成为国际社会广为关注的一个重要问题。传统国家安全的范围较窄,主要是指军事与政治方面的安全。[③] GATT成员方对此也均采取审慎态度,很少因经济贸易问题援用该例外。但冷战结束后,随着经济全球化的发展、各类跨国界交往与活动的大量增加,各种非传统安全凸显,国家安全的范围也日益扩展,[④]尤为重要的是,经济全球化和外部经济环境的变化对国家安全的影响程度加大,经济与国家安全间的关系日益紧密起来,有的成员方也就开始援引GATT第21条(b)款为其贸易保护措施辩护。因此,由谁来解释以及如

---

① [英]亚当斯密:《国富论》(下),郭大力、王亚南译,上海三联书店2009年版,第29~30页。

② GATT第21条“安全例外”规定:本协定的任何规定不得解释为:(a)要求任何缔约方提供其认为如披露则会违背其基本安全利益的任何信息。或(b)阻止任何缔约方采取其认为对保护其基本国家安全利益所必需的任何行动:(i)与裂变和聚变物质或衍生这些物质的物质有关的行动;(ii)与武器、弹药和作战物资的贸易有关的行动,及与此类贸易所运输的直接或间接供应军事机关的其他货物或物资有关的行动;(iii)在战时或国际关系中的其他紧急情况下采取的行动;或(c)阻止任何缔约方为履行其在《联合国宪章》项下的维护国际和平与安全的义务而采取的任何行动。

③ 国际关系理论中的现实主义学派认为,国际社会是一种无政府状态,近似于霍布斯所说的人与人之间的自然状态,由于没有强制性的超国家力量维持国际秩序,国家的安全时时可能受到威胁,因此每个国家只能通过自助来保护自己,这就需要增强国家实力或权力,特别是以军事实力为核心的权力来维护自己的安全和利益。国际关系领域现实主义学说可参见以下代表作:[美]汉斯·摩根索著,[美]肯尼思·汤普森、戴维·克林顿修订:《国家间政治:权力斗争与和平》(第7版),徐昕、郝望、李保平译,北京大学出版社2006年版;[美]肯尼思·华尔兹:《国际政治理论》,信强译,上海人民出版社2017年版;[美]约翰·米尔斯海默:《大国政治的悲剧》(修订版),王义桅、唐小松译,上海世纪出版集团2014年版。

④ 非传统安全涉及的范围较为宽泛,包括资源短缺、粮食安全、环境损害、经济崩溃、恐怖主义、国际犯罪、网络与信息安全、大规模传染性疾病等,并日益受到国际社会广泛关注。我国的《国家安全法》规定的“总体国家安全观”就既重视传统安全也重视非传统安全。

何正确解释和适用 GATT 第 21 条(b)款,既关系到援引该例外的成员方维护国家安全的权利,也关系到防止该例外条款的不当使用或滥用从而危及多边贸易体制问题。

(一)谁具有判断决定权?

对于 GATT 第 21 条(b)款,首先需要解决的问题是,究竟谁有权对其进行解释:是完全由援引方自行判断决定,还是世界贸易组织(WTO)争端解决机构也具有一定的审裁权?对此存在三种不同的意见:(1)完全由成员方自行判断和决定,即成员方可采取其认为对保护其基本安全利益所必需的任何行动,不受任何第三方审查;(2)承认成员方自行判断和决定的权利,但施加了需经审查的善意标准;(3)成员方可自行判断和决定是否"其认为"某措施"为保护其基本安全利益所必需的",但该款所列举的三项客观情形须经争端解决机构审查。[①] 不同的成员方对此问题态度也不同,其原因在于各自关注的重心不同,有的着重于自身安全利益的维护,有的则担心该例外会被大国滥用。

美国一贯主张,国家安全问题应完全由成员方自行判断决定。在实践上,美国"二战"后签订的友好通商航海条约和双边投资条约、《北美自由贸易协定》以及《美国、墨西哥、加拿大协定》等,均规定有国家安全利益例外条款,在有关争端解决案例中也强调该

---

① 国外学术界对 GATT 第 21 条的解释和适用问题有不少讨论。例如,持第一种解释意见的有 Raj Bhala,"National Security and International Trade Law: What the GATT Says, and What the United States Does", (1998) 19 *University of Pennsylvania Journal of International Law* 263, pp. 268 – 269。持第二、三种解释意见的有 Dapo Akande and Sope Williams, "International Adjudication on National Security Issues: What Role for the WTO?", (2003) 43 *Virginia Journal of International Law* 365, pp. 390 – 396; Susan Rose-Ackerman and Benjamin Billa, "Treaties and National Security", (2008) 40 *International Law and Politics* 437, p. 467 等。See Roger P. Alford, "The Self-Judging WTO Security Exception", (2011) *Utah Law Review* 697, pp. 704 – 706.

例外条款属于“自行判断”的。[①] 在 GATT/WTO 的有关争端中,美国也持相同立场。[②] 对于其 232 节措施案,美国政府认为,该案不受 WTO 争端解决机构管辖和审查,或属于不能通过 WTO 争端解决机构解决的政治事项。其理由是,依据 GATT 第 21 条(b)款,WTO 的每个成员均保留自行决定其认为对保护其基本安全利益必要的事项的权力,[③]WTO 专家组没有依据来审查其他成员方提出的违反之诉请求。美国的这种观点并非完全没有道理。从 GATT 第 21 条(b)款的措辞“其认为”来看,一般认为其属于成员方自行判断条款。更为重要的是,安全涉及国家主权和基本利益,成员方对危及国家安全的情势应具有自行判断决定和处置权,将如此重大的问题完全交给第三方来判断显然不合适。

然而,美国的这一主张难以得到认同。在实践上,WTO 争端解决机构在乌克兰诉俄罗斯过境运输措施案中确认了其对 GATT

---

① 例如,在 20 世纪 80 年代尼加拉瓜在国际法院诉美国的争端案中,尼加拉瓜声称美国支持尼加拉瓜反政府武装违反了美国与尼加拉瓜签订的友好通商航海条约,而美国援引该条约中的基本安全例外条款,并主张该例外条款是“自行判断的”。See Military and Paramilitary Activities (Nicaragua v. United States), I. C. J. Reports 1986, pp. 116, 122 – 123, 141 – 142。在美国的投资条约实践中,1998 年美国对其 BIT 范本作出了重大修改,明确了“基本安全利益”例外的自行判断性质,并一直延续至今。在美国看来,由于“基本安全利益”例外是自行判断的,因此,“缔约一方援引该例外使争端成为不可裁判的,因而仲裁庭甚至不得考察缔约方的善意”。参见[美]肯尼斯·J. 范德威尔德:《美国国际投资协定》,蔡从燕、朱明新等译,法律出版社 2017 年版,第 234 页。

② 例如,在 1985 年美国与尼加拉瓜案中,美国援引 GATT 第 21 条,主张美国对尼加拉瓜实行进出口禁运的行为不受专家组审查。在 WTO 的乌克兰诉俄罗斯案中,美国作为第三方也支持俄罗斯的主张,美国认为 1994 年 GATT 第 21 条是自行判断条款,是不可进行司法裁判(non-justiciable)的,专家组无权审查第 21 条的援引并对由此争端产生的请求进行裁决。在 2020 年 6 月 WTO 专家组裁决的卡塔尔诉沙特阿拉伯关于知识产权保护措施案中,美国作为第三方发表的意见仍然继续坚持此种主张。See *Russia-Measures Concerning Traffic in Transit*, Report of the Panel, Addendum, WT/DS512/R/Add. 1, 5 April 2019, pp. 106, 108 – 110; *Saudi Arabia-Measures Concerning the Protection of Intellectual Property Rights*, Report of the Panel, WT/DS567/R, 16 June 2020, p. 111.

③ See United States-Certain Measures on Steel and Aluminum Products, Communication from the Unites States, 6 July 2018, WT/DS548/13.

第21条(b)款的审理权。该案是争端解决机构就GATT第21条(b)款的解释和适用作出裁定的第一个里程碑性的案件。其专家组报告认为,GATT第21条(b)款例外并非完全由援引该条款的成员方自由判断。专家组首先依据WTO《关于争端解决规则与程序的谅解》(DSU)的有关规定,确认其对该案具有管辖权。[①] 然后专家组将第21条(b)款解析为可由成员方主观判断部分和非由其判断的客观情形部分,并确认专家组对该款规定的客观情形具有审查的权力。[②] 由于该条款列举的3种情形属于客观情形,不属于成员方主观判断的范围,因此,其并非"不可司法裁决"的。专家组还考察了1947年GATT第21条的谈判历史,认为谈判历史也证实了专家组的上述解释。[③]

无可否认,关于GATT第21条(b)款的例外规定完全属于成

---

① 专家组认为,首先,从DSU第1条的规定来看,其第1款规定,本谅解的规则和程序适用于按照本谅解附录1所列各项协定的磋商和争端解决规定所提出的争端,而附录1中包括1994年GATT,特别是其中第22条和第23条的规定;其第2款关于附录2协定所含特殊或附加规则与程序中,并没有提到适用于1994年GATT第21条争端的特殊或附加规则与程序。其次,依据DSU第7条的规定,专家组具有第7.1条规定的职权范围,并应处理争端各方引用的任何涵盖协定的有关规定(第7.2条)。See *Russia-Measures Concerning Traffic in Transit*, Report of the Panel, WT/DS512/R, 5 April 2019, paras. 7.54 – 7.55.

② 即援引第21条的成员方对于何谓"基本安全利益",其行为是否为保护基本安全利益所"必需"等属于其主观判断的事项,具有自由裁量权;争端解决机构则可以对是否属于第21条(b)款各子项中规定的客观情况进行判定。专家组认为,根据第21条(b)款(iii)项上下文以及1994年GATT和WTO协定的目的和宗旨,其通常含义是,第21条(b)款起首的形容句"其认为"不修饰子项(iii)情况的确定。相反,为了将行动纳入第21条(b)款的范围,必须客观上认定它符合该条款列举的一项的要求。See *Russia-Measures Concerning Traffic in Transit*, Report of the Panel, WT/DS512/R, 5 April 2019, para. 7.82.

③ See *Russia-Measures Concerning Traffic in Transit*, Report of the Panel, WT/DS512/R, 5 April 2019, paras. 7.83 – 7.100. 美国的代表在谈判中也认为安全例外条款要注意"平衡",成员方有"一定的自由度"来确定其基本安全利益是什么,以及保护这些利益的行动的必要性,而通过将例外情况限制在第21条(b)款各子项中规定的情况来限制这些例外的潜在滥用。也有学者对谈判历史进行了专门考察,认为根据谈判的美国内部资料,美国谈判代表不认为安全例外是纯属自我判断和不可司法裁判的。See also Mona Pinchis-Paulsen, "Trade Multilateralism and U. S. National Security: The Making of the GATT Security Exceptions", (2020) 41 *Michigan Journal of International Law* 109.

员方自行判断的观点是不能接受的,这会导致该例外条款被不当使用甚至被滥用,并产生严重的法律后果。这主要表现在:(1)国家安全可能会成为大国"以强凌弱"的借口。在实践上,往往是大国以国家安全为由对小国或弱国采取贸易制裁措施。例如,1985年美国对尼加拉瓜实行贸易禁运时就援引了GATT第21条,该做法受到一些发展中国家质疑,捷克斯洛伐克就担心这样一来,"任何一个缔约方想要为其对其他缔约方采取的贸易措施进行辩护,都可以简单地援引第21条,并宣布其安全受到威胁……如果不反对这种单方面的、独断专行的行动,任何小的缔约方都可能会发现自己处于与尼加拉瓜相同的状况"。[①] (2)条约规定的权利和义务就会受到严重贬损。[②] WTO上诉机构在美国虾产品案中谈到GATT第20条的援引时就认为,若允许一个成员滥用或不当使用其援引例外的权利,情况严重时,则该成员实际上将其条约义务减损为仅是一种任意性的义务,使其丧失法律性,并完全否定其他成员方的条约权利。[③] 这对GATT第21条的援引同样适用。同理,以所谓政治事项不可进行司法审理的观点来辩护,也不具有说服力。国际法院曾有意见认为,法律问题可能同时涉及政治和法律方面,"法院不能拒绝对提请其履行基本司法任务问题的法律方面作出回应"。[④] 对于GATT第21条来说,其目的是确立一项法律义务,若完全由援引方自行裁定,就不成为一项法律义务。(3)背

---

① 转引自Alford,"The Self-Judging WTO Security Exception",p. 715。

② See Akande and Williams, "International Adjudication on National Security Issues: What Role for the WTO?",pp. 382 – 384.

③ See United States-Import Prohibition of Certain Shrimp and Shrimp Products, WT/DS58/AB/R,6 November 1998,para. 156.

④ Accordance with International Law of the Unilateral Declaration of Independence in Respect of Kosovo, Advisory Opinion, I. C. J. Reports 2010, p. 415, para. 27; Application for Review of Judgment No. 158 of the United Nations Administrative Tribunal, Advisory Opinion, I. C. J. Reports 1973, p. 171, para. 14. 转引自Daria Boklan and Amrita Bahri, "The First WTO's Ruling on National Security Exception: Balancing Interests or Opening Pandora's Box?", (2020) 19 *World Trade Review* 123, p. 129。

离以规则为导向的法治精神。早在20多年前就有观点认为,若允许被告方完全或很大程度上酌情援引国家安全作为管辖权抗辩,则将表明WTO作为一个以规则为基础的制度的终结。[①] 因此,为防止国家安全例外的不当使用,GATT第21条不应是由成员方完全自行判断的。

乌克兰诉俄罗斯过境运输措施案专家组报告将GATT第21条(b)款规定解析为属于成员方主观判断的事项和可由WTO争端解决机构认定的客观情形两个部分的做法,在确认成员方对国家安全具有自行判断的权利的同时,也维护WTO争端解决机构的审裁权,可防止成员方不当使用或滥用国家安全例外,总的来看是可以接受的。但美国认为该专家组报告有严重缺陷,其理由之一是,专家组在审查俄罗斯关于GATT第21条是"自我判断"的论点时,没有将该条作为一个整体来解释。[②] 从主观判断不能脱离客观实际的角度看,美国的意见具有一定合理性,但美国的目的是以此为由全面否定WTO争端解决机构的审裁权,这就难以得到认同了。

(二)如何在防止扩张性解释与尊重成员方自行判断权间实现平衡

WTO争端解决机构在行使其审裁权、对GATT安全例外条款进行解释和适用时,既要根据客观情况从严解释,防止该例外条款的不当使用和滥用,也要注意尊重成员方自行判断权,在成员方的自行判断权与WTO争端解决机构的客观审查权间实现平衡。

1. 防止扩张性解释

GATT第21条(b)款3个子项中所列举的客观情形,均是与

---

① See Schloemann and Ohlhoff, "'Constitutionalization' and Dispute Settlement in the WTO: National Security as an Issue of Competence", p. 426.

② See WTO, Minutes of Meeting of the Dispute Settlement Body Held in the Centre William Rappard on 26 April 2019, WT/DSB/M/428, 25 June 2019, para. 8.11.

国防军事有关的行动,属于传统国家安全的范围,应依据具体客观情形从严解释。其中有两种情形较易发生扩张解释,需要特别予以注意:

其一,关于与军事目的有关的贸易行为。从其用语的通常含义来看,GATT 第 21 条(b)款中第 2 子项规定的情形,①明显是指与军事目的有关的贸易行为。衡量行为是否"与……有关"时,必须考察其目的与手段之间的关系。② 只有目的与手段之间存在密切的、真实的联系时才符合该规定的情形。但在实践上,有的成员方可能会对该子项规定进行宽泛解释,将其作为变相的产业保护措施。例如,瑞典就曾以安全为由对鞋类事项进口予以限制。③此次美国对钢铝产品采取的 232 节措施,其与国家安全的关系也备受质疑,因为用于军事目的的钢铝产品在总量中毕竟比例较低,一般的钢铝产品与军事目的没有多大关系,④无法证明其措施与国家安全之间存在密切的、真实的手段与目的关系,因而不符合该子项的要求。因此,在对该子项进行解释和适用时,必须特别注意有关贸易是与军事目的有关的,而不是出于产业保护目的,不能将其作为产业保护措施。

---

① GATT 第 21 条(b)(ii)规定的情形是:与武器、弹药和作战物资的贸易有关的行动,及与此类贸易所运输的直接或间接供应军事机关的其他货物或物资有关的行动。

② WTO 上诉机构在解释 GATT 第 20 条(g)款的"与……有关"时,认为该词语要求目的与手段间存在密切的真实的联系。See *Russia-Measures Concerning Traffic in Transit*, Report of the Panel, WT/DS512/R, 5 April 2019, para. 7. 69.

③ 1975 年 11 月,瑞典对某些鞋类实行全球进口配额,认为国内产量的急剧下降"已构成对作为瑞典安全政策组成部分的经济防御应急计划的重要威胁",但鞋类产品的进口是否真的关系到国家安全?该措施在 GATT 理事会受到强烈批评,瑞典则在不到 2 年后单方撤销该措施。See Linfan Zha, "The Wall on Trade: Reconsidering the Boundary of Section 232 Authority Under the Trade Expansion Act of 1962", (2020) 29 *Minnesota Journal of International Law* 229, pp. 265 – 266.

④ 美国国防部时任部长承认,军方对钢和铝的需求用国内生产的大约 3% 即可满足,这使人们对进口的影响和 232 节措施的正当性表示怀疑。转引自 Simon Lester and Huan Zhu, "A Proposal for 'Rebalancing' to Deal with 'National Security' Trade Restriction", (2019) 42 *Fordham International Law Journal* 1451, p. 1458。

其二，关于“在战时或国际关系中的其他紧急情况下采取的行动”。GATT 第 21 条(b)款中第 3 子项的规定是将“战争”与“其他紧急情况”作为同类选项，因此对“紧急情况”也应从严解释。有观点认为，该规定不包括与战争和国际紧急情况无关的紧急情况，例如成员方政府的财务困境或国内经济危机。① 乌克兰诉俄罗斯过境运输措施案专家组报告对此也是按狭义解释的。② 因此，在解释该子项关于“其他紧急情况”时，应尽量将军事和严重与安全相关的冲突与经济和贸易争端分开。国家间因一般经济、贸易产生的矛盾和冲突，并非属于类似于战争的突发的、紧迫的危机情况，有关国家此时所采取的保护措施，如美国的 232 节措施，不应属于该子项规定的例外情形。

2. 对成员方自行判断的事项可否适用“善意”原则进行审查？

除上述客观情形外，为防止成员方对其自行判断的事项进行扩张解释，WTO 争端解决机构可否适用“善意”原则对属于成员方自行判断的事项进行审查，也是一个比较敏感的问题。③ 国际法院此前认为，即使是自行判断条款，“被请求国也必须合理和善意地行事”。④

---

① See Alan O. Sykes, "Economic 'Necessity' in International Law", (2015) 109 *American Journal of International Law* 296, p. 303.

② 此种“紧急情况”不是国家间一般的政治或经济冲突，而是指“武装冲突，潜在武装冲突，加剧的紧张局势或危机，或国家陷入或笼罩普遍不稳定的局势。这种局势会引发所涉成员方的特定类型的利益，即国防或军事利益，或维护法律和公共秩序利益”。See *Russia-Measures Concerning Traffic in Transit*, Report of the Panel, WT/DS512/R, 5 April 2019, para. 7. 76.

③ 对于善意原则，WTO 上诉机构认为，其既是一般法律原则，又是一般国际法原则。See *United States-Tax Treatment for "Foreign Sales Corporations"*, Appellate Body Report, WT/DS108/AB/R, 24 February 2000, para. 166. 该原则在 WTO 争端解决机构的报告中被经常适用。

④ See Certain Questions of Mutual Assistance in Criminal Matters (Djibouti v. France), Judgment, I. C. J. Reports 2008, paras. 135, 145. 转引自 Boklan and Bahri, "The First WTO's Ruling on National Security Exception: Balancing Interests or Opening Pandora's Box?", p. 129。

在乌克兰诉俄罗斯过境运输措施案专家组看来,成员方在属于其自行判断的事项上,也应履行善意义务。这主要体现在两个方面:(1)关于"基本安全利益"的界定。虽然成员方对"基本安全利益"有自行判断权,但这并不意味着成员方可以随意地将任何关切提升为"基本安全利益"。[①] (2)关于措施的"必需性"。成员方所采取的措施与"基本安全利益"之间应存在关联关系,符合最低合理性要求,即作为保护其基本安全利益的措施而言并非不合情理的。[②] 专家组的这一意见与 GATT 第 21 条(b)款的目的是相符的,有助于防止将该例外作扩张解释以规避 WTO 义务。[③]

不过,对属于成员方自行判断部分适用"善意"原则审查需要特别谨慎。其原因主要有两点:(1)司法能动性问题,即争端解决机构可能利用"善意"原则对条约有关条款作出扩展性解释。美国早就对 WTO 争端解决机构过于宽泛地适用"善意"原则持批评态度,认为这种做法有违《关于争端解决规则与程序的谅解》第 3. 2 条关于"争端解决机构的建议和裁决不能增加或减少各涵盖

---

① 在专家组看来,"基本安全利益"是明显比"安全利益"范围更窄的概念,通常可以理解为与国家的基本职能有关的那些利益,即保护其领土和人民免受外部威胁,并在内部维护法律和公共秩序。See *Russia-Measures Concerning Traffic in Transit*, Report of the Panel, WT/DS512/R, 5 April 2019, para. 7. 130.

② See *Russia-Measures Concerning Traffic in Transit*, Report of the Panel, WT/DS512/R, 5 April 2019, para. 7. 138. 此外,在卡塔尔诉沙特阿拉伯案中,澳大利亚、巴西、欧盟、俄罗斯和乌克兰等缔约方认为,TRIPs 协定第 73(b)条[与 GATT 第 21 条(b)款相同]中"它认为必要的"一语,授予援引的缔约方决定其措施必要性的自由裁量权,但这一自由裁量权并非不受限制的,应符合"最低合理性要求"和善意义务。See *Saudi Arabia-Measures Concerning the Protection of Intellectual Property Rights*, Report of the Panel, WT/DS567/R, 16 June 2020, pp. 115 – 156.

③ 该案专家组报告明确谈到,成员方不得将安全例外作为规避其 WTO 义务的手段,若试图将其在多边贸易体制内已同意的保护和促进的贸易利益重新标记为超出该体系范围的"基本安全利益",以摆脱该体制"对等互利"结构的义务,就是没有履行善意义务的典型例子。See *Russia-Measures Concerning Traffic in Transit*, Report of the Panel, WT/DS512/R, 5 April 2019, para. 7. 133.

协定所规定的权利和义务”的规定。[①] 这一意见是值得关注的。(2)应将属于成员方自行判断的GATT第21条与其他非自行判断条款区别开来。就GATT第21条(b)款和第20条来说,WTO上诉机构认为,第20条的起首语实际上是善意原则的一种表达,[②] 因此可以适用善意原则进行审查。[③] 但第21条(b)款是自行判断条款,是否“必需”由缔约方自行判断,若也对其适用“善意”原则进行审查,则应与第20条的善意要求有所区别,应给成员方留出足够的自由裁量的空间。

二、不当使用或滥用国家安全例外的救济措施及其制约作用

国家安全问题不仅对GATT第21条例外条款的解释和适用提出了挑战,而且也对GATT/WTO义务的履行提出了挑战。一方面,即使对GATT第21条从狭义角度解释,可能仍然难以阻止个别成员方不当适用甚至滥用该例外规定;另一方面,对于WTO争端解决机构作出的裁定,成员方如何执行,也是值得关注的问题。例如,对于美国钢铝产品的232节措施案,若WTO专家组的裁定认为该措施与WTO规则不一致,那么,该裁定会得以执行吗?若义务不能得到履行,多边贸易体制提供的救济措施及其效力如何?这就涉及成员方对WTO法的遵守这一十分重要而且复杂的问题。

---

① See Helge Elisabeth Zeitler, “‘Good Faith’ in the WTO Jurisprudence, Necessary Balancing Element or an Open Door to Judicial Activism?”, (2005) 8 *Journal of International Economic Law* 721, p. 746.

② See *United States-Import of Certain Shrimps and Shrimps Products*, Appellate Body Report, WT/DS/AB/R, 12 October 1998, para. 162.

③ WTO争端解决机构在依据GATT第20条审查是否“必需”时,通常要考虑保护目的的紧迫性、缔约方采取措施的目的与手段之间具有密切和真实的联系,以及是否存在可以达到同等效果但对自由贸易限制更低的替代性措施等。

国家应该善意履行其承担的义务,这是国际法的一个基本原则。[①] 但如何履行义务则是由每个国家自行酌处的。对于多边贸易体制来说,成员方如何履行其义务,受国际和国内的多种因素的影响,从法律上看,与其处理国际法和国内法关系的实践有关。例如,美国在实践上将条约分为自执行与非自执行两大类,"二战"后签订的布雷顿森林协定等多边经贸条约,都是属于非自执行条约。[②] 美国国会通过《1994 年乌拉圭回合协定法》,在批准乌拉圭回合协定的同时,也附加了限制,防御 WTO 协定对其可能造成不利影响。[③] 从该法的规定可见,WTO 法与美国法律并非处于平等地位,美国法律优于 WTO 法。虽然说美国的上述规定并不就是对 WTO 法的直接违反,但却为美国政府选择性履行 WTO 义务提供了法律依据。美国前总统特朗普主张"美国优先",以国家安全为由采取单边主义措施,将 WTO 义务搁置一旁,就是典型的例子,而且也不排除今后美国政府还会采取类似的行为。

虽然如何履行国际义务是由各国自行决定的,但国家的行为并非不受国际法制约。现代国际法理论中被广泛接受的一个观点是,国际法(特别是国际条约)具有约束力性质的关键在于国家的同意,即国家的"同意"是义务的根据,[④]国家应该善意履行其自愿

---

① 《联合国宪章》第 2 条规定:"各会员国应一秉善意,履行其依本宪章所担负之义务,以保证全体会员国由加入本组织而发生之权益。"

② 因为这些条约是针对政治机关的,或者涉及国会的专属权力。根据美国宪法与实践,国会具有拨款、规范州际和国际贸易等职权,凡涉及这些事项的条约要经过国会立法批准。

③ 该法明确规定,当乌拉圭回合协定的规定与美国法律不一致时,协定的规定不具有效力;同时还规定,不得将该立法解释为修改美国的任何法律,也不得解释为限制美国法律赋予的权力,包括 1974 年贸易法的 301 条款。WTO 争端解决程序的结果未经规定的国内实施程序不得并入国内法。在司法实践上,美国的法院一致认为 WTO 争端解决机构的决定在美国、美国法院或两者中均不具约束力。See Section 102, The Uruguay Round Agreements Act of 1994; Robin Miller, "Effect of World Trade Organization (WTO) Decisions upon United States", (2007) 17 *American Law Reports Federal* 2, p. 1.

④ 参见王铁崖:《国际法引论》,北京大学出版社 1998 年版,第 34 ~ 36 页。

承担的国际义务。国家之所以"同意",受国内外多种因素影响。有学者认为,对于义务的根据来说,对等互惠(reciprocity)是最主要的要素,由于国家的同意,国际上会就某一问题达成共识。而共识之所以能达成,是因为有关国家通过自我约束能得到对等的利益或好处,[①]或者避免不合作造成的损失。[②] 因此国家有遵守国际法的主观意愿。另一方面,国家若违反国际义务则要依据国际法承担相应的责任。[③] 利益受损的国家通常会作出反应,包括采取相应的报复措施。国际关系理论中的新自由制度主义学派认为,国家之所以遵守国际规则,是因为若不遵守,会付出重要成本,即对自己声誉的影响以及遭受报复的可能性和破坏规则可能对整个系统所产生的影响。[④] 国际法学者中也有采用理性选择理论进行分析的,有的学者认为不遵守国际义务的成本是两种,即报复和声誉;[⑤]有的认为是三种,即声誉、对等、报复。[⑥] 总的来说,对违反国际法行为所产生的外部反应,包括对等报复或反制,是促使国家遵守国际法的重要外部制约因素。

对于成员方以国家安全为由采取的贸易限制措施,利益受损的成员方可以依据多边贸易体制规则寻求救济,提起非违反之诉或违反之诉。

(1)非违反之诉。申诉方对其认为构成国家安全例外的措

---

① See Rosalyn Higgins, *Problems and Process, International Law and How We Use it* (Clarendon Press,1994),p. 16.

② See Shahrad Nasrolahi Fard, *Reciprocity in International Law, Its Impact and Function* (Routledge,2016),p. 134.

③ 联合国国际法委员会 2001 年二读通过了《国际不法行为国家责任条款草案》,有关资料参见贺其治:《国家责任法及案例浅析》,法律出版社 2003 年版。

④ 参见[美]罗伯特·基欧汉:《霸权之后:世界政治经济中的合作与纷争》,苏长河、信强、何曜译,上海人民出版社 2016 年版,第 86 ~ 109 页。

⑤ See Jack L. Goldsmith and Eric A. Posner, *The Limits of International Law* (Oxford University Press,2005).

⑥ 英文为 reputation, reciprocity, retaliation, 称为"3R"。See Andrew T. Guzman, *How International Law Works-A Rational Choice Theory* (Oxford University Press,2008).

施,可根据1994年GATT第23条第1款(b)段提起非违反之诉。[①] 有研究认为,“二战”后《国际贸易组织宪章》谈判历史表明,非违反之诉可以适用于国家安全例外。[②]对于真正构成国家安全例外条件而采取的措施来说,采取非违反之诉可能是适当的,可以使利益受损的成员方得到相应的补偿,恢复成员方利益的平衡。[③] WTO争端解决机构则可以既支持申诉方,同时也不用裁定被诉方违反WTO法,只是要求被诉方作出双方满意的调整,而不用让其撤销该措施。还有观点认为,采用此救济方法比提起违反之诉审理会更快捷,并且争端方对抗性较小。[④] 不过,根据《关于争端解决规则与程序的谅解》第26条的规定,申诉方提起非违反之诉,应提供详细的正当理由并承担举证责任,[⑤]获得成功有较大难度;若有关措施被认定对申诉方造成利益丧失或减损但并未违反WTO协定,WTO争端解决机构所提供的补救措施是建议有关成员作出

---

① 依据该条规定,若一成员方认为,由于另一成员方“实施任何措施,无论该措施是否与本协定的规定产生抵触”,致使其“在本协定项下直接或间接获得的利益正在丧失或减损,或本协定任何目标的实现正在受到阻碍”,则可依据该条规定提起非违反之诉。

② 在该宪章谈判过程中,美国的谈判代表确认,关于利益丧失和减损问题的规定适用于该宪章所有规则,包括国家安全例外条款;随后在哈瓦那关于执行和政治问题的讨论中,也有小组委员会的报告提到,该宪章草案关于利益丧失和减损的非违反之诉的规定也适用于成员方依据国家安全例外所采取的行动;美国国务院后来在拟为国会听证准备的材料中也谈到,对于依据安全例外采取的措施,受损方可以依据利益丧失和减损程序寻求适当的和补偿性的救济。See Pinchis-Paulsen,“Trade Multilateralism and U. S. National Security: The Making of the GATT Security Exceptions”,pp. 173 – 175,183,186 – 187.

③ 对于采取措施的成员方来说,由于其措施并未违反义务,因而不会要求其撤销该措施,但由于该措施致使其他成员方的利益正在丧失或减损,因此应该与利益受损的成员方进行谈判,提供相应的补偿,否则,利益受损的成员方可以提起非违反之诉,以恢复平衡。

④ See Nicolas Lamp, “At the Vanishing Point of Law: Rebalancing, Non-Violation Claims, and the Role of the Multilateral Trade Regime in the Trade Wars”, (2019) 22 *Journal of International Economic Law* 721, pp. 721 – 742.

⑤ 非违反之诉有3个要素:(1)措施的确定;(2)某一协定项下“利益”的确定;(3)证明该措施致使利益丧失和减损。See Japan-Measures Affecting Consumer Photographic Film and Paper, WT/DS44, 22 April 1998; Robert W. Staiger and Alan O. Sykes, “Non-Violations”, (2013) 16 *Journal of International Economic Law* 741, pp. 741 – 775.

双方满意的调整,包括补偿,但达成调整与补偿也非易事。更为重要的是,若成员方不当使用或滥用国家安全例外,则非违反之诉显然无法提供合适的救济。

(2)违反之诉。如果某成员方所采取的措施名义上是以国家安全为由但实际上是为了保护国内某种产业,则可能构成对多边贸易体制义务的违反,受此措施影响的成员方可提起违反之诉。例如,对于美国的232节措施,中国和欧盟等申诉方是将其作为保障措施向WTO争端解决机构提起申诉的。① 申诉方认为,该措施对从WTO其他成员的钢铝产品进口施加限制(如额外的进口关税或配额),以保护美国的国内生产不受外国产品竞争的影响,与WTO的《保障措施协定》以及1994年GATT有关条款项下的义务不一致。从前面的分析可见,232节措施很难构成GATT第21条的国家安全例外,其为了保护美国钢铝产业而对输美钢铝产品提升关税的做法,实质上是保障措施,对美国232节措施依据保障措施来寻求救济,具有适当性。依据《保障措施协定》第8条,若成员方采取保障措施,则应设法维持实质上相等的减让和其他义务水平。为了实现这一目标,"有关成员可就该措施对其贸易的不利影响议定任何适当的贸易补偿方式"。如果不能商定补偿额,则在

① 对于美国采取的232节措施,受其影响的WTO成员方均持有异议,认为该措施违反了GATT的有关规定,主要包括:(1)该措施违反了GATT第2条,该条禁止缔约方对进口产品征收超过其承诺的关税。(2)第232条关税实质上是保障措施(GATT第19条),旨在减轻进口数量增加对国内钢铁工业的伤害,但美国并没有遵守第19条规定的程序性要求。(3)美国没有确保其第232条符合《马拉喀什建立世界贸易组织协定》第16(4)条的规定。此外,如果缔约方之间发生贸易争端,应通过WTO争端解决机构来解决,缔约方不得采取单边行动。中国、欧盟、印度、俄罗斯、挪威、瑞士、土耳其等国家或地区已在WTO对美国的单边措施提起申诉,美国则以该措施属于GATT第21条国家安全例外作为抗辩,认为其232节措施不是保障措施,中国和欧盟等成员方根据保障协定采取的中止减让或其他义务并非正当合理。WTO争端解决机构已于2019年1月25日组成了专家组。由于案情复杂以及新冠肺炎疫情的影响,专家组尚未作出裁决。See United States-Certain Measures on Steel and Aluminium Products (DS544,547,548,552,554,556 &564) (China,India,EU,Norway,Russia,Switzerland and Turkey).

保障措施的理由基于进口量相对增加的情况下,申诉方几乎可以立即进行报复,[①]从而可以迅速地获得救济,实现利益再平衡。[②]

多边贸易体制的此种救济与报复制度,既有助于促使违反方遵守规则,也可以使利益受损方实现再平衡。虽然对报复的目的是让违反方遵守规则,还是提供临时补偿或再平衡,在学术上存在争论,[③]但从有关协定文本看,其首要目的还是让成员方遵守规则,通常是保证撤销被认为与任何涵盖协定的规定不一致的有关措施,[④]因为多边贸易体制是建立在规则导向的基础上,只有让各成员方都遵守规则,才能实现多边贸易体制的宗旨和目的。在成员方不履行义务的情况下,允许有关争端方达成补偿,或利益受损方在获得争端解决机构授权后实施报复,其目的首先还是促使违反方遵守规则。当然,对于特定的利益受损方来说,补偿或报复能给其提供临时救济,可实现再平衡。因为多边贸易协定是成员方在对等互惠的基础上达成的,成员方之所以愿意承担其义务,是因为其可以此换取其他成员方承担义务。若某成员方违反义务推翻了原来达成的协议,也就破坏了成员方间达成的权利义务的平衡,

① 详见 WTO《保障措施协定》第 8.2 条的规定。

② See Lester and Zhu, "A Proposal for 'Rebalancing' to Deal with 'National Security' Trade Restriction", pp. 1470 – 1472.

③ 有观点认为,WTO 规则的遵守是选择性的,可选择遵守规则,也可选择维持不一致的措施但提供补偿性利益以恢复平衡,或维持不一致措施并承受为再平衡目的而实施的报复。See Judith H. Bello, "The WTO Dispute Settlement Understanding: Less is More", (1996) 90 *American Journal of International Law* 416; Robert Z. Lawrence, *Crimes and Punishments? Retaliation under the WTO* (Washington DC, Institute for International Economics, 2003); Warren F. Schwartz and Alan O. Sykes, "The Economic Structure of Renegotiation and Dispute Resolution in the World Trade Organization", (2002) 31 *Journal of Legal Studies* 179.

④ 美国杰克逊教授等学者认为,报复的目的是让成员方遵守 WTO 规则。See John H. Jackson, "The WTO Dispute Settlement Understanding-Misunderstandings on the Nature of Legal Obligations", (1997) 91 *American Journal of International Law* 60; John H. Jackson, "International Law Status of WTO Dispute Settlement Reports: Obligation to Comply or Option to 'Buy Out'", (2004) 98 *American Journal of International Law* 109.

利益受损方通过报复可以恢复原有的平衡或实现再平衡。[①]

尽管有观点认为多边贸易体制的报复制度有缺陷,[②]但报复对违反义务方还是具有重要的制约作用的。典型的例子是美国的钢铁保障措施案,在欧盟威胁将对美国征收报复性关税后不久,美国总统宣布撤销该保障措施。此后还有其他一些重要案例也是由于违反方因受到报复而撤销其措施或与申诉方达成双方同意的解决方案的。[③] 对于美国 232 节措施,有关利益受损的成员方依据《保障措施协定》采取相应的报复措施虽然仅是补偿性的,但对限制国家安全措施的滥用的违反行为也具有一定的制约作用。该措施虽使美国的钢铝产业受到保护,但钢铁产品进口企业以及其他相关产业和消费者会由于其他国家采取的报复措施而受损。与此同时,该措施也会因违反义务而使美国的声誉受到损害,美国也得为此付出相应的成本和代价。

三、维护多边贸易体制符合所有成员方的长远安全利益

前面谈到,多边贸易体制的国家安全例外条款是狭义的、仅涉及国防军事安全的几种特殊的例外情形,那么,在经济对国家安全影响加大的情况下,成员方的安全利益是否会受到影响?维护多

① DSU 第 3.3 条强调,保持各成员权利和义务的适当平衡是必要的。

② 有观点认为,WTO 的报复有以下不足之处或缺陷:实施报复的成员方也会因为所采取贸易限制措施伤害自己,“搬起石头砸自己的脚”;报复与 WTO 鼓励贸易自由化的基本原则相背离;发展中国家中的小国和最不发达国家没有报复的能力等。参见[美]约翰·H. 杰克逊:《国家主权与 WTO:变化中的国际法基础》,赵龙跃、左海聪、盛建明译,社会科学文献出版社 2009 年版,第 227 ~ 228 页;Michalle Limenta, *WTO Retaliation, Effectiveness and Purposes* (Bloomsbury Publishing,2020),pp. 49 – 58。

③ 例如,在 COOL 案争端中,在争端解决机构(DSB)授权加拿大和墨西哥进行报复的几天后,美国通知争端解决机构会议,COOL 法规已被美国国会废除。在伯德修正案争端中,美国废除了《伯德修正案》,作为对欧洲共同体、日本、加拿大和墨西哥采取的报复措施的回应。See Michalle Limenta, *WTO Retaliation, Effectiveness and Purposes*, pp. 147 – 148.

边贸易体制对成员方国家安全的意义何在?

实际上,多边贸易体制对于成员方的国家安全来说,是一种互补关系。虽然从多边贸易体制协定文本看,其宗旨和目标主要是提高世界经济福祉,并非维护成员方的国家安全,但有学者早就指出,"GATT 最初的主要目标是双重的,即维护和平和促进世界经济发展,提高世界福祉,而这两者又是相互关联的"①。因此,维护多边贸易体制不仅不会妨碍成员方的国家安全,而且对保护成员方的长远安全利益意义重大。

(一)多边贸易体制有助于促进成员方的经济增长,实现互利共赢

从经济的角度看,国家安全一般取决于国家的经济实力(或能力)与外部经济环境。国家的经济实力是国家安全的基础。国家经济实力的提升需要维持适当的和安全的经济增长。维持经济增长的条件之一是保持及加强与世界市场的联系。通过国际经贸交往,有关国家可以在国际分工的基础上互通有无,发挥各自的比较优势,其企业在对外经济交往与合作中也可提高竞争力并促进前沿技术的应用,从而促进本国乃至全球经济发展,增强国家的经济实力。在闭关锁国、自给自足的情况下,国家经济是难以得到持续增长的,②国家安全也就缺乏经济保障。

多边贸易体制支持的自由贸易制度有利于促进成员方的经济增长和互利共赢。自由贸易并非贸易保护主义者所说的零和博弈。③ 从经济学理论上看,零和博弈是重商主义的思维,以亚当·

① [美]约翰·H.杰克逊:《国家主权与 WTO:变化中的国际法基础》,第 102 页。

② 著名的经济学家保罗·萨缪尔森就曾谈到,"那些执行自给自足战略,试图生产绝大部分消费品的国家,却发行自己的经济走上了停滞之路"。参见[美]保罗·萨缪尔森、[美]威廉·诺德豪斯:《经济学》(第 19 版)(上册),萧琛等译,商务印书馆 2012 年版,第 45 页。

③ 美国特朗普政府认为中国与世界上其他国家的贸易陷入了"零和博弈"。参见《中方回应美官员"陷入零和博弈"言论:美应有最起码责任感》,载搜狐网,https://www.sohu.com/a/242403396_123753,最后访问时间:2022 年 1 月 1 日。

斯密和大卫·李嘉图为代表的古典经济学早就对重商主义进行了批驳。亚当·斯密指出,自由贸易"虽不必同样有利益于两国,但必于两国有利益"。[①] 大卫·李嘉图则以其比较优势理论为据,进一步论证了国际贸易不是零和博弈,而是正和博弈。[②] 20 世纪 80 年代后产生的国际贸易新理论也认为贸易不是一个零和博弈,它可以使参与贸易的各国都有机会获利。[③] 有学者指出:"大多数经济学家并不将贸易视为在每个双边贸易关系中都有一个赢家和一个输家的零和博弈。相反,大量文献支持相反的观点,即双边贸易关系中的双方都可以受益,而在多边平面上,在适当条件下,贸易可以对许多国家有利而不损害其他国家。"[④]从实践的角度看,已有不少实证研究表明,贸易量的增长与多边贸易自由化相关。[⑤]

更为重要的是,多边贸易体制支持的自由贸易是以对等互惠原则为基础的。[⑥] GATT 通过多轮回合的谈判,达成了一系列的对等互惠安排,实质性削减了关税和其他贸易壁垒,促进了贸易自由

---

① [英]亚当斯密:《国富论》(下),第 51 页。

② [英]彼罗·斯拉法主编:《大卫·李嘉图全集》第 1 卷《政治经济学及赋税原理》,郭大力、王亚南译,商务印书馆 2013 年版,第七章"对外贸易"。

③ 该理论在继承古典国际贸易理论(比较优势理论)的基础上,进一步从规模报酬递增、经验的积累、技术革新、企业生产率等方面对国际贸易进行阐释,发展了国际贸易理论。该理论的代表人物克鲁格曼认为:"传统的贸易分析和新的分析在某些重要方面有异曲同工之处,两种分析都认为贸易不是一个零和博弈,它可以使参与贸易的各国都有机会获利。"……新贸易分析的不同之处是关于资源配置的变动是否重要,是否存在战略性部门的问题。参见[美]保罗·克鲁格曼主编:《战略性贸易与国际经济》,海闻等译,中信出版集团 2016 年版,第 14 ~23 页。

④ Daniel C. K. Chow and Ian Sheldon,"Is Strict Reciprocity Required for Fair Trade?", (2019) 59 *Vanderbilt Journal of Transnational Law* 1,p. 41.

⑤ 最近的一项研究发现,如果考虑到 WTO 成员最惠国待遇的影响,加入多边贸易体制的影响平均大于先前估计的:加入 GATT/WTO 使成员之间的贸易增加了 171%,成员与非成员之间的贸易增加了约 88%;WTO 的价值远不止诸如降低关税和防止全球贸易战等关键成就,而且还可以提高确定性和透明度,从而促进贸易和投资。See Robert Koopman *et al.*, "The Value of the WTO",(2020) 42 *Journal of Policy Modeling* 829,pp. 829 –849.

⑥ 对等互惠在国际法中发挥着重要作用,相互对等主要强调有关国家间权利与义务的对等。See Robert Kolb,*Theory of International Law* (Hart Publishing,2016),pp. 401 –412.

化。缔约方的对等互惠并不是美国前总统特朗普所说的单个产品的关税的税率对等。[①] WTO 的关税表是复杂的工具,反映了关于一揽子总体减让的协议,其中某些商品的较高关税税率可能被其他商品的较低关税税率所抵消。[②] 除关税外,市场准入承诺也是一揽子对等互惠减让和其他义务中的重要内容,各成员方据此能在关税减让和市场开放等一揽子协议范围内相互受益。这种以对等互惠原则为基础的自由和开放的贸易制度与规则,无疑有助于促进成员方的贸易发展和经济增长,从而可以增强成员方的经济实力,有利于成员方的国家安全。

(二)以非歧视原则为基石的多边贸易体制为成员方营造了公平贸易环境

国际贸易虽然是互利的,但有经贸交往也就会有竞争和矛盾冲突。由于各种因素特别是有关国家政策的影响,国际经贸交往和竞争也可能对国家的有关产业、就业带来不利影响,例如,国际贸易中的歧视待遇通常会引发或激化有关国家间的矛盾和冲突,引发贸易争端甚至军事战争。“二战”前,世界各国在经济上各行其是,经济民族主义占据主导地位,各国为维护本国经济利益竞相采取越来越高的保护性关税措施,以邻为壑,丛林法则,这种状况是引发战争的重要原因之一。

两次世界大战的历史经验教训表明,建立稳定的国际经济合作机制,有利于保障国际社会成员的和平和安全。战后国际秩序的规划者就认为,导致上一次合约破裂的一个主要原因就是未能

---

① 特朗普认为,中美有关产品的关税不对等,例如,对于汽车的进口关税,美国是2.5%,而中国是25%,是不公平贸易的表现,因此,美国应将中国汽车的进口关税也提高到25%。参见《外交部回应美在对外贸易中追求“对等”:对等和公平不能自说自话》,载中国政府网,http://www.gov.cn/xinwen/2018-04/19/content_5284128.htm,最后访问时间:2022年1月1日。

② See Chow and Sheldon, “Is Strict Reciprocity Required for Fair Trade?”, pp. 29-42.

妥善处理经济问题,因此,他们在为更美好的世界规划蓝图时格外强调经济问题。[①] 当时美国国务院的官员也为设立《国际贸易组织》和贸易自由化辩护,将其作为未来美国安全的关键要素。[②]

战后建立的多边贸易体制将非歧视原则(包括最惠国待遇和国民待遇原则)作为其基石。根据多边贸易体制的非歧视原则,所有缔约方,无论是发达的成员方还是发展中的成员方,都在此原则基础上享有权利和承担义务。尽管发展中国家各自的政治经济体制、社会结构、文化传统均差异较大,但多边贸易体制并没有因为这些差异而采取歧视态度,也没有排斥非市场经济成员。因为只要是在多边贸易体制规则基础上进行贸易,则其贸易行为无疑是公平的,对各有关成员方是互利的。这种建立在非歧视基础上的多边合作体制,有效地消除了国际贸易中的歧视待遇,为成员方营造了良好的公平贸易环境和竞争环境,防止了成员方的恶性贸易竞争和贸易战,维护了成员方的国家安全。战后 70 多年来国际社会的持久和平与繁荣与多边贸易体制是分不开的,其对国际和平与繁荣的贡献是有目共睹的。

值得注意的是,当前多边贸易体制的非歧视原则面临着新的挑战。美国等发达成员方以所谓"非市场经济"问题为由,要求改革 WTO,解决所谓非市场经济体的不公平贸易或不公平竞争问题。[③] 这实际上是想对所谓的非市场经济成员方采取歧视待遇,

---

① 参见[美]理查德·加德纳:《英镑美元外交:当代国际经济秩序的起源与展望》,符荆捷、王琛译,江苏人民出版社 2014 年版,第 40、43 页。美国谈判代表怀特在提交其关于稳定基金和复兴银行的一份早期草案时宣称:"……如果没有大国间高度经济合作,那么接下来的十年中,将必然会导致经济战争,以及随之而来、由其点燃的、可能是更大规模的军事战争。"

② See Pinchis-Paulsen,"Trade Multilateralism and U. S. National Security: The Making of the GATT Security Exceptions",p. 123.

③ See USTR,2019 *Trade Policy Agenda and* 2018 *Annual Report of the President of the United States on the Trade Agreements Program*, March 2019,pp. 101 – 102. https://ustr.gov/sites/default/files/2019_Trade_Policy_Agenda_and_2018_Annual_Report.pdf (Last visited January 1,2022).

其后果必然会加剧成员方的矛盾和冲突,损害多边贸易体制营造的公平贸易环境,给成员方的国家安全带来不利影响。因此,有关成员方还是应在多边贸易体制内,依据非歧视原则来解决其贸易冲突。例如,在贸易救济方面,有关发达成员方应放弃与 WTO 规则不一致的歧视性做法,维护多边贸易体制建立的公平竞争秩序。① 在国有企业与补贴规则改革方面,成员方也应坚持多边贸易体制的非歧视原则,不应为所谓非市场经济体的国有企业及补贴单独设定规则。②

(三)多边贸易体制为成员方维护其国家安全利益提供了政策空间

虽然随着全球化的发展,国家安全涉及的范围越来越宽泛,非传统安全问题(包括经济安全)更为突出,但多边贸易体制并不会

① 在贸易救济方面,多边贸易体制对于某些可能导致不公平贸易行为提供的救济措施,如反倾销、反补贴、保障措施等,一视同仁地适用于所有成员方,从而有力地维护了成员方的公平贸易。对于所谓的非市场经济问题,多边贸易体制除缔约方以注释的方式对 GATT 第 6.1 条增加一条关于反倾销的价格可比性问题的说明外,并没有其他特别不同的规定。然而,美国等发达成员方随后对非市场经济国家适用一套特殊的规则和待遇,包括反倾销替代国比价方法、反倾销和反补贴措施合并使用、扩大解释补贴主体"公共机构"的范围等,其中有些措施严重超出了贸易救济的范围或程度,成为打压所谓非市场经济成员方的重要武器,明显与多边贸易体制规则不符,并已被 WTO 争端解决机构裁定为与 WTO 规则不一致。See *United States-Definitive Anti-Dumping and Countervailing Duties on Certain Products from China*, Report of the Appellate Body, WT/DS379/AB/R, 11 March 2011, para. 611.

② 国有企业并不是所谓非市场经济体独有的现象,发达和发展中的市场经济体都存在国有企业和补贴问题。例如,美国与欧盟都存在某些扭曲竞争的补贴,近些年来美国与欧盟间就空客与波音飞机补贴发生争端,就是一个典型的事例。WTO 争端解决机构于 2019 年 10 月授权美国对欧盟飞机补贴采取反制措施,征收近 75 亿美元的关税;又于 2020 年 10 月授权欧盟对美国飞机补贴采取反制措施,征收近 40 亿美元的关税。美欧双方则于 2021 年 3 月 5 日达成相关中止关税的协议。See European Commission, *EU and U. S. Agree to Suspend All Tariffs Linked to the Airbus and Boeing Disputes*, Press Release, 5 March 2021, Brussels, https://ec.europa.eu/commission/presscorner/detail/en/IP_21_1047 (Last visited January 1, 2022). 可见,所谓国有企业及补贴问题并不是多边贸易体制成员方竞争与合作的障碍,更不是挑战多边贸易体制的理由。

妨碍成员方为维护其国家安全利益采取必要的措施。

多边贸易体制对成员方保护其“基本安全利益”与非基本安全利益的措施是有区别的。前面谈到，在规定的特定情形下，多边贸易体制允许成员方援引国家安全例外条款，采取其认为必要的措施来保护其国家基本安全利益。对于国际贸易中其他某些可能影响成员方一般安全利益的情形，国家安全例外虽不适用，但成员方可利用贸易救济规则和其他例外条款来维护其权益。例如，国际贸易中与国家安全利益关系较为密切的一个问题是产业保护问题。为了防止成员方的产业由于不公平贸易行为而受到实质损害或实质损害威胁，多边贸易体制对此提供了相应的贸易救济措施，如反倾销、反补贴、保障措施等，成员方可依据多边贸易协定采取有关贸易救济措施来保护其相关产业。

成员方还可以依据多边贸易体制的其他例外条款采取措施，以维护其他有关的安全利益。例如，为应对此次新冠肺炎疫情，有些成员方对某些卫生产品，如口罩、药品等，采取某些贸易限制措施，这种情形可能符合 GATT 第 20 条“一般例外”中的公共健康例外；对于国际收支问题，成员方可依据 GATT 第 12 条的规定，为保障其对外金融地位和国际收支，限制允许进口商品的数量和价值。

此外，多边贸易体制作为一个缔约方磋商和谈判的场所和国际合作平台，还可以就事关缔约方安全利益的一些重要问题进行磋商和谈判，达成共识，共同应对国家安全方面的新的问题与挑战。①

（四）WTO 争端解决机制为维护成员方的安全利益提供了保障

妥善解决成员方间贸易争端，消除国际的紧张关系并避免冲

① 例如，对于服务和数字贸易这样的新问题，既涉及数字经济的发展，也涉及数据安全和网络安全问题，缔约方若能在多边贸易体制内谈判达成协议，对于数字经济的安全与发展无疑具有重要促进作用。

突甚至战争,对于成员方的国家安全来说至关重要。如果多边贸易体制缺乏一个有效的争端解决机制,成员方对其采取的贸易措施是否违反义务或者对他方违法义务的行为采取报复,均由其自行裁量决定,那么,争端解决基本上就只能依赖成员方各自的"实力地位"或"权力导向",多边贸易体制就无法成为一个对成员方具有约束力的制度,多边经济贸易合作也就无法健康发展,成员方的经济安全利益也就无法得到保障。

多边贸易体制的一个重要特色或支柱,是建立了强有力的争端解决机制。① WTO 争端解决是依规则进行的,争端解决机构的建议和裁决"不能增加或减少涵盖协定所规定权利和义务",这种"规则导向"的争端解决机制,"在为多边贸易体制提供可靠性和可预见性方面是一个中心要素",②它对于多边贸易体制规则的有效执行、对于保护成员方在涵盖协定项下的权利和义务、维护公平竞争的环境和秩序、促进全球经济稳定和繁荣,发挥了重要作用。

尽管 WTO 争端解决机制存在某些问题并需要改进,③但总体来说该机制运行是良好的。④ 因此,维护多边贸易体制就应尽力促使 WTO 争端解决机制早日恢复正常运转,否则,会使目前的规

① 参见《马拉喀什建立世界贸易组织协定》附件 2《关于争端解决规则与程序的谅解》第 22、23 条。

② 《关于争端解决规则与程序的谅解》第 3.2 条。

③ 美国对 WTO 上诉机构的批评包括:上诉机构未能遵守 DSU 规定的相关程序性要求;在具体案件中对 WTO 涵盖协定的实体性解释存在越权问题,从而增加或缩减了 WTO 成员的贸易权利或义务;上诉机构报告中存在过多与案件本身无关或当事人并未上诉的问题;上诉机构将其裁决视为先例,超越了 WTO 成员授予它的权力等。但实际上最主要的原因是,在有关中国和其他国家对美国依据反倾销和反补贴税法采取的措施仲裁 WTO 提出异议的案件中,上诉机构对 WTO 法律的解释限制了美国的政策,美国又无法在政治上阻止上诉机构裁定的通过。See USTR, 2018 *Trade Policy Agenda*, https://ustr.gov/sites/default/files/files/Press/Reports/2018/AR/2018%20Annual%20Report%20V.pdf (Last visited January 1, 2022).

④ 自 1995 年至 2021 年年底,共有 607 起争端提交给 WTO 争端解决机构,其中有 350 多起做出了裁决。参见 WTO 网站,https://www.wto.org/english/tratop_e/dispu_e/dispu_e.htm,最后访问时间:2022 年 1 月 1 日。

则导向的贸易制度后退到权力导向的制度,①损害成员方的长远安全利益。就连美国政府重要智库"美国外交协会"的专家2020年7月在美国参议院金融委员会作证时也强调,美国现在需要一个经过改革的WTO,因为美国从WTO及其争端解决体系中所得到的远远大于损失,而WTO改革需要从争端解决制度开始,恢复该制度的平衡。②

由上可见,从维护成员方长远安全利益的角度看,多边贸易体制是任何其他协定不可取代的,成员方在多边贸易体制下进行合作才是正确的选择。③

结 论

国家安全关系到国家主权和基本利益,因而多边贸易体制将其作为例外,缔约方可以采取其认为对保护其基本国家安全利益所必需的任何行动,而不用承担违反多边贸易体制义务的责任。

尽管GATT第21条"安全例外"属于成员方自行判断的条款,但若是否构成例外完全由援引方自行裁定,则可能发生不当使用或滥用,危及多边贸易体制。因此,WTO争端解决机构对GATT第21条例外条款也应具有一定的审查权,即主要对第21条(b)款中所列举的客观情形进行审查确定,并注意在防止扩张性解释与尊重成员方自行判断权间实现平衡。

---

① See Gregory Shaffer, "A Tragedy in the Making? The Decline of Law and the Return of Power in International Trade Relations", (2018) 44 *Yale Journal of International Law* 37.

② See Council on Foreign Relations, *The United States Needs a Reformed WTO Now*, Prepared Statement by Jennifer A Hillman, Before the Committee on Finance, United States Senate, 116th Congress, Second Session, July 29, 2020.

③ 国际关系学者中早就有人对合作与国际机制理论进行了讨论和分析,认为对于多边合作来说,破坏一个现行机制比较容易,但要建立一个新的国际合作机制则是十分困难的,遵守机制中的规则才是理性的。参见[美]罗伯特·基欧汉:《霸权之后:世界政治经济中的合作与纷争》,第86~109页。

虽然如何履行多边贸易体制的义务以及争端解决机构的裁定是成员方自己酌情处理的事,但成员方若不善意履行国际义务,不当使用或滥用国家安全例外,就应该承担相应的责任,利益受损的成员方可通过补偿或报复寻求救济或实现再平衡。报复或反制措施对违反方具有重要的制约作用。

实际上,成员方要维护其国家安全,离不开国际合作,离不开多边贸易体制。因为从长远来看,没有多边贸易体制这样一个稳定的国际经济合作机制,成员方的基本安全利益也难以得到保障。中美两国作为多边贸易体制最为重要的成员方,应按照多边贸易体制的宗旨、原则和规则行事,维护多边贸易体制的非歧视、开放、互惠等核心价值观,在多边贸易体制下通力合作,促进互利共赢,为促进国际和平与发展作出应有的贡献。

How to Properly Handle the Relationship between National Security and the Multilateral Trading System

YU Jinsong

Abstract: In recent years, the United States has taken unilateral trade protection measures on the grounds of national security to launch trade wars against China and other countries, posing a serious challenge to the multilateral trade system. Therefore, how to properly handle the relationship between national security and the multilateral trading system is an important problem that the international community needs to face and solve. This article considers that the proper handling of this relationship requires the correct interpretation and application of GATT Article 21 security exceptions to prevent misuse or abuse of the exception; the members' abuse of the security exception and their failure to fulfill the obligations of the multilateral trading system may be restricted by compensation or retaliatory measures; the multilateral trading system and the national security of its members are complimentary to each other, and safeguarding the multilateral trading system conforms to the long-term national security interests of all members.

Key Words: national security; multilateral trading system; WTO dispute settlement body; the principle of non-discrimination

国际刑法的解释与适用

——联合国临时刑庭的实践*

刘大群**

摘要：联合国临时刑庭（前南国际刑庭和卢旺达国际刑庭）已经结束了司法审判工作。在其存在的20多年里，前南国际刑庭和卢旺达国际刑庭不但审理了许多历史上最复杂、最严重的国际犯罪，还成功地采用了各种方法对国际刑法作出详尽的解释，解决了法律适用方面的诸多难题，如在解释和适用法庭规约和条约时，采用了《维也纳条约法公约》第31条到第33条所提供的方法，主要是依其用语按上下文解释和参照目的与宗旨的解释方法。法庭不但适用了习惯国际法规则，还对习惯国际法的辨别、评价和适用采用了方法论中的归纳法与演绎法；对于一般法律原则，法庭根据案件的具体情况，鉴别可以移植到国际刑法之中的一般法律原则以及采用类比推理的方法，为国际刑法的解释与适用作出了重大贡献，也为其他国际刑事法庭，特别是国际刑事法院提供了宝贵经验。

关键词：解释与适用；《维也纳条约法公约》；归纳法与演绎法；习惯国际法；一般法律原则

---

* 本文仅为个人观点，并不代表任何团体或实体，也不代表前南国际刑庭和联合国国际刑庭余留机制的观点。

** 联合国国际刑庭余留机制法官。

2017年11月29日，“起诉应对1991年以来前南斯拉夫境内所犯的严重违反国际人道主义法行为负责的人的国际法庭”（以下简称前南国际刑庭）的上诉庭对波里奇等人案件作出了最终判决，从而结束了前南国际刑庭长达24年之久的审判活动。① 在此之前，卢旺达国际刑庭审判庭已于2012年12月20日对最后一个案件作出了判决。②两个法庭余下的司法工作移交给了联合国国际刑事法庭余留机制处理。③

联合国安理会成立临时国际刑事法庭（以下简称联合国临时刑庭）是人类历史上具有划时代意义的重大事件，④它标志着在国际社会中有罪不罚的时代已经远去。前南国际刑庭和卢旺达国际刑庭敢于向犯下严重国际罪行的领导者问责，而不论其是国家元首、政府首脑或军队的领导人，使传统的战争犯罪免责的情形得以终结。⑤ 联合国临时刑庭严惩了犯下严重国际罪行的罪犯，为受害人伸张了正义，对未来的国际犯罪起到一定的遏制作用，有利于促进前南地区的民族和解与国家重建，有利于维护国际和平与安全，推动了国际法治的发展。联合国临时刑庭可谓是世界上最有效的法庭，前南国际刑庭共起诉了161名被告，所有被告都已被缉

---

① See Prosecutor v. Jadranke Prlic, Appeals Chamber Judgment, ICTY, IT-04 – 74-A, 29 November 2017.

② See Prosecutor v. Ngirabatware, Trail Chamber Judgment, ICTR, ICTR-99 – 54, 20 December 2012.

③ 联合国国际刑事法庭余留机制（International Residual Mechanism for Criminal Tribunals, IRMCT），是联合国安理会根据联合国安理会1966号决议设立的国际法庭，负责处理前南斯拉夫问题国际刑事法庭（ICTY）和卢旺达国际刑事法庭（ICTR）结束工作后，各自余留下的工作。See International Tribunal for the Prosecution of Persons Responsible for Serious Violations of International Humanitarian Law Committed in the Territory of the Former Yugoslavia since 1991 International Criminal Tribunal for the Prosecution of Persons Responsible for Genocide and Other Serious Violation, S/RES/1966 (2010).

④ 联合国临时国际刑事审判机构系指根据联合国安理会决议所成立的前南国际刑庭和卢旺达国际刑庭。

⑤ See Larry D. Johnson, “Ten Years Later: Reflections on the Drafting”, (2004) 2 *Journal of International Criminal Justice* 368.

拿归案。[①] 卢旺达国际刑庭逮捕了83名犯罪嫌疑人,只有3人还没有找到下落。[②] 在没有自己的警察和执法人员的情况下,这是一个了不起的成就。

前南国际刑庭与卢旺达国际刑庭刚刚成立的时候,除了纽伦堡法庭与东京法庭的判例外,几乎没有什么可以遵循的先例。大多数国际人道主义法与国际刑法的国际公约都是在第二次世界大战以后才制定的,在国际法庭上很少有适用的机会,如《日内瓦公约》和两个附加议定书,以及《防止及惩治灭绝种族罪公约》和《禁止酷刑和其他残忍、不人道或有辱人格的待遇或处罚公约》等。而且,国际公约在立法上有一个致命的缺陷:词义含糊、定义不清。由于这些国际公约都是上百个国家经过长期谈判后的成果,为了达成一致通过的协议,照顾各国的利益,谈判各方都做了妥协与让步,结果是许多用语和定义变得模棱两可、模糊不清,甚至对一些关键词汇和用语都没有做出定义或解释。例如,《日内瓦公约》是关于在战争期间保护平民和战争受害者的国际公约,被誉为武装冲突期间的人权法,但《日内瓦公约》和两个附加议定书都没有对武装冲突作出明确的定义,[③]其含义只能在法院审理具体案件和适用法律时,由法官进行解释与澄清。在此过程中,法官不可避免地要利用各种方法对各法庭规约的条文、国际公约中的规定、国际习惯法以及一般法律原则进行解释和适用。

一、依其用语、上下文和目的的解释方法

在解释与适用法庭规约和条约的过程中,法庭通常最先适用

---

① See About the ICTY, https://www.icty.org/en/about (Last visited December 24, 2021).

② See ICTR Milestones, https://unictr.irmct.org/en/ictr-milestones (Last visited December 24, 2021).

③ See Geneva Convention for the Amelioration of the Condition of the Wounded and Sick in Armed Forces in the Field of August 12th 1949, United Nations Treaty Series, Vol. 75, p. 31.

的是《维也纳条约法公约》(以下简称《条约法公约》)第31条到第33条的规定。国际法院在多个案件中指出,《条约法公约》第31条对条约解释的规定本身就已成为习惯国际法。[①] 第31条第1款短短一句话里规定了解释条约的五种方法,一是依其用语解释,二是按其上下文解释,三是参照条约之目的和宗旨解释,四是按通常意义解释,五是善意解释。[②] 言简意赅,堪称立法典范。

联合国临时刑庭在审理案件的过程中充分利用了该条所规定的各种方法,解决了国际刑法,特别是国际人道主义法中长期得不到解决的问题,如国际法庭是否有权审理发生在非国际性武装冲突的战争罪的问题。《卢旺达国际刑庭规约》第4条明确规定了法庭可适用《日内瓦公约》共同第3条和第二附加议定书,表明该条适用于非国际性武装冲突中的战争罪,而《前南国际刑庭规约》却没有对法庭是否对发生在非国际性武装冲突的战争罪具有管辖权作出明确规定。在前南国际刑庭审理的第一个案件——塔迪奇案中,被告对法庭管辖权提出了质疑,一并提出的有关法律适用的问题还有:前南国际刑庭的规定是否只涉及国际性的武装冲突?如何解释适用《前南国际刑庭规约》第3条?国际法庭是否有权惩罚发生在非国际性武装冲突中的战争罪?[③] 被告提出这些问题的理由是,在前南国际刑庭成立之前,国际社会认为发生在非国际性武装冲突中的战争罪并不是国际犯罪。

为了回答这些问题,前南国际刑庭上诉庭适用了《条约法公约》第31条到第33条的规定,特别是依据了按其用语解释、按上

① See Kasikili/Sedudu Island (Botswana/Namibia), Judgment, I. C. J. Reports 1999, p. 1045, para. 18; Sovereignty over Pulau Ligitan and Pulau Sipadan (Indonesia/Malaysia), Judgment, I. C. J. Reports 2002, p. 625, para. 37.

② See Vienna Convention on the Law of Treaties, adopted 22 May 1969, entered into force 27 January 1980, United Nations Treaty Series, Vol. 1155, p. 331.

③ See Prosecutor v. Tadić, Decision on the Defence Motion for Interlocutory Appeal on Jurisdiction, ICTY, IT – 94 – 1 – AR72, 2 October 1995 (hereafter "Tadić Appeal Decision on Jurisdiction"), p. 28.

下文解释和目的与宗旨的解释方法。对于《前南国际刑庭规约》第3条“违反战争法和惯例的行为”,上诉庭认为“在解释这个短语的含义与指向时,必须把《规约》作为一个整体来对待,对《规约》系统性的解读表明各种条款,在表示国际刑庭的目的和任务时或定义其职能性时都提及了对国际人道主义法的‘严重违反’”。①上诉庭指出:“按第3条的用语解释表明:1. 该款涉及广泛范畴的罪行,即所有‘违反战争法和惯例的行为’;2. 第3条所规定的这些罪行只是标示性的,而不是穷尽的。”②“第3条是最基本的条款,规定国际法庭必须起诉这些‘严重违反国际人道主义法’的罪行。换言之,第3条起到了兜底的作用,以确保严重违反国际人道主义法的罪行都在国际法庭的管辖之下。”③上诉庭进而以宗旨与目的的方式解释了《前南国际刑庭规约》第3条。上诉庭指出:“如果解释正确,第3条完全实现了建立国际法庭的初衷,即不放过任何一个犯有‘严重违反’罪行的人,而不论此种罪行是在何种情势下实施的。”④上诉庭还列出了适用《前南国际刑庭规约》第3条的四个标准:“1. 违法行为必须构成对国际人道主义法规则的侵犯;2. 该规则必须属于习惯法的性质,如果属于条约法,必须满足所需要的条件;3. 违法行为必须‘严重’,即必须构成对受保护的重要价值的侵害并对受害者造成严重后果……;4. 根据习惯法或条约,对规则的违反必须能产生违反者的个人刑事责任。”⑤根据以上分析,上诉庭得出结论,“严重违反”的罪行发生在国际性或国内武装冲突中并不重要,重要的是能否满足上述条件。⑥“根据联合国安理会的意愿以及对《前南国际刑庭规约》第3条逻辑地和有系统

① Tadić Appeal Decision on Jurisdiction, para. 90.
② Tadić Appeal Decision on Jurisdiction, para. 87.
③ Tadić Appeal Decision on Jurisdiction, para. 91.
④ Tadić Appeal Decision on Jurisdiction, para. 92.
⑤ Tadić Appeal Decision on Jurisdiction, para. 94.
⑥ See Tadić Appeal Decision on Jurisdiction, para. 95.

地解释后,上诉庭得出的结论是国际刑事审判机构对非国际性武装冲突中严重违反国际人道主义法的行为具有管辖权。"①

按条约用语和上下文解释的另一案例是前南国际刑庭关于指挥官责任的争论。早在2001年,前南国际刑庭审判庭在考迪奇和瑟尔克兹案中就指出:"犯罪发生后,就产生了惩罚犯罪的责任。在罪行发生后才上任的指挥官同样负有对犯罪予以惩罚的责任。这项对犯罪应给予惩罚的义务至少包括,在指挥官自己没有惩处权的情况下,负责对犯罪进行调查以查明事实,并将犯罪报告给主管部门。"②

然而,2003年7月16日,上诉庭在哈基哈桑诺维奇案中做出的判决以3:2的多数票推翻了上述裁定:"在研究了上述主张后,上诉庭认为,根据(前南国际刑庭)《规约》第7条第3款的规定,法庭不能因被告未能对下属在其就任之前实施的犯罪行为进行处罚提出指控。"上诉庭意识到,在这个问题上的看法可能会有所不同。不过,上诉庭认为,只有当所指控的犯罪在发生时就已经有相关习惯法存在的情况下,该法庭才能判定被告应承担刑事责任。如对此有疑问,法庭就不能判定被告要负刑事责任,以示对"罪刑法定"原则的充分尊重。③

指挥官的责任是国际刑法中久已确立的一项重要原则,即指挥官如果知道或有理由知道其下属将要或已经实施了犯罪而不加以制止或其下属犯罪后不予以惩罚,那么,该指挥官就要承担刑事

---

① Tadić Appeal Decision on Jurisdiction, para. 86.

② Prosecutor v. Dario Kordić and Mario Čerkez, Trial Chamber Judgment, ICTY, IT – 95 – 14/2 – T, 26 February 2001, para. 446.

③ See Prosecutor v. Enver Hadžihasanović, Mehemd Alagić and Amir Kubura, Appeals Chamber Decision, ICTY, IT – 01 – 47, 16 July 2003, para. 51.《前南国际刑庭规约》第7条第2款规定:"如果一个部下犯下本规约第2至5条所指的任何行为,而他的上级知道或应当知道将有这种犯罪行为或者已经犯罪而上级没有采取合理的必要措施予以阻止或处罚犯罪者,则不能免除该上级的刑事责任。"

责任。[①] 在哈基哈桑诺维奇案中,上诉庭的大多数法官认为,指挥官只有在对直接犯罪人实施犯罪时具有有效控制,而没有防止犯罪的发生,或在犯罪后没有惩罚犯罪人的情况下,才承担刑事责任。[②] 但其他有些法官却认为,指挥官与其下属之间存在上下级关系与犯罪并不一定要同时并存,需要同时并存的是指挥官对其下属具有有效的控制和指挥官没有对犯罪进行惩罚。[③] 否则的话,如果指挥官离任了,或在战斗中死亡了,新上任的指挥官不对其下属进行处罚,也不会承担刑事责任。卢旺达国际刑庭审判庭在恩丁蒂利耶玛纳案中也表达了同样的观点。[④]

前南国际刑庭上诉庭持少数意见的法官重新研究了多数法官所使用的法律资料,并依其用语、按其上下文重新解释了指挥官责任的原则。这些资料包括《日内瓦公约》第一附加议定书第 86 条第 2 款和第 87 条、联合国国际法委员会的报告、《危害人类和平及安全治罪法草案》(以下简称《治罪法草案》)第 6 条、[⑤]《国际刑事法院罗马规约》第 28 条的规定以及塞利比奇案的上诉判决书等。他们发现多数法官对第一附加议定书第 86 条第 2 款的解读脱离了上下文,该条并不支持多数法官的观点。而且,国际法委员会编纂的《治罪法草案》在国际法上并不具有约束力,只能作为参考或辅助性的资料,尽管它的一些条款可以作为习惯国际法存在的证

---

① See Prosecutor v. Delalic et al. , Trial Chamber Judgment, ICTY, IT – 96 – 21 – T, 16 November 1998, para. 346.

② See Prosecutor v. Enver Hadžihasanović, Mehemd Alagić and Amir Kubura, Appeals Chamber Decision, ICTY, IT – 01 – 47, 16 July 2003, para. 52.

③ See Prosecutor v. Enver Hadžihasanović, Mehemd Alagić and Amir Kubura, Appeals Chamber Decision, Separate and Partial Dissenting Opinion by Judge Hunt, ICTY, IT – 01 – 47, 16 July 2003, para. 8.

④ See Prosectutor v. Ndindliliymana, Trial Chamber Judgment and Sentence, ICTR, ICTR – 00 – 56 – T, 17 May 2011, paras. 1960 – 1961.

⑤ See Report of the Commission to the General Assembly on the Work of Its Forty-eighth Session, *Yearbook of International Law Commission*, 1996, A/CN. 4/SER. A/1996/Add. 1 (2011), Vol 1. II, Part 2, pp. 17 – 58.

据来澄清一些法律问题,但是,它毕竟只是一项草案,最多只能是代表了各大法系的法学专家的个人意见。《国际刑事法院罗马规约》第28条只是涉及“当前”和“将来”的犯罪,而不涉及过去的犯罪,因此,《国际刑事法院罗马规约》并不能证明习惯国际法在指挥官责任问题上的全面状况。①

对于指挥官责任通常的、依其用语的解读表明,该责任形式并没有排除新任指挥官不惩罚在其任职之前其下属所犯罪行的责任。设立指挥官责任的目的是确保武装部队能遵守战争法规和惯例,结束“有罪不罚”的现象,以及保护在武装冲突中受保护的人员与物体。这才是国际人道主义法的核心。上诉庭不应该发出一个错误的信号,指挥官能够轻易地规避其不惩罚其犯罪下属的责任。当指挥官担任了领导的职务,他不但承接了其前任的权利与特权,同样也继承了其前任的责任与义务。指挥官如果对其下属具有有效的控制,了解必要的情况,就有责任保证其下属的行为遵循国际人道主义法的规范,尊重战争法规和惯例。贾兵兵教授指出:“在这种情况下,重要的问题也许是指挥官何时得知下属犯罪的时间,而不是他何时就任为指挥官或建立了有效控制的时间。”②如果指挥官发现其下属的犯罪行为,无论犯罪发生在其任职期间,还是其前任任职期间,都必须采取必要的措施,予以惩罚。区别对待指挥官任职期间和其前任任职期间下属所犯的罪行,是没有根据的。可惜的是这种解读并没有被上诉庭大多数法官所接受,因此,还有待于国际刑事审判机构与国内法的案例进一步实践。

以目的与宗旨的方法解释《日内瓦公约》的最显著的案例集中表现在对平民人口的保护问题上。

---

① See Prosecutor v. Naser Orić, Appeals Chamber Judgment, Partially Dissenting Opinion and Declaration of Judge Liu, ICTY, IT – 03 – 68 – A, 3 July 2008, paras. 29 – 32.

② Bingbing Jia, “The Doctrine of Command Responsibility Revisited”, (2004) 3 *Chinese Journal of International Law* 1, p. 37.

《日内瓦公约》将武装冲突分为国际性的武装冲突和非国际性的武装冲突,对战争中的受害者采取了不一样的保护措施。这是由于在谈判的过程中,许多国家以国家主权为理由主张,在国内武装冲突中保护平民和战争受害者的责任主要是由主权国家承担的,国际社会不应过多干涉一国主权范围内的事宜。① 作为妥协,《日内瓦公约》中只有共同第3条和第二附加议定书中涉及在非国际性武装冲突中保护平民的问题。这在当时虽然是国际法上的一大进步,但现在看来,还是一个有失公平的法律制度。当前,非国际性的武装冲突有时比国际性的武装冲突更为惨烈,但是,国际法上对国内武装冲突中的平民的保护力度却大大弱于在国际性武装冲突中对平民的保护。为了纠正这种不合理的现象,前南国际刑庭上诉庭在塔迪奇案中,利用目的与宗旨的解释方法,详述了对"受保护人员"的立场:"对'受保护人员'的定义的法律方法应依赖于实质性的联系,而不是形式上的联系,这是在当代国际性武装冲突中最重要的特点。先前的战争都是爆发在久已建立的国家之间,而当代的战争主要是在族裔之间,如在前南斯拉夫,在战争中产生了许多新的国家,族裔而不是国籍应成为效忠的根据,或者换个方式表述,族裔应成为国家效忠的决定因素。在这种情况下,以国籍为标准并不足以保护平民……(日内瓦第三公约第4条)给予这种保护旨在依据实质性的联系,而不是其法律上的定性。"②

上诉庭在迪拉利奇案中指出,共同第3条"是在这个领域中的第一个旨在保护战时平民人口的条款",以国家主权为导向的处理方法已被以人为本的理念所替代。罗马法谚"一切法律都是为了人类的福祉"(*hominum causa omne jus constitutumest*)已逐渐在国际社会中站稳了脚跟。据此,在武装冲突的领域中,对人类而言,国家间的战争与国内战争的区分已丧失了价值。为什么当两个

① See Final Record of the Diplomatic Conference of Geneva of 1949, Vol. II – B, p. 326.

② Prosecutor v. Tadić, Appeals Chamber Judgment, ICTY, IT – 94 – 1 – A, 15 July 1999, paras. 166, 168.

国家进行武装冲突时,法律规定了在敌对暴力中保护平民,或禁止强奸、酷刑或任意毁坏医院、教堂、博物馆或私人财产,以及禁止引起不必要伤害的武器,而仅在一主权国家的领土上爆发的武装冲突中就没有这种禁止的法律和保护平民的条款?针对前南斯拉夫的具体情况,上诉庭认为,"族裔而不是国籍应是效忠的理由"。① 也就是说,对于平民人口的保护不再以国籍为根据,而是以平民人口的民族、族裔和种族为依据。这样,对在国际性的武装冲突中和在非国际性的武装冲突中的受难者,适用了同样的保护措施。

红十字国际委员会法律顾问瓦格纳曾指出:"引人注意的是,前南国际刑庭采取的目的论方法,既允许它规避对《日内瓦第四公约》第4条的严格适用,又允许它同时严格地援引人权法和人道法规则。前南国际刑庭在'切利比奇案'中,提到了这两种法律体制之间关系的'接近',该案认为'如果严格适用第4条关于国籍取得的要求,就会与整个人权的概念不和谐,后者是保护个人免遭其政府的暴行'。这样,在对国籍取得要求采取一种严格解释时,就会使现行双重保护机制陷入瘫痪。这个双重保护机制是:人权概念和人道法。"②联合国临时刑庭运用宗旨与目的的解释方法成功地在国际人权法和国际人道法之间达成了平衡,而没有拘泥于公约条文的传统词意。

---

① Prosecutor v. Delalić et al., Appeals Chamber Judgment, ICTY, IT – 96 – 21 – A, 20 February 2001, para. 172. Further note that the ICTY Appeals Chamber in Prosecutor v. Hadžihasanović et al., Decision on Interlocutory Appeal Relating to the Refreshment of the Memory of a Witness, ICTY, IT – 01 – 47 – AR72, 2 April 2004.

② Natalie Wagner, "The Development of the Grave Breaches Regime and of Individual Criminal Responsibility by the International Criminal Tribunal for the Former Yugoslavia", (2003) 85 *International Review of the Red Cross* 351.

二、对习惯国际法的识别与适用

为了更好地了解犯罪、犯罪形态或背景要素的含义,联合国临时刑庭不但要解释与适用各自规约中的规定,还要识别、解释和适用习惯国际法与一般法律原则,以确保法律的确定性、可知性和可预见性。

《国际法院规约》第 38 条第 1 款规定,习惯国际法也是国际法的渊源之一。该款第 2 项规定:"国际习惯,作为通例之证明而经接受为法律者。"《条约法公约》第 31 条第 3 款第 4 项规定,"适用于当事国间关系之任何有关国际法规则"也是条约解释时应与上下文一并考虑的,这自然也包括了对习惯国际法与一般法律原则的解释。这种解释方法特别考虑到习惯国际法和一般法律原则适用的特定环境与状况。判断习惯国际法的出现与存在依赖于国家实践与法律确信(*opinio juris*),这两个因素构成了习惯国际法存在的证据。前南国际刑庭审判庭在迪拉利奇案中明确指出,"习惯法的证据是国家的一贯做法和法律确信的存在"。[①]而联合国国际法委员会在其报告中使用了"一般实践"而不是"国家实践",扩大了识别与审查习惯国际法的范围,不仅包括国家实践,还包括国际组织的实践和国际法庭的法理与案例。[②] 这些法理与案例提供了习惯国际法存在、发展与适用的有力证据。联合国秘书长根据安理会通过建立前南国际刑庭的 808 号决议第 2 段所作出的声明指出:"秘书长认为,适用'法无明文不为罪'的原则(*nullum crimen sine lege*)要求国际法庭应适用毫无疑问已成为习惯法的国际人道主义规则,这样,就不会产生一些国家参加了某一特定公约,而一

① Prosecutor v. Delalić, Trial Chamber Judgment, ICTY, IT - 96 - 21 - T, 16 November 1998, paras. 302, 256.

② See International Law Commission, *Draft Conclusions on Identification of Customary International Law, with Commentaries*, A/73/10 (2018), pp. 117 - 156.

些国家没有参加的问题。这对起诉严重违反国际人道主义法的人的国际法庭尤为重要。”[①]可见,联合国临时刑庭是可以直接适用习惯国际法的,而且并不违反“法无明文不为罪”的原则。

联合国临时刑庭解释习惯国际法的过程涉及识别、澄清和评估这几个步骤,在这几个步骤中都会用到方法论中的两要素法,即“归纳法”(inductive approach)和“演绎法”(deductive approach)。“两要素法适用于在国际法的所有领域识别习惯国际法规则的存在及内容。这一点已得到各国惯例以及判例的证实,也符合国际法的统一性和一贯性。”[②]在识别习惯国际法规则的存在与内容时,一般使用归纳法,即从一般实践和法律确信中找出并识别出有关习惯国际法存在的证据。

对于适用于非国际性武装冲突的法律问题以及《日内瓦公约》共同第3条是否已成为习惯国际法规则的问题,前南国际刑庭上诉庭研究了国家实践和法律确信,包括国家的一般实践、联合国大会与联合国安理会的有关决议,以及有些国家的军队的军事手册,还参阅了《前南国际刑庭规约》的立法史(*travaux preparatoires*),包括各国政府在《前南国际刑庭规约》起草过程中所表达的意见,这些都表明了国家对编纂现存习惯国际法的意愿。在审查了各国实践、国际法庭与国内法庭的司法判例后,上诉庭得出结论:“一些条约规则已逐渐成为了习惯法的组成部分,1949年《日内瓦公约》共同第三条就是如此。”[③]不难看出,前南国际刑庭上诉庭得出这样的结论使用了归纳法。

上诉庭进一步指出:“在公约制定以后的一系列发展中,国家

---

① United Nations Security Council, Report of the Secretary-General Pursuant to Paragraph 2 of Security Council Resolution 808, S/25704 (1993), para. 34.

② International Law Commission, *Draft Conclusions on Identification of Customary International Law, with Commentaries*, A/73/10 (2018), p. 131.

③ Prosecutor v. Tadić, Appeals Chamber Judgment, ICTY, IT – 94 – 1 – A, 15 July 1999, para. 39.

明确表明了《日内瓦公约》共同第三条是适用于非国际性武装冲突的最低限度的强制性条款。国际法院已认定这些条款反映了'对人道的最基本的考量',根据习惯国际法,这些条款适用于任何性质的武装冲突,无论是国际性的武装冲突,还是国内武装冲突。"[①]因此,至少对适用《日内瓦公约》共同第3条中基本的条款,武装冲突的性质是无关紧要的。上诉庭的结论是,"习惯国际法对在非国际性武装冲突中发生的严重违反《日内瓦公约》共同第三条的行为,可以施加刑事责任"。[②]

关于对习惯国际法的澄清问题,在司法实践中,随着时代的发展和情势的变化,在某一特定领域,可能存在两种或两种以上的规则时,法官有责任通过分析国家实践和法律确信的有关证据来比较、分析与评估这两种各自主张的法律依据。在实践中,法庭经常使用的方式则是演绎法。其前提是习惯国际法规则业已存在,法庭需要决定的是哪一项规则更符合习惯国际法以及该规则的具体内容与构成要素。

帮助和唆使(aiding and abetting)是一种常见的责任模式(mode of liability),几乎在所有国家的国内法中都有规定,同时也移置到几乎所有国际刑事审判机构的规约之中。毫无疑问,帮助和唆使已成为一项习惯国际法的重要规则。但是,对于该犯罪形态的内涵与构成,联合国临时刑庭的法官却曾存在激烈的争论。

2013年2月27日,前南国际刑庭上诉庭大多数法官对佩利西奇案作出判决,推翻了审判庭对他的所有定罪,当庭宣布无罪释放。无罪释放的理由是审判庭在适用帮助和唆使的法律问题上犯了错误,因为审判庭认为"特定指向"(specific direction)不是帮助和唆使的行为要件。而上诉庭的大多数法官的观点是"'特定指

---

① Prosecutor v. Tadić, Appeals Chamber Judgment, ICTY, IT-94-1-A, 15 July 1999, para. 97.

② Prosecutor v. Tadić, Appeals Chamber Judgment, ICTY, IT-94-1-A, 15 July 1999, para. 98.

向'是帮助和唆使的行为要件(*actus reus*)"。"如果不能超出合理怀疑地证明被告行为的'特定指向',就不能对被告以帮助和唆使定罪。"①上诉庭作出以上判决的依据主要有两个。一是遵循先例。帮助和唆使的行为要素中必须具有"特定指向",源自前南国际刑庭在1999年第一个案件,即塔迪奇上诉案。在该案中,上诉庭指出:"帮助者和唆使者所从事的行为'特定指向'于协助、鼓励或道义上地支持某些特定的犯罪(谋杀、灭绝、强奸、酷刑、任意毁坏平民财产),并且,这种支持对犯罪的实施起到实质性的影响。"②但是,提出反对意见的法官认为,如果认真研读该判决,就会发现在塔迪奇案中上诉庭并不是专门为帮助和唆使作出一个完整的定义,只是为了区别帮助和唆使与共同犯罪组合(joint criminal enterprise,JCE)③。因此,塔迪奇案中对"特定指向"的描述不构成判决的主要理由(*Ratio decidendi*),而只是附带之词(*obiter dictum*),不具有约束力。

二是犯罪的实际情况。在当代的武装冲突中,在合法的战争中往往也会发生一些犯罪行为。一国为另一国的武装力量提供武器时,很难区别这些武器是用于犯罪,还是用于合法的武装冲突。因此,上诉庭认为有必要在帮助和唆使的行为要素中加上"特定指向"的标准。只有提供特别用于犯罪的武器和物资,才构成帮助和唆使。但是,如果考虑到帮助和唆使的心理要素(*mens rea*),这个理由恐怕更站不住脚,因为在提供武器时,帮助者和唆使者必须知道这些武器是会被用来从事犯罪活动的。正如在国内法中,菜刀既可以用来切菜,也可以用来行凶杀人。如果卖刀人知道买刀人

---

① Prosecutor v. Perisic, Appeals Chamber Judgment, ICTY, IT – 04 – 81 – A, 28 February 2013, paras. 25 – 36, 37 – 74.

② Prosecutor v. Tadić, Appeals Chamber Judgment, ICTY, IT – 94 – 1 – A, 15 July 1999, para. 229.

③ See Prosecutor v. Sainovic et al., Appeals Chamber Judgment, ICTY, IT – 05 – 87 – A, 23 January 2014, para. 1623.

要用来杀人,那么,就可以对他以帮助犯定罪,但如果他不了解这个情况,那就不构成帮助犯。佩利西奇担任高级指挥官达两年之久,有证据表明他知道在萨拉热窝和斯雷布雷尼察所发生的犯罪行为和种族灭绝事件,但他仍然提供武器装备、训练人员和提供经费。① 在帮助和唆使的行为要素中适用"特定指向"的内容,只能提高定罪的门槛,形成"有罪不罚"的局面。因为只有在两种情况下,才可能判断帮助和唆使是否是"特定指向"的。一种情况是提供法律所禁止的、只能用来实施犯罪的物品,如核装置、化学武器、毒气、生物武器和高度传染性病毒等;另一种情况是向犯罪组织提供援助,如资助和武装恐怖主义组织、职业犯罪集团等。但即使是这种情况,战后军事法庭的审判,仍然根据被告对犯罪的实质性的贡献对被告定罪。②

在前南国际刑庭以往案例中,许多案件只不过是重复了塔迪奇案的论断,其措辞是"指向特定的案件",并没有完全认可帮助和唆使的行为要素中应包括"特定指向"。更多的案例认定,帮助和唆使的行为要素中没有"特定指向"也可以成立。在莫可西奇和斯利宛察宁案中,上诉庭明确指出:"'特定指向'并不是帮助和唆使必要的行为要素。"③这一论断在卢基奇和卢基奇上诉案中得到肯定。该上诉庭指出:"在莫可西奇和斯利宛察宁案中,上诉庭曾指出,'特定指向'并不是帮助和唆使必要的行为要素并认为没有足够的理由背离这一判决。"④这样,在前南国际刑庭上诉庭的

---

① See Prosecutor v. Sainovic et al., Appeals Chamber Judgment, ICTY, IT－05－87－A, 23 January 2014, para. 1623.

② See The Zyklon B. Case, Trial of Bruno Tesch and Two Others, British Military Court, Hamburg, 1－8 March 1946, in *Law Reports of Trials of War Criminals: Selected and Prepared by the United Nations War Crimes Commission* (London: His Majesty's Stationery Office, 1947－1949), Vol. I, pp. 93－103.

③ Prosecutor v. Mrksic and Sljivancanin, Appeals Chamber Judgment, ICTY, IT－95－13/1－A, 5 May 2009, para. 159.

④ Prosecutor v. Lukic and Lukic, Appeals Chamber Judgment, ICTY, IT－98－32/1, 4 December 2012, para. 424.

判例中就出现了两种相互矛盾的结论。这个问题直到上诉庭在塞诺维奇等人案中作出了判决之后,才得以解决。该上诉庭指出:"当上诉庭面临两种相互矛盾的案例时,上诉庭有责任来决定将遵循哪一个案例或如有充足的理由为了实现正义,两种案例都不遵守。"①"在这样做的同时,上诉庭要牢记其职责:一方面,要保证法律的确定性和可预见性;另一方面,也要保障在所有案件中伸张正义。上诉庭将考虑本法庭与卢旺达国际刑庭的案例,以及习惯国际法,以确定'特定指向'的法律地位。"②上诉庭进而审查了法庭所有涉及帮助和唆使的案件,如包括赛里比奇案、③布拉斯季奇案、④布拉哥耶维奇案、⑤弗兰兹亚案等,⑥结论是前南国际刑庭的绝大多数案例只强调了帮助和唆使者必须作出实质性的贡献,并没有提及"特定指向"。然后,上诉庭又研究了纽伦堡审判和盟国战争区法庭的判例。在英国战领区法庭审理的载克隆 B 案中,3 名私人公司的成员被起诉向集中营提供毒气,用于灭绝集中营里的盟国国民。其中一名技术人员被无罪释放,因为他不处于"影响

---

① Prosecutor v. Sainovic et al., Appeals Chamber Judgment, ICTY, IT - 05 - 87 - A, 23 January 2014, para. 1662.

② Prosecutor v. Sainovic et al., Appeals Chamber Judgment, ICTY, IT - 05 - 87 - A, 23 January 2014, para. 1662.

③ Prosecutor v. Delalic et al., Appeals Chamber Judgment, ICTY, IT - 96 - 21 - A, para. 352 (defining aiding and abetting as including "all acts of assistance that lend encouragement and support to the perpetration of an offence and which are accompanied by the requisite *mens rea*. Subject to the caveat that it be found to have contributed to, or have had an effect on, the commission of the crime, the relevant act of assistance may be removed both in time and place from the actual commission of the offence").

④ Prosecutor v. Blaskic, Appeals Chamber Judgment, ICTY, IT - 95 - 14, 29 July 2004, para. 46.

⑤ Prosecutor v. Blagojevic and Jokic, Appeals Chamber Judgment, ICTY, IT - 02 - 60, 9 May 2007, para. 189.

⑥ Prosecutor v. Furundzija, Trial Judgment, ICTY, IT - 95 - 17/1, 10 December 1998, paras. 191 - 249.

向奥斯维辛集中营运送毒气或制止这种行为的地位。"[①]可见,即使在向集中营输送毒气的情况下,判断被告是否有罪的标准也并不是所谓的"特定指向",而是被告的行为对犯罪的贡献和影响。

在弗利波案中,美国占领区军事法庭也采用了同样的标准。被告因向党卫军头子希姆莱提供大量的资金援助而被定罪。被告的辩护理由是,他被告知这些资助是用于保护文化珍品的。但法庭认为,他们俩是希姆莱核心圈子的成员,他们对党卫军的犯罪活动作出了实质性的贡献并知道这些钱是用来从事犯罪活动的,所以他们要承担法律责任,而不论这些钱是否是"特定指向"犯罪活动的。[②]前南国际刑庭上诉庭在分析了纽伦堡法庭和战后盟国占领区的所有案例后,得出的结论是,没有一项判决要求帮助和唆使的行为要素中必须具有"特定指向"。[③] 上诉庭还审查了各国的国内法,特别是各大法系里关于帮助和唆使的法律规定,以查验"特定指向"是否已成为各国刑法中的惯常做法。在审查了世界各国法律的有关规定后,上诉庭得出的结论是:"在帮助和唆使的责任形式中规定'特定指向'并不是各国法律中一般的和统一的实践。"[④]

上诉庭还简要地审查了其他国际法律文件,如联合国国际法委员会制定的《治罪法草案》。该草案并不具有法律的约束力,但是"这是一份权威性的文件,草案的部分内容已构成习惯国际法的存在的证据,阐明了习惯规则或至少表明了代表了世界上主要法

① Prosecutor v. Sainovic et al., Appeals Chamber Judgment, ICTY, IT - 05 - 87 - A, 23 January 2014, para. 1667.

② See United States of America v. Friedrich Flick et al., United States Military Court, in Trials before NMTs, Vol. VI, p. 1220.

③ See Prosecutor v. Sainovic et al., Appeals Chamber Judgment, ICTY, IT - 05 - 87 - A, 23 January 2014, para. 1623.

④ See Prosecutor v. Sainovic et al., Appeals Chamber Judgment, ICTY, IT - 05 - 87 - A, 23 January 2014, para. 1646.

系的著名法学家的法律观点"。[①] 该草案也只是规定了"明知地、直接和实质性地帮助和唆使或协助了罪行的实施，包括为实施犯罪提供工具"，[②]并没有把"特定指向"作为帮助和唆使的行为要素。《国际刑事法院罗马规约》第25条第3款第3项规定："为了便利实施这一犯罪，帮助、教唆或以其他方式协助实施这一犯罪，包括提供犯罪手段。"该规定并没有对帮助和唆使的行为要素提出"特定指向"的要求，也没有包括《治罪法草案》中的"直接和实质性"的措辞。因此，与《治罪法草案》相比较，国际刑事法院实际上是降低了行为要素的证明标准。[③]

在做出以上深入详尽的分析之后，"上诉庭确认了莫可西奇和斯利宛察宁案与卢基奇和卢基奇上诉案中的结论，即'特定指向'并不是帮助和唆使的行为要素中的重要组成部分。这个结论准确地反映了习惯国际法和持续适用帮助和唆使的法律规则。因此，上诉庭……毫无悬念地拒绝了佩利西奇案中所作出的认定，因为该认定与占据优势地位的帮助和唆使的行为要素的法律直接在实质上背道而驰并与这些领域的习惯国际法大相径庭"。[④]

无独有偶，在前南国际刑庭上诉庭对塞诺维奇案判决之前，2013年9月26日，塞拉利昂法庭上诉庭认定查理·泰勒有罪并判处他50年监禁，该上诉庭摒弃了"特定指向"的标准，指出泰勒的帮助和唆使对在塞拉利昂的犯罪行为产生了实质性的影响，这就足以认定他的罪行了。该上诉庭明确指出前南国际刑庭在佩利西

① Prosecutor v. Krstic, Appeals Chamber Judgment, ICTY, IT – 98 – 33 – A, 19 April 2004; Prosecutor v. Furundzija, Trial Judgment, ICTY, IT – 95 – 17/1, 10 December 1998, para. 227.

② 联合国大会决议:《国际法委员会第四十八届会议工作报告》, A/51/10(1996), 第21页。

③ See William A. Schabas, *An Introduction to the International Criminal Court* (Cambridge: Cambridge University Press, 4th edn, 2011), p. 228. See also Prosecutor v. Furundzija, Trial Judgment, ICTY, IT – 95 – 17/1, 10 December 1998, para. 231.

④ Prosecutor v. Sainovic et al., Appeals Chamber Judgment, ICTY, IT – 05 – 87 – A, 23 January 2014, para. 1650.

奇案中提出的帮助和唆使需要“特定指向”的要求不具有说服力。①

三、对一般法律原则的识别与适用

《国际法院规约》第38条第1款第3项规定了一般法律原则为文明各国所承认者也是国际法的渊源之一。一般法律原则在国际审判机构中经常被引用,经常在条约和习惯国际法没有规定的情况下起到补漏的作用。在弗兰季亚案中,前南国际刑庭的审判庭指出:“国际性法院必须借鉴世界所有主要法律体系共有的一般概念和法律机制。这项工作的前提是识别这些法律体系中的共同标准,以便确定它们所共有的基本概念。”②

《国际刑事法院罗马规约》第21条特别规定了适用于国际刑事法院的法律,该条详细地规定了适用法律的等级,如《国际刑事法院罗马规约》本身、《犯罪要件》、《证据与程序规则》、其他条约。该条还特别提及了“无法适用上述法律时,适用本法院从世界各法系的国内法,包括适用当时从通常对该犯罪行使管辖权的国家的国内法中得出的一般法律原则,但这些原则不得违反本规约、国际法和国际承认的规范和标准”。③ 该条的规定应是所有国际刑事机构适用法律的总结与结晶,特别适用于在规约或其他法律没有明确规定的情况。在联合国临时刑庭的规约中没有规定的情况下,法官经常使用一般法律原则来弥补法律的漏洞。如“有利于被告”(*due pro rea*)原则,“改法从轻”(*lex mitior*)原则和“特别法优于一般法”(*lex specialis derogat legi generali*)等。例如,考迪奇审

---

① See Prosecutor v. Charles Ghankay Taylor, Appeals Judgment, Special Court for Sierra Leone, SCSL - 03 - 01 - A, 26 September 2013, para. 383.

② Prosecutor v. Anto Furundžija, Trial Chamber Judgment, ICTY, IT - 95 - 17/1 - T, 10 December 1998, para. 178.

③ 联合国大会决议:《国际刑事法院罗马规约》, A/CONF. 183/9(1998), 第20页。

判庭判决书中指出,“此罪(毁坏或任意损害文化财产)在某些程度上与非法攻击平民财产相重复。由于该行为的目标是文化遗产,应适用作为特别法(*lex specialis*)的《规约》第 3 条第 3 款(毁坏或任意损坏文化财产罪)”。[①]

在前南国际刑庭审理的俄尔德莫维奇案中,麦可唐纳法官和沃拉法官在他们的不同意见中指出:“在习惯国际法中找不到被告受到胁迫被指控杀害无辜人员的规定。”在缺少习惯国际法规则的情况下,法官认为“根据文明国家所承认的一般法律原则,如果被告在胁迫下实施法律所禁止的行为,那他受到法律谴责的程度和所受的惩罚要比较轻”。[②] 在迪拉利奇案中,“上诉庭采纳有关的一般法律原则,事实上,无论是英美法系还是大陆法系都接受的原则是被告不完全的行为能力与判刑有关,并非真正意义上的无罪辩护。这就是法庭所适用的、代表国际法的一般法律原则”。[③]

联合国临时刑庭在适用法律时,并不是将一些一般法律原则直接移置到国际刑法的司法实践中去的,而是根据法庭所管辖的具体案件,进行甄别选择适用。最为显著的例子就是“罪刑法定原则”(即法无明文不为罪,*nullum crimen sine lege*)和“禁止类推”原则。尽管《国际刑事法院罗马规约》第 22 条明文规定了“法无明文不为罪”并在第 2 款中规定了“犯罪定义应予以严格解释,不得类推延伸”,但联合国临时刑庭的规约中并没有对“法无明文不为罪”作出明确的规定。前南国际刑庭在实践中适用了《公民权利和政治权利国际公约》第 15 条的规定,即如果一项行为或不行为,

---

① Prosecutor v. Dario Kordić and Mario Čerkez, Trial Chamber Judgment, ICTY, IT – 95 – 14/2 – T, 26 February 2001.

② Prosecutor v. Erdemović, Appeals Chamber Judgment, Joint Separate Opinion of Judge McDonald and Judge Vohrah, ICTY, IT – 96 – 22, 7 Oct. 1997, para. 32.

③ Prosecutor v. Delalić et al., Appeals Chamber Judgment, ICTY, IT – 96 – 21 – A, 20 February 2001, para. 590.

在其发生时依照各国公认的一般法律原则为犯罪者,法庭就可以对其进行审判和判刑,①而并不在于法庭的规约中有无明确的规定。更何况,在联合国临时刑庭中是可以直接适用习惯国际法的。联合国临时刑庭遵循了纽伦堡审判的法理,纽伦堡审判的判决书"认为'法无明文不为罪'并不是对主权的限制,而一般而言是一项正义原则。认为对那些事先不加警告,而违反条约和承诺攻击邻国的行为进行惩罚是不正义的主张显然是错误的。在这种情况下,攻击者知道他们的行为是犯罪,不是惩罚他们是非正义的,如果允许他们犯罪而不加惩罚,那才是非正义的"。②因此,"法无明文不为罪"在国际法上并不完全适用。前国际法院法官格林伍德指出:"本人认为,这并不违反'法无明文不为罪'的原则。该原则并不排除通过法院的法理和案例对刑法的所有发展,只要这种发展并不惩罚在行为时被合理地认为是合法的行为。"③

在前南国际刑庭审理的迪拉利奇案中,审判庭认为,"'罪刑法定原则'(法无明文不为罪和法无明文者不罚)在世界所有主要刑事司法体系中是存在并得到承认"的,但"不能肯定此种原则在多大程度上被承认为国际法律实践的一部分,独立于其在国家法律体中……的存在。因为国家和国际刑事司法体系关于行为入罪的方法不同"。④ 在当前,国际犯罪使用的手法层出不穷,如网络

---

① See Prosecutor v. Galic, Trial Chamber Judgment, ICTY, IT - 98 - 29, 5 December 2003, paras. 92, 93.

② IMT Judgment of 1 October 1946, in The Trial of German Major War Criminals. Proceedings of the International Military Tribunal sitting at Nuremberg, Germany, Part 22 (22nd August, 1946 to 1st October, 1946), p. 53.

③ Christopher Greenwood, "The Development of International Humanitarian Law by the International Criminal Tribunal for the Former Yugoslavia", (1998) 2 *Max Planck Yearbook of United Nations Law* 97, pp. 132 - 133.

④ Prosecutor v. Delalić et al., Appeals Chamber Judgment, ICTY, IT - 96 - 21 - A, 20 February 2001; Prosecutor v. Tadić, Appeals Chamber Judgment, ICTY, IT - 94 - 1 - A, 15 July 1999, para. 403.

攻击、人体炸弹、使用人盾等犯罪行为,在所有的国际审判机构的规约中都没有规定。难道就可以不予惩罚了吗？另一方面,国际刑法中还有一些罪行只规定了犯罪结果,而没有规定具体的行为,也就是俗称的“口袋罪”。如危害人类罪中的“故意造成重大痛苦,或对人体或身心健康造成严重伤害的其他性质相同的不人道行为”;“迫害罪”和“酷刑罪”;灭绝种族罪中的“致使该团体的成员在身体上或精神上遭受严重伤害”;战争罪中的“故意使身体或健康遭受重大痛苦或严重伤害”;“损害个人尊严,特别是侮辱性和有辱人格的待遇”都属于这一类的罪行。为了填补这一法律上的漏洞,前南国际刑庭在解释与适用这些条款时采用了类比推理的方法。

“同等严重”(*ejusdem generis*),是涉及类比推理的一项重要法律原则。其含义是如果一项犯罪行为与法律中所列的行为一样严重,即使这种行为没有明确地规定在成文法规中,法官也可以对此类罪行审判定罪。这种类比推理多用于英美法系,这是因为英美法系传统上是以案例法为依据的,缺少成文法的规定。以武装冲突中的强奸罪为例,尽管前南国际刑庭上诉庭在许多案件中认为“在武装冲突中禁止强奸行为早已在许多国际条约和习惯国际法中规定”,[①]但是,《日内瓦公约》和联合国临时刑庭的规约中并没有明文规定武装冲突中的大规模的性暴力是一种自成一体的罪行。《日内瓦第四公约》第 27 条和第一附加议定书第 76 条第 1 款虽然规定了在战时要采取必要的措施保护妇女和儿童,但这并不是入罪的规定。《日内瓦公约》共同第 3 条和严重违反条款中也没有包括强奸罪在内的大规模的性暴力行为。因此,联合国临时刑庭的法官适用了“同等严重性”这一一般法律原则来填补成文法中的漏洞。通过这种方式,在武装冲突的情况下,强奸可作为战争

① Prosecutor v. Kvocka et al., Appeals Chamber Judgment, ICTY, IT – 98 – 30, 28 February 2005, para. 395.

罪中的“故意使身体或健康遭受重大痛苦或严重伤害罪”或“损害个人尊严,特别是侮辱性和有辱人格的待遇罪”予以起诉或定罪。在平时,如果发生了大规模或有系统的攻击平民人口的情况,强奸也可以作为危害人类罪中的强奸罪和“非人道的待遇罪”。在卢旺达国际刑庭审理的阿卡耶苏案中,强奸和性暴力是作为灭绝种族罪中的“致使该团体的成员在身体上或精神上遭受严重伤害罪”中一种行为而定罪的。① 现在,强奸和性暴力犯罪已列入了《国际刑事法院罗马规约》战争罪中。

尽管《国际刑事法院罗马规约》第 22 条第 2 款规定了对“犯罪定义应予以严格解释,不得类推延伸”,但《国际刑事法院罗马规约》对犯罪的规定并没有排除类比推理的解释方法,否则国际刑事法院对上述犯罪在实践中将如何处理呢?这种方法在大陆法系中也得到不少学者的赞同。德国学者考夫曼指出:“我们必须对类推提出一些警告,但提出绝对禁止则大可不必,而且也完全没用。就是在法学上,类推也扮演着一个重要的角色,只是这个角色一直都被许多方法论者所低估。人们分配给他的只是一个可怜的角色,亦即在法律例外地有必须填补的漏洞时,作为方法论上的工具。”②

结　论

红十字国际委员会在评价联合国临时刑庭对国际人道主义法的贡献时曾指出:“首先,法庭确认一些原则的习惯法性质。因此所有国家——不论是否是相关条约的缔约国——都必须遵守。其次,通过对一些规则的习惯法的认可,法庭致力于缩小在适用国际性武装冲突和适用非国际性武装冲突规则之间的区别。最后,法

① Prosecutor v. Akayesu, Trial Chamber Judgment, ICTR, ICTR – 97 – 24, 2 September 1998, para. 688.

② [德]阿图尔·考夫曼:《法律哲学》,刘幸义等译,法律出版社 2011 年版,第 94 页。

庭还对《海牙制度》和《日内瓦制度》某些相对过时的条款运用自由裁量权进行了解释，以便使国际人道法规则在适用方面更加符合现代的实际情况。”①这个评价不但适合联合国临时刑庭对国际人道主义法的贡献，也适合国际刑事审判机构对整个国际刑法的发展。

联合国临时刑庭的法官由于受到其职权的限制，不能在判决中随意对任何法律都作出解释，只能对法庭所适用的法律中所涉及的法律问题作出研究与评估，否则就是一种越权行为，减损判决的合理性与说服力。即使在这种限制下，在联合国临时刑庭 20 多年的历史中，前南国际刑庭和卢旺达国际刑庭不但审理了许多历史上最复杂、最严重的国际犯罪，还成功地采用了各种方法对国际刑法作出了详尽的解释，解决了法律适用方面的诸多难题，如在解释和适用法庭规约和条约时，法庭采用了《条约法公约》第 31 条到第 33 条所提供的方法，主要是依其用语解释，按上下文解释和参照目的与宗旨的解释方法。法庭不但适用了习惯国际法的规则，还主要采用了方法论中的归纳法与演绎法对习惯国际法进行辨别、评价和适用；对于一般法律原则，法庭根据案件的具体情况，鉴别了哪些一般法律原则可以移置国际刑法之中以及采用了类比推理的方法，填补了法律的漏洞。毋庸置疑，联合国临时刑庭的努力与实践为国际刑法的解释与适用作出了重大的贡献，也为其他国际性的刑事法庭，特别是国际刑事法院提供了宝贵的经验。

① Jean-François Quéguiner, “Dix ans après la création du Tribunal pénal international pour l’ ex-Yougoslavie: évaluation de l’ apport de sa jurisprudence au droit international humanitaire”, (2003) 85 *International Review of the Red Cross* 271.

Interpretation and Application of International Criminal Law

—Practice of United Nations *Ad Hoc* Criminal Tribunals

LIU Daqun

Abstract: United Nations *ad hoc* Criminal Tribunals (International Criminal Tribunal for Former Yugoslavia and International Tribunal for Rwanda) have finished their judicial activities. The two Tribunals has not only tried the most serious and complex cases in history, but also successfully interpret the international criminal law by various means, thus solving a lot of legal problem in the application of the law. For instance, in interpreting the statutes of the tribunals and treaties, the Tribunals adopted the approaches enumerated in Article 31 to Article 33 of the Vienna Convention on the Law of Treaties, such as interpretation in good faith in accordance with the ordinary meaning to be given to the terms of the treaty in their context and in the light of its object and purpose. The Tribunals not only applied the rules of customary international law, but also identified, assessed and applied customary international law by deductive and inductive means. As for general principle of law, the Tribunals identified which rules of the general principles of law could be moved to international criminal law according to the specific situation of the cases the Tribunals entertained and adopted the approach of *ejusdem generis*, thus making great contribution to the interpretation and application of international criminal law and also providing invaluable experience to other international criminal tribunals, especially the International Criminal Court.

Key Words: interpretation and application; Vienna Convention of the Law of Treaties; inductive and deductive approach; customary international law; general principles of law

海洋争端的识别、边界与可裁判性*

马得懿**

摘要：海洋争端的识别具有复杂性。国际裁判机构对于构成海洋争端的识别，面临模糊不清的初始阶段、强化争端方互动以及海洋争端类型化的若干情境。《联合国海洋法公约》分别遵循海洋区域路径和海洋功能路径的立法模式，力图将各类海洋争端纳入该公约解释或适用的争端体系之下，以厘清海洋争端的边界。但是由于混合型海洋争端的复杂性，国际裁判机构在海洋争端的识别、管辖权的行使以及可受理性的判定上面临着正当性危机。在条约解释和国际政治视域下，可以通过强化和完善公约框架下交换意见义务识别可裁决的争端是否存在。探讨可裁判的海洋争端对于完善海洋争端解决机制、助推国际合作法发展以及深刻认知海洋法乃至国际法的整体性具有重要意义。

关键词：海洋争端；识别；类型化；可裁判性；国际法意义

近一个世纪以来，应对不断涌现的海洋争端成为全球海洋治理的重要课题。和平解决争端作为国际法下的普遍性义务，为《联合国宪章》、《联合国海洋法公约》（以下简称《公约》）以及《国际

* 本文是作者主持国家社科基金重大项目“军民融合战略下海上通道安全法治保障研究”（项目批准号：18ZDA155）阶段性研究成果。

** 华东政法大学国际法学院教授、博士研究生导师。

法院规约》等重要国际文件所明确和固化。[①] 和平解决海洋争端的国际法体制逐渐形成，常设仲裁法院、国际法院以及国际海洋法法庭成为和平解决海洋争端的重要国际裁判机构。[②] 然而，晚近以来，国际裁判机构在圭亚那诉苏里南案、查戈斯群岛仲裁案、巴巴多斯诉特立尼达和多巴哥划界案等一系列案件中反映了海洋争端识别的公正性危机，进而导致相当多海洋争端的裁决不被认可、不被履行。这不仅导致国际裁判机构在处理海洋争端上的权威性和公正性减损，而且其所作所为本身对海洋秩序的良好国际法治造成危害。[③]

国际法意义上海洋争端具有复杂性。正是由于海洋的天然特质，海洋争端绝不是单纯的国际争端，而是融合了岛礁领土主权、海洋划界、海洋环境保护以及海上军事活动等一系列敏感问题，共同构成所谓的混合型海洋争端。通常而言，混合型海洋争端意指同时涉及岛礁主权和海洋权益的争端。由于海洋权益的争端多指基于《公约》的解释或适用而形成的争端，故此，很多学者倾向于将混合型海洋争端界定为同时涉及《公约》解释或适用和领土主权的争端。[④] 混合型海洋争端给《公约》的解释或适用带来困惑和

---

① See Yuval Shany, *The Competing Jurisdictions of International Courts and Tribunals* (Oxford: Oxford University Press, 2003), p. 56.

② 为了行文方便，本文将国际法院(ICJ)、常设仲裁法院(PCA)以及国际海洋法法庭(ITLOS)统称为国际裁判机构。

③ See Yee Sien-ho, "The South China Sea Arbitration Decision on Jurisdiction and Rule of Law Concerns", (2016) 15 *Chinese Journal of International Law* 219, p. 223; M. Christopher W. Pinto, "The Philippines Claim Against China: Award on Journal", (2016) 4 *Korean Journal of International and Comparative Law* 151, p. 152; Stefan A. G. Talmon and Bingbing Jia, *The South China Sea Arbitration: A Chinese Perspective* (Oxford: Hart Publishing, 2014), p. 66; Chris Whomersley, "The South China Sea: The Award of the Tribunal in the Case Brought by Philippines against China-A Critique", (2016) 15 *Chinese Journal of International Law* 239, p. 255.

④ See Jia Bingbing, "The Principle of the Domination of the Land over the Sea: A Historical Perspective on the Adaptability of the Law of the Sea to New Challenges", (2014) 57 *German Yearbook, International Law* 63, p. 66; Zhang Xinjun, "Mixed Disputes and the Jurisdictional Puzzle in Two Pending Cases: Mauritius v. UK and the Philippines v. China", (2014) 7 *Journal of East Asian and International Law* 529, p. 530.

挑战。国际裁判机构面对《公约》解释或适用争端时,经常受制于海洋争端中“政治意图”的干扰。

针对上述困境,本文力图构建一个理解国际法意义上海洋争端的基本图景。在分析和洞察海洋争端复杂性的基础上,本文关注国际裁判机构识别海洋争端面对的若干情境,以便尝试厘清海洋争端的边界,进而探讨海洋争端的可裁判性问题。

一、识别海洋争端的复杂性

1982 年《公约》最大的亮点是以有约束力的争端解决方法和平解决国家之间的海洋争端。[①] 诸多国际争端尚未通过和平方式得以妥善解决,诸多海洋争端悬而未决,成为建立海洋秩序过程中促进国际法治值得思考的问题。国际裁判机构的相关实践表明,海洋争端的识别具有复杂性。

海洋争端识别的复杂性在于难以精准界定其国际法内涵。就争端的类别而言,海洋争端是一种国际争端,其解决应遵守一般国际法相关规则和习惯。但是由于国际法和国际政治相互博弈,和平解决国际争端原则在具体的海洋争端中却陷入重重困境。[②] 海洋争端似乎可以寻求和平方式解决,然而,其绝非属于一种单纯的涉海争端,而可能掺杂着领土主权等重要事项。“海洋争端”这一措辞相当笼统和模糊,不同国家对于其定义和解决方式有不同的理解。

海洋争端识别的复杂性与尚未成熟的海洋争端识别标准与管辖权规则息息相关。从历史上看,制度化色彩较强的管辖权制度

① See Georgios I. Zekos, “Competition or Conflict in the Dispute Settlement Mechanism of the Law of the Sea Convention”, (2003) 56 *Revue Hellenique de Droit International* 153, p. 154.

② 参见江河:《海洋争端的司法解决:以大国政治和小国政治的博弈为路径》,载《社会科学辑刊》2019 年第 5 期,第 95 页。

是从仲裁实践发展而来的。联合国成立以降,各类海洋争端解决机构的成立,构成第二次世界大战后全球治理的一道风景线。[①]然而,诸多国际裁判机构在识别海洋争端的标准上存在很大分歧,海洋争端的复杂性导致争端存在的识别标准不稳定。而《公约》争端解决机制的缺陷在一定程度上诱导某些国家企图单方面启动《公约》争端解决程序解决混合型海洋争端,同时也深刻地暴露出《公约》在应对复杂海洋争端面临的权威性危机。这主要是由于混合型海洋争端的解释与法律适用比较微妙,此类本质上混合了政治争端的海洋争端令国际社会倍感棘手。

二、国际裁判机构识别海洋争端面临的情境

(一)争端识别的模糊不定

国际裁判机构解释或识别海洋争端具有明显的由一般到类型化的规律性。在威斯特伐利亚体系构建之后,逐渐形成了系统的争端解决机制以解决国家间争端。其中,如何确定争端的存在,构成和平解决争端的重要范畴。1924 年国际常设法院在马佛罗姆阿蒂斯案中形成了比较稳定的关于“争端”的概念,认为“争端是争端当事方针对某一法律或事实持有不同的观点,或者当事方的法律观点或法律利益存在冲突”。[②] 同时,该案奠定了国际司法机构在审视其是否享有初步管辖权的“灵活性原则”(principle of flexibility)。在该原则之下,国际裁判机构逐渐形成了识别争端遵循务实的原则,其核心在于,裁判者确定争端是否存在的要件时应

① See D. J. Devine,“Compulsory Dispute Settlement in UNCLOS undermined? Southern Bluefin Tuna Case: Australia and New Zealand v. Japan”,(2000) 25 *South African Yearbook of International Law* 97,p. 97.

② Mavrommatis Palestine Concessions,Judgment,P. C. I. J. 1924,Series A,No. 2,p. 11.

该秉持包容和多元的态度,而非刻意关注“争端”的形式问题。一旦国际裁判机构认定“争端”存在,便满足行使管辖权的前提。灵活性原则使得本来不完善的争端识别标准变得更加模糊不定,并动摇了其适用的一致性。

国际裁判机构识别“争端”存在的困惑由来已久。这主要体现在国际裁判机构是否可以行使初步管辖权的核心问题上。有学者根据晚近的统计,截止到 2017 年,在国际法院审理的超过 200 起诉讼案件中,只有不到 20 起案件考虑过是否存在“争端”这一基本问题。[①] 这种局面似乎导致国际裁判机构行使管辖权的随意性。国际裁判机构向来追求法律适用的一致性和稳定性。然而,在 1962 年西南非洲案中,由于法官在识别争端和行使初步管辖权上所采用的法律解释方法不同,导致国际法院推翻了自身先前的判决。这一局面的形成,根本原因是法官对于是否存在“争端”具有不同的理解,进而在行使初步管辖权上存在分歧。[②] 在 1974 年核试验案中,国际法院强调了“争端之存在是法院行使管辖权的首要条件”的基本理念。[③] 虽然《国际法院规约》没有明确建立争端的识别标准,但是国际司法实践不断助推争端识别标准的完善。然而,个案的复杂性导致国际裁判机构识别“争端”存在的方法具有明显的不确定性。

(二)争端识别的发展:争端方之间的互动

针对争端方之间的所谓“争端”是否存在的问题,国际裁判机构逐渐倾向于考察争端方之间的主张和反对的态度如何,即“争端

---

① See Obligation Concerning Negotiations relating to Cessation of the Nuclear Arms Race and to Nuclear and to Nuclear Disarmament (Marshall Island v. India), Judgment, I. C. J. Reports 2016, Separate Opinion of Judge Owada, pp. 877 – 881.

② See South West Africa Case (Liberia v. South Africa) Preliminary Objections, Judgment, I. C. J. Reports 1962, p. 327.

③ See Nuclear Tests Case (Australia v. France), Judgment, I. C. J. Reports 1974, paras. 23, 24.

一方的主张必须被另一方所积极反对或者回应”。[①] 这一观点在1962年西南非洲案得到阐释和表达。在该案中，国际法院主张在审查争端的法律属性中必须充分顾及相关国家的态度及其互动程度。一国单方面主张争端的存在不足以证明真正的“争端”的存在，应该存在一国的主张被另一国积极反对的情境，否则该“争端”是不存在的。[②] 事实上，国际法院如此识别争端的存在并不严谨。根据争端方之间的互动，即“主张和反对”模式，国际法院的裁决具有很大程度的武断性。这是因为，国际法院的裁决并非建立在令人信服的充分相关证据基础上，而是过度采信争端方的诉求和初步反对意见。西南非洲案中埃塞俄比亚和利比里亚主张的管辖权依据是委任协议（*Mandates*），该协议构成国际裁判机构管辖权的依据。然而，被告方南非则主张该案的“争端”不属于委任协议下的“争端”，对管辖权提出反对意见。[③] 该案中，国际法院强调了争端识别中当事国之间的互动主张的积极性，但是对于互动达到何种程度和标准才构成当事国之间展开了“积极的主张”，则没有提出清晰和稳定的标准。

在总结和传承国际法院裁判实践的基础上，国际裁判机构逐渐完善了行使初步管辖权规则。根据《国际法院规约》第36条的规定，国际法院初步管辖权和可受理性问题的确定，与争端事项的属性密切相关。这一点在2012年种族歧视案中得到体现。[④] 在国际法院看来，如果存在一国被另一国要求针对某一主张进行回复

① South West Africa Cases (Liberia v. South Africa), Preliminary Objections, Judgment, I. C. J. Reports 1962, p. 328.

② See South West Africa Cases (Liberia v. South Africa), Preliminary Objections, Judgment, I. C. J. Reports 1962, p. 328.

③ See South West Africa Cases (Liberia v. South Africa), Preliminary Objections, Judgment, I. C. J. Reports 1962, p. 344.

④ See Case Concerning Application of the International Convention on the Elimination of All Forms of Racial Discrimination (Georgia v. Russian Federation), Judgment, I. C. J. Reports 2011, Separate Opinion of Judge Abraham, pp. 226 – 231.

的情况,在该国没有积极主动回复的情境下,国际法院极有可能推断出存在"争端"。不仅如此,国际法院非常重视审查双方是否存在"争端"的证据。种族歧视案是近期极其少见的在识别"争端"时要求争端双方提出主张而另一方积极反对以实现争端方之间积极互动的判例,其奠定了识别"争端"时重视相关证据的方法论基础。这无疑有助于诠释国际裁判机构行使初步管辖权的正当性问题。种族歧视案所确定的"裁判是否存在争端必须审查证据"的理念,有助于理解"争端"存在的法律意义。小和田恒法官认为,不同国家对某一问题持有不同的立场非常常见;然而,法律争端必须与事实存在的立场分歧相区分。即使不同国家之间存在不同立场,也不意味着事实上(*ipso facto*)存在可供法院裁判的法律争端。①

2016年,加勒比海案在优化"争端"识别规则上具有一定的影响力。国际法院驳回哥伦比亚就管辖权事宜提出初步反对意见而认定对该案有管辖权,有法官发表声明认为,在尼加拉瓜向国际法院提交请求书之前,尼加拉瓜与哥伦比亚之间不存在争端。② 该声明非常重视争端方之间的互动,并阐释了"争端"的存在必须满足的要件,即"主张—反对"模式,或者"主张—沉默"模式。在加勒比海案中,原告尼加拉瓜未曾向被告哥伦比亚提出任何反对的主张,这一点被国际法院所忽视。基于此,法官声明认为尼加拉瓜在判决后的相关声明和行为不构成主张,也不存在反对哥伦比亚的证据或者事实,故而双方之间不存在争端。③

---

① See Obligation Concerning Negotiations relating to Cessation of the Nuclear Arms Race and to Nuclear Disarmament (Marshall Islands v. India), Judgment, I. C. J. Reports 2016, Separate Opinion of Judge Owada, pp. 294 – 295.

② See Case Concerning the Territorial and Maritime Dispute between Nicaragua and Honduras in the Caribbean Sea (Nicaragua v. Honduras), Judgment of I. C. R Reports, 2007, Declaration of Judge Ad Hoc Gaja, p. 172.

③ See Case Concerning Territorial and Maritime Dispute between Nicaragua and Honduras in the Caribbean Sea (Nicaragua v. Honduras), Judgment, I. C. J. Reports 2007, Separate Opinion of Judge Koroma, pp. 119 – 124.

(三)海洋争端的类型化及其边界

海洋争端的涌现及其随之带来的复杂属性,引发国际裁判机构精准识别"海洋争端"的困惑和挑战。自20世纪中叶以降,随着海洋的地位和价值日益提升和各国开发利用海洋资源技术的日新月异,海洋争端诸如海洋划界争端、航行秩序争端、海洋科学研究争端、海洋资源开发与养护争端以及海洋环境保护争端,风起云涌。争端类型化问题在海洋领域中凸显。

在大多情境下,由于混合型海洋争端掺杂着比较敏感的领土主权争端,因此国际裁判机构识别争端存在时面临着极为复杂的局面。例如,圭亚那与苏里南仲裁案主要涉及陆地边界争议和海洋划界问题,通常认为该案属于混合型海洋争端。令仲裁庭倍感棘手的问题之一是,如何行使领土主权争端的管辖权。对此,仲裁庭将管辖权问题与领海划界问题融合在一起做出裁判。由此,仲裁庭故意规避了陆地边界的裁决。关于查戈斯群岛仲裁案,英国在查戈斯群岛建立"海洋保护区"动机并非单纯的所谓环境保护,而是关涉领土主权问题,显然该案属于混合型海洋争端。鉴于领土主权争端的敏感性,仲裁庭拒绝行使管辖权。从上述圭亚那诉苏里南案和查戈斯群岛仲裁案的启示来看,对于《公约》争端解决机制框架下混合型海洋争端中的领土争端,由于领土主权与海洋权益之间的密切联系,国际裁判机构实质上仍然难以规避对领土主权的裁决。然而,对于这一棘手问题的处理,国际裁判机构的实践并不稳定。①

由此,如何厘清海洋争端的边界问题,显得格外重要。这是因为,海洋争端尤其是混合型海洋争端的认定,在不同的国际判例中运用的逻辑和方法存在极大差异,从而导致不同的裁判后果,进而

① See Chagos Marine Protected Area Arbitration (Mauritius v. United Kingdom), Award, PCA 2015, paras. 417 – 455.

导致海洋争端的和平解决路径和结果存在极大差异。其根本的原因在于,国际裁判机构在解释"海洋争端"时无法从领土主权、政治因素甚至意识形态等纷繁复杂的束缚中解脱出来,进而明确海洋争端的边界。而《公约》框架下的"《公约》解释或适用"的争端解决机制存在制度设计上的瑕疵,而这种缺陷导致国际裁判机构无法精准地分离"《公约》解释或适用"争端和"涉海领土主权"争端,进而导致关涉海洋争端的国际司法判例不稳定。

可见,国际裁判机构在争端识别上,基本上面临着争端识别的模糊不定、强化争端方之间的互动以及争端的类型化等情境。虽然混合型海洋争端的识别及其管辖权的行使至今仍然属于国际裁判机构面临的充满变数的难题,但是国际裁判机构识别海洋争端非常重视边界的厘清,这构成国际裁判机构识别海洋争端的新发展。

三、国际法上海洋争端的类型化及其管辖权的正当性

(一)海洋争端的类型化:《公约》解释或适用争端

"海洋争端"是复杂的,往往涉及国家和人民的重大利益。导致两国或多国产生海洋争端的原因比较复杂,诸如政治因素、法律因素、事实因素或者历史因素相互交织在一起。与此同时,海洋争端的解决受到一定历史阶段国际关系力量的制约。[①] 作为海洋治理重要成果的 1982 年《公约》,采用"一揽子协议"模式触及海洋争端的类型化问题。《公约》热衷于采用区域主义路径(zonal approach)和功能主义路径(functional approach)的立法导向,在某

---

① See Robert Yorke Hedges, "Justiciable Disputes", (1928) 22 *The American Journal of International Law* 506, p. 564.

种意义上塑造了《公约》的类型化立法模式。在《公约》赋予不同海域以不同国际法地位的基础上,“海洋区域主义”议题关注海洋各个区域的合作问题,《公约》包含有相当多约文规制海洋区域合作。《公约》不仅遵循海域路径赋予海洋空间不同的法律地位,而且遵循海洋功能路径实现海洋利用的国际合作。①《公约》于 1994 年生效后,地中海区域国家管理海域实践呈现特殊性,形成了功能性国家管辖海域的实践。② 在《公约》海域路径和功能路径的双重立法导向之下,《公约》框架下海洋争端的类型化倾向非常明显。有关《公约》解释或适用的任何争端,如已经诉诸第十五部分第一节的程序仍旧没有得到解决,经争端方任何一方请求,须提交依据第二节规定享有管辖权的法院或法庭来解决。③

某种意义上,《公约》重视海洋争端的类型化立法导向是对《联合国宪章》关于和平解决国际争端立法理念的传承。《联合国宪章》第 2 条第 3 项规定,会员国有义务以和平方式解决其“国际争端”。④ 尽管《联合国宪章》对“争端”没有定义,但并不意味着所有分歧都必然构成国际法上的“争端”。当“争端”转化为“法律问题”并成为“法律争端”后,才能成为国际裁判机构的裁决对象。一般来说,国际法视域下理解“争端”可以从程序和实体两个方面来展开。⑤ 故此,争端总是与管辖权的行使与可受理性的判定互

---

① See R. R. Churchill and A. V. Lowe, *The Law of the Sea* (Manchester: Manchester University Press, 3rd edn, 1999), p. 1.

② 参见郑凡:《半闭海的海洋区域合作:法律基础与合作机制》,厦门大学出版社 2020 年版,第 84 页。

③ See J. G. Collier, V. Lowe, *The Settlement of Disputes in International Law* (Oxford: Oxford University Press, 1999), p. 209.

④ See Bruno Simma (ed.), *Charter of the United Nations: A Commentary* (Oxford/New York: Oxford University Press, 1994), p. 508.

⑤ See Ian Brownlie, "The Justiciability of Disputes and Issues in International Relations", (1967) 42 *British Year Book of International Law* 123, pp. 123 - 143.

为一体。《联合国宪章》非常注重从不同视角来审视“争端”。[①]

在遵循海域路径下,1982 年《公约》分别界定了内水、领海、专属经济区、大陆架以及公海等海域的国际法地位。内水如同陆地一样,是沿海国领土的组成部分,沿海国对其拥有完全排他的主权。[②] 领海的概念来源于习惯国际法。1982 年《公约》第二部分对领海给予规定。[③] 领海主权的行使包括对自然资源的主权、沿海运输权、航运管理权以及海洋科学研究权等的行使。毗连区的目的在于沿海国对关税、财政、移民以及卫生等特定事项有限制性的权利。专属经济区是一种特殊制度,既非公海又非领海。专属经济区的管辖权主要包括对自然资源的主权权利,对人工岛屿、设施和结构的专属管辖权等。《公约》在海域路径之下构建了不同海域的国际法地位体系。在遵循海洋功能路径下,沿海国对于领海、毗连区、专属经济区和大陆架等海域的权利表述为“主权”“专属管辖权”“主权权利”等。沿海国在这些特定海域内对特定事项行使权利与职能,所以沿海国对毗邻区、专属经济区和大陆架的管辖权,不同于沿海国对内水和领海所享有的主权管辖。[④] 国际海洋法学者乔纳森·查奈(Jonathan L. Charney)认为,主权权利是沿海国行使专属经济区及大陆架的特殊权利,其权利范围仅仅局限于对特定活动或事项的管理。[⑤]

既然《公约》分别从海洋区域路径和海洋功能路径界定了具有不同国际法地位的海域和属性不同的管辖权,那么,在《公约》语境下的海洋争端应该是对上述类型争端的解释或适用问题。从某种意义上,《公约》下所形成的海洋争端主要是关涉各类海域国

---

① See Malcolm D. Evans, *Relevant Circumstances and Maritime Delimitation* (Oxford: Oxford University Press, 1989), p. 4.

② 参见刘楠来、周子亚:《国际海洋法》,海洋出版社 1986 年版,第 10 页。

③ 参见魏敏等:《海洋法》,法律出版社 1987 年版,第 63 页。

④ 参见宋云霞:《国家海上管辖权理论与实践》,海洋出版社 2009 年版,第 53 页。

⑤ 参见王倩:《海洋争端的类型化研究》,中国人民公安大学出版社 2014 年版,第 36 页。

际法地位、海洋划界、海洋资源开发与养护、航行秩序以及海洋科学研究等范畴，可以将其笼统地视为"海洋权益"争端，或者属于《公约》解释或适用争端。然而，由于《公约》第八部分"岛屿制度"与第十五部分"争端的解决"存有立法瑕疵，导致洋中岛礁领土主权争端与《公约》下"海洋权益"争端不可避免地纠缠在一起，进而引发《公约》解释或适用争端的难题。如果国际裁判机构管辖权和可受理性的障碍被克服了，就不存在"法律利益"概念对"实质性"利益的内在限制。[①]海洋争端边界确定的复杂性，导致管辖权问题一直困扰着国际司法或者准司法机构。

（二）《公约》解释或适用争端管辖权的正当性及其危机

《公约》第十五部分"争端的解决"的制度设计，似乎是《公约》追求"一揽子协议"的"亮点"，是国际社会构建和平解决争端的重大"创举"。《公约》明文规定了有权裁定海洋争端的四个法院或法庭，即国际法院、国际海洋法法庭、依《公约》附件七组建的仲裁庭以及特定种类争端的"特别仲裁法庭"。每个《公约》的缔约国都有权"选择"上述裁判机构来解决与其他国家之间关于《公约》解释或适用的争端。有学者认为，司法机构通常拥有这样的权限和法律权威来决定对于提交案件是否有管辖权，将其称为"确定管辖权的权限"。[②]

然而，实际上，上述看似完美的制度设计无法应对海洋争端的复杂局面。圭亚那与苏里南案以及查戈斯群岛仲裁案等在初步管辖权和可受理性上暴露出海洋争端管辖权的正当性面临危机。以混合型海洋争端为例，只有在扩大解释的视域下，《公约》才构成混合型海洋争端的合法依据，国际裁判机构才可以对混合型海洋

① See Ian Brownlie, *International Law and the Use of Force by States* (Oxford: Oxford University Press, 1963), p. 409.

② See Natalie Klein, *Dispute Settlement in the UN Convention on the Law of the Sea* (Cambridge: Cambridge University Press, 2005), p. 262.

争端行使初步管辖权。但在严格解释视角下,《公约》框架下争端解决机制的立法意图是针对特定的海洋争端,而非囊括领土主权争端。故此,《公约》下的争端解决机构并不当然对混合争端具有管辖权。即使一国没有做出排除性声明,也不能认为国际裁判机构可以管辖混合争端中的领土主权问题。同时,根据《公约》起草阶段的记录,混合型海洋争端管辖的内容已被排除。① 因此,不论如何,争端解决机构并非可以无原则、无法律基础地"自主"裁定争端的定性及其管辖权。

将这一问题引入条约解释体系中,可能更加容易理解《公约》解释或适用争端的正当性及其危机问题。事实上,国际法具有与其他法律体系共同的目的和价值。国际社会致力于一种关于秩序的文化,并促进和增强这种文化。在国际社会中,法律所追求的秩序源于对国际和平的期盼,始于对国际友好关系的希望。② 条约解释的最高目的,应该指向一种能够实现和维持国际社会和平、发展、秩序与正义之价值的国家之间的关系,即实现"可发展的有秩序的国际社会正义"。③ 就《公约》解释或适用争端而言,如果一国为了追求本国的最大私利而罔顾《公约》的立法本意和宗旨、恣意将混合型海洋争端"包装"为国际裁判机构能够行使初步管辖权的争端,进而轻易导入海洋争端的实体判决,这必然引起争端当事国的强烈反抗和不满。实体权利和义务的裁决的执行性自然面临落空。如此一来,不仅海洋争端没有解决,而且给海洋秩序的国际法治良性发展带来危害。

① See P. Chandrasekhara Rao, "Delimitation Disputes under the United Nations Convention on the Law of the Sea: Settlement Procedures", in Tafsir Ndiaye and Rudiger Wolfrum (eds.), *Law of the Sea, Environmental Law, and Settlement of Disputes: Liber Amicorum Judge Thomas A. Mensah* (Martinus Nijhoff Publisher, 2007), p. 891.

② 参见[美]路易斯·亨金:《国际法:政治与价值》,张乃根等译,中国政法大学出版社2005年版,第149页。

③ 韩燕煦:《条约解释的要素与结构》,北京大学出版社2015年版,第122页。

四、海洋争端的可裁判性及其国际法意义

通常国际争端具有政治性争端与法律性争端之界分。政治性争端被当事国视为事关其根本利益(vital interest)的争议问题,而法律性争端则不涉及国家的根本利益。传统现实主义学者认为只有法律争端可交由国际裁判机构审理,因为其无关当事国的根本利益;相反,政治性争端具有法律上的"非裁判性"(non-justiciability),不能诉诸国际裁判方式。① 故此,法律性争端亦可称为可裁判性争端(justifiable dispute),而海洋争端的可裁判性取决于海洋争端是否能够纳入"法律争端"之列。由于相当多的海洋争端都属于混合型争端,海洋争端是否单纯具有可裁判性成为必须探究的重要问题。从此角度审视,海洋争端边界的厘清,其实质就是界分海洋争端与其他争端。

(一)海洋争端的可裁判性:条约解释与国际政治

1. 条约解释的视角

海洋争端的可裁判在于满足《公约》解释或适用争端在初步管辖权和可受理性上具有正当性,且获得争端方的高度认同。由于实践中几乎没有海洋争端单纯属于《公约》解释或适用的范围,因此,在多数情境中,海洋争端的识别与初步管辖权问题存在很大争论。即便争端一方不出庭而国际裁判机构作出裁判后,该海洋争端的实体裁判的履行也面临着不确定性。海洋争端可裁判性的认定受制于极其复杂的因素。以意大利诉印度"恩丽卡·莱克西"号(Enrica Lexie)案为例,②仲裁庭裁定两国之间存在关于《公约》解释或适用的争端。事实上,该案绝不是简单的"海洋争端",

① 参见周鲠生:《国际法大纲》,商务印书馆2013年版,第143页。

② See The "Enrica Lexie" Incident (Italy v. India), Order, PCA. 2016, paras. 1 – 5.

其所关涉的问题非常复杂,属于更加复杂的“混合型海洋争端”。国际裁判机构缘何倾向于行使初步管辖权和接受可受理性呢?从条约解释的特殊方法——国际组织的“暗含权力”(implied powers)理论审视,国际裁判机构热衷于行使管辖权是其作为国际组织的本身属性使然。“暗含权力”来源于美国的宪法解释实践,通常意指联邦政府所享有的可以从其他宪法性条款中推论而来的权力,其被视为美国宪法解释的基本原则之一。当“暗含权力”理论发展到条约解释中,则逐渐构成条约解释的特殊手段。[①]

随着国际组织的行政权力不断扩张,国际组织的官僚化程度也日益提高。国际组织及其官僚机构行使着大量的国际公共管理职能,这并不是来自成员方或者相关条约的明确授权,而是源于所谓的国际组织“暗含权力”。[②] 在“暗含权力”的行使上缺乏有效的合法审查和监督机制,也没有合适的机构来决定究竟何种权力是“必要的”。[③] 作为国际组织的国际裁判机构,其对于行使初步管辖权的欲望增大,纵然有《公约》第298条“适用第二节的任择性例外”的规定,类型化地排除了海洋边界争端、海上军事活动争端以及执行《联合国宪章》所赋予职务的争端,仍然无法阻挡国际裁判机构初步管辖权的行使。可见,国际裁判机构管辖权的膨胀趋向明显。如此一来,理解海洋争端是否具有可裁判性便与作为国际组织的国际裁判机构的权力膨胀性具有内在关联,只有合理遏制国际裁判机构滥用“暗含权力”,才可能维护海洋争端可裁判性的正当性。

2. 国际政治的视角

从国际政治角度审视海洋争端的可裁判性,构成理解海洋争

---

① See Gaetano Arangio Ruiz, “The Federal Analogy and UN Charter Interpretation: A Crucial Issue”, (1997) 8 *European Journal of International Law* 1, p. 2.

② 参见陈一峰:《全球治理视野下的国际组织法研究——理论动态及方法论反思》,载《外交评论》2013年第5期,第115页。

③ See Jose E. Alvarez, “Constitutional Interpretation in International Organization”, in Jean-Marc Coicaud and Veijo Heiskanen, *The Legitimacy of International Organization* (Tokyo, New York, Paris: United Nations University Press, 2001), p. 122.

端可裁判性的重要路径。传统现实主义主张存在政治性争端及其非裁判性,并非意在表明此类争端与法律无关。事实上,对于政治性争端,各国总能以法律诉求的形式将其表现出来。同样,法律性争端必然掺杂着政治性因素。任何争端的解决或多或少都会在国际社会产生政治影响。这也导致海洋争端视野下政治争端与法律争端的界分成为国际裁判机构不得不面对的挑战。就法律争端而言,国际裁判机构管辖权的扩张是可以理解的;但是,就政治性争端而言,在传统现实主义的非裁判性原理之下,争端国一般并不倾向于受制于国际裁判机构的裁判。[①] 关于《公约》解释或适用的争端通常源于海洋权益争端。在《公约》的语境下,以海洋争端解决为目的,海洋权益可以界分为核心海洋权益和非核心海洋权益。核心海洋权益涉及国家的生存问题,如领土主权及其完整。而非核心海洋权益的界定则具有不稳定性,两者的界定受制于不同海洋国家的自身认知。[②] 但是海洋权益界定的主观性也会使海洋争端更加复杂化。这足见海洋争端是融入海洋主权、主权权利以及特定管辖权的争端。从这一点看,似乎寻求通过单纯的法律方法解决海洋争端只是一厢情愿。

《公约》构建了富有特色的关于其解释或适用的争端解决机制。然而,强制司法程序的排除或保留意味着政治方法的适用,而后者主要取决于以国家实力为基础的外交谈判。由于《公约》条款的模糊性和抽象性,大国政治和小国政治在《公约》的实施,特别是争端解决中发挥着各自的作用。就海洋争端而言,海洋大国与海洋小国所依赖的争端解决途径不同。因此,就关于《公约》解释或适用争端的解决机制而言,构建海洋争端可裁判性的根本路径,仍应以争端双方和国际裁判机构所形成的社会基础为出发点,

---

① See Raymond Aron, *Peace and War: A Theory of International Relations* (Krieger Lane: Krieger Publishing Company, 1981), p. 724.

② 参见胡波:《论中国的重要海洋利益》,载《亚太安全与海洋研究》2015 年第 5 期,第 14~28、125~126 页。

只有这样才能增强《公约》争端解决机制的有效性和实效性。①

如此观之,在国际政治视野下观察海洋争端的可裁判性问题,要么需要有足够的政治能力和政治手段将海洋争端类型化处理,要么需要完善《公约》解释或适用争端的解决机制。从海洋争端可裁判性的国际政治视角分析,将理解海洋争端可裁判性的合理路径建立在海洋争端双方之社会基础上,需要深入洞察《公约》框架下海洋争端的可裁判性问题。

(二)强化交换意见义务:海洋争端可裁判性的前提与基础

如何才可能将海洋争端中的"政治权益"剥离出来而使海洋争端成为单纯的"海洋争端"? 这实质是确定海洋争端边界的过程。事实上,国际裁判机构所审理的海洋争端面临的主要困境在于争端方对于初步管辖权和可受理性的质疑。如果国际裁判机构能够防范包含"政治性海洋争端"的"海洋争端"导入有约束力裁判的强制程序,那么海洋争端的可裁判性便具有可能性。而在这一环节中,《公约》第 283 条交换意见义务具有重要价值。某种意义上,强化海洋争端方之间的交换意见义务,以进一步厘清海洋争端的边界,构成海洋争端可裁判性的前提和基础。②

根据有关统计,国际裁判机构在识别海洋争端是否属于混合型海洋争端上,一般倾向于将很多海洋争端视为混合型海洋争端。同时,国际裁判机构在混合型海洋争端中认定争端方是否履行交换意见义务上存在瑕疵。《公约》第 283 条交换意见义务的适用或

---

① 参见江河:《海洋争端的司法解释:以大国政治和小国政治的博弈为路径》,第 98 页。

② 关于海洋争端判例是否属于混合型海洋争端和是否履行交换意见义务,主要参考国际法院、常设仲裁法院以及国际海洋法法庭官网上公布的裁判文书。同时,判例的选择参照了吴士存主编的《国际海洋法最新案例精选》(中国民主法制出版社 2016 年版)所收集的海洋争端判例。

解释问题,一直困扰着国际裁判机构,尤其在交换意见的方式、标准与程度方面,尚未形成稳定的实践。然而,交换意见义务在海洋争端可裁判性的认定上举足轻重。《公约》的制度安排向来重视海洋问题的整体性。《公约》第十五部分所构建的争端解决机制具有鲜明的层次性,即分别按照"一般规定""导致有约束力裁判的强制程序""适用第二节的限制和例外"而展开。其中《公约》第283条"交换意见"被置于"一般规定"中,根据约文的结构安排,《公约》格外重视争端方之间的交换意见义务。然而,诸多海洋争端当事方在履行交换意见义务上,存在交换意见的方式、标准以及交换意见义务属于程序性义务抑或实体性义务的争论。[①] 事实上,作为国际组织的国际裁判机构,在行使初步管辖权和可受理性时一直有不够重视争端当事方履行交换意见义务的倾向。这体现在查戈斯群岛仲裁案、巴巴多斯诉特立尼达和多巴哥划界案、圭亚那诉苏里南海洋划界案、荷兰诉俄罗斯北极日出号案等案中。[②] 为了从根本上规避国际裁判机构在初步管辖权和可受理性上面临的正当性危机,以《公约》的海洋争端解决机制为基础,进一步挖掘《公约》第283条交换意见义务的制度价值,最大化实现海洋争端的可裁判性是可能的。强化海洋争端双方的交换意见义务是实现海洋争端可裁判性的重要途径。

首先,国际法意义上的海洋争端的内涵涵盖了交换意见义务的元素,而且,交换意见义务不仅是程序性的而且也是实体性的。在条约目的性解释视域之下,《联合国宪章》第2条第3款和第33条第1款提出的国际法意义上的争端是广义范畴的争端,和平解决争端的方式囊括了协商、仲裁以及司法等。当有关国家同意国际裁决机构解决海洋争端时,仅仅理解为从程序方面讨论国际法

---

① See Anne Sheehan, "Dispute Settlement under UNCLOS: The Exclusion of Maritime Delimitation Disputes", (2005) 24 *The University of Queensland Law Journal* 165, p. 168.

② 上述判例几乎属于混合型海洋争端,而且都涉及争端方是否充分履行交换意见的义务。

中的海洋争端问题是毫无意义的,必须考虑争端方之间的交换意见义务是否充分履行。[①] 这是因为,在国际法律秩序中,国际法中广义的海洋争端仅仅关注海洋争端的程序性问题是不够的,尽管海洋争端的管辖权和可受理性问题属于国际司法程序中的关键和重要环节。海洋争端的完整理解必须要充分顾及海洋争端下法律纠纷的实质是当事人之间在具体的权利、义务和法律关系方面存在的任何对抗。[②] 海洋争端下当事人之间的充分交换意见对于国际争端而言,不仅满足于程序上的履行,更触及海洋争端实体内容。[③] 如果仅将《公约》第283条交换意见义务视为单纯的程序范畴,那么,在海洋争端领域的《公约》"实体与程序并行"主义勃兴的情境下,就如1999年南方金枪鱼案(临时措施)所揭示的那样,国际法和相关国家法律体系将作为特别法调整海洋争端,甚至囊括海洋争端真正产生以前的国际条约和规章。如此一来,只有将"谈判"或"其他和平方法"诠释为更为宽泛的解决争端方式,才符合交换意见义务的立法目的。[④]

其次,交换意见义务构成和平解决海洋争端的极为重要范畴。《联合国宪章》第2条第3项强调以和平方式解决国际争端的目的是不危及国际和平、安全与正义。[⑤] 显然,海洋争端方享有权利和自由去选择和平解决海洋争端的方式,而且争端解决方式应该具

---

① See H. Lauterpacht, "The Doctrine of Non-Justiciable Disputes in International law", (1928) 24 *Economica* 277, pp. 290 – 292.

② See Onuma Yasuaki, "ICJ: An Emperor without clothes?" in Nisuke Ando, Edward McWhinney and Rüdiger Wolfrum (eds.), *Liber Amicorum Judge Shigeru Odam* (The Hague, London, New York: Kluwer Law International, 2002), pp. 199 – 202.

③ 参见马得懿:《〈联合国海洋法公约〉第283条交换意见义务:问题与检视》,载《政治与法律》2018年第4期,第104页。

④ See Barbara Kwiatkowska, "The Southern Bluefin Tuna Arbitral Tribunal Did Get it Right: A Commentary and Reply to the Article by David A. Colson and Dr Peggy Hoyle", (2003) 34 *Ocean and Development and International Law* 369, pp. 369 – 395.

⑤ See James Harrison, *Making the Law of the Sea* (Cambridge: Cambridge University Press, 2011), pp. 32 – 34.

有多元化。其中,《公约》强化交换意见义务作为和平解决海洋争端的前置式义务,构成和平解决海洋争端极为重要的环节和范畴。一方面,在《公约》解释或适用争端的解决过程中,当事方履行交换意见义务包括谈判、协商、调解等国际法实施过程中的重要方式,而且交换意见是在友好气氛中展开的。① 另一方面,无论争端方选择何种方式解决海洋争端,适用正义原则和《公约》所遵循的原则将引导履行交换意见义务的展开。在国家实践中,相当多海洋争端通过国家间的直接谈判或交换意见获得解决。

最后,交换意见义务彰显了解决海洋争端的善意原则。绝大多数海洋争端在《公约》解释或适用中形成。《公约》第 300 条要求缔约国应该善意履行本公约承担的国际法义务。由此推论出,缔约国在履行交换意见义务时也应该秉承善意原则。就条约解释而言,"善意"被理解为一个更严格的概念。善意原则排除了一方利用优势可能导致另一方获得不公平情况的发生。② 同时,善意原则或多或少地与理性联系在一起,它们甚至被认为是同一件事。③

事实上,《公约》第 283 条交换意见义务、国际裁判机构的管辖权以及国际法上的同意原则一脉相承。这是因为,《国际法院规约》第 36 条第 1 款将"《联合国宪章》具体规定的所有事项"囊括在国际法院管辖范围之内。在理论上,通常将通过特别协议和单方面适用来行使管辖权视为"特别同意"(consent *ad hoc*),将国际法院通过条约或接受任择性条款声明而获得的管辖权视为"事前同意"(consent *ante hoc*)。在"特别同意"情境下,在争端双方承

---

① See Onuma Yasuaki, "ICJ: An Emperor without Clothes?", p. 195 – 203.

② See Anthony D'amato, "Good Faith", in Rüdiger Wolfrum (ed.), *Max Planck Encyclopedia of Public International Law, Volume II* (Oxford: Oxford University Press, 2012), p. 600.

③ See Shabtai Rosenne, "Interpretation of Treaties in the Restatement and the International law Commission's Draft articles: A Comparison", (1996) 5 *Columbia Journal of Transnational Law* 205, p. 223.

认海洋争端存在情况下,争端当事方可以特别同意国际法院对相关海洋争端行使管辖权。如果原告国单方面接受国际法院管辖权而另一方接着采取致信国际法院或者参与启动诉讼程序等单方面同意行为,那么就可能形成“特别同意”。在“事前同意”情境下,管辖权尽管是通过当事各方的同意授予的,但这种同意是在具体海洋争端出现之前就以有约束力的形式做出,从这种意义上说是“强制性的”。[①] 可见,《公约》第283条交换意见义务从来不是孤立的。某种意义上,争端当事方履行交换意见义务属于国际法上同意原则的特殊形式和状态,其实质上与国际裁判机构管辖权的行使存在密切关联。正因为如此,强化海洋争端中当事方的程序性和实体性交换意见义务,在增强海洋争端可裁判性上具有极为重要的价值。

(三)海洋争端可裁判性的国际法意义

凸显海洋争端可裁判性的积极价值在于警示国际裁判机构的管辖权膨胀而轻易对混合型海洋争端行使管辖权所引发的国际法治危机。本文通过检视和反思若干混合型海洋争端判例,认为将“纯净”的海洋争端纳入关于《公约》解释或适用的争端之列,以增强海洋争端的可裁判性,至少蕴含着如下国际法价值。

其一,助推国际合作法的发展。现代国际法是一部由国家间共存法不断向国家间合作法发展的历史。传统国际法不涉及国际共同体利益,主要调整平等的主权者之间的“私人利益”。国际共同体社会的出现,需要国际法发展根本性规范来维护共同体利益。[②] 海洋争端可裁判性的强化不仅是完善和优化《公约》下海洋争端解决机制的根本路径,而且其国际法价值在于能够促进各国

---

① See Ibrahim F. I. Shihata, *The Power of the International Court to Determine Its Own Jurisdiction* (Dordrecht: Springer, 1965), pp. 271 – 279.

② 参见陈海明:《当代国际法的结构变迁及其意义》,载《东南学术》2018年第6期,第194页。

积极展开国际合作。国际法的观念并不完全是国内法所倡导的遵纪守法的观念,而是一个灵活有效利用国际法的观念,务必意识到国际法存在大量灰色区域的事实。[①] 因此,应当探究海洋争端的可裁判性,减少国际合作上的障碍或者恶意的法律战,积极弥补国际法上存在的灰色区域导致的全球海洋治理的缺憾。

事实上,强化海洋争端的可裁判性所蕴含的国际法价值,亦可以通过国际组织法的发展得到诠释。无论是国际法院和常设仲裁法院,还是《公约》附件六所建立的国际海洋法法庭,在某种意义上,它们的成立都是在不断追求完善争端解决机制。现代国际组织的兴起只是在一定意义上打破了以国家为中心的国际法"造法"模式,让国际组织日益承担起国际法编纂与发展中心的角色。[②] 而在国际组织法勃兴进程中,国际法院、常设仲裁法院以及国际海洋法法庭在海洋争端识别、初步管辖权以及可受理性等问题上,不断积累海洋争端可裁判性的国际经验。在这个过程中,国家不应被遗忘或者排斥,而是该进程中最需要得到适当和充分关注的。

其二,促使各国意识到海洋区域的各种问题作为一个整体加以考虑的必要性。在南海仲裁案中,菲律宾假借《公约》第十五部分争端解决机制故意单方面向中国提出经过"包装"的各类请求。而仲裁庭面对如此典型的混合型海洋争端,并没有充分顾及菲律宾各类请求暗含着海洋和领土主权以及海洋划界的诉求,更没有充分论证各类请求是否具有可裁判性。这进一步导致该案的各项实体裁判与《公约》的立法宗旨相背离。其根本原因在于国际裁判机构没有公正看待海洋争端的可裁判性及其所蕴含的国际法价值,即一个混合型海洋争端具有整体性,包括争端属性的识别、初步管辖权的行使、实体裁决以及争端方是否有义务履行裁决等一

① 参见何志鹏:《新时代国际法理论之定位与重构:接榫国际政治的互动探究》,载《法学评论》2020 年第 4 期,第 16 页。

② See Adam Lupel and Lauri Mälksoo, *A Necessary Voice: Small States, International Law, and the UN Security Council* (International Peace Institute, 2019), pp. 3 – 5.

系列问题。

同样,如果将该问题置于国际组织法视域下展开讨论,那么,作为国际组织的国际裁判机构,具有完善的海洋争端可裁判性识别规则显得尤为重要。国际裁判机构各个成员国之间的平衡是建立在各国遵守条约的基础上。如果海洋争端的解决没有得到争端方的认同,在海洋争端识别和管辖权等方面存在公正性危机,那么,可能影响整个国际裁判机构的正常运转。这是因为,国际组织可以被理解为适用于国家间多边合作的、依据国际法运作的制度性安排。[①] 因此,完善的海洋争端可裁判性规则属于这种制度性安排的组成部分。而国际裁判机构身处国际海洋法律秩序之中,是在整个海洋法大环境中开展裁判活动。[②]

结　论

正是由于海洋争端识别的复杂性,本来属于岛屿领土主权的争端被“包装”为关于《公约》解释或适用的争端,进一步导致海洋争端不但没有得到最终解决,反而引发海洋争端的进一步复杂化。国际法意义上的海洋争端的识别,应该注重《公约》第 283 条交换意见义务的充分履行,同时在履行过程中识别并分离出“海洋争端”中的“政治争端”成分,进而厘清海洋争端的边界。

理解和构建国际法意义上的海洋争端的可裁判性,应该辩证认识现实主义下政治性争端的非裁判性属性。但随着传统理想主义的衰弱,对两类争端的区分及其裁判性与非裁判性原理的讨论在国际关系理论中似乎已经销声匿迹。国际法实证主义对国际争端及其解决的“纯法律分析”,自觉与不自觉地抹杀了“政治性争

① 参见饶戈平:《本体、对象与范围——国际组织法学科基本问题之探讨》,载《国际法研究》2016 年第 1 期,第 65 页。

② See Finn Seyersted, *Common Law of International Organizations* (Leiden: Martinus Nijhoff Publisher, 2008), pp. 1 – 29.

端”与“法律性争端”的区别。[①] 从该角度看，一个国际法意义上的海洋争端，应该高度重视争端方在国际裁判机构行使管辖权之前所展开的交换意见义务，国际裁判机构应该充分审查争端方的交换意见义务下的实体内容，进而研判和识别海洋争端是否具有可裁判性。

The Identification, Categorization and Justiciability of Maritime Dispute in International Law

MA Deyi

Abstract: The complexity of maritime disputes once caused worries throughout the global ocean governance process, which it's identification by international adjudicative bodies, has gone through the initial stage of ambiguity, the development stage of strengthening the interaction between the parties to the dispute and paying attention to the classification of maritime disputes. It is not doubtful that all kinds of marine disputes be considered under the interpretation or application of the UNCLOS that following the legislative model of marine regional path and marine functional path respectively. However, due to the complexity of mixed maritime disputes, there is a legitimacy crisis in the identification of maritime disputes, the exercise of jurisdiction and the determination of admissibility. From the perspective of special interpretation of treaties and international politics, it is possible to build a picture of understanding maritime disputes in the sense of international law, That is to say, the identification means of justiciable maritime disputes can be identified

① 参见徐崇利：《构建国际法之“法理学”：国际法学与国际关系理论之学科交叉》，载《比较法研究》2009 年第 4 期，第 13 ~ 25 页。

by strengthening and improving the obligation to exchange of views between the parties to the disputes under the UNCLOS, which has the value of improving the maritime dispute settlement mechanism, boosting the development of international cooperation law and deeply understanding the integrity of the law of the sea.

Key Words: maritime dispute; identification; categorization; justiciability; legal value in international law

跨国行政执法合作的勃兴*

刘 捷**

摘要:晚近以来,跨国行政执法合作在不同政治敏感度领域都日益活跃,以期实现本国政策目标、避免国家间法律冲突或者应对共同安全威胁等。"未完全理论化协议"合理解释了这一勃兴现象,正是国家不以追求完美协议为目标,才能广泛在高层次或者低层次达成并执行更多合作共识。由于执法的合法与正当影响跨国合作长期有序勃兴,因此有必要厘清相关问题。特别是执法主体是否适格,主导执法的国家是否滥用权力,条约义务的承担是否公平,执法依据的定性与执行,执法行为是否遵循属地主义与正当程序,执法效果增益于本国公民还是全球公民等问题。以上分析有助于整体评估我国现状并提出可能的前瞻性建议,包括政策支持的连续性及其定位,立法领域的倾向性及其改进,执法实践的普遍性及其完善。概言之,跨国行政执法合作研究有助于我国在执行层面促进实现涉外法治、全面依法治国以及参与全球治理的总体目标。

关键词:跨国行政执法;执法合作;未完全理论化协议;合法性问题;正当性问题;中国实践

---

* 本文系2022年度国家社科基金青年项目"涉外法治视域下我国跨国行政执法研究"(批准号:22CFX011)、2021年度中国博士后科学基金"基于'对外关系法'视野的跨国行政合作研究"(批准号:2021M703662)的阶段性成果。本研究获得南方海洋科学与工程广东省实验室(珠海)创新团队建设项目(批准号:311021015)资助。

** 中山大学法学院博士后、助理研究员,法学博士。

导　言

21 世纪以来,大量复杂的跨国问题需要国家行政机关在域外执法或者在域内针对域外目标执法。为了有效实现本国政策目标、应对传统与非传统的安全威胁或者避免国家间法律冲突等,行政机关的跨国执法合作应运而生。跨国行政执法合作概指基于国家同意达成并执行合作共识。相较而言,国内行政执法合作强调行政机关之间相互配合在域内执行本国法。而跨国行政执法合作的执法依据不只是本国法,还可能是外国法、国际硬法、国际软法;可能在域内执法,也可能在域外执法;可能由不同国家行政机关联合执法,也可能由一国行政机关单独执法。

从决策到执行,跨国行政执法合作的过程大致如下:为了实现本国利益或共同体利益,各国行政官员围桌而坐,逐项开展政策交流、专题商定、议程确立、场所选择、规划执行等。经过协商、谈判,各国同意就高层次规则或者低层次规则达成执法合作共识,形成诸如条约、协议、公约、宣言、议定书、合作备忘录等国际硬法或国际软法性质的文件。这些文件较少直接以"执法合作"命名,大量内容依赖行政机关执行而产生实效。这些文件可能直接获得执行或者转化为国内法后执行,还可能在内容中指定执行某国法,或者约定成立特定机构灵活下达执法要求。以上决策在执行层面最终表现为行政机关或单独或联合执行国际法或国内法。整体而论,跨国行政执法合作可能是短期的,也可能是中长期持续深化的,还可能吸纳其他国家共同参与,①甚至形成相对稳定的政府间国际组织。

针对该现象,既有研究较少讨论一般原理,而是广泛散见于跨

① See Anne-Marie Slaughter, "Disaggregated Sovereignty: Towards the Public Accountability of Global Government Networks", (2004) 2 *Government and Opposition* 159, pp. 162 – 165.

国警务、海外反腐、双边反垄断等行政领域。基于实践与原理相结合,本文研究跨国行政执法合作的勃兴。本文首先从“未完全理论化协议”的分析视角阐述这一勃兴现象,即国家广泛在高层次或者低层次达成并执行合作共识。由于执法的合法与正当影响跨国合作的长期有序勃兴,本文之后将从执法主体、执法依据、执法行为、执法效果等方面讨论相关问题。最后本文将整体评估我国现状,并在政策、立法、执法等方面提出可能的前瞻性建议。

一、跨国行政执法合作的勃兴现象:基于“未完全理论化协议”的分析视角

全球化以来,不同政治体制的国家在不同政治敏感度领域广泛达成并执行跨国合作。针对跨国行政执法合作的勃兴现象,“未完全理论化协议”从合作共识的高低层次予以合理解释。

(一)未完全理论化协议的解释

“未完全理论化协议”①是基于这样一种认识:法律规则或者政策制定以解决问题为核心,不必然以建立坚实的理论共识为前提,不要求对高层次规则或低层次规则达成共识。② 由此产生了两种情况:

一种情况是,接受某一原则的人们不必认同该原则在特定情形中的具体要求。③ 在缔约谈判或者外交博弈中,这种接受抽象

① Cass R. Sunstein, “Incompletely Theorized Agreements”, (1995) 7 *Harvard Law Review* 1733, pp. 1733, 1754.

② 通常,执法合作协议要么只达成根本性的、原则性的、高层次的规则的抽象共识,要么只是达成阶段性的、非原则性的、低层次规则的解决问题的具体共识。

③ 参见[美]凯斯·R. 孙斯坦:《法律推理与政治冲突》,金朝武、胡爱平、高建勋译,法律出版社 2004 年版,第 39 页。

共识而不追求具体共识的技巧可以被称为“建设性模糊”。[①] 这有助于国家之间协调不同观点,为国际规则的制定、解释以及国家实践的发展预留一定空间,节省谈判方的交易成本,避免由于有限理性而无法在缔约时充分预知风险。[②] 在大量跨国行政执法合作的文件中,合作共识并不总是以明确详尽的权利义务的法律语言呈现。这些文件频繁使用两国或多国就某一议题或事项达成的共识,而不明确相关法律文件是否产生强制性的执法义务。这种模糊立法的策略尽管可能在后期的执行层面因解释空间宽泛而产生能动执法的问题,却对前期广泛达成执法合作有所裨益。

另一种情况是,人们关于较高层次的是非有不同认知,但能够对如何解决某一具体问题达成共识。换言之,人们对于较高层次主张或根本性问题保留分歧,转而降低合作共识的抽象程度,就较低层次的具体规范、具体行为或者后果达成一致意见。[③] 这类协议既降低了长久争论的政治成本,又为事实与价值的改变预留空间,更具有可操作性。[④] 当美国与俄罗斯由于乌克兰、叙利亚、选举干预,乃至近年来的贸易制裁与反制等争议导致双边关系紧张时,美国海岸警卫队第十七区与俄罗斯联邦边防局仍然能够达成一系列协议保持执法合作,包括搜救、应急、防治海洋污染以及打击非法、未报告、无管制的捕鱼行动等,有效规避了因无法达成较高层次的政治共识而导致所有领域的执法合作关系破

① See Itay Fischhendler, “When Ambiguity in Treaty Design Becomes Destructive: A Study of Transboundary Water”, (2008) 1 *Global Environmental Politics* 111, pp. 111 – 112. See also Walter Isaacson, *Kissinger: A Bibliography* (New York: Simon & Schuster, 1992), pp. 481 – 482.

② 参见韩逸畴:《国际法中的“建设性模糊”研究》,载《法商研究》2015 年第 6 期,第 172 ~ 173 页。

③ 参见[美]凯斯·R. 孙斯坦:《设计民主:论宪法的作用》,金朝武、刘会春译,法律出版社 2006 年版,第 8、67 页。另参见[美]凯斯·R. 孙斯坦:《法律推理与政治冲突》,第 14 页。

④ 参见[美]凯斯·R. 孙斯坦:《法律推理与政治冲突》,第 2 页。

裂的风险。[1] 20 年前,在白令海峡美俄海上分界线附近发生的一系列跨国捕捞行为,一度加剧了美国与俄罗斯在海上对抗的风险。然而,美俄两国建设性地针对大型工厂拖网渔船实施执法合作,有效避免了国家间的法律与武力冲突。以具体合作共识为基础,2015 年两国签署《共同打击非法捕捞协议》,达成更为正式的跨国行政执法合作双边协议。这个例子表明:即便国家间无法就高敏感的政治议题达成共识,也可以降低政治敏感度,就具体执法合作达成一致意见。

以上两类共识统称为"未完全理论化协议"。为了广泛促进执法合作,无论各国最终就高层次规则(抽象原则)还是低层次规则(具体规则)达成共识,多数协议不必以追求权利义务明晰的完美协议为目标。随着跨国问题以及全球治理议题日益丰富,政治体制不同、经济发展程度不一、意识形态各异的国家之间也能达成执法合作。不同于冷战时期资本主义阵营与社会主义阵营的集体对立,现在各国政府及其行政机关多以解决具体问题为目标,而非以同化缔约国的政治结构、对外政策立场或者消弭政党分歧等作为执法合作的前提条件。

(二)未完全理论化协议的运用

"未完全理论化协议"可能就高层次规则(抽象原则)或者低层次规则(具体规则)达成共识。由于跨国行政执法合作的内容即为"未完全理论化协议"的共识,该理论有助于解释跨国行政执法合作勃兴的现象,即国家在不同政治敏感度领域广泛建立合作。

跨国行政执法合作并非孤立存在,而是深刻内嵌于国际政治现实与时代背景。这些共识因合作议题的政治敏感度而呈现不同

---

① See United States Coast Guard: the Joint Contingency Plan, Joint Contingency Plan of the United States of America and the Russian Federation in Combating Pollution on the Bering & Chukchi Seas, USCG, https://content.govdelivery.com/accounts/USDHSCG/bulletins/2be5f85 (Last visited January 15, 2022).

程度的未完全的或不完整的状态。由此,跨国行政执法合作的难度也随着议题的政治敏感度升高而提升。通常,越贴近文化交流、国计民生的议题,越易于达成执法合作。反之,越倾向于政治、安全、外交的议题,可能越需要更长的谈判周期,达成的合作协议也相对更为框架、未完全、不完整。国际关系学者陈志敏也提出以政治敏感度区分国家对外事务的观点。① 根据共识的政治敏感度,跨国行政执法合作的内容同样可以区分为低敏政治、中敏政治与高敏政治。"未完全理论化协议"存在于不同政治敏感度领域的跨国行政执法合作,然而不同领域的执法性质并不相同。

1. 低敏政治

低敏政治领域的执法合作通常涉及文化交流、技术合作、国计民生等。该类执法合作较为普遍,也较少引发国家间法律冲突。此时执法行为倾向于广义说,即执法是执行法律(含国际法)的全部行政行为。②

例如,在科技合作方面,日本将技术合作视为向发展中国家提供信息与服务的对外援助。③ 日本希望借此承担发展中国家的国家建设活动、增进两国公民之间的相互了解。在执行层面,日本根据各国具体情况针对性地开展跨部门的、多层次的执法合作。这些技术合作信息由多个国家的行政机关提供,执法合作领域从基本的公共卫生和医疗保健等人类需求直到计算机和其他尖端技术。通过在高层次与低层次广泛达成并执行执法合作共识,曾经作为法西斯国家的日本重塑了国家形象。

---

① 陈志敏认为国家对外事务可以分为三类:第一,经济类"低级政治",包括促进出口、吸引外资、促销旅游、贸易政策;第二,非经济类"低级政治",包括文化交流、跨界事务、其他议程;第三,"高级政治",包括政治、安全、分离外交。参见陈志敏:《次国家政府与对外事务》,长征出版社 2001 年版,第 73 ~ 99 页。

② 参见刘平:《行政执法原理与技巧》,世纪出版集团、上海人民出版社 2015 年版,第 4 页。

③ See The Ministry of Japan: A Guide to Japan's Aid, MOFA, https://www.mofa.go.jp/policy/oda/guide/1998/2-1.html (Last visited January 15, 2022).

再如,传染病经常溢出国界,新型冠状病毒、肺炎、牛瘟、口蹄疫、狂犬病等都需要多国联防联控才能遏制。通过执法合作保护本国、次区域和区域免受通过进口动物及其产品而引起的外来动物疾病的侵害,仍是所有国家关注的问题。[①] 在这种情况下,国际标准有必要成为执法合作中进出口相关物品的最低要求。为了防止或限制疾病的传播,国家之间需要展开密切的执法合作,必要时需要安排动物卫生人员到域外执法。[②] 为各类防疫而实施的跨国行政执法合作使本国与共同体受益。

2. 中敏政治

中敏政治的执法合作较多集中于经济类的进出口、外资管理、贸易政策等。一方面,相较于前述文化、技术、卫生等低敏政治的合作议题,中敏政治类的执法合作通常需要更多的政策考量、跨部门参与和持久谈判。每个参与国都试图将本国偏好与判断强加于其他国家的经济政策。例如,近些年来部分国家对抗美国的经济施压,反对美国利用汇率威胁合作关系,要求美国执行更为审慎的也更具刺激性的财政与货币政策和法律。[③] 另一方面,中敏政治类的执法合作在引发国家间主权冲突的频率与程度方面又低于高敏政治。这类执法合作最坏的结果也不必然导致武装冲突或战争,而可能是经贸争端搁置解决,执法合作协议无法执行或者重新谈判,乃至合作破裂后执法国继续单边扩张适用本国法实现政策目标、实施诸如经济制裁性的执法措施。此时执法国针

① See Food and Agriculture Organization of the United Nations: Animal Health Service-Animal Production and Health Division, Guidelines for Strengthening Animal Health Services in Developing Countries, Chapter 11, https://www.fao.org/3/u2200e/U2200E.htm (Last visited January 15, 2022).

② See Food and Agriculture Organization of the United Nations: Animal Health Service-Animal Production and Health Division, Guidelines for Strengthening Animal Health Services in Developing Countries, Chapter 11.

③ See Martin Feldstein, *International Economic Cooperation* (Chicago: University of Chicago Press, 1988), p. 10.

对外国的政府、企业、组织、个人实施的执法行为属于狭义说的行政处分行为。[①]

达成并执行高层次合作共识的例证较多产生于经贸领域,如各国具体处理经济事务的行政机关在经济合作与发展组织、国际货币基金组织、七国集团的经济体会议以及各种双边会议中达成的执法合作共识。此外,各国的央行行长每月还在国际清算银行巴塞尔会议会面。这些会议不可避免地改变了行政长官对于本国宏观经济政策的看法,也加深了他们对外国政府正在推行的政策与法律的理解。[②] 以世界贸易组织为平台的政府间执法合作也是如此。在历次贸易回合谈判中,大幅削减关税和配额都是各国执法合作的重心,因为国际贸易合作的双重否定禁令是“己所不欲,勿施于人”,[③]国家间的经济合作需要的不是积极管理经济环境,而是通过谈判共同减少政府对私人贸易和投资流动的干预。[④] 这些都在潜移默化中影响了各国政府制定、实施对外政策与法律,因而它是一种隐性的政策协调,极大地促进了跨国行政执法合作的发展。

达成并执行低层次合作共识,通常需要明确的执法机构或者具体的执法制度,例如执法国互设联络点为境外投资者提供咨询类服务。2015 年巴西双边国际投资范本设计了一种“监察员制度”。该范本规定,各方应当指定一个国家联络中心或申诉专员,其主要职责是在本国领土内为另一方的投资者提供帮助。监察员的具体工作包括:按照协定,遵照联合委员会的建议,与另一方专门设立的国家联络中心展开互动;跟进缔约另一方或其投资者向有关部门提出的请求或咨询,并将结果告知利益相关者;与相关行政机关磋商,评估对方或对方投资者提出的建议与投诉,并酌情改

① 参见刘平:《行政执法原理与技巧》,第 4 页。

② See Martin Feldstein, *International Economic Cooperation*, p. 3.

③ Do not unto others what you would not have them do unto you.

④ See Martin Feldstein, *International Economic Cooperation*, p. 3.

善投资环境的行政措施;与政府当局和有关私营实体合作,防止在投资事项上出现分歧;就一般投资或特定项目的规制事宜及时提供有用的资料,酌情向联合委员会报告执法行动;双方告知对方执法的职能与时限。①

3. 高敏政治

高敏政治涉及政治、军事、外交等传统安全威胁议题。其中部分执法行为是行政处分行为,满足狭义说;部分执法行为是警务行为,满足司法衔接说。② 由于在外国领土执法可能减损其主权身份与主权权威,因此国家对于训练有素的、持有枪支弹药的外国人员进入本国领土实施跨国行政执法通常更为谨慎。下文以越南、美国的海警为例,说明该类跨国行政执法合作目的的多元性。换言之,通过较低层次的、具体层面的持续跨国合作有助于实现较高层次的、抽象层面的执法目的。

以越南为代表的发展中国家需要通过执法合作达到本国内部治理的目的。越南海警已与美国、日本、印度的海上警卫队,韩国、印尼、菲律宾等国的海警,马来西亚的海上执法力量,柬埔寨的航海安全国家委员会,泰国的航海协调中心等机构建立执法合作关系。③ 从 2006 年至 2019 年,越南海警与中国海警开展了 18 次渔业海上联合检查。④

美国通过执法合作实现的政策目标则更为多元。在美国,海岸警卫队负责执行由 60 多个多边和双边协议组成的执法合作网络,处理移民管制、打击人口贩运、缉毒、渔业执法、全球港口安全、

---

① See The Federative Republic of Brazil, Cooperation and Facilitation Investment Agreement, Article 18. 1 – 18. 6.

② 例如我国《公安部预审工作规则》第 3 条、第 8 ~ 27 条。See also Stuart Casey-Maslen, *Sean Connolly*, *Police Use of Force under International Law* (Cambridge: Cambridge University Press, 2017), pp. 79 – 370.

③ 越南中央军委与国防部:《加强国际合作,提高越南海警的能力》,载 QDND 网, https://cn. qdnd. vn/cid – 6126/7185/nid – 565859. html,最后访问时间:2022 年 1 月 15 日。

④ 越南中央军委与国防部:《加强国际合作,提高越南海警的能力》。

海上搜救、石油泄漏事故应急措施、北极破冰与污染联合应急计划以及反恐等一系列任务。一方面,海岸警卫队旨在促进海上安全与全球贸易。为了防止美国与古巴附近水域的重大石油泄漏,海岸警卫队与古巴执法合作,不仅加强了古巴的通信和石油泄漏预警与处理能力,而且改善了两国关系。另一方面,海岸警卫队还通过执法合作实现本国对外政策。通过制定并执行海上行为标准,海岸警卫队在地缘战略竞争中维护了符合美国利益的规则秩序,引导伙伴国以低于武装冲突水平的方式打击恶意行为者。据统计,平均每天都有 2000 多名海岸警卫队成员部署于全球各地,直接支持当地指挥官的优先级任务。

综上,“未完全理论化协议”合理阐述了跨国行政执法合作的勃兴现象。执法国之间可能就高层次规则(抽象原则)达成共识,也可能就低层次规则(具体规则)达成共识。这些共识因合作议题的政治敏感度而呈现不同程度的、未完全的、不完整的状态。相应地,跨国行政执法合作的难度也随着共识的政治敏感度而提升。通常,越贴近文化交流、国计民生的议题,越易于达成执法合作。反之,越倾向政治、安全、外交的议题,可能越需要更长的谈判周期,达成的合作协议也相对更为框架、未完全与不完整的程度越高、执法目的更为多元。此外,不同政治敏感度领域的执法行为性质不同:低敏政治领域的执法行为性质多为广义说的执行法律的全部行政行为,中敏政治的执法行为性质属于狭义说的行政处分行为,高敏政治领域的执法行为性质部分行政处分行为属于狭义说、部分跨国警务行为属于司法衔接说。

二、跨国行政执法合作的合法性与正当性问题

由于执法的合法与正当影响跨国合作长期有序勃兴,因此有必要厘清相关问题。合法且正当的跨国行政执法合作有助于增进

谈判中的协商民主、协议的自觉遵守、合作的继续深化等。相较于国内行政执法，跨国行政执法更为复杂，对国际交往产生的溢出效应也更为明显。鉴于只从法律意义上评价执法的合法性存在不足，因此在讨论合法性问题之外还需考虑正当性问题。无论执法性质系处分行为、警务行为还是所有执行法律行为，对于相关问题的反思通常涉及执法主体、执法依据、执法行为、执法效果等方面。

（一）与执法主体相关的适格、平等、公平问题

在主体层面反思跨国行政执法合作的合法与正当包括以下问题：执法主体的适格问题，在特定合作中国家地位的实质平等问题，条约义务承担的公平问题。

执法主体的适格问题需要分阶段看待。第一步，达成并执行合作共识的当局是否为该国合法的主权代表，即执法合作国是否为国际法承认的法律人格者，当局是否在制宪意义上能够代表该国人民意志。在现代国际法体系下，跨国行政执法合作发生于主权平等的国家之间，而傀儡国家、地方叛乱组织等不具备主体资格。第二步，缔约者作为国家缔约代表的真实与合法问题，通常考察缔约者是否具有全权证书。实践中最典型的现象是，合作的达成多由部长签署文件，其签署效力的认定需依据《维也纳条约法公约》第6条至第18条，尤其是关于全权证书的规定。[①] 在前两步基础上，第三步才是执法主体即实际执行合作共识的行政机关的适格问题。在一国或少数国家行政机关代表全体执法合作国家执行合作共识的情形中，适格的执法主体应当遵循国家同意原则获得执法授权。

平等问题需要考察特定跨国行政执法合作中的主导者。通常，大国更有能力主导执法合作，也更有条件滥用优势地位。尽管跨国行政执法合作由各国行政机关中专业的技术官员协商建立，

---

① 参见《维也纳条约法公约》第7条。

但是在协商中能够占据主动地位的通常是那些具备政治实力、市场力量以及管理经验的国家。①

关于公平问题,由于执法合作未必由行政机关联合执行,也可能是单独执行,因此在实际执法中,各国未必承担对等的、均等的、同等的条约义务。是否承担更多执法义务与责任受国家实力与对外政策目标的影响。例如,中国在执法合作中主动承担较多国际义务,并非严格履行均等的条约义务。自 2011 年中老缅泰的四国湄公河联合巡逻执法机制实施以来,中国是目前唯一全程参与历次执法的国家,并在经费、技术等方面给予其他三国较多支援。

(二)与执法依据相关的定性与执行问题

跨国行政执法合作的依据部分是条约类的国际硬法,更多则是不具备强制拘束力的国际软法,还有少部分是本国法以及合作共识中指定执行的外国法。如果执法依据为条约,那么执法合作不仅产生条约内容的执法义务,而且产生遵守执行条约的义务。条约是产生法律权利和义务的相对正式的协议,②系依据国际法规则产生法律效力的合意表示。③ 如果执法依据是本国法,那么通常是国际法内化后的国内法,或者执法国为了履行执法合作义务而配套的国内法措施。如果执法依据是合作共识指定的外国法,那么行政机关名义上系执行外国法,性质上仍然是遵守执行条约义务。以上执法合作一般都能够取得可预期的执法效果。

实践中争议较大的是性质为国际软法的执法合作文件,特别是那些没有明确规定权利与义务的框架性协议。据此产生的执法

---

① 参见[美]罗伯特·吉尔平:《国际治理的现实主义视角》,载[英]戴维·赫尔德、[英]安东尼·麦克格鲁:《治理全球化:权力、权威与全球治理》,曹荣湘等译,社会科学文献出版社 2004 年版,第 351 ~355 页。

② See I. Roberts ed., *Satow's Diplomatic Practice* (Oxford: OUP, 2009, 6th edn), p. 535.

③ See P. Reuter, *Introduction to the Law of Treaties*, J. Mico and P. Haggenmacher trans. (London: Kegan Paul, 2nd edn., 1995), p. 30.

合作协议一般属于国际软法,属于官方性质的法律渊源。① 当然,即便一项文件不构成条约,也不意味着它没有法律效力,②仍可能通过执法合作以示遵守,使其效力得以强化。这些国际软法缺乏国际硬法的强制性,却因各国共同执行而产生事实效力上的"硬效果"。③ 这也意味着,当某国认为遵守协议无法带来预期的合作收益时,可能随时中止执行、退出协议或利用国内法否定协议的效力。事实上,相较于条约的国际硬法,这类国际软法一般缺乏中止执行的惩罚后果或退出协议的条件。因此,这类执法合作是否能够得到遵守,几乎只能取决于成员方的遵守意愿,因而缺乏稳定性、可预期性。简言之,这些国际软法面临的问题在于:执法合作文件的性质、国际软法如何硬化、具体执法措施的落实、是否非经第三国同意为该国创设义务以及谁来审查等。例如,跨国金融监管存在以软法为主导的国际金融监管规则缺乏"硬约束"、国际金融监管标准的实施和监督机制严重不足等问题。④ 要注意的是,不能只依赖正式缔结的条约来预言政治性或非政治性的国际合作。⑤ 没有法律联系的国际协调或互惠行为自 19 世纪以来大量出现,有时通过国内法保障此类行为,⑥因此相关国内法也是评价跨国行政执法合作合法性的标准。

(三)与执法行为相关的范围与程序问题

执法行为面临的合法性问题主要在于是否突破属地主义和是

---

① 参见徐崇利:《跨政府组织网络与国际经济软法》,载《环球法律评论》2006 年第 4 期,第 421 页。

② 参见[英]詹宁斯、瓦茨修订:《奥本海国际法》(第 1 卷第 2 分册),王铁崖等译,中国大百科全书出版社 1995 年版,第 693 页。

③ 参见[英]詹宁斯、瓦茨修订:《奥本海国际法》(第 1 卷第 2 分册),第 422 页。

④ 参见廖凡:《金融监管改革及其法律调整》,载《政治与法律》2018 年第 12 期,第 6 页。

⑤ 参见[美]阿瑟 · 努斯鲍姆:《简明国际法史》,张小平译,法律出版社 2011 年版,第 153 页。

⑥ 参见[美]阿瑟 · 努斯鲍姆:《简明国际法史》,第 153 页。

否遵循正当程序。

在属地方面需注意以下两点。其一,国际法严格禁止外国未经一国同意在其领土执法,[1]包括禁止执法国以条约之名实施侵犯第三国领土主权的执法行为。在苏伊士运河、基尔运河、巴拿马运河等国际运河,多瑙河、尼日尔河等国际河流的通航安全历史中,执法国之间达成的执法合作,事实上侵犯了河流所在地国的领土主权。[2] 其二,为了避免法律冲突,国家可能引入"国际礼让"的价值。一国没有在本国领土适用外国反垄断法的义务,也不能在其他国家领土强制执行本国反垄断法。[3] 因此,国家需要通过国际礼让原则实现跨国执法合作。国际常设法院在"荷花号"案中提出,管辖权具有属地特征,国家只能在本国领土执行法律,具有域外效力的国内法未必能够获得实际执行。美国与欧共体委员会于1991年签署的《关于竞争法适用的协定》规定:"当发生限制竞争的行为时,一方有权适用本国法,也可以在某些情形中决定不调查该行为,而是将案件交由对案件享有重要利益的他国主管机关处理。"尽管该条确立了国际礼让原则,但是立法目的在于避免执法国的重复调查,而非主张国家据此放弃管辖。当一国反垄断法主管机关认为有更适合的国家处理反垄断法规定的跨国行为时,该国有权要求更适合的国家主管机关参与调查并给予可能的积极协助。1998年的补充协定则进一步规定:"当一方的限制竞争行为影响另一方,另一方可以要求执法机关根据本国法调查并处罚该行为,而不必考虑限制竞争的行为是否同时违反受影响一方的反垄断法,或该国主管机关是否已经采取执法措施。"在协定签署后的1991年至1999年间,美国与欧共体基于"国际礼让"原则对

---

① 参见[英]伊恩·布朗利:《国际公法原理》,曾令良、余敏友等译,法律出版社2003年版,第358页。

② 参见李浩培:《条约法概论》,法律出版社1988年版,第494~501页。

③ 参见司平平:《国际反垄断法双边合作的基础——积极礼让原则》,载《政治与法律》2005年第30期,第71页。

689起案件实施了执法合作。[①]

在程序方面,细化执法程序、事后审查等有助于确保跨国行政执法合作的合法性与正当性。执法合作程序包括透明度、参与性、合理决策以及其他程序规则与审查机制。公共行政的公开性与可问责性应当被政府及其行政机关牢记,[②]在国内行政程序中应当考虑外国的相关利益群体。[③] 例如,世界贸易组织(WTO)上诉机构在虾龟案中指出:欲使基于过程的进口限制符合《关税与贸易总协定》(GATT)第20条中的例外情况,执法国应当证明受到影响的国家和外国生产者已获得某种形式的正当程序。[④]

(四)与执法效果相关的正当性问题

反思执法效果有助于完善执法的正当性。由于法律较多关注形式上的合法审查,无法将执法国的国家实力、主观动机纳入评价标准,因此执法效果属于完善执法合作正当性的补充视角。例如,法国与土耳其于1535年签署通商条约,由于两国实力悬殊,该条约实质上赋予了法国人贸易自由与航海自由,甚至在土耳其的属地管辖权。[⑤] 尽管法国与土耳其的执法合作最终只有法国受益而非双方受益,但是执法效果不能作为合法性不足的理由,[⑥]只能作为一种正当性反思。

从执法效果来看,各国行政机关及其官员只对本国公民负责、

---

① 参见司平平:《国际反垄断法双边合作的基础——积极礼让原则》,第72页。

② See Anne-Marie Slaughter, David T. Zaring, "Networking Goes International: An Update",(2006) 2 *Annual Review of Law and Social Science* 211, pp. 211,215,223.

③ 参见[美]本尼迪克特·金斯伯里、[美]尼科·克里希、[美]理查德·B.斯图尔德:《全球行政法的产生(上)》,范云鹏译,载《环球法律评论》2008年第5期,第128页。

④ See Giacinto della Cananea, "Beyond the State: the Europeanization and Globalization of Procedural Administrative Law",(2003) 4 *European Public Law* 563, pp. 563 – 578.

⑤ See Local Jurisdiction. See James B. Angell, "The Turkish Capitulations",(1901) 2 *American Historical Review* 254, p. 256. See also Ravndal, *The Origins of the Capitulations and of the Consular Institution* (Washington: Govt. Print. Off., 1921), p. 94.

⑥ See Ravndal, *The Origins of the Capitulations and of the Consular Institution*, p. 94.

满足本国的"国内民主"要求,而非对全球公民负责,因此可能造成更大的"国际民主赤字"。[①] 关于宏观经济与汇率协调的执法合作存在两种观点。一种观点认为,每个国家在执行本国货币与财政政策时,都应只考虑本国的福祉,而不必考虑本国政策对其他国家的影响。[②] 尽管国家在执法合作中意识到可以采取其他国家的政策,但这仍然是执法国单方面作出的决定。[③] 另一种观点认为,每个工业国家在制定经济政策时,都应该协调与其他工业国家的政策选择,并将世界经济福利最大化视为一个整体,或者实现其配置政策以促进其他国家更好发展,抑或至少不减损后者的发展。[④] 然而,执法合作的结果可能并非解决本国问题,而是强国对弱国以解决跨国问题之名的政治渗透。鉴于许多国际问题有其国内根源,曾经服务于美国国务院的国际法学者斯劳特认为,各国建立的跨国行政执法合作是一种外交政策选择,可以为失败的、羸弱的或转型国家中的国内政府提供多边支持。[⑤] 虽然执法合作比只适用本国法增加了国际协调选项,无疑比追求国家自身利益更好,但是要区分理想化的协调与现实的潜在收益。[⑥] 在实践中,执法合作的效果也可能不如各国不协调地追求自身利益所产生的结果令人满意,特别是作为合作共识的制定者,官员们可能并非为了改善整体经济绩效,选择了政治上方便而非经济上健全的政策。[⑦]

综上,由于执法的合法与正当影响跨国合作长期有序勃兴,本

---

① 参见徐崇利:《全球治理与跨国法律体系:硬法与软法的"中心—外围"之构造》,载《国外理论动态》2013 年第 8 期,第 24 页;徐崇利:《跨政府组织网络与国际经济软法》,第 423 页。See also Stephen J. Toope, *Emerging Patterns of Governance and International Law*, *the Role of Law in International Politics: Essays in International Relations and International Law* (Oxford: Oxford University, 2000), pp. 97 - 98.

② See Martin Feldstein, *International Economic Cooperation*, p. 2.

③ See Martin Feldstein, *International Economic Cooperation*, pp. 2 - 3.

④ See Martin Feldstein, *International Economic Cooperation*, p. 3.

⑤ See Anne-Marie Slaughter, *A New World Order* (Princeton University Press, 2005), p. 4.

⑥ See Martin Feldstein, *International Economic Cooperation*, p. 3.

⑦ See Martin Feldstein, *International Economic Cooperation*, p. 3.

节从执法主体、执法依据、执法行为、执法效果等方面综合分析了相关问题,特别是执法主体是否适格、主导执法的国家是否滥用权力、条约义务的承担是否公平、执法依据的定性与执行、执法行为是否遵循属地主义与正当程序、执法效果增益于本国公民还是全球公民等问题。

三、我国跨国行政执法合作的现状与前瞻

统筹推进国内法治和涉外法治是习近平法治思想的重要组成部分,也是新时代中国的重要法治方略。在此背景下,作为涉外法治执行层面的主要内容,跨国行政执法合作影响我国涉外法治建设的成效。运用前述分析框架有助于从政策、立法、执法等方面综合评估我国跨国行政执法合作的现状,并提出前瞻性建议。

(一)政策支持的连续性及其定位

我国对跨国合作的政策支持具有连续性。"执法合作"直到2014年党中央正式提出加强涉外法律工作[①]之后才逐年推进,事实上,诸多领域的跨国合作无论是否以"执法合作"命名或以此为合作重点,几乎都依赖于行政机关的执法行动来产生实效。

新中国成立后,类似于"未完全理论化协议"的理念曾被表述为"求同存异""搁置争议、共对挑战"等。周恩来总理在万隆会议指出:"会议应当肯定共同的愿望和要求,而不强求放弃个人见解,这些分歧不应该妨碍我们在主要问题达成共识。"[②]"大家要在共同的基础上互相了解并重视彼此的不同见解。"[③]换言之,这种"求

① 2014年中国共产党第十八届中央委员会第四次全体会议通过中共中央《关于全面推进依法治国若干重大问题的决定》。

② 周恩来:《在万隆会议上的补充发言》,载中共中央文献研究室编:《建国以来重要文献选编》第6册,中央文献出版社1993年版,第178~181页。

③ 周恩来:《在万隆会议上的补充发言》,第178~181页。

同存异”的观念有助于国家充分参与各个领域的执法合作，而非引导国家一味突出自身的存在感，这也为中国的大国之路提供了良好的外部环境。① 随着综合国力与国际地位的上升，我国类似于“未完全理论化协议”的政策及实践在更多场域展开，跨国行政执法合作更加频繁。由中国主持的金砖国家投资银行、亚洲基础设施建设银行等项目以及主张的共建人类命运共同体、“一带一路”以及丝绸之路，都强调构建跨国合作的伙伴关系，即在国际经济法立法的规则中融入更多契约要素。② 相关合作协议因这些契约要素呈现出缔约主体更开放、执法标准随缔约方而异、合作内容灵活务实、可变性较大等特征。③ 近年来，“涉外法治”为我国广泛建立跨国行政执法合作提供了重要契机。2019 年 2 月 25 日习近平总书记在中央全面依法治国委员会第二次会议上强调“加快推进我国法域外适用的法律体系建设”。随后，2019 年 10 月 31 日中共十九届四中全会提出“深入推进涉外体制机制建设”。十八届四中全会通过的中共中央《关于全面推进依法治国若干重大问题的决定》指出，我国要“深化司法领域国际合作，完善我国司法协助体制，扩大国际司法协助覆盖面。加强反腐败国际合作，加大海外追赃追逃、遣返引渡力度。积极参与执法安全国际合作，共同打击暴力恐怖势力、民族分裂势力、宗教极端势力和贩毒走私、跨国有组织犯罪”。④ 在此背景下，广泛建立并执行跨国行政执法合作有助于我国塑造良好的国家形象，以合作争取更多国家的“同意”，在时代的大变局中把握话语权。

在政策支持之下，我国未来的跨国行政执法合作仍需客观定

---

① 参见何志鹏：《大国之路的外交抉择——万隆会议与求同存异外交理念发展探究》，载《史学集刊》2015 年第 6 期，第 108 页。

② 参见徐崇利：《“一带一路”国际经济法律制度的“契约性”特征》，载《法学》2019 年第 3 期，第 137 页。

③ 参见徐崇利：《“一带一路”国际经济法律制度的“契约性”特征》，第 137 页。

④ 中共中央《关于全面推进依法治国若干重大问题的决定》第七部分之(七)。

位类似于"未完全理论化协议"的理论功能。一方面,灵活的缔约策略与外交理念有助于我国广泛达成并执行执法合作。我国不必执着于执法合作就高层次规则(抽象原则)还是低层次规则(具体规则)达成共识,也不必执着于合作文件的性质限定于条约。另一方面,恰恰是这种权利义务不完全的协议作为执法依据或具体执法行动的指引,容易将后续的执法活动与司法活动引向能动主义,也为执法效果、国家间争端、司法裁决带来较大的不确定性。

(二)立法领域的倾向性及其改进

在不同政治敏感度领域逐一考察我国立法情况,可以发现我国跨国行政执法合作之间的立法倾向存在差异。我国相关立法整体上有必要进一步明确执法的管辖范围、责任后果。

在低敏政治类的执法合作方面,我国关于执法合作主要是表达合作意愿,并没有考虑中国到国外执法或其他国家到中国域内执法的具体范围与违法后果。例如,《传染病防治法》(2013 年修正)第 8 条第 2 款宽泛地规定:"国家支持和鼓励开展传染病防治的国际合作。"类似的规范结构还体现于其他国内法,包括《动物防疫法》(2021 年修订)第 13 条、《突发事件应对法》第 15 条、《公共文化服务保障法》第 12 条、《农业技术推广法》第 6 条、《清洁生产促进法》(2012 年修正)第 6 条、《旅游法》第 25 条以及《深海海底区域资源勘探开发法》第 6 条等。

在中敏政治类的执法合作方面,我国相对细化了具体的执法措施,但是并没有明确域外管辖的范围。例如,《野生动物保护法》(2018 年修正)第 36 条规定:"国家组织开展野生动物保护及相关执法活动的国际合作与交流;建立防范、打击野生动物及其制品的走私和非法贸易的部门协调机制,开展防范、打击走私和非法贸易行动。"类似的国内法主要涉及《反洗钱法》第 27 条、第 28 条。

在高敏政治类的执法合作方面,我国关于高敏政治类的规定既有原则性的要求,也有具体执法的规定;既有中央政府及其行政机关的分工、配合,又有地方政府的边境执法措施。比较典型的是,《禁毒法》第 56 条规定:"国务院有关部门应当按照各自职责,加强与有关国家或者地区执法机关以及国际组织的禁毒情报信息交流,依法开展禁毒执法合作。经国务院公安部门批准,边境地区县级以上人民政府公安机关可以与有关国家或者地区的执法机关开展执法合作。"类似的国内法还包括:《反恐怖主义法》第 41 条、第 68 条、第 69 条、第 72 条;《国家安全法》第 10 条、第 18 条、第 21 条、第 31 条、第 32 条;《国际刑事司法协助法》第 1 条;《引渡法》第 1 条、第 3 条;《核安全法》第 13 条;《监察法》第 50 条、第 51 条、第 52 条等。

(三)执法实践的普遍性及其完善

在不同政治敏感度领域逐一考察我国执法情况,可以发现我国跨国行政执法合作在执行层面体现出行政机关的专业性,中央层级诸多行政机关几乎皆对口参与了相关执法。按照前述的原理分析,我国同样需要注意与执法主体相关的适格、平等、公平问题,与执法依据相关的定性与执行问题,与执法行为相关的范围与程序问题,与执法效果相关的正当性问题。

第一类低敏政治涉及文化交流、技术合作、国计民生事务合作等,多见于我国的教育部、文化和旅游部、科学技术部、工业和信息化部、交通运输部、自然资源部、生态环境部、水利部、农业农村部、国家民族事务委员会、人力资源和社会保障部、退役军人事务部、民政部、住房和城乡建设部、应急管理部、国家卫生健康委员会。例如,中国与巴西在两国部门《海港合作谅解备忘录》的框架下执行港口合作。[①] 中国与世界卫生组织签署并执行《合作战略》。[②]

① 参见交通运输部:《中国巴西港口合作》,载 http://zizhan.mot.gov.cn/sj/guojihzs/shuangbianyqyhz_gjs/201408/t20140819_1673839.html,最后访问时间:2021 年 1 月 15 日。

② 参见国家卫生健康委员会:《〈中国—世界卫生组织国家合作战略(2016-2020)〉在京签署发布》,载 http://www.nhfpc.gov.cn/zhuz/gjjl/201603/3fdedd09f3054db295f69aa8be05bc7b.shtml,最后访问时间:2022 年 1 月 15 日。

第二类中敏政治涉及经济类的进出口、外资管理、贸易政策等,多见于财政部、商务部、中国人民银行、国家发展和改革委员会。例如,国家发展和改革委员会签署并执行中日第三方市场合作备忘录。①

第三类高敏政治较多地与传统的政治、军事、安全、外交相联系。通过筛选公安部、外交部、国家安全部、司法部以及国防部的公开信息,可以发现中国在高敏政治类的执法合作实践较为丰富。例如,中意两国签署警务合作方面的谅解备忘录,互派警察走上对方国家的街头巡逻;②国防部与他国联合反恐演习;③根据 2020 年中韩渔业执法工作会谈达成的共识,中国与韩国的海警组建为一支编队首次针对《中韩渔业协定》的"暂定措施水域"实施联合巡航。④

综上,本节整体评估我国现状,并在政策、立法、执法等方面提出可能的前瞻性建议。在政策层面,我国对跨国行政执法合作的政策支持呈现一定的连续性。我国未来关于跨国行政执法合作仍需客观定位类似于"未完全理论化协议"的理论功能,既要灵活缔约促进广泛合作,又要尽量规避能动执法的不利后果。在立法层面,通过在不同政治敏感度领域较为全面地考察立法情况,可以发现我国在不同领域呈现不同的立法倾向,整体上有必要进一步明确执法的管辖范围、责任后果。在执法层面,通过逐一在低敏政

① 参见国家发展和改革委员会:《国家发展改革委签署中日第三方市场合作备忘录》,载 http://www.ndrc.gov.cn/fzgggz/wzly/zhdt/201805/t20180510_885869.html,最后访问时间:2022 年 1 月 15 日。

② 参见公安部:《中意 2019 年警务联合巡逻启动仪式在罗马举行》,载 http://www.mps.gov.cn/n2254098/n4904352/c6771873/content.html,最后访问时间:2022 年 1 月 15 日。

③ 参见国防部:《上合组织"厦门 - 2017"网络反恐演习,加强网络反恐领域执法合作》,载 http://www.mod.gov.cn/action/2017 - 12/06/content_4799224.htm,最后访问时间:2022 年 1 月 15 日。

④ 参见新华社:《中韩海警首次开展中韩渔业协定暂定措施水域联合巡航》,载中国政府网,http://www.gov.cn/xinwen/2020 - 11/12/content_5560954.htm,最后访问时间:2022 年 1 月 15 日。

治、中敏政治、高敏政治层面考察我国实践,可以发现我国中央层面的行政机关普遍对口实施各自专业领域的执法行动,同时有必要关照在执法主体、执法依据、执法行为、执法效果等方面可能存在的问题,从而增进我国跨国行政执法合作的合法性与正当性。

结　论

近年来,习近平总书记多次强调"百年未有之大变局",这是因为"我们正处于全球化发展调整期、世界权力结构转移期和科学革命发展孕育期这三个历史周期的叠加期,所以矛盾深刻、形势复杂"。① 在此大变局背景下,学界关于国际组织、跨国公司、个人等非国家行为体的研究已经取得较多成果,然而不可否认的现实是,更多双边、区域及全球性议题的解决需要各国政府及其行政机关的执法合作。②

跨国行政执法合作概指基于国家同意的合作共识,各国行政机关或单独或联合执行国际法或国内法,旨在实现本国政策目标、避免国家间法律冲突或者应对共同安全威胁等。通过分析跨国行政执法合作的勃兴现象,厘清可能影响长期有序勃兴的合法性与正当性问题,本文试图阐述一般实践与原理,进而评估中国现状并提出前瞻性建议,包括政治支持的连续性、立法领域的倾向性、执法实践的普遍性。概言之,本文主张我国应广泛加强跨国行政执法合作,以期有效解决纷繁复杂的跨国问题、提高行政效率、塑造良好的国家形象,进而在执行层面促进实现涉外法治、全面依法治国以及参与全球治理的总体目标。

① 王健:《百年变局下的民族复兴——〈中国与世界〉丛书总序》,载吴泽林:《中国跨国行政合作研究》,上海人民出版社 2019 年版,第 2 页。

② 参见苏长和:《序言》,载吴泽林:《中国跨国行政合作研究》,第 1 页。

The Rise of Transnational Administrative Law Enforcement Cooperation

LIU Jie

Abstract: Transnational Administrative Law Enforcement Cooperation (TALEC) has become increasingly active in areas of different political sensitivities recently, in order to achieve national policy goals, avoid legal conflicts between countries, or respond to common security threats. The rise of TALEC is reasonably explained by the Incompletely Theorized Agreement. It is precisely because countries do not pursue perfect agreement as the goal that more cooperative consensus can be widely reached and implemented at high or low levels. Since the legality and legitimacy of law enforcement affect the long-term and orderly prosperity of transnational cooperation, it is necessary to clarify the relevant issues. In particular, whether the subject of law enforcement is qualified, whether the leading state abuses power, whether it is fair to undertake equal treaty obligations, the characterization and implementation of the basis for law enforcement, whether the law enforcement behavior breaks through territorialism and follows due process, and whether the law enforcement effect benefits the citizens of the country or the world. The above analysis is helpful for the overall assessment of China's current situation and puts forward possible forward-looking suggestions, including the continuity of policy support and its orientation, the tendency of the legislative field and its recommendations, the universality of law enforcement practice and its improvements. In a word, the study of TALEC helps China to achieve the overall goals of foreign-related rule of law, comprehensive rule of law and participation in international governance at the implementation level.

Key Words: transnational administration law enforcement; law enforcement cooperation; incompletely theorized agreements; legality issues; legitimacy issues; Chinese practice

对“印度洋海洋划界案”中查戈斯群岛法律地位判断的评述*

宋　岩**

摘要：在“印度洋海洋划界案”中，关于特别分庭管辖权争议的核心是判断已有国际裁决和决议是否已确定查戈斯群岛的法律地位。特别分庭首次明确肯定了国际法院咨询意见和联合国大会决议对领土主权的影响和法律效力，这是对以往实践的明显突破。然而，在处理相关裁决和决议时，特别分庭片面关注了毛里求斯根据《1965年协议》取得的权利，却忽视其对应义务；特别重视查戈斯咨询意见案中部分段落的内容，却忽视了国际法院咨询管辖权的有限性，以及咨询意见法律效力的局限性；重点关注了联合国大会决议的部分用语，而忽视了其法律效力问题。这种“一边倒”的裁决反映了特别分庭处理涉及非殖民化这一政治敏感问题的积极态度；但在法律技术层面，特别分庭对关键问题的突破并不具有说服力。鉴于领土关系稳定性和确定性对国际社会的重要意义，需要更为谨慎地对待领土主权问题。

关键词：咨询意见；联大决议；法律效力；查戈斯群岛

---

* 本论文获得北京市社会科学基金项目“国际法院管辖权的初步反对程序研究”（项目编号：19FXC018）支持。

** 外交学院国际法系讲师。

引言

2019年6月18日,毛里求斯根据《联合国海洋法公约》(以下简称《公约》)附件七对与马尔代夫关于印度洋海洋划界争端提起仲裁;之后两国缔结特别协议将该争端移交国际海洋法法庭特别分庭(以下简称特别分庭)审理。① 2021年1月28日,特别分庭驳回了马尔代夫提出的管辖权和可受理性初步反对意见,认为其有权进行下一步的海洋划界。在管辖权阶段,本案的核心问题是马尔代夫提出的第二项初步反对意见,即特别分庭是否需要裁决查戈斯群岛的领土主权争议,已有的国际法庭裁决和决议是否已解决了该争议。② 因为根据“陆地统治海洋”的基本原则,应当首先确定毛里求斯对查戈斯群岛的主权,然后它才能作为《公约》第74条第1款和第83条第1款③规定的与马尔代夫海岸相向或相邻的国家,否则,考虑到两国特殊的地理位置,它们将不存在权利重叠海域。④ 对此,特别分庭分析了国际法庭裁决和联合国大会(以下简称联大)决议对查戈斯群岛主权的影响,⑤最终认为即使其非殖民化进程尚未完成,毛里求斯也能够作为海洋划界中查戈斯群岛的沿海国,因而驳回了马尔代夫的第二项初步反对意见。⑥ 该案的特殊之处在于,国际法庭首次明确肯定了国际法院咨询意见和联大决议对于领土主权的影响和法律效力,这是对以往实践的明

① See Dispute concerning Delimitation of the Maritime Boundary between Mauritius and Maldives in the Indian Ocean (Mauritius/Maldives), Preliminary Objections, Judgment of 28 January 2021, International Tribunal for the Law of The Sea, paras. 1-2. (hereafter “Mauritius/Maldives case, Preliminary Objections”)

② See Mauritius/Maldives case, Preliminary Objections, para. 101.

③ 《联合国海洋法公约》第74条为“海岸相向或相邻国家间专属经济区界限的划定”,第83条为“海岸相向或相邻国家间大陆架界限的划定”。

④ See Mauritius/Maldives case, Preliminary Objections, para. 113.

⑤ See Mauritius/Maldives case, Preliminary Objections, para. 119.

⑥ See Mauritius/Maldives case, Preliminary Objections, paras. 250-251.

显突破。本文将首先梳理案件事实和审理,然后依次介绍特别分庭对查戈斯仲裁裁决、查戈斯咨询意见和联大决议的处理,并评价特别分庭在本案中的突破是否符合国际法规则。

一、案件事实及审理

毛里求斯和马尔代夫都是印度洋上的岛国,其中毛里求斯主张拥有主权的查戈斯群岛距离毛里求斯主岛东北约 2200 千米,距离马尔代夫 517 千米,[①]两国可能存在的海洋划界仅存在于查戈斯群岛与马尔代夫岛屿之间。该群岛涉及复杂的历史和多个国家的利益。

1814 年,法国通过《巴黎条约》将毛里求斯及其附属地割让给英国。从 1814 年到 1965 年,英国将查戈斯群岛作为毛里求斯殖民地附属地进行管理。1965 年 9 月 23 日,毛里求斯殖民地与英国代表达成《兰卡斯特宫协议》(Lancaster House agreement,以下简称《1965 年协议》),查戈斯群岛自毛里求斯分离,之后英国建立英属印度洋领地(British Indian Ocean Territory),其中包括查戈斯群岛,但此举遭到联大多个决议的谴责。1966 年 12 月 30 日,英国和美国缔结协议,在查戈斯群岛上建立军事基地,并开始移出岛民。1968 年 3 月 12 日,毛里求斯独立。从 20 世纪 80 年代起,毛里求斯开始在各种双边和多边场合主张查戈斯群岛主权,但均遭到英国的拒绝。[②]

在本案之前,毛里求斯关于查戈斯群岛的主权已经启动了一系列法律程序。首先,针对英国在查戈斯群岛周围建立的海洋保护区(Marine Protected Area,MPA),毛里求斯于 2010 年 12 月 20 日根据《公约》附件七提起仲裁程序。仲裁庭于 2015 年 3

① See Mauritius/Maldives case, Preliminary Objections, para. 56.

② See Legal Consequences of the Separation of the Chagos Archipelago from Mauritius in 1965, Advisory Opinion, I. C. J. Reports 2019, pp. 107 – 110, paras. 27 – 47.

月 18 日做出裁决(以下简称查戈斯仲裁裁决),认为该案的主要问题涉及领土争端,驳回了毛里求斯的多数诉求。① 其次,推动联大于 2017 年 6 月 23 日通过第 71/292 号决议,请求国际法院发表咨询意见,确定毛里求斯的非殖民化进程根据国际法是否已完成,以及英国继续管理查戈斯群岛的国际法后果。② 国际法院于 2019 年 2 月 25 日发表"1965 年查戈斯群岛从毛里求斯分裂的法律后果咨询意见"(以下简称查戈斯咨询意见),认为毛里求斯 1968 年独立时未完成非殖民化进程,英国有义务尽快结束在查戈斯群岛的管理,会员国有义务与联合国合作,以便完成毛里求斯的非殖民化进程。③ 在获得咨询意见之后,联大于 2019 年 5 月 22 日通过第 73/295 号决议,要求英国在决议通过 6 个月内从查戈斯群岛撤出其殖民管理。④ 由此可见,本案的裁决进一步巩固了毛里求斯对查戈斯群岛的主权主张。在本案之后,毛里求斯继续"趁热打铁",于 2021 年 5 月 24 日向大陆架界限委员会提交了查戈斯群岛北部外大陆架的初步信息,表示将适时提交正式划界案。⑤

在本案中,马尔代夫共提出了五项反对特别分庭管辖权的意

① See Award in the Arbitration regarding the Chagos Marine Protected Area between Mauritius and the United Kingdom of Great Britain and Northern Ireland, 18 March 2015, RIAA, Vol. XXXI, p. 582, para. 547.

② See United Nations General Assembly, Request for an Advisory Opinion of the International Court of Justice on the Legal Consequences of the Separation of the Chagos Archipelago from Mauritius in 1965, 22 June 2017, UN Doc. A/RES/71/292.

③ See Legal Consequences of the Separation of the Chagos Archipelago from Mauritius in 1965, Advisory Opinion, I. C. J. Reports 2019, p. 140, para. 183.

④ See United Nations General Assembly, Advisory Opinion of the International Court of Justice on the Legal Consequences of the Separation of the Chagos Archipelago from Mauritius in 1965, 24 May 2019, UN Doc. A/RES/73/295.

⑤ See Amended Preliminary Information Submitted by the Republic of Mauritius Concerning the Extended Continental Shelf in the Northern Chagos Archipelago Region, 24 May 2021, https://www.un.org/Depts/los/clcs_new/submissions_files/preliminary/mus_2021_preliminaryinfo.pdf (Last visited January 1, 2022).

见:第一,英国是本案不可或缺的第三方(indispensable third party),因为英国不是本案的一方当事国,所以特别分庭没有管辖权;第二,特别分庭对查戈斯群岛的主权争议问题没有管辖权,如果特别分庭裁决毛里求斯在本案中的诉求,将必然裁决主权争议;第三,由于两国没有也不能有意义地进行谈判,从而满足《公约》第74条和第83条的要求,因此,特别分庭缺乏管辖权;第四,毛里求斯和马尔代夫之间不存在、也不可能存在海洋边界争端,因为没有此种争端,所以特别分庭缺乏管辖权;第五,毛里求斯的诉求构成程序滥用,因此不可受理而应被驳回。① 特别分庭经过审理,驳回了上述所有反对意见,认为其有管辖权审理当事方在印度洋的海洋划界争端,毛里求斯的相关诉求可被受理。②

马尔代夫提出的第二项反对意见是双方最主要的争议,并且第一项和第四项反对意见的处理结果在很大程度上也取决于该项反对意见,③因此,本文将重点研究特别分庭对马尔代夫该项反对意见的裁判。关于马尔代夫的第二项反对意见,特别分庭首先分析了其根据《公约》第288条第1款管辖权范围以及毛里求斯所提交争端的性质;其次,考虑了查戈斯群岛的法律地位问题。④ 当事双方均认可,特别分庭的管辖权仅限于关于《公约》解释和适用的争端,而领土争端不属于此类争端;当事方的最主要分歧是:毛里求斯拥有查戈斯群岛主权这一前提条件的有效性。⑤ 因此,特别分庭在本案中的工作并不是直接判断查戈斯群岛的主权归属,而是判断已有的国际裁决和决议对该群岛主权的影响。

---

① See Mauritius/Maldives case, Preliminary Objections, para. 79.

② See Mauritius/Maldives case, Preliminary Objections, para. 354.

③ See Mauritius/Maldives case, Preliminary Objections, para. 100.

④ See Mauritius/Maldives case, Preliminary Objections, para. 102.

⑤ See Mauritius/Maldives case, Preliminary Objections, paras. 111, 114.

二、查戈斯仲裁裁决对领土主权的影响

马尔代夫认为,在"查戈斯海洋保护区仲裁案"中,仲裁庭认为当事方关于毛里求斯第一项诉求的争端事关领土主权,因而无管辖权;但可以对第四项诉求行使管辖权,也就是英国宣布建立海洋保护区(MPA)违反了《公约》的相关规定。[①] 仲裁庭最终也认定了英国在行使权利时,没有与毛里求斯协商或适当顾及其利益。因此,马尔代夫主张,仲裁庭将英国视为管理查戈斯群岛周围海域的"沿海国",该裁决对英国和毛里求斯具有既判力。[②] 另一方面,毛里求斯则主张,查戈斯仲裁裁决不能对沿海国问题产生既判力,仲裁庭对该问题没有管辖权,因为"查戈斯海洋保护区仲裁案"与本案的诉求和事项不同,也不是基于相同的事实并且涉及相同的当事方。此外,毛里求斯的主权主张也不是依据查戈斯仲裁裁决,而是之后的国际法院咨询意见和联大第 73/295 号决议。[③]

对于上述分歧,特别分庭首先分析了"查戈斯海洋保护区仲裁案"中仲裁庭对毛里求斯第一项和第四项诉求的处理。特别分庭认为,仲裁庭对第四项诉求行使了管辖权,并且裁判英国违反了《公约》规定的义务,该事实并不意味着仲裁庭承认了英国是查戈斯群岛沿海国。相反,在处理第一项诉求时,仲裁庭已明确表示,它无权决定谁拥有查戈斯群岛主权。关于第四项诉求,仲裁庭的

---

① 毛里求斯的第一项诉求为"英国无权宣布建立 MPA 或者其他海洋区域,因为它不是符合《公约》第 2、55、56、76 条规定的沿海国";第四项诉求是"英国宣布建立的 MPA 违背了英国根据《公约》应当承担的实体和程序义务,包括第 2、55、56、63、64、194、300 条以及 1995 年《执行 1982 年 12 月 10 日〈联合国海洋法公约〉有关养护和管理跨界鱼类种群和高度洄游鱼类种群的规定的协定》第 7 条的规定"。See Award in the Arbitration regarding the Chagos Marine Protected Area between Mauritius and the United Kingdom of Great Britain and Northern Ireland, 18 March 2015, RIAA, Vol. XXXI, pp. 440 – 441, para. 158.

② See Mauritius/Maldives case, Preliminary Objections, paras. 121 – 123.

③ See Mauritius/Maldives case, Preliminary Objections, paras. 124 – 126.

主要关切是，在不影响查戈斯群岛主权问题的情况下，考虑英国宣布 MPA 是否符合其《公约》义务。因此，特别分庭驳回了马尔代夫有关既判力和英国有权对查戈斯群岛行使沿海国权利的主张。①

此外，特别分庭还认为，查戈斯仲裁裁决对查戈斯群岛法律地位具有一定的相关性。鉴于英国反复重申分离查戈斯群岛的《1965 年协议》，根据禁止反言规则，仲裁庭认定其具有法律约束力。而英国在《1965 年协议》中承认了毛里求斯对查戈斯群岛的特定权利，包括捕鱼权、不再需要防务目的时将岛屿返还毛里求斯的权利、获益矿产或石油的权利。该事实对于判断毛里求斯能否作为与马尔代夫海岸相向或相邻的国家，具有一定的作用。②

关于特别分庭对查戈斯仲裁裁决的上述分析，首先可以发现，特别分庭考虑了"查戈斯海洋保护区仲裁案"中仲裁庭的管辖权限制。特别是仲裁庭在处理毛里求斯第四项诉求时，裁定英国建立 MPA 违反了《公约》第 2 条第 3 款和第 56 条第 2 款的规定，而这两项规定分别规定了沿海国在其领海和专属经济区中的权利。③ 如果仅关注查戈斯仲裁裁决的这部分内容，将有可能认为仲裁庭支持了英国作为沿海国的权利。而全面考虑查戈斯仲裁裁决的全文，仲裁庭在第一项诉求的裁决中明确排除了对沿海国及其背后领土主权问题的管辖权，在开始处理第四项诉求时也明确排除了对该问题的处理。④ 特别分庭此部分的考虑显然更

---

① See Mauritius/Maldives case, Preliminary Objections, para. 138.

② See Mauritius/Maldives case, Preliminary Objections, para. 139.

③ 《公约》第 2 条为"领海及其上空、海床和底土的法律地位"，第 56 条为"沿海国在专属经济区内的权利、管辖权和义务"。

④ See Award in the Arbitration regarding the Chagos Marine Protected Area between Mauritius and the United Kingdom of Great Britain and Northern Ireland, 18 March 2015, RIAA, Vol. XXXI, pp. 533 – 534, paras. 418 – 419.

全面,这与特别分庭后文中对查戈斯咨询意见的处理存在明显差别。①

尽管如此,特别分庭支持了《1965 年协议》中毛里求斯对查戈斯群岛的特定权利则可能存在一定问题。支持毛里求斯根据《1965 年协议》取得的各项权利在一定程度上相当于认可该协议的法律效力,而该协议支持了英国的权利,这显然有悖于特别分庭的最终结论。除此之外,特别分庭不能仅片面地承认毛里求斯根据该协议获得的权利,而否认该协议中与这些权利相对应的毛里求斯的义务,也就是将查戈斯群岛分离给英国。因此,特别分庭对该问题的裁决并不符合其整体结论。

三、国际法院查戈斯咨询意见的影响

(一)特别分庭的分析结构

由于毛里求斯主张查戈斯群岛主权的最主要依据是查戈斯咨询意见,因此,双方对此进行了大量的论述。特别分庭主要按照马尔代夫主张的顺序展开分析,即首先考虑提交国际法院问题的性质,咨询意见的范围和内容;其次分析咨询意见的后果和法律效力;最后分析查戈斯仲裁裁决和查戈斯咨询意见之间的关系。② 然而,这种分析结构本身存在一定的问题。确定管辖权是国际法院发表咨询意见的前提条件,国际法院也只能在其管辖权范围内发表咨询意见,因此,咨询管辖权的范围将影响和限制对其咨询意见内容的解释。此外,特别分庭的目的是确定查戈斯咨询意见是否影响了查戈斯群岛主权,所以应当首先确定咨询意见的法律效力,因为如果其法律效力存在明显问题,那么

---

① 相关论述详见本文第三部分。

② See Mauritius/Maldives case, Preliminary Objections, para. 143.

咨询意见内容的实际影响也将受限。因此,无论咨询意见的内容如何,确定咨询管辖权的范围以及咨询意见的效力是首先应当解决的前提问题,否则将有可能本末倒置。因此,在评述特别分庭对查戈斯咨询意见内容的分析之前,本文将首先分析这两个前提问题。

(二)国际法院的咨询管辖权

马尔代夫主张,联大提交国际法院的问题与主权无关,也没有要求国际法院对毛里求斯和英国的主权争端发表意见,国际法院对此也表示了认可。① 毛里求斯主张,国际法院驳回了基于国家同意原则提出的反对意见,显然表明联大提出的问题与双边领土争端无关,因为“提出的问题是在更广泛的非殖民化范围内提出的,包括联大在其中的作用,这些问题是不可分割的”。但毛里求斯提出,国际法院回复联大的请求,裁决毛里求斯的非殖民化进程是否合法完成,同样也裁决了哪一国对查戈斯群岛拥有主权。②

对于上述分歧,特别分庭援引了国际法院的意见,“可能必须裁决毛里求斯和英国已有分歧的法律问题,但该事实并不意味着,国际法院回复请求问题就是在解决双边争端”。③ 但是,特别分庭同时认为,虽然联大没有向国际法院提交关于主权的双边争端,但考虑到非殖民化与主权的关系,显然不能推论出咨询意见对主权问题没有相关性或影响(has no relevance or implication for the issue of sovereignty)。④

特别分庭的上述分析表明,虽然其注意到非殖民化与领土主

---

① See Mauritius/Maldives case, Preliminary Objections, para. 144.

② See Mauritius/Maldives case, Preliminary Objections, paras. 153 – 157.

③ Legal Consequences of the Separation of the Chagos Archipelago from Mauritius in 1965, Advisory Opinion, I. C. J. Reports 2019, p. 118, para. 89.

④ See Mauritius/Maldives case, Preliminary Objections, para. 166.

权问题之间的联系,但并没有深入分析国际法院咨询管辖权的范围,而职责范围可能会限制咨询意见的影响。《联合国宪章》和《国际法院规约》规定了国际法院的咨询管辖权。《国际法院规约》第 65 条第 1 款规定:"法院对于任何法律问题如经任何团体由联合国宪章授权而请求或依照联合国宪章而请求时,得发表咨询意见。"《联合国宪章》第 96 条规定了有权向国际法院请求咨询意见的国际机构。设置咨询管辖权的目的是为相关国际机构履行职责提供法律方面的协助,[①]国际法院也在多个案件中重申,其意见是针对相关国际机构,而不是针对国家,目的是为该机构之后采取措施提供建议。[②] 因此,国际法院咨询管辖权的目的显然不是为了解决国家之间的争端,这与诉讼管辖权存在显著区别。因此,查戈斯咨询意见显然不是为了解决英国和毛里求斯关于查戈斯群岛的主权争端,该意见的相关性和影响应当限于协助联大履行非殖民化职责。

此外,根据《国际法院规约》第 65 条第 1 款的规定,国际法院可以(may)发表咨询意见,这表明国际法院对于是否发表咨询意见拥有自由裁量权,即使管辖权条件已经满足,国际法院仍有权决定拒绝发表咨询意见。[③] 在决定是否应当行使咨询管辖权时,国际法院主要考虑的因素是维护其司法职能的完整性以及其作为联合国主要司法机构的性质。[④] 在以往的案件中,国际法院曾经考

---

① See Robert Kolb, *The Elgar Companion to the International Court of Justice* (Edward Elgar, 2014), pp. 258 – 259; Accordance with International Law of the Unilateral Declaration of Independence in respect of Kosovo, Advisory Opinion, I. C. J. Reports 2010, p. 421, para. 43.

② See Interpretation of Peace Treaties with Bulgaria, Hungary and Romania, First Phase, Advisory Opinion, I. C. J. Reports 1950, p. 71; Western Sahara, Advisory Opinion, I. C. J. Reports 1975, p. 24, paras. 31 – 32; Legal Consequences of the Construction of a Wall in the Occupied Palestinian Territory, Advisory Opinion, pp. 157 – 158, para. 47.

③ See Legal Consequences of the Construction of a Wall in the Occupied Palestinian Territory, Advisory Opinion, I. C. J. Reports 2004 (Ⅰ), p. 156, para. 44.

④ See Status of Eastern Carelia, Advisory Opinion, 1923, P. C. I. J., Series B, No. 5, p. 29.

虑过拒绝行使管辖权的情形,“查戈斯咨询意见案”中最具争议的问题就是,在缺乏争端相关国家的同意时,国际法院是否应当拒绝行使管辖权。在1975年“西撒哈拉咨询意见案”中,国际法院指出,“缺乏同意可能构成拒绝发表所请求意见的理由……在某些情况下,缺乏相关国家的同意可能使发表咨询意见不符合法院的司法属性。例如,情况表明发表意见将规避非经同意一国无义务将其争端提交司法解决的原则。如果发生这种情况,法院根据《规约》第65条第1款的自由裁量权将提供充分的法律手段,以确保遵守国家同意的基本原则”。[①] 国际法院在“查戈斯咨询意见案”中也考虑了该原则并明确指出,“联大提交的问题事关毛里求斯的非殖民化,联大没有寻求法院的意见用于解决两国之间的领土争端”。[②] 国际法院经过裁量的结论是,“发表所请求的咨询意见不会规避一国同意以司法方式解决其与另一国的争端的原则”。[③] 因此,虽然咨询意见会对查戈斯群岛的主权争端产生影响,但是影响不应等同于解决,否则将与国际法院和特别分庭都重点强调的国家同意原则直接冲突。[④]

具体判断咨询意见文本及其相关性和影响,应以国际法院的咨询管辖权范围为限。在本案中,除了要关注查戈斯咨询意见对联大提出问题的回复,还应当综合考虑国际法院在回复问题之前对其管辖权范围的阐述。与之形成对比的是,特别分庭在分析查戈斯仲裁裁决时关注了仲裁庭管辖权的范围,没有拘泥于裁决的部分内容,[⑤]而在分析咨询意见时却抛弃了该标准,忽视了国际法

---

① Western Sahara, Advisory Opinion, I. C. J. Reports 1975, p. 25, paras. 32 – 33.

② Legal Consequences of the Separation of the Chagos Archipelago from Mauritius in 1965, Advisory Opinion, I. C. J. Reports 2019, p. 117, para. 86.

③ Legal Consequences of the Separation of the Chagos Archipelago from Mauritius in 1965, Advisory Opinion, I. C. J. Reports 2019, p. 118, para. 90.

④ 参见高健军:《谁解决了查戈斯群岛的主权争端?——“毛里求斯与马尔代夫海洋划界案”初步反对主张判决评析》,载《国际法研究》2021年第5期,第11页。

⑤ 详见本文第二部分的内容。

院咨询管辖权的限制。

(三)咨询意见的法律效力

马尔代夫认为,即使国际法院对主权争端发表了咨询意见,该意见连对请求机构都没有法律拘束力,更不用说对诸如国家的其他实体。无论咨询意见作为国际法的抽象表述在法理上具有何种权威,它们都不是通过变相方法在具体争端中约束国家的手段。① 而毛里求斯则认为,尽管咨询意见没有法律拘束力,但并不意味着其没有法律效力,国际法院发表咨询意见时,它就咨询程序所引起的问题提供了权威的法律说明。②

特别分庭首先认可,国际法院的咨询意见被广泛承认不具有法律拘束力,但指出咨询意见蕴含着对其处理问题的国际法权威性说明(authoritative statement of international law)。特别分庭认为有必要对国际法院咨询意见的拘束性和权威性做出区分。咨询意见不具有拘束力,因为请求机构没有像诉讼程序当事方遵守判决那样的义务。然而,咨询意见中司法裁决的分量和权威性并不亚于诉讼判决,因为它们都是由联合国负责国际法事项的主要司法机关以同样严谨和仔细的方式作出的。③ 特别分庭还考虑了欧盟法院的实践,认为尽管欧盟法院没有表明国际法院的咨询意见具有法律拘束力,但适当重视了咨询意见中的法律和事实决定。④ 因此,不能仅因为咨询意见没有法律拘束力就无视国际法院在咨询意见中的决定,相关决定应当具有法律效力。⑤

关于特别分庭的上述裁决,一方面,需要指出的是,国际法院

① See Mauritius/Maldives case, Preliminary Objections, paras. 193 – 194.

② See Mauritius/Maldives case, Preliminary Objections, para. 197.

③ See Mauritius/Maldives case, Preliminary Objections, paras. 202 – 203.

④ See Mauritius/Maldives case, Preliminary Objections, para. 204.

⑤ See Mauritius/Maldives case, Preliminary Objections, para. 205.

已多次明确表示“其回复仅具有咨询性,因此没有法律拘束力”,[①]发表意见后,应由请求机构自行决定采取何种措施。[②] 但另一方面,也诚如特别分庭指出的那样,即使国际法院的意见本身不具有拘束力,但是作为世界范围内最具权威的司法机构,其意见将具有一定的权威性。[③] 对于国际法院发表的咨询意见,尽管请求机构理论上可以拒绝遵守,但是基本上没有这样的实践,相反,有学者认为,如果拒绝接受意见,将有损国际法院的权威,甚至可能会影响国际法的效力。[④] 尽管如此,“权威性”和“拘束性”毕竟不能等同,特别分庭并没有提供充分的论证来说明,一个没有法律拘束力的咨询意见为什么能通过产生影响的方式为国家创设有拘束力的法律义务。即使如特别分庭指出的那样,咨询意见和诉讼案件判决都是由同一个法院、以同样严谨和仔细的方式做出,但考虑到诉讼管辖权和咨询管辖权在参与主体、程序和功能上的本质区别,特别分庭应当更谨慎地对待咨询意见的法律效力。

除此之外,即使认为国际法院的咨询意见具有权威性,但这种权威性更多表现在国际法院对一般国际法的阐述方面。[⑤] 的确许多国际法院的咨询意见被国家、国际法院和其他国际法庭、国际法学者反复援引,这可以体现出咨询意见的权威性。但可以发现,被

① Interpretation of Peace Treaties with Bulgaria, Hungary and Romania, First Phase, Advisory Opinion, I. C. J. Reports 1950, p. 71; Western Sahara, I. C. J. Reports 1975, p. 24, para. 3; Legal Consequences of the Construction of a Wall in the Occupied Palestinian Territory, Advisory Opinion, I. C. J. Reports 2004 (Ⅰ), pp. 157 – 158, para. 47.

② See Legality of the Threat or Use of Nuclear Weapons, Advisory Opinion, I. C. J. Reports 1996 (Ⅰ), p. 237, para. 16.

③ See F. Blaine Sloan, "Advisory Jurisdiction of the International Court of Justice", (1950) 38 *California Law Review* 830, pp. 850 – 851.

④ See D. W. Greig, "The Advisory Jurisdiction of the International Court and the Settlement of Disputes between States", (1966) 15 *International and Comparative Law Quarterly* 325, p. 364.

⑤ See D. W. Greig, "The Advisory Jurisdiction of the International Court and the Settlement of Disputes between States", p. 361.

援引的部分通常是国际法院总结和归纳的具有普遍适用性的国际法规则,例如上文提到的“西撒哈拉咨询意见案”中关于国家同意原则的论述之后被多个案件援引。[①] 但在“毛里求斯和马尔代夫案”中,特别分庭特别依据了查戈斯咨询意见的若干段落,例如第170段到第174段、第177段到第188段,[②]这些段落主要是国际法院将其总结和归纳的关于民族自决的法律规则适用于具体事实的结论。严格来说,这些部分并不是国家、国际法庭和学者经常援引的,具有反映国际法规则的权威内容,而是适用于具体事实的结论。即便是在诉讼案件中,根据《国际法院规约》第59条,裁判一般仅对具体争端的当事方有拘束力,更不用说在咨询案件中并不存在类似的争端当事方。[③] 因此,特别分庭认为咨询意见相关段落具有权威性的观点并不适当。

(四)咨询意见的内容

马尔代夫认为,毛里求斯主张国际法院认为查戈斯群岛现在是并且一直都是毛里求斯的领土,这显然是对咨询意见的误解。国际法院只是认为,在1965年从毛里求斯分离之时,查戈斯群岛是非自治领土的一部分,英国的义务是完成1965年时毛里求斯领土的非殖民化。[④] 而毛里求斯认为,国际法院的咨询意见指出英国有义务结束其在查戈斯群岛的管理,以使毛里求斯完成非殖民化进程;此外,国际法院的表述使用了现在时,指出国际法义务要求英国尊重毛里求斯的领土完整包括查戈斯群岛。毛里求斯认

---

① See Legal Consequences of the Construction of a Wall in the Occupied Palestinian Territory, Advisory Opinion, I. C. J. Reports 2004 (Ⅰ), pp. 157 – 158, para. 47; Legal Consequences of the Separation of the Chagos Archipelago from Mauritius in 1965, Advisory Opinion, I. C. J. Reports 2019, p. 117, para. 85.

② See Mauritius/Maldives case, Preliminary Objections, paras. 169 – 173.

③ 参见朱利江:《“毛里求斯与马尔代夫海洋划界案”初步反对意见判决的问题、技巧与影响》,载《国际法研究》2021年第5期,第22页。

④ See Mauritius/Maldives case, Preliminary Objections, paras. 145 – 151.

为,对咨询意见只能有一种解释,即国际法院认为查戈斯群岛是毛里求斯领土的组成部分,只有毛里求斯才是其所有领土的主权者,包括查戈斯群岛。[①]

关于特别分庭的上述裁决,如果单独考虑查戈斯咨询意见的部分段落,确实可能为毛里求斯的主张提供支持,特别是毛里求斯主张中所重点援引的几个段落。[②] 但如上文所述,对这些段落内容和影响的考虑需要受国际法院咨询管辖权的职能以及咨询意见的法律效力的限制。尽管如此,即使只考虑咨询意见的内容,特别分庭的结论仍有待商榷。首先,尽管如特别分庭所言,非殖民化的问题与领土问题非常相关,[③]但非殖民化是一个过程,需要各方的配合,它的最终完成才会最终确定领土主权,而目前毛里求斯的非殖民化进程还没有完成。根据 1960 年 12 月联大第 1541(XV)号决议,非殖民化的完成方式有多种可能性,[④]特别分庭在这种情况下认定领土争端已经解决显得有些操之过急。

此外,纵观整个查戈斯咨询意见,国际法院并没有非常明确地指出,查戈斯群岛的领土主权属于毛里求斯,这显然和一般的领土判决存在区别,诉讼案件判决一般会明确指出哪一方拥有争议领土的主权。[⑤] 这表明国际法院还是意识到咨询管辖权的限制,只

---

① See Mauritius/Maldives case, Preliminary Objections, para. 161.

② "法院认为,根据国际法以及联大在毛里求斯非殖民化进程中所通过的决议,英国作为管理国,有义务尊重(毛里求斯)的领土完整性,包括查戈斯群岛"。"英国有义务尽快终止对查戈斯群岛的管理,以使毛里求斯以符合民族自决权的方式完成其领土的非殖民化"。"法院的结论是,英国有义务尽快终止其对查戈斯群岛的统治,所有会员国必须与联合国合作以完成毛里求斯的非殖民化"。See Legal Consequences of the Separation of the Chagos Archipelago from Mauritius in 1965, Advisory Opinion, I. C. J. Reports 2019, p. 137, para. 173; p. 139, para. 178; pp. 139 – 140, para. 182.

③ See Mauritius/Maldives case, Preliminary Objections, paras. 188 – 189.

④ See United Nations General Assembly, Principles Which Should Guide Members in Determining Whether or Not an Obligation Exits to Transmit the Information Called for under Article 73(e) of the Charter, General Assembly Resolution 1541 (XV), 15 December 1960.

⑤ See Sovereignty over Pulau Ligitan and Pulau Sipadan (Indonesia/Malaysia), Judgment, I. C. J. Reports 2002, p. 686, para. 150.

是考虑与联大职责相关的非殖民化问题。既然国际法院没有对领土主权问题做出非常明确和直接的认定,那么就只能推断非殖民化对领土主权的影响。当然,特别分庭也明确承认其“从国际法院的决定中推断出(infer from)毛里求斯对查戈斯群岛的主权”。[①]然而,特别分庭在本案中的工作是客观根据国际法院的意见,判断查戈斯群岛的主权问题是否解决,从而确定自身对海洋划界问题是否有管辖权,而不是对国际法院的决定进行自己的推断。即使这种推断非常有限,也相当于特别分庭对领土主权问题进行了自身的裁判。而根据《公约》第288条的规定,特别分庭的管辖权仅限于关于《公约》的解释和适用,领土主权争端显然不属于该范围。[②] 并且,根据本案的事实,领土主权问题显然是确定特别分庭管辖权的主要和前提问题,这显然也不是一个可以附带解决的问题。[③]因此,特别分庭对国际法院咨询意见的进一步推断超越其管辖权限制。

四、联大第73/295号决议的影响

马尔代夫认为联大第73/295号决议对主权争端没有影响,理由有三:第一,联大决议本身对国家没有拘束力;第二,联大决议不能作为对查戈斯咨询意见的阐述,或者为其进行权威解释;第三,联大决议通过后,查戈斯群岛主权事实上仍处于争议中。[④] 毛里求斯则认为,根据联大决议的内容,查戈斯群岛主权属于毛里求

---

① Mauritius/Maldives case, Preliminary Objections, para. 246.

② See Dispute Concerning Coastal State Rights in the Black Sea, Sea of Azov, and Kerch Strait (Ukraine v. the Russian Federation), Award Concerning the Preliminary Objections of the Russian Federation, 21 February 2020, para. 156.

③ See Award in the Arbitration regarding the Chagos Marine Protected Area between Mauritius and the United Kingdom of Great Britain and Northern Ireland, 18 March 2015, RIAA, Vol. XXXI, p. 460, paras. 220 – 221.

④ See Mauritius/Maldives case, Preliminary Objections, para. 219.

斯;根据咨询意见和联大决议,毫无疑问,英国分离查戈斯群岛违反国际法,对群岛没有主权或主权性权利。此外,马尔代夫和特别分庭也有合作义务,以支持毛里求斯尽快完成非殖民化。[①]

对此,特别分庭首先援引了以往案件指出,除部分例外之外,联大决议不具有法律拘束力,只具有建议性;联大决议确实具有较强的说服力,但联大是在政治而不是法律层面运作:它没有使决议具有法律约束力。[②] 尽管如此,特别分庭回顾了仲裁庭在乌克兰诉俄罗斯"黑海、亚速海和刻赤海峡沿海国权利案"中的裁决,"联大决议的事实和法律决定的效果在很大程度上取决于决议的内容和通过的情况和背景"。[③] 特别分庭之后分析了该决议的通过情形以及内容。

关于联大的职能,特别分庭认为,在"查戈斯咨询意见案"中,国际法院强调了联大在非殖民化工作中发挥的核心作用,并且"确保毛里求斯完成非殖民化的必要方式属于联大履行其非殖民化职能的职权范围"。[④] 根据联大关于非殖民化的一般职责,以及其在毛里求斯非殖民化中被委以的具体工作,特别分庭认为第 73/295 号决议对判断查戈斯群岛的法律地位具有相关性。[⑤]

关于第 73/295 号决议的内容,特别分庭认为,联大确认了根据国际法院咨询意见,查戈斯群岛构成毛里求斯领土的组成部分。联大"要求(demand)英国……在本决议通过 6 个月内,无条件地从查戈斯群岛撤出其殖民管理,以尽快使毛里求斯完成其领土的非殖民化"。特别分庭指出,该要求是确保非殖民化完成的方式之

---

① See Mauritius/Maldives case, Preliminary Objections, paras. 220 – 223.

② See South West Africa (Ethiopia v. South Africa; Liberia v. South Africa), Second Phase, Judgment, I. C. J. Reports 1966, pp. 50 – 51, para. 98.

③ Dispute Concerning Coastal State Rights in the Black Sea, Sea of Azov and Kerch Strait (Ukraine v. the Russian Federation), Award on Preliminary Objections, para. 174.

④ Legal Consequences of the Separation of the Chagos Archipelago from Mauritius in 1965, Advisory Opinion, I. C. J. Reports 2019, p. 135, para. 163; p. 139, para. 179.

⑤ See Mauritius/Maldives case, Preliminary Objections, para. 227.

一。联大确定的时限已过,而英国没有遵守该要求,进一步强化了特别分庭关于英国对查戈斯群岛主权主张的认定。①

然而,上述分析存在的问题是,诚如特别分庭所指出的那样,联大决议仅在例外情形中具有法律拘束力,因此应当特别关注决议的拘束力问题,但特别分庭并没有对联大第73/295号决议的法律效力做出深入和明确的认定,也没考虑联大以往类似决议的实际实施情况。在可适用法律方面,特别分庭主要援引了"黑海、亚速海和刻赤海峡沿海国权利案"仲裁庭的一段裁决,而这段裁决的内容来源于1996年"威胁或使用核武器合法性咨询意见案"。②"威胁或使用核武器合法性咨询意见案"是在识别习惯国际法的背景中探讨联大决议的效力,而以往国际法院对这段话的援引也主要是考虑某一决议反映的规则是否构成习惯国际法,例如"查戈斯咨询意见案"中对联大第1514(XV)号决议的分析。③ 其原文是"联大决议即使不具有约束力,有时也可能具有规范价值。在某些情况下,它们能为确立一项规则的存在或法律确信的产生提供重要的证据。为了确定某一联大决议是否如此,则有必要分析其内容和通过的条件;也有必要了解对其规范性是否存在法律确信"。④ 因此,判断一项联大决议的效力,除了特别分庭考虑的通过情形和内容以外,还要确定国家对相关决议的规范性是否具有法律确信。然而,联大第73/295号决议只是要求英国履行具体义务,很难认为该项要求具有普遍意义的规范性。此外,该项决议的

---

① See Mauritius/Maldives case, Preliminary Objections, paras. 228 – 229.

② Dispute Concerning Coastal State Rights in the Black Sea, Sea of Azov and Kerch Strait (Ukraine v. the Russian Federation), Award on Preliminary Objections, para. 173.

③ See Legal Consequences of the Separation of the Chagos Archipelago from Mauritius in 1965, Advisory Opinion, I. C. J. Reports 2019, pp. 132 – 133, paras. 151 – 153.

④ Legality of the Threat or Use of Nuclear Weapons, Advisory Opinion, I. C. J. Reports 1996, p. 254, para. 70.

投票结果[①]也难以认为国家在该问题上达成了一致意见，从而使该决议能够具有毫无争议的法律拘束力。这与国际法院在“查戈斯咨询意见案”中对联大第1514（XV）号决议的分析形成了鲜明对比。国际法院较为详细地分析了该决议的内容和通过情况，确定了该决议所宣告的民族自决权构成习惯国际法规则，[②]因而具有法律拘束力。

结　论

本案是毛里求斯关于查戈斯群岛主权启动的一系列法律程序的继续，令人惊奇的是，虽然根据附件七仲裁庭、国际法院以及特别分庭都坚持自己无权审理领土主权争端，没有裁决该问题，英国和毛里求斯关于该问题也没有达成协议，[③]但经历了一系列的法律程序之后，目前看来查戈斯群岛的主权似乎已经“尘埃落定”。根据上文对查戈斯仲裁裁决、查戈斯咨询意见和联大相关决议的分析，可以发现特别分庭的裁决存在一定程度的不严谨，例如片面地关注毛里求斯根据《1965年协议》取得的权利，而忽视其对应义务；特别重视“查戈斯咨询意见案”中部分段落的内容，而忽视了国际法院咨询管辖权的限制，以及咨询意见法律效力的限制；重点关注联大决议的部分用语，而忽视了联大决议本身的法律效力问题。特别分庭的裁决基本上接受了毛里求斯的主张，但没有对马尔代夫的反对，特别是国际法院咨询意见和联大决议的效力问题进行深入的分析，使本案的裁决出现“一边倒”的局面。在价值层

---

① 投票结果：116票支持，6票反对，56票弃权，15个国家没有投票，载 https://digitallibrary.un.org/record/3807805? ln = en（Last visited on January 1，2022）。

② See Legal Consequences of the Separation of the Chagos Archipelago from Mauritius in 1965，Advisory Opinion，I. C. J. Reports 2019，pp. 132 – 133，paras. 151 – 153.

③ 参见高健军：《谁解决了查戈斯群岛的主权争端？——“毛里求斯与马尔代夫海洋划界案”初步反对主张判决评析》，第11页。

面上,关于非殖民化这一政治敏感话题需要国际法院格外注意其立场,特别是考虑到国际法院1966年“西南非洲案”后引起的争议和批评,特别分庭在道德压力下可能难以否认毛里求斯关于查戈斯群岛的主权。但从法律技术层面来说,特别分庭对相关结论的关键突破并不具有说服力。尤其是该案所涉及的查戈斯群岛法律地位争议显然是一个需要慎重对待的问题,诚如国际法院在2008年马来西亚和新加坡“白礁、中礁和南礁主权案”中的观点:“国家领土主权以及主权的稳定性和确定性在国际法和国际关系中具有核心价值……任何因当事国行为而导致的主权变更,都必须根据该行为以及相关事实清楚无疑地展示……”①在经过一系列法律程序之后,特别分庭依据了管辖权和法律效力方面存在明显限制的咨询意见和联大决议在事实上推断了查戈斯群岛的主权归属,这显然无助于领土关系的稳定性和确定性。最后需要指出的是,拒绝行使管辖权并不意味着承认相关行为的合法性,而严谨地确定国际司法机构的管辖权却是司法正当性的必然要求。

Comments on the Determinations Concerning the Legal Status of the Chagos Archipelago in the Indian Ocean Maritime Delimitation Case

SONG Yan

Abstract: In the Indian Ocean Maritime Delimitation case, the controversy over the jurisdiction of the Special Chamber centered on whether the legal status of the Chagos Archipelago had been determined by existing international decisions and resolutions. For the first time, the Special Chamber has clearly affirmed the impact

① Sovereignty over Pedra Branca/Pulau Batu Puteh, Middle Rocks and South Ledge (Malaysia/Singapore), Judgment, I. C. J. Reports 2008, p. 51, para. 122.

and legal effect of the advisory opinion of ICJ and the resolution adopted by the United Nations General Assembly on territorial sovereignty, which is a clear breakthrough from previous practice. However, when dealing with the relevant decisions and resolutions, the Special Chamber paid one-sided attention to the right acquired by Mauritius under the 1965 Agreement, while ignoring its corresponding obligations; it focused upon some paragraphs of the Chagos Advisory Opinion, but ignored the scope of the advisory jurisdiction and the limited legal effect of the advisory opinion; it attached great weight to some terms of the resolution of the United Nations General Assembly, while its legal effect was underestimated. Such imbalanced determinations reflect the positive position of the Special Chamber in dealing with the politically sensitive issue involving decolonization; however, at the legal technical level, the breakthrough of the Special Chamber on key issues is not convincing. Given the importance of the stability and certainty of territorial relations to the international community, the issue of territorial sovereignty needs to be approached with more caution.

Key Words: advisory opinion; UN General Assembly resolution; legal effect; Chagos Archipelago

律师在国际刑事法院的豁免权*

谭渝丹**

摘要:在保障被告人合法权益和维护国际刑事司法公正的背景下,律师在国际刑事法院的权利和责任问题日益凸显。本文讨论了律师在国际刑事法院享有的豁免权制度,反思实践中可能产生的问题,并着重分析涉嫌妨害司法的不当行为是否享有豁免权的问题。本文认为,就履职期间涉嫌妨害司法的行为,律师享有的豁免权仍将限制相关国家主管当局对律师行使管辖权,但不妨碍国际刑事法院行使固有管辖权调查妨害司法罪。

关键词:辩护律师;豁免权;妨害司法罪;固有管辖权

引　言

在国际刑事审判中,被告人有寻求律师帮助的权利。律师为推动国际刑法的发展作出了重要贡献。①为保障律师自由独立履行职责,保证国际刑事法院的正常运行,律师在国际刑事法院享有履职所需的豁免权。但是,律师在履职期间的行为也可能违反一

---

* 本文获中国博士后科学基金面上项目(2021M692344)资助。

** 苏州大学红十字国际学院讲师,法学院师资博士后。

① See Colleen Rohan and Gentian Zyberi (eds.), *Defense Perspectives on International Criminal Justice* (Cambridge University Press, 2017); Jarinda Temminck Tuinstra, *Defence Counsel in International Criminal Law* (T. M. C. Asser Press, 2009).

国国内法，甚至妨害司法公正，例如，本巴（Bemba）等五人妨害司法罪一案，被告人之一基洛洛（Kilolo）曾担任主案被告人的辩护律师。[①] 本文以在国际刑事法院的律师为主体，着重分析律师享有的豁免权和涉嫌妨害司法的行为，旨在分析评价豁免权制度及其适用，为律师参与相关事务提供法律层面的思考。

学界主要讨论律师在国内刑事诉讼中的权利义务和责任，而对律师在国际刑事诉讼中的研究相对较少。[②] 中国尚没有签署《国际刑事法院罗马规约》（以下简称《规约》）[③]和《国际刑事法院特权和豁免协定》（以下简称《特权和豁免协定》）[④]，但在强调保障被告人合法权益和维护国际刑事司法公正的背景下，律师在国际刑事法院的权利和义务问题日益凸显。因此，有必要了解律师在国际刑事法院履职的相关制度。本文主要讨论律师在国际刑事法院享有的豁免权。具体而言，律师就妨害司法的行为是否享有豁免权？除引言和结论外，本文共四部分：第一部分梳理律师的资格条件；第二部分讨论律师享有的豁免权；第三部分讨论律师涉嫌妨

---

① See Prosecutor v. Jean-Pierre Bemba Gombo, Aimé Kilolo Musamba, Jean-Jacques Mangenda Kabongo, Fidèle Babala Wandu and Narcisse Arido (Bemba et al.), Judgment pursuant to Article 74 of the Statute, Trial Chamber VII, ICC-01/05-01/13-1989-Red, 19 October 2016 (hereafter "2016 Bemba et al. Trial Chamber Judgment on Conviction"); Prosecutor v. Bemba et al., Judgment on the appeals of Bemba et al. against the decision of Trial Chamber VII, Appeals Chamber, ICC – 01/05 – 01/13 – 2275 – Red, 8 March 2018 (hereafter "2018 Bemba et al. Appeals Chamber Judgment on Conviction").

② But see e. g., International Bar Association, *Offences against the Administration of Justice and Fair Trial Considerations before the International Criminal Court*, ICC & ICL Programme Discussion Paper Series, August 2017 (2017 IBA Discussion Paper); Till Gut, *Counsel Misconduct before the International Criminal Court: Professional Responsibility in International Criminal Defence* (Hart Publishing, 2012); Krit Zeegers, "Defence Counsel Immunity at the Ad Hoc Tribunals", (2011) 11 *International Criminal Law Review* 860; Steven Kay and Bert Swart, "The Role of the Defence", in A. Cassese et al. (eds.), *The Rome Statute of the International Criminal Court: A Commentary*, Vol. II (Oxford University Press, 2002), pp. 1421 – 1435.

③ 《国际刑事法院罗马规约》，1998 年 7 月 17 日通过，2002 年 7 月 1 日生效。

④ 《国际刑事法院特权和豁免协定》，2002 年 9 月 9 日通过，2004 年 7 月 22 日生效。

害司法的行为;第四部分则分析豁免权和涉嫌妨害司法行为的关系。

一、国际刑事法院的律师

律师在国际刑事司法程序中有多种职能。他们或以个人身份向法庭之友提交意见书,向法庭解释相关法律及其现实意义;或担任委托人的代理人、被告人的辩护律师和律师助理;或作为被害人证人的法律代表和国家的律师代表。《规约》有 11 处提到了“律师”(counsel)一词。[①] 这些内容都和获得律师帮助的权利密切相关。本文所指律师包括参与法院诉讼程序的辩护律师(defence counsel)、律师助理(associate counsel)和辩方公共律师办公室的律师(Office of the Public Counsel for Defence)。辩方公共律师办公室负责为辩护律师或需要法律援助的人提供支持援助。书记官长负责协助被告人“获得法律咨询意见和律师的协助”。[②]

那么,担任国际刑事法院的辩护律师需满足哪些条件呢?《程序和证据规则》和《法院条例》规定了辩护律师的资格条件。[③]《书记官处条例》明确了协助辩护律师处理案件的律师助理的资格条件。[④] 辩方公共律师办公室的律师和助理也要符合辩护律师和律师助理的资格条件。[⑤]

具体而言,辩护律师应“具有国际法或刑法和诉讼方面的公认能力”,及曾担任“10 年以上主律师或 8 年以上律师助理”而具有

---

① 参见《规约》第 48(4)条、第 55(2)条、第 56(2)条、第 61(1)条、第 61(2)条、第 63(2)条、第 65(1)条和第 67(1)条。

② 《程序和证据规则》,ICC-ASP/13,2002 年 9 月 9 日通过,规则 20(1)(C)。

③ 参见《程序和证据规则》规则 22;《法院条例》,ICC-BD/01 - 05 - 16,2004 年 5 月 26 日通过,2018 年 11 月 12 日修订,2018 年 11 月 15 日生效,条例 67。

④ 参见《书记官处条例》,ICC - BD/03 - 03 - 13,2006 年 3 月 6 日通过,2018 年 8 月 1 日修订,2018 年 8 月 1 日生效,条例 68。

⑤ 参见《法院条例》条例 77;《书记官处条例》条例 143 ~ 146。

刑事诉讼方面的相关经验,且“精通并能够流畅适用”英语或法语;且“未被裁定实施了与国际刑事法院律师性质不符的严重罪行或纪律罪行”。[①] 律师助理则应有5年以上刑事诉讼方面的经验,或在国际法或刑法和诉讼方面具有专长。[②] 辩护律师和律师助理都无国籍要求,但要满足相关诉讼经验的时间期限。[③] 书记官处曾因相关诉讼经验不满足时间期限而拒绝将一名律师列为辩护律师。该律师申请国际刑事法院院长会议审查该决定。院长会议认为,“相关诉讼经验”不包括民事诉讼经验;1年国际刑事诉讼经验也不能折算为1.5年刑事诉讼经验;10年的相关诉讼经验不要求具有连续性。[④]

律师如果被发现有不当行为,书记官长可将他们除名。[⑤] 书记官处曾除名了一名正在履职的律师。该律师认为,除名决定可能给其正在代理的客户造成不可弥补的损害,申请院长会议立即暂停并审查该除名决定。[⑥] 院长会议考虑的因素包括:书记官处是否有管辖权,是否有事实错误,是否符合程序正义,手段是否合比例,是否考虑到所有相关因素,以及结论是否符合理智(sensible)。[⑦]

---

① 《程序和证据规则》规则22(1);《法院条例》条例67(1)。

② 参见《程序和证据规则》规则22(1)。

③ 参见《程序和证据规则》规则21(2)。

④ See ICC Presidency,Decision on the Application to Review the Decision of the Registrar Denying the Inclusion of Ms. Allison Turner in the List of Counsel,ICC-RoC72 - 02/11 - 5,14 November 2011,paras. 18,20 - 21.

⑤ 参见《法院条例》条例71(1);《书记官处条例》条例126。

⑥ See ICC Presidency,Urgent Application Appealing against the Registrar's Decision on the Removal of a Counsel and Seeking Immediate Suspensive Effect of Said Decision,Hervé Diakiese,ICC-RoC72 - 01/11 - 1 - tENG,23 August 2011,paras. 10 - 20.

⑦ See ICC Presidency,Decision on the "Urgent Application Appealing against the Registrar's Decision on the Removal of a Counsel and Seeking Immediate Suspensive Effect of Said Decision",ICC-RoC72 - 01/11 - 4,9 September 2011,paras. 25 - 37.

二、律师享有的豁免权

为保障律师自由独立地履行职责,保证国际刑事法庭正常运行,律师应当享有履职所需的豁免权。[①]《规约》、《特权和豁免协定》和《国际刑事法院和东道国间总部协定》(以下简称《总部协定》)[②]详细规定了律师享有的特权和豁免。

根据《特权和豁免协定》和《总部协定》,"在独立履行其职务的必要范围内",包括在履行职务的旅途中,律师出示书记官长签发的证明,享有特权、豁免和便利。[③] 律师享有的豁免包括:(1)"人身不受逮捕或羁押"或"对其自由的任何其他限制",或"不因其在进入东道国领土之前所受判决而受到限制";(2)在履行职责过程中"发表的口头或书面言论及实施的一切行为,豁免各种法律程序,即使在停止履行期职务后,仍应继续享有这种豁免";(3)"与履行职务有关的任何形式的文书和文件及材料均不得侵犯"。[④]

在制度设计上,律师享有的豁免权和检察官享有的豁免权并不平等。根据《规约》,法院检察官和副检察官在执行法院职务时,享受与"外交使团团长"类似的完全豁免。[⑤] 检察官在东道国享有"刑事、民事和行政管辖权的免除"。[⑥] 律师则和专家、证人等并列,享有基于职责的豁免权。律师享受的豁免权显然不能与同

---

① 参见朱文奇:《国际刑事诉讼法》,商务印书馆 2014 年版,第 291 ~ 296 页。

② 《国际刑事法院和东道国间总部协定》,ICC-BD/04 - 01 - 08,2007 年 6 月 7 日通过,2008 年 3 月 1 日生效。

③ 《规约》第 48(4)条;《特权和豁免协定》第 18 条;《总部协定》第 25 条和第 30 条。

④ 《特权和豁免协定》第 18(1)条;《总部协定》第 25(1)条和第 25(4)条;《程序和证据规则》规则 22。相关缔约历史,参见 William A. Schabas, *The International Criminal Court: A Commentary on the Rome Statute* (Oxford University Press, 2nd edn, 2016), pp. 785 – 790。

⑤ 参见《规约》第 48(2)条;《特权和豁免协定》第 15 条;《总部协定》第 17(2)条和第 17(7)条。

⑥ 《总部协定》第 17 条。

样是履职的检察官享有的豁免权相比。这种制度设计在实践中可能违背控辩平等原则。

律师享有的豁免权本质上是对相关当局行使管辖权的限制。在国际刑事法院履职的律师在哪些国家享有哪些豁免权呢？下文将讨论豁免权的地理范围和内容。

（一）豁免权的地理范围

《规约》第48(4)条规定，律师"被要求到本法院所在地"，"应根据本法院的特权和豁免协定，获得本法院正常运作所需的待遇"。该条文似乎暗示豁免权的范围限于"法院所在地"国，但《特权和豁免协定》还提到"履行职务的旅途中"。因此，律师在国际刑事法院所在地国和《特权和豁免协定》缔约国享有豁免权。一国一旦加入该豁免协定，就限制了对入境或途经本国执行国际刑事法院公务的律师（含本国籍律师）的管辖权。[①] 可见，律师享有的豁免权在地理范围上不同于习惯国际法上通常说的豁免权，后者一般是对"他国"管辖权的限制，但不限制"本国"行使管辖权。

《特权和豁免协定》是自成一体的多边协定，向所有国家开放签署，不限于《规约》缔约国。例如，乌克兰是《规约》非缔约国，却是该协定签署国。在条约框架下，律师享有的豁免权可能会产生一些问题。例如，在利比亚情势中，代表团2012年前往利比亚同犯罪嫌疑人赛义夫·卡扎菲会面并递交文件。代表团抵达后，利比亚以涉嫌间谍活动扣留了国际刑事法院四名工作人员及其文件。[②] 其中泰勒（Taylor）是指定给卡扎菲的辩方公共律师办公室

① 参见《特权和豁免协定》第23条。

② See ICC Press Release, "Four ICC Staff Members Detained in Libya; Immediate Release Requested", ICC-CPI - 20120609 - PR805 (9 June 2012).

的律师。[①] 后来,四人返回荷兰,但相关文件继续被利比亚扣押。[②] 2013 年,辩方公共律师办公室请求国际刑事法庭命令利比亚归还被扣押的文件。[③] 利比亚认为不应通过国际刑事法庭命令而应通过外交渠道请求返还相关文件。[④] 预审分庭援引《规约》第 48(4)条,认为当相关机构未放弃特权和豁免权时,相关文件不得被侵犯,利比亚必须返还被扣押的文件。[⑤] 注意,利比亚既不是《规约》缔约国,也不是《特权和豁免协定》缔约国。该裁决并没有分析利比亚返还文件的义务来源。这一裁决是否暗示,对于安理会提交的情势,相关国家没有签署该豁免协定也有尊重律师豁免权的义务?[⑥] 国际刑事法庭今后将如何处理类似问题,值得关注。

(二)豁免权的内容

律师对公务言行和私人行为,在履职期间和履职完毕后,享有不同的豁免权。

1. 公务言行

为保证辩护律师独立履行职责,维护司法程序的公正性,他们应对履行职务的公务言行享有豁免权。基于客户的指令,辩护律师有时候不得不发表一些言论和实施某些行为。他们对自己合法

---

① See Prosecutor v. Al-Islam Gaddafi, Decision Appointing Counsel from the OPCD as Counsel for Saif Al-Islam Gaddafi, Pre-Trial Chamber I, ICC-01/11 – 01/11 – 113, 17 April 2012, para. 6.

② See ICC Press Release, "The Four ICC Staff Members Released in Libya", ICC-CPI – 20120702 – PR820 (2 July 2012).

③ See Prosecutor v. Al-Islam Gaddafi and Al-Senussi, Decision on the "Urgent Defence Request", Pre-Trial Chamber I, ICC-01/11 – 01/11 – 291, 1 March 2013 (hereafter "2013 Decision on Defence Request"), paras. 5, 16 – 18.

④ See 2013 Decision on Defence Request, para. 21.

⑤ See 2013 Decision on Defence Request, paras. 25 – 27.

⑥ See Dapo Akande, "ICC Decides on Immunities and Privileges of Defence Counsel and ICC Staff", EJIL: Talk! (6 March 2013), https://www.ejiltalk.org/icc-decides-on-immunities-and-privileges-of-defence-counsel-and-icc-staff/ (Last visited 10 January 2022).

履职的公务言行享有豁免权才能够免受干扰、无所畏惧地为被告人辩论,保障被告人的权利。根据《特权和豁免协定》和《总部协定》,在履职期间和履职结束后,律师以公务身份发表的言论及实施的行为在荷兰和《特权和豁免协定》缔约国享有管辖的豁免,免受各种法律程序。该豁免权类似于国际法上的属事豁免或职能豁免。① 在必要范围内,律师以"公务身份"发表的"口头或书面言论"和实施的"行为"享有各种程序豁免。② 在时间上,律师对公务言行享有的豁免权的期限具有延续性,履职完毕后"继续享有"豁免权。"各种法律程序"则表明不能对律师履行公务的言行采取任何惩戒措施。

什么是履行公务的言行呢?辩护律师在法庭诉讼程序中为被告人辩护的言论显然属于公务言论。律师询问证人、实地调查、收集证据等工作也属于公务行为。在履职期间,律师接受采访、会议发言,或发表和诉讼有关的文章可能都不是为了履职,这些言论不属于公务豁免的对象。有时候很难判断律师的哪些行为属于公务言行或合法履行公务的言行。此时,国际刑事法院分庭和院长会议有权判断公务豁免是否适用于某律师的特定行为。

在履职期间,授予律师豁免权是为了保障律师独立履职免受国内程序的妨碍、为了"司法事务的妥善进行"和保证法院的正常运行,而不是为了个人私利。如果继续享有豁免有碍司法的进行,且放弃豁免无碍于司法事务的妥善执行,相关主体有义

---

① See Prosecutor v. Gotovina, Decision on Gotovina Defence Appeal against March 12, 2010 Decision on Requests for Permanent Restraining Orders Directed to the Republic of Croatia, Appeals Chamber, IT-06 - 90 - AR73.5, 14 February 2011, para. 33; Magda Karagiannakis, "Article 48", in O. Triffterer and K. Ambos (eds.), *Commentary on the Rome Statute of the International Criminal Court: Observers' Notes, Article by Article* (Hart/Beck, 3rd edn, 2016), p. 1316.

② 参见朱文奇:《国际刑事诉讼法》,第296页。

务放弃律师享有的豁免权。[①] 律师享有的豁免由“院长会议”放弃。[②] “在必要的范围内”表明,律师对未被放弃豁免的行为仍享有公务豁免。

2. 私人行为

在履职之前或履职期间,律师的私人行为可能违反一国国内法。如果有关主管当局调查惩戒律师的违法行为,对正在履职的律师采取逮捕和拘禁等限制人身自由的措施,必将阻碍律师履行职务。为保证律师到法院出庭辩护,防止国家依据国内法对律师采取阻碍“司法妥善进行”的措施,保证法院的正常运作,律师在履职期间就私人行为也应享有法律程序的豁免。[③] 具体而言:

第一,在律师履职途中,主管当局不能因律师在履职前或履职期间的私人行为涉嫌违反本国法而直接逮捕律师,或对他们采取其他限制人身自由的措施,影响律师继续履职。

第二,在不妨碍其履职的情况下,享有豁免的律师有义务尊重或遵守缔约国或东道国的法律规章且不得干涉该国内部事务。[④] 国际刑事法院应与东道国主管当局合作,确保遵守警方规章,防止滥用豁免权。[⑤] 因此,相关豁免不排除相关主管当局对律师采取不影响其独立履职的措施,例如口头训诫或对违反交通法规的行为处以罚款。可见,律师对私人行为并不享有“任何”程序豁免。

第三,律师对私人行为享有的豁免权具有时间上的相对性,始于履职,终于履职结束。该豁免是对法律程序的限制,不是实体法的抗辩理由。律师在履职期间不能被逮捕或拘留,并不等于始终不用承担法律责任。主管当局如果要对正在履职的律师采取可能影响其继续履职的措施,可请求院长会议放弃豁免权或请相关案

① 参见《特权和豁免协定》第 26(f)条;《总部协定》第 30 条。

② 参见《特权和豁免协定》第 26 条;《总部协定》第 30(1)条。

③ 参见《特权和豁免协定》第 18(1)条;《总部协定》第 25(1)条和第 25(4)条。

④ 参见《特权和豁免协定》第 24 条;《总部协定》第 34(3)条。

⑤ 参见《总部协定》第 34(1)条。

件分庭暂停该律师的出庭资格。[①] 若豁免权被放弃,主管当局可以在放弃豁免的范围内行使管辖权,惩处不法行为;若院长会议拒绝放弃豁免权或法院分庭不支持暂停出庭资格,主管当局应尊重律师享有的豁免权,待其履职完毕再采取措施。履职结束,律师对私人行为享有的豁免也随之终止,主管当局可以对律师的私人行为采取法律措施。

三、妨害司法罪

作为法律职业共同体的一员,律师履职时须遵守法律职业规则,尊重法治,维护司法的公正性;若违反或试图违反相关规则,损害客户权益或影响司法公正,就要承担相应的法律责任。[②]《规约》《程序和证据规则》《律师职业行为准则》规定了律师可能有的不当行为。这些不当行为包括:(1)构成犯罪的不法行为,即妨害司法罪;(2)"在法院"的不当行为;(3)违反职业行为准则的不当行为。[③] 相应地,律师需承担刑事责任、行政责任和纪律程序制裁。本部分着重讨论国际刑事法院对妨害司法罪的固有管辖权和律师涉嫌妨害司法罪。

根据《规约》第70(1)条,涉嫌妨害司法的不法行为包括:提供伪证、提出不实或伪造的证据、不当干扰或影响证人出庭或作证、不当影响法院的官员、报复法院官员和法院官员利用职务索贿或受贿。《程序和证据规则》进一步细化了审理妨害司法罪的程序和方式。[④] 妨害司法罪的主体包括辩方和检方证人、法院官员、律

---

① 参见《律师职业行为准则》,ICC-ASP/4/32,2005年12月2日通过,2006年1月1日生效,第39(8)条。

② 参见《程序和证据规则》规则22(3)。

③ 参见《规约》第70条和第71条;《程序和证据规则》第170条和第171条;《律师职业行为准则》第31条。

④ 参见《程序和证据规则》规则162~169和规则172。

师和其他一般主体。证人是故意提供伪证的主要主体,[①]法院官员是索贿或受贿的主体。任何人都可能是其他行为的主体。[②] 如果律师故意向法庭提供虚假或误导信息,可能影响司法效率,进而影响实现正义。作为法律职业团体的成员,律师故意妨害司法的行为还将严重损害公众对司法的信任。律师涉嫌不法行为的是少数,但对这些不法行为应有所认知并保持警觉。

国际刑事法院对妨害司法罪具有管辖权。[③] 不同于对种族灭绝罪、危害人类罪、战争罪和侵略罪等核心犯罪的补充性管辖权,国际刑事法院对妨害司法罪享有固有(inherent)管辖权,理由如下:

首先,《规约》第70(1)条规定,国际刑事法院对故意实施的妨害司法罪"具有管辖权"(shall have jurisdiction)。《规约》第70(4)(1)条进一步规定:"对于本条所述的妨害司法罪,如果犯罪在一缔约国境内发生或为其国民所实施,该缔约国应将本国处罚破坏国内调查或司法程序完整性的不法行为的刑事法规扩展适用于这些犯罪"。在缔约过程中,《规约》起草者曾考虑法院或许没有足够的资源审理此类案件,决定在特定情形下"放弃"对此类案件的管辖权或"让渡"管辖权给缔约国。"放弃"或"让渡"的表述肯定了国际刑事法院对该犯罪的固有管辖权。[④]

其次,国际刑事法院决定是否对妨害司法罪行使管辖权的程序和考虑因素也表明其享有固有管辖权。[⑤] 国际刑事法院对核心

---

① See e. g., Prosecutor v. Katanga and Ngudjolo Chui, Second Corrigendum to the Defence Closing Brief, Defence for Katanga, ICC - 01/04 - 01/07 - 3266-Corr2-Red, 29 June 2012, paras. 460 - 461, 466 - 467, 480 - 481, 503; Prosecutor v. Lubanga, Judgment pursuant to Article 74 of the Statute, ICC - 01/04 - 01/06 - 2842, 14 March 2012, para. 483.

② See Georghios M. Pikis, *The Rome Statute for the International Criminal Court: Analysis of the Statute, the Rules of Procedure and Evidence, the Regulations of the Court and Supplementary Instruments* (Brill, 2010), pp. 230 - 233.

③ 参见《规约》第5条、第6~8条和第8条之2、第70(1)条。

④ 参见《程序和证据规则》规则162(3)。

⑤ 参见《规约》第70(2)条。

犯罪享有补充管辖权，肯定了一国司法机构对发生在领土范围内的国际犯罪享有固有（或优先）管辖权，当国家司法机构“不愿意或不能够切实进行调查或起诉”时，在缔约国同意的范围内，国际刑事法院补充国内司法制度行使管辖权。[①] 依据《程序和证据规则》规则 162，在决定是否对妨害司法罪行使管辖权前，国际刑事法院“得”（may）而非必须“与具有管辖权的缔约国磋商”。国际刑事法院特别考虑是否行使管辖权的因素包括：（1）在缔约国起诉的可能性和实效；（2）犯罪的严重程度；（3）合并起诉妨害司法罪和《规约》第 5 条至第 8 条中的国际犯罪的可能性；（4）应从速进行诉讼；（5）与进行中的调查或在本法院进行中的审判的关系；（6）证据方面的考虑。[②] 如果东道国荷兰认为国际刑事法院应“放弃”行使管辖权，法院也只是应“尽量考虑”该请求。[③]

最后，《规约》第 70（4）（1）条规定，缔约国可以依据属人原则和属地原则管辖妨害司法罪：（1）不论律师的国籍国是否是《规约》缔约国，若律师到《规约》缔约国就国际刑事法院的事务开展活动，缔约国可依属地原则管辖律师涉嫌妨害司法的行为；（2）若律师国籍国是《规约》缔约国，不论不法行为发生地是否在缔约国境内，缔约国也可依据属人原则管辖涉嫌妨害司法的行为。如果某一非缔约国国籍的律师在其他非缔约国境内实施了这些不法行为，各缔约国可能都没有管辖权。有学者认为，为填补管辖权漏洞，国际刑事法院可行使管辖权。[④] 这一观点间接肯定了国际刑事法院的固有管辖权。

本巴等五人案是由于辩方证人在检察官诉本巴主案（main

---

① 参见《规约》第 17 条。

② 参见《程序和证据规则》规则 162（2）；Prosecutor v. Barasa, Warrant of arrest for Walter Osapiri Barasa, ICC – 01/09 – 01/13 – 1 – Red 2, 2 October 2013, paras. 1 – 3, 22。

③ 参见《程序和证据规则》规则 162（3）。

④ 参见李世光、刘大群、凌岩主编：《国际刑事法院罗马规约评释》（下册），北京大学出版社 2006 年版，第 591 页。

case)中作伪证引出来的案件。这是法院裁定的第一个关于妨害司法罪的案件。本巴等五人案中,律师基洛洛曾担任主案被告人本巴的辩护律师。基洛洛涉嫌在审理过程中引诱证人提出虚假证据以使本巴脱罪。预审分庭确认了检察官的部分指控。[①] 审判庭认为基洛洛的行为构成妨害司法罪,应对向法庭提供虚假证据、不当影响辩方证人和引诱证人作伪证的行为承担责任。[②] 审判庭判处基洛洛两年零六个月有期徒刑,剩余刑期缓期三年执行,并处罚金三万欧元。上诉庭则裁定,基洛洛故意提供虚假证据的指控不成立,但他应对不当影响辩方证人和引诱证人作伪证承担责任。[③] 上诉庭还认定,处以缓刑是越权行为,[④]推翻量刑裁决,发回审判庭重新裁决。[⑤] 审判庭重新量刑后,判处基洛洛十一个月有期徒刑,并处罚金三万欧元。[⑥] 法院确认,故意不当影响或干扰证人出庭或作证,不要求出现结果。不论证人是否出庭作证,收买或引诱证人的行为都可能构成妨害司法罪。[⑦] 律师虽不是故意提供伪证的主体,但律师就帮助、教唆或引诱证人故意提供伪证的行为要承担帮助、教唆或引诱的责任。[⑧]

---

① See Prosecutor v. Bemba et al. ,Decision pursuant to Article 61(7)(a) and (b) of the Rome Statute,Pre-Trial Chamber II, ICC – 01/05 – 01/13 – 749,11 November 2014 (hereafter "2014 Bemba et al. Pre-Trial Chamber Decision"),pp. 47 – 55.

② 2016 Bemba et al. Trial Chamber Judgment on Conviction,p. 455.

③ 2018 Bemba et al. Appeals Chamber Judgment on Conviction,paras. 695 – 701.

④ See Prosecutor v. Bemba et al. ,Judgment on the Appeals of the Prosecutor,Mr Jean-Pierre Bemba Gombo,Mr Fideèle Babala Wandu and Mr Narcisse Arido,Appeals Chamber,ICC – 01/05 – 01/13 – 2276 – Red,8 March 2018 (hereafter "2018 Bemba et al. Appeals Chamber Judgment on Sentencing"),paras. 73 – 80.

⑤ 2018 Bemba et al. Appeals Chamber Judgment on Sentencing,paras. 359 – 362.

⑥ See Prosecutor v. Bemba et al. ,Decision Re-sentencing,Trial Chamber VII,ICC – 01/05 – 01/13 – 2312,17 September 2018,para. 50.

⑦ See Prosecutor v. Bemba et al. , Decision on Sentence pursuant to Article 76 of the Statute,ICC – 01/05 – 01/13 – 2123 – Corr,22 March 2017,para. 40; 2014 Bemba et al. Pre-Trial Chamber Decision,para. 30.

⑧ 参见《程序和证据规则》规则 163(1);2014 Bemba et al. Pre-Trial Chamber Decision, paras. 28,31 – 34。

当律师涉嫌妨害司法罪时,以下问题值得关注。

第一,调查律师涉嫌妨害司法罪的过程可能涉及辩方保密资料和辩护策略。检察官是国际刑事法院启动调查和审判妨害司法罪的唯一主体。① 主案检察官及其团队负责调查律师涉嫌妨害司法罪的行为,可能存在利益冲突,不公平利用辩方资料,损害被告人权利和程序公正。《规约》和《程序和证据规则》都没有规定如何处理此种情形。有观点认为,主案相关工作人员应主动避免利益冲突,不参与妨害司法罪一案。② 也有观点认为,检察官及其工作人员都不应牵涉其中;为保证程序公正,法院应将妨害司法罪案件移交缔约国或荷兰调查起诉。③ 在实践中,国际刑事法院采用了由检察官任命独立律师(independent counsel)的做法。本巴等五人案中,书记官处主张调查早期可任命临时律师(*ad hoc* counsel)审查主案被告人的通话资料。独任法官(Single Judge)则认为,不涉及主案被告人和其辩护律师的通话资料不享有律师客户特权,不需要任命独立律师。④ 后来,当检察官有合理的理由相信相关人员涉嫌妨害司法罪时,独任法官任命了一名独立律师来筛查可能与调查有关的资料并将其交给检察官。⑤

---

① See 2017 IBA Discussion Paper, pp. 25 – 26; Prosecutor v. Lubanga, Transcript, Trial Chamber I, ICC – 01/04 – 01/06 – T – 350 – Red – ENG, 14 April 2011, pp. 16 – 18.

② See Prosecutor v. Bemba et al., Decision on the Requests for the Disqualification of the Prosecutor, the Deputy Prosecutor and the Entire OTP Staff, Appeals Chamber, ICC – 01/05 – 01/13 – 648 – Red 3, 21 October 2014, para. 40.

③ See Prosecutor v. Bemba et al., Decision on the Requests for Disqualification, Dissenting Opinion of Judge Anita Ušacka, ICC – 01/05 – 01/13 – 648 – Anx2 – Red, 21 October 2014, para. 1.

④ See e. g., Situation in the CAR, Decision on the Registry's Observations pursuant to Regulation 24 bis of the Regulations of the Court on the Implementation of the Decision on the Prosecutor's Request for Judicial Assistance to Obtain Evidence for Investigation under Article 70, Pre-Trial Chamber II, ICC – 01/05 – 50, 27 May 2013, paras. 2, 9 – 10.

⑤ See Situation in the CAR, Decision on the Prosecution's "Request for Judicial Order to Obtain Evidence for Investigation under Article 70", Pre-Trial Chamber II, ICC – 01/05 – 52 – Red 2, 29 July 2013, para. 7.

第二,由于律师的特殊性,律师涉嫌妨害司法罪的行为涉及律师东道管辖(host jurisdiction,律师开展跨境活动的国家的管辖权)和律师源地管辖(home jurisdiction,律师取得执照的国家的管辖权)原则。① 例如,某律师甲是A国公民,在B国取得律师职称后,到C国开展跨境活动。此时,律师国籍国A、源地国B和东道国C都对律师甲的行为有管辖权,但《规约》未规定缔约国可依据源地管辖行使管辖权。

第三,如果律师国籍国、源地国和东道国都是非缔约国,国际刑事法院基于固有管辖权有权调查起诉律师涉嫌妨害司法罪的行为。但《规约》和相关缔约资料都未讨论国际刑事法院如何行使管辖权。② 国际刑事法院在实践中如何行使管辖权的问题尚待解决。国际刑事法院律师协会主张起草相关指导性文件来规范相关程序,保障实践的一致性和透明度,以确定何时任命独立律师调查妨害司法罪,何时转交缔约国起诉妨害司法罪。③ 对妨害司法罪行使管辖权和律师的管辖权也密切相关。下一部分将重点讨论豁免权和涉嫌妨害司法罪的行为的关系。

四、豁免权和涉嫌妨害司法罪的行为

在决定对基洛洛签发逮捕令前,国际刑事法院讨论过律师享有的豁免权。本巴等五人案中,检察官主张律师涉嫌妨害司法罪的行为在国际刑事法院无豁免权,请求法官签发逮捕令。检察官认为"律师享有的豁免只适用于国内法院(national courts)排除对在国际刑事法院履行公务的律师的管辖权,而不限制国际刑事法院根据《规约》第70条起诉相关行为。当国际刑事法院请求相关

① 参见国际律师协会《法律职业行为国际原则评论》,2011年5月28日通过,第14~15页。

② 参见《规约》第70(4)条;《程序和证据规则》规则162(1)。

③ See 2017 IBA Discussion Paper, pp. 28 – 37, 54 – 60.

国家逮捕和移交基洛洛时，他无权援引特权和豁免以阻碍他被逮捕和移交到国际刑事法院”。[①] 独任法官认为基洛洛享有豁免权，请求院长会议放弃他享有的豁免权，以便签发和执行逮捕令。[②]

院长会议认为，律师的合法职责不包含涉嫌妨害司法罪的各类被指控的行为，相关人员实施的行为不属于豁免的对象，不享有免受逮捕或拘留的豁免，没必要批准独任法官放弃豁免的请求。[③] 院长会议似乎认为律师涉嫌妨害司法罪的行为不享有免受逮捕和羁押的豁免权。但是，院长会议还指出，即便有观点认为律师仍享有豁免权，但继续赋予他们免受逮捕和拘留的豁免，将可能妨碍司法程序，且放弃豁免不影响授予豁免权的目的——“适当的司法、法院的正常运行以及律师独立履行职责”。因此，在对相关罪行的调查或起诉结果出来之前，在被指控的行为范围内，院长会议决定放弃他享有的豁免。[④] 从效果上看，院长会议的分析表明各缔约国可以逮捕和羁押基洛洛，但却模糊了律师就妨害司法罪的行为是否享有豁免权的问题。

笔者认为，律师涉嫌妨害司法罪的行为显然不是公务行为，而是私人行为。正在履职的律师在相关国家当局就私人行为享有的豁免权不妨碍国际刑事法院对涉嫌妨害司法罪的行为行使管辖权，启动法律程序，以维护司法公正、保护被告人的合法权益、促进司法的妥善进行。实际上，在习惯国际法中，为尊重国家主权和保障国家官员在他国履职的需求，国家官员履职期间在他国就私人行为享有豁免权，但该豁免权不妨碍其国籍国对他们的行为行使管辖权。同样，为保证律师独立合法自由地履职，正在履职的律师

---

① ICC Presidency, Decision on the Urgent Application of the Single Judge for the Waiver of the Immunity of Lead Defence Counsel and the Case Manager, ICC－01/05－68, 20 November 2013 (hereafter “2013 Presidency Decision on the Single Judge's Application”), Annex I.

② See 2013 Presidency Decision on the Single Judge's Application, paras. 8－10.

③ See 2013 Presidency Decision on the Single Judge's Application, paras. 6－7, 10.

④ See 2013 Presidency Decision on the Single Judge's Application, paras. 11－13.

就私人行为在《特权和豁免协定》缔约国和国际刑事法院所在地国享有程序豁免。此外,国际刑事法院对妨害司法罪有固有管辖权,其管辖权不是来自缔约国就本国管辖权的授权。因此,律师在履职期间违反《规约》涉嫌妨害司法罪的行为,在相关当局仍享有免受逮捕和拘留的程序豁免,但在国际刑事法院不享有豁免权,后者有权对涉嫌妨害司法罪的律师签发逮捕令。考虑到逮捕、羁押犯罪嫌疑人需相关国家的合作,在肯定律师对妨害司法的行为在相关国家仍享有豁免权却在国际刑事法院无豁免权时,国际刑事法院的谨慎做法应是:等院长会议放弃律师享有的豁免权或确认无豁免权后再签发逮捕令,以便有效执行逮捕令。

此外,法院对妨害司法罪行使管辖权,并不表明律师享有的所有豁免权被默示放弃或自动不再享有豁免权。院长会议有权判断某律师的特定行为是否享有公务豁免、是否放弃豁免权和放弃豁免的范围。相关国家如果要对正在履职的律师的不法行为采取可能限制人身自由的措施,或可请求国际刑事法院放弃豁免权或暂停该名律师的出庭资格,以便妥善行使管辖权。

结　论

本文讨论了律师在国际刑事法院享有的豁免权制度,着重分析了律师就涉嫌妨害司法罪的行为是否享有豁免权的问题。在履职期间,律师对公务言行和私人行为都享有豁免权,主管当局应尊重该豁免权。律师对公务言行享有的豁免权是对国内所有法律程序的限制;律师对私人行为享有的豁免权要求相关国家不能采取限制人身自由的法律措施,影响律师合法履职。在必要范围内,律师享有的豁免权可以被放弃。履职结束后,律师对其公务言行仍享有豁免权;律师对其私人行为不再享有豁免权,主管当局可对其私人行为采取措施,但调查惩戒的范围仍限于私人行为,不能涉及律师继续享有豁免权的公务言行。律师在履职期间违反《规约》

涉嫌妨害司法罪的行为在国内主管当局仍享有豁免权,但在国际刑事法院不享有豁免权。实际上,赋予律师豁免不意味着他们不用对违法行为承担责任;认定无豁免权或豁免权被放弃也并不意味着他们必然承担实体法上的责任。从长远来看,律师的豁免权将推动提高辩护质量,促进国际司法正义。

Immunity for Defence Counsel at the International Criminal Court

TAN Yudan

Abstract: In the context of safeguarding the legitimate rights and interests of the accused and maintaining the fairness of international criminal justice, the issues of the rights and responsibilities of counsel at the International Criminal Court (ICC) has become increasingly prominent. This paper discusses the immunity of defence counsel at the ICC and reflects on potential legal issues in practice. It mainly analysed whether a defence counsel still enjoys the immunity concerning misconducts of offences against the administration of justice. The author argues that during the performance of their duties at the ICC, the immunity for defence counsel continues to restrain the exercise of jurisdiction by relevant national authorities but will not prevent the ICC from exercising its inherent jurisdiction to investigate the offences against the administration of justice.

Key Words: defence counsel; immunity; offences against the administration of justice; inherent jurisdiction

以保全争端各方的各自权利为目的的临时措施制度研究
——以国际海洋法法庭的最新实践为例

郝雅烨子*

摘要:在《联合国海洋法公约》下,根据不同目的,临时措施可分为两类:第一类是"保全争端各方的各自权利"的临时措施,第二类是"防止对海洋环境的严重损害"的临时措施。本文将以近期国际海洋法法庭下的临时措施案件中的临时措施的命令以及法官独立意见和反对意见为研究重点,详细分析国际海洋法法庭下以保全争端各方的各自权利为目的的临时措施的实体要件。该临时措施的申请必须满足临时措施所保护的权利和案件实质问题的诉讼主体之间存在联系、权利能通过合理性检测、符合不可弥补的损害的标准以及符合情况紧急。

关键词:临时措施;《联合国海洋法公约》;国际海洋法法庭;不可弥补的损害;情况紧急

促使国际法庭能够履行其职能,乃临时措施在现代国际司法程序中的本质和目的所在。当争端提交至法庭,案件在提起诉请之时的状况决定了法庭对当事方权利和义务的判决。而临时措施

---

* 国家高端智库武汉大学国际法研究所研究员。

就是约束争端各方的任何行动不得影响法院对案件实质问题的判决。[①] 临时措施是一个保护各方权利的保全措施,诉讼的对象将被保护和维持它的状态,任何一方都不能故意销毁或篡改任何相关证据,直到案件最终审判确定。[②]

《联合国海洋法公约》(以下简称《公约》)完善了临时措施在海洋法领域的适用。在《公约》下,依据不同目的,临时措施案件可分为两大类。第一类是为维持现状,保全诉讼标的,保存证据,使争端国之间的关系处在冷静状态。这是 20 世纪早期的概念,亦为《公约》中规定的"保全争端各方的各自权利"的临时措施。第二类是随着国际法的发展,临时措施的目的开始扩展,开始保护国际社会共同价值——《公约》中规定的"防止对海洋环境的严重损害"的临时措施,或可称其为合作与协商类的临时措施。相较于《国际法院规约》,《公约》增加了"防止对海洋环境的严重损害"的目的,[③]使国际法的功能从规范国家行为发展到维护全人类共同价值。[④]《公约》第 290 条第 1 款中"以保全争端各方的各自权利或防止对海洋环境的严重损害",以"或"作为两个目的的连接词,直接点明了临时措施可同时实现两者或其中之一。

本文将以国际海洋法法庭下的临时措施规定以及法官独立意见和反对意见为研究重点,详细分析国际海洋法法庭下以保全争端各方的各自权利为目的的临时措施的"实体"要件,即第一类临时措施的实体条件。"实体"在这里并不是指一般的解决实体问

① See Passage through the Great Belt (Finland v. Denmark), Order of 29 July 1991, I. C. J. Reports 1991, p. 19, para. 32.

② See Rüdiger Wolfrum, "Interim (Provisional) Measures of Protection", in *The Max Planck Encyclopaedia of Public International Law* (Oxford: Oxford University Press, 2008), para. 7.

③ 参见张海文:《〈联合国海洋法公约〉若干条款的解释和适用问题》,载《中国国际法年刊(2020)》,法律出版社 2021 年版,第 23 页。

④ See Markus Benzing, "Community Interests in the Procedure of International Courts and Tribunals", (2006) 5 *The Law and Practice of International Courts and Tribunals* 369, pp. 381 - 382.

题的法律框架下的实体要件,而是是否应该做出临时措施裁定的“实质”问题的“实体法”。

《公约》和《国际海洋法法庭规则》对“保全争端各方的各自权利”没有作出具体说明。但是结合国际海洋法法庭与附件七仲裁庭的实践可以看出,以保全争端各方的各自权利为目的的临时措施的申请必须满足临时措施所保护的权利和案件实质问题的诉讼主体之间存在联系、权利能通过合理性检测、符合不可弥补的损害的标准,且符合“情况紧急”。

一、临时措施保护的权利和案件实质问题的诉讼主体之间需存在联系

“保全争端各方的各自权利”临时措施的“适当性”(appropriateness),需要案件实质问题的诉讼主体与临时措施所保护的权利之间存在联系(a link must exist between the rights whose protection is sought and the provisional measures being requested)。《国际法院规约》与《公约》都没有直接规定保全争端各方的各自权利的临时措施必须满足“临时措施所保护的权利需与案件实质问题的诉讼主体之间存在联系”或必须满足“适当性”。《公约》第290条仅规定了“(法院或法庭)规定其根据情况认为适当的任何临时措施,以保全争端各方的各自权利”。[①]

国际法院在规定临时措施的实践中,一直没有提到对临时措施保护的权利和案件实质问题的诉讼主体之间需存在联系或提到权利的适当性。直到近年来,国际法院才在比利时诉塞内加尔关

---

① The MOX Plant Case (Ireland v. United Kingdom), Order of 3 December 2001, ITLOS Reports 2001; The “ARA Libertad” Case (Argentina v. Ghana), Order of 15 December 2012, ITLOS Reports 2012.

于或引渡或起诉义务问题案[①]、赤道几内亚诉法国豁免和刑事诉讼案[②]、印度诉巴基斯坦贾达夫案[③]和乌克兰诉俄罗斯《制止向恐怖主义提供资助的国际公约》和《消除一切形式种族歧视公约》适用案[④]中,要求临时措施所保护的权利和案件实质问题的诉讼主体之间必须存在联系。

而国际海洋法法庭在其实践中一直要求临时措施所保护的权利和案件实质问题的诉讼主体之间必须存在联系或提到权利的适当性。如库利克(Kulyk)法官认为国际海洋法法庭特别分庭的加纳和科特迪瓦海洋边界划界案适用这个"适当性"联系。在评估临时措施的先决条件时,该分庭援引国际法院 2011 年边境行动案,[⑤]并指出"科特迪瓦在本案(实质问题)所主张的权利与其寻求的临时措施之间有联系"。[⑥] 在门萨(Mensah)法官的独立意见中,也有讨论法庭规定的临时措施是否适当。[⑦] 扣押三艘海军舰船案中,法庭在审议了乌克兰临时措施的请求之后,认为在本案情况

---

① Questions Relating to the Obligation to Prosecute or Extradite (Belgium v. Senegal), Order of 28 May 2009, I. C. J. Reports 2009, p. 151, para. 56.

② Immunities and Criminal Proceedings (Equatorial Guinea v. France), Order of 7 December 2016, I. C. J. Reports 2016, p. 1165, para. 71.

③ Jadhav Case (India v. Pakistan), Order of 18 May 2017, I. C. J. Reports 2017, p. 241, para. 36.

④ Application of the International Convention for the Suppression of the Financing of Terrorism and of the International Convention on the Elimination of All Forms of Racial Discrimination (Ukraine v. Russian Federation), Order of 19 April 2017, I. C. J. Reports 2017, p. 126, para. 64.

⑤ See Certain Activities Carried Out by Nicaragua in the Border Area (Costa Rica/ Nicaragua), Order of 8 March 2011, I. C. J. Reports 2011, p. 18, para. 54.

⑥ Dispute Concerning Delimitation of the Maritime Boundary between Ghana and Côte d'Ivoire in the Atlantic Ocean (Ghana/ Côte d'Ivoire), Order of 25 April 2015, ITLOS Reports 2015, p. 159, para. 63.

⑦ Dispute Concerning Delimitation of the Maritime Boundary between Ghana and Côte d'Ivoire in the Atlantic Ocean (Ghana/ Côte d'Ivoire), Order of 25 April 2015, Separate Opinion of Judge *ad hoc* Mensah, ITLOS Reports 2015, p. 185, para. 1.

下,规定临时措施是恰当的。[①] 圣皮奥号案中,法庭审查认为瑞士要求采取的措施和维护其所主张的权利是适当的(appropriate)。[②]

本文认为,“联系”的要求是《公约》第290条规定“保全争端各方的各自权利”临时措施的条件之一。在某种程度上,这个联系反映了法院或法庭对临时措施申请方的限制,以确保临时措施的请求不会超过他们在案件实质问题中的诉求。这也在一定程度上表明,国际海洋法法庭和附件七仲裁庭根据《公约》第288条第1款[③],有能力保护权利的类别是相对狭窄的。这有助于国际海洋法法庭和附件七仲裁庭明确确定和拟订相匹配的临时措施,[④]尽管《国际海洋法法庭规则》第73条第2款没有要求在临时措施的请求中确定受保护的权利。

本文认为“保全争端各方的各自权利”中的“权利”不需要十分确定。《国际法院规约》与《公约》均未要求在临时措施的申请书中详细具体说明有关权利。这个权利必须是与诉讼相关的、众所周知的和推定的。实践中,临时措施是在争端各方各自权利确定之前,根据推定(*ex hypothesi*)指示或规定的。[⑤] 如果所规定的临时措施并不能保全当事国的权利,或者当事国的权利并没有受到威胁或已经或正在遭受损害,则不应规定该临时措施。[⑥] 所以,

---

① See Case concerning the Detention of three Ukrainian naval vessels (Ukraine v. Russian Federation), Order of 25 May 2019, ITLOS Reports 2019, p. 310, para. 118.

② See The M/T “San Padre Pio” Case (Switzerland v. Nigeria), Order of 6 July 2019, ITLOS Reports 2019, p. 402, para. 138.

③ 《公约》第288条第1款规定:第287条所指的法院或法庭,对于按照本部分向其提出的有关本公约的解释或适用的任何争端,应具有管辖权。

④ See The MOX Plant Case (Ireland v. United Kingdom), Order of 3 Dec. 2001, ITLOS Reports 2001; Case concerning Land Reclamation by Singapore in and around the Straits of Johor (Malaysia v. Singapore), Order of 8 Oct. 2003, ITLOS Reports 2003.

⑤ 参见高健军:《〈联合国海洋法公约〉争端解决机制研究》(修订版),中国政法大学出版社2014年版,第174页。

⑥ 参见邵沙平、冯雅囡:《国际法院指示临时措施法律问题研究》,载《外交评论》2012年第2期,第144页。

这个权利的存在且需要保护属于法庭或法院自由裁量权的范畴,并不需要对其作最终的确定。[①] 对"适当性"的限制正概述了对临时措施的自由裁量性的限制,即法庭应审慎地根据其临时措施的目的加以规定,而不能轻易地不予考虑(规定临时措施)。[②]

寻求通过临时措施保护的权利、案件实质问题的权利以及法庭规定的临时措施的正当性之间必须有联系。当然这个联系可以是微弱的。[③] 例如,在格鲁吉亚诉俄罗斯《消除一切形式种族歧视公约》适用案中,国际法院在临时措施的裁决中强调规定临时措施的理由是"权利(与案件的实体问题之间)存在足够的联系"。[④] 该临时措施的目的是保护案件所争议的权利,因此不能用来应对非争议标的问题,也不能过度保护双方各自所主张的权利。[⑤]

二、通过合理性检测

合理性检测(plausibility test)是国际海洋法法庭规定的临时措施新标准,2015 年国际海洋法法庭在加纳和科特迪瓦海洋边

---

① 参见郝雅烨子:《〈联合国海洋法公约〉争端解决机制下的临时措施制度研究》,法律出版社 2019 年版,第 73 页。

② See The Arctic Sunrise Case (Kingdom of the Netherlands v. Russian Federation), Order of 22 November 2013, Dissenting Opinion of Judge Kulyk, ITLOS Reports 2013, p. 293, para. 7.

③ See Armed Activities on the Territory of the Congo (New Application 2002) (Democratic Republic of the Congo v. Rwanda), Order of 10 July 2002, I. C. J. Reports 2002, p. 247, para. 79.

④ Case Concerning Application of the International Convention on the Elimination of All forms of Racial Discrimination (Georgia v. Russian Federation), 15 October 2008, I. C. J. Reports 2008, pp. 367 – 368, para. 53.

⑤ See John G. Merrills, "Interim Measures of Protection in the Recent Jurisprudence of the International Court of Justice", (1995) 1 *International and Comparative Law Quarterly* 44, p. 100.

界划界案中首次适用。[①] 合理性检测要求检测临时措施法律权利的存在,[②]以及权利是"合理"的。[③] 具体来说,需初步证明具有初步管辖权时被主张的权利可能实际存在——法院先作出这种假设的存在,然后根据既成事实进行审查。这也标志着临时措施"权利"的界定开始向迹象证据学说(*fumus boni iuris*)发展。[④] 合理性的权利,从本质上说,当事方必须表明有一种合理的可能性,即其所主张的权利作为一项法律问题而存在,而且法庭审理实质问题阶段将把该权利视为与案件事实有关。[⑤] 合理性检测的目的是建立一个判断由当事方申请临时措施主张的权利是否合理的标准。[⑥] 这需要有一个现实的可能性,当法院受理案件,案件的实质问题涉及的权利始终存在,并且法院的判决能最终实现。[⑦]

《国际法院规约》《公约》《国际海洋法法庭规则》都没有直接对合理性检测进行规定。迄今为止,国际海洋法法庭和国际法院只有 15 个案件适用该标准。国际法院自 2009 年比利时诉塞内加

① See Dispute Concerning Delimitation of the Maritime Boundary between Ghana and Côte d'Ivoire in the Atlantic Ocean (Ghana/ Côte d'Ivoire), Order of 25 April 2015, ITLOS Reports 2015, pp. 150 – 152, paras. 21 – 23.

② See Passage through the Great Belt (Finland/Denmark), Order of 29 July 1991, Separate Opinion by Judge Shahabuddeen, I. C. J. Reports 1991, p. 18, para. 28.

③ See Certain Activities Carried Out by Nicaragua in the Border Area (Costa Rica/ Nicaragua), Order of 8 March 2011, I. C. J. Reports 2011, p. 18, para. 53.

④ See Erlend Leonhardsen, "Trials of Ordeal in the International Court of Justice: Why States Seek Provisional Measures when Non-Compliance Is to Be Expected", (2014) 1 *Journal of International Dispute Settlement* 1, p. 6.

⑤ See The M/T "San Padre Pio" Case (Switzerland v. Nigeria), Order of 6 July 2019, Separate Opinion of Judge *ad hoc* Murphy, ITLOS Reports 2019, p. 426, para. 7.

⑥ See The "Enrica Lexie" Incident (Italy v. India), Order of 24 August 2015, Dissenting Opinion of Judge Heidar, ITLOS Reports 2015, p. 292, para. 18.

⑦ See Questions relating to the Seizure and Detention of Certain Documents and Data (Timor-Leste v. Australia), Order of 3 March 2014, Dissenting Opinion of Judge Greenwood, I. C. J. Reports 2014, p. 148, para. 4.

尔关于或引渡或起诉义务问题案[1]起，在之后的每个案件中都适用了合理性检测。国际海洋法法庭仅在近五年加纳和科特迪瓦海洋边界划界案、恩丽卡·莱克希号案、扣押三艘海军舰船案和圣皮奥号案中适用该证明。

在路易莎号案、自由号案[2]和极地曙光号案[3]中，国际海洋法法庭只是指出，法庭不需要"明确(definitively)确定所主张的权利的存在"。最后，在加纳和科特迪瓦海洋边界划界案中，国际海洋法法庭特别分庭明确提出了合理性检测。依据科特迪瓦主张权利的性质，特别分庭适用合理性检测去查明科特迪瓦权利的存在，而不预先判决实质问题。法庭援引国际法院 2013 年在边境地区的命令，[4]指出"在规定临时措施之前，特别分庭不必关心争端方的相互对立的主张，只需要满足科特迪瓦就案件实质问题所主张的权利和寻求的保护是合理的"。[5] 门萨法官在其独立意见中指出，他同意法庭关于临时措施的请求"是合理的"认定，他认为在特别分庭不能处理案件的实质问题时，合理性检测是在该阶段唯一适用的。[6] 国际海洋法法庭在恩丽卡·莱克希号案中也适用了合理

---

① Questions Relating to the Obligation to Prosecute or Extradite (Belgium v. Senegal), Order of 28 May 2009, I. C. J. Reports 2009, p. 154, para. 60.

② The "ARA Libertad" Case (Argentina v. Ghana), Order of 15 December 2012, ITLOS Reports 2012, para. 60.

③ The Arctic Sunrise Case (Kingdom of the Netherlands v. Russian Federation), Order of 22 November 2013, ITLOS Reports 2013, p. 246, para. 68.

④ See Certain Activities Carried Out by Nicaragua in the Border Area (Costa Rica/ Nicaragua), Order of 22 November 2013, Request Presented by Costa Rica for the Indication of New Provisional Measures, I. C. J. Reports 2013, p. 14. para. 27.

⑤ Dispute Concerning Delimitation of the Maritime Boundary between Ghana and Côte d'Ivoire in the Atlantic Ocean (Ghana/ Côte d'Ivoire), Order of 25 April 2015, ITLOS Reports 2015, p. 158, paras. 57 – 58.

⑥ See Dispute Concerning Delimitation of the Maritime Boundary between Ghana and Côte d'Ivoire in the Atlantic Ocean (Ghana/ Côte d'Ivoire), Order of 25 April 2015, Separate Opinion of Judge *ad hoc* Mensah, ITLOS Reports 2015, p. 185, para. 1.

性检测。[①] 之后的扣押三艘海军舰船案,国际海洋法法庭认为乌克兰诉求保护的权利是合理的。[②] 由此可以说,合理性检测是《公约》第 290 条规定的临时措施的先决条件。

在合理性检测的标准问题上,通过国际法院和国际海洋法法庭的实践,本文认为合理性可以被视为一个独立的标准。但在一开始,这个标准的内容仍然有较大的不确定性。[③] 多数学者包括法官对该问题都有着不同的理解,但是对于合理性的最低标准都有着共识——根据既有事实,申请临时措施"所主张的权利"不能明显地不存在。[④] 更进一步说,所主张的权利必须是可行地、正当地和可能地存在。法院适用合理性的方式将会直接影响申请国如何请求临时措施,以及影响法院在临时保护附带诉讼的程序中考虑案件实质问题的程度。[⑤] 事实上,大多数国家的临时措施诉讼策略取决于法院适用合理性的方式,因为审查标准越低,申请临时措施成功的概率就越高;即使失败,申请国也无需承担失败成本。[⑥] 但是,国际法院在尼加拉瓜边境行动案中强调,"法院不号召将合理性确认权利的方式适用于主权领土争端或者相互的专有

---

① See The "Enrica Lexie" Incident (Italy v. India), Order of 24 August 2015, ITLOS Reports 2015, paras. 83 – 84.

② 参见高健军:《〈联合国海洋法公约〉第 298 条中的"军事活动例外"——评国际海洋法法庭在"扣留三艘乌克兰海军船只案"中的临时措施命令》,载《国际法研究》2019 年第 6 期,第 5 页。

③ See Certain Activities Carried Out by Nicaragua in the Border Area (Costa Rica/Nicaragua), Order of 8 March 2011, Declaration of Judge Greenwood, I. C. J. Reports 2011, p. 47, para. 4.

④ See Certain Activities Carried Out by Nicaragua in the Border Area (Costa Rica/Nicaragua), Order of 8 March 2011, Separate Opinion of Judge Sepúlveda-Amor, I. C. J. Reports 2011, p. 37, para. 12.

⑤ See Pulp Mills on the River Uruguay (Argentina v. Uruguay), Order of 13 July 2006, Separate Opinion of Judge Abraham, I. C. J. Reports 2006, pp. 140 – 141, paras. 10, 13.

⑥ See Erlend Leonhardsen, "Trials of Ordeal in the International Court of Justice: Why States Seek Provisional Measures when Non-Compliance Is to Be Expected", p. 10.

权争端”。[1] 因此,本文认为调查的对象并非所主张的权利是否合理,而是这个申请本身是否合理。对合理性的检验有两个方面:一是对所主张权利的成功呈现,二是案件事实的适用性(applicability)。如格林伍德法官[2]认为,合理性要求是“一个合理的可能性,即当事方成功地确立其主张的权利并且该权利适用于该案件”。[3] 在国际法基础上,合理性检测的关键不是这些权利是否受到被申请方的侵犯,而是受到的侵犯是不是可容忍的。[4]

在合理性检测的对象问题上,是只检测申请方所主张的权利还是检测双方所主张的权利,存在一定争议。在恩丽卡·莱克希号案中,法庭不仅对临时措施申请方意大利的主张进行了合理性测试,而且对被申请方印度主张的权利也进行了合理性测试。[5] 海达尔(Heidar)法官在其反对意见中指出,严格来说这是不正确的,合理性测试是规定申请方所申请的临时措施的先决条件,但其应用于被申请方所主张的权利是相当荒谬的。事实上,在恩丽卡·莱克希号案中,印度并没有对其所主张的权利是否合理作出说明。[6] 但是在圣皮奥号案中,高之国法官认同了法庭在恩丽卡·莱克希号案的做法,指出“从判例中可以明显看出,在可以采取临

---

① Certain Activities Carried Out by Nicaragua in the Border Area (Costa Rica/Nicaragua) Provisional Measures, Order of 8 March 2011, I. C. J. Reports 2011, p. 19, para. 58.

② See Certain Activities Carried Out by Nicaragua in the Border Area (Costa Rica/Nicaragua), Order of 8 March 2011, Declaration of Judge Greenwood, I. C. J. Reports 2011, p. 48, para. 6.

③ The M/T "San Padre Pio" Case (Switzerland v. Nigeria), Order of 6 July 2019, Dissenting Opinion of Judge Gao, ITLOS Reports 2015, p. 488, para. 24.

④ See Yoshiyuki Lee-Iwamoto, "The Repercussions of the LaGrand Judgment: Recent ICJ Jurisprudence on Provisional Measures", (2012) 55 *Japanese Yearbook of International law* 237, p. 247.

⑤ See The "Enrica Lexie" Incident (Italy v. India), Order of 24 August 2015, ITLOS Reports 2015, p. 197, para. 85.

⑥ See The "Enrica Lexie" Incident (Italy v. India), Order of 24 August 2015, Dissenting Opinion of Judge Heidar, ITLOS Reports 2015, pp. 291 - 292, paras. 17 - 20.

时措施之前,需要确认申请人和被申请人的权利都是合理的”。[①]

在合理性检测内容的问题上,本文认为合理性检测既检测事实问题又检测法律问题。科罗马(Koroma)法官指出合理性检测用以检查临时措施的请求,特别是在事实方面。[②] 在圣皮奥号案中,法庭指出要判断寻求保护的权利主张是否是合理的,需要审查法律和事实问题,[③]这就确认了在法庭实践中,合理性检测可以既检测事实问题又检测法律问题。

本文认为合理性检测应该足够灵活,以考虑极其“紧急”的临时措施请求,或非常复杂的争端问题,或双方的利益处在极其危险之中。《国际海洋法法庭规则》第 95 条第 2 款规定,“法庭可要求当事各方进一步提供与执行法庭所规定的任何临时措施有关的任何事项的资料”。这说明法院可以要求双方提供针对合理性调查的任何信息,即使是在临时措施的执行阶段。

三、不可弥补的损害

不可弥补的损害(irreparable prejudice/irreparable harm)也是规定临时措施的重要前提条件之一。在诉讼未决期间,不可弥补的损害被用来确定保护争议所涉及的权利。[④]《国际法院规约》和《公约》都没有直接规定临时措施必须符合不可弥补的损害这个条件。[⑤]

---

① The M/T “San Padre Pio” Case (Switzerland v. Nigeria), Order of 6 July 2019, Dissenting Opinion of Judge Gao, ITLOS Reports 2019, p. 488, para. 23.

② See Certain Activities Carried Out by Nicaragua in the Border Area (Costa Rica/Nicaragua), Order of 8 March 2011, Separate Opinion of Judge Koroma, I. C. J. Reports 2011, p. 29, para. 2.

③ See The M/T “San Padre Pio” Case (Switzerland v. Nigeria), Order of 6 July 2019, ITLOS Reports 2019, p. 400, para. 110.

④ See Cameron A. Miles, “Provisional Measures and the Margin of Appreciation before the International Court of Justice”, (2015) 27 *Journal of International Dispute Settlement* 1, p. 5.

⑤ 参见高健军:《〈联合国海洋法公约〉争端解决机制研究》(修订版),第 176 页。

国际海洋法法庭早期的临时措施案件只是一味地适用、强调情况紧急,而并没有采用不可弥补的损害作为临时措施的标准。在这种特殊的情况下,国际海洋法法庭的法官通常采取反对意见或个别意见的形式,通过引用常设国际法院和国际法院的判例来表达不可弥补的损害这一标准对临时措施的重要性。[①] 然而,附件七仲裁庭在莫克斯工厂案(新的临时措施的申请)中直接将不可弥补的损害引入临时措施的适用标准。[②]

从此之后,国际海洋法法庭逐渐开始在临时措施的命令中适用不可弥补的损害这一标准。加纳和科特迪瓦海洋边界划界案、自由号案、极地曙光号案和恩丽卡·莱克希号案都适用了不可弥补的损害。在扣押三艘海军舰船案中,法庭认为,在本案的情况下,造成不可弥补的损害的危险是真实存在的,而且是正在发生的。[③] 在圣皮奥号案中,法庭认为,在附件七仲裁庭的组成和运作之前,瑞士的权利面临着真实和迫在眉睫的不可弥补的损害。[④]

那么确定不可弥补的损害的标准是什么呢?本文认为在字面上,法院或法庭在确定不可弥补的损害时考虑的前提是,"明显地在最终判决前公然侵害争端所涉权利是不能容忍的,应授予临时

① See The M/V Saiga Case (Saint Vincent and Grenadine v. Guinea), Order of 11 March 1998, Separate Opinion of Judge Liang; Southern Bluefin Tuna Cases (New Zealand v. Japan; Australia v. Japan), Order of 27 August 1999, Separate Opinion of Judge Laing, Separate Opinion of Judge Treves; The MOX Plant Case (Ireland v. United Kingdom), Order of 3 December 2001, Separate Opinion of Judge Mensah; Case concerning Land Reclamation by Singapore in and around the Straits of Johor (Malaysia v. Singapore), Order of 8 October 2003, Separate Opinion of Judge Chandrasekhara Rao; The "ARA Libertad" Case (Argentina v. Ghana), Order of 15 December 2012, Separate Opinion of Judge Paik.

② See The MOX Plant Case (Ireland v. United Kingdom), Order of 24 June 2003, ITLOS Reports 2003, p. 107, para. 58.

③ See Case Concerning the Detention of Three Ukrainian Naval Vessels (Ukraine v. Russian Federation), Order of 25 May 2019, ITLOS Reports 2019, p. 309, para. 111.

④ See The M/T "San Padre Pio" Case (Switzerland v. Nigeria), Order of 6 July 2019, ITLOS Reports 2019, p. 405, para. 131.

措施的保护”。[①] 如果存在对双方权利造成无法弥补的损害的真实和迫在眉睫的危险,法庭应该权衡当事各方各自的权利,以确定哪一方会受到更大的损害,哪一方会负担过重。[②] 法庭必须根据所审理的案件的情况来确定是否需要采取行动维护当事各方的权利和防止不可弥补的损害,因此,必须依据事实来寻找真实和迫在眉睫的危险。[③] 临时措施申请人关于对其根据《公约》享有的权利遭受不可弥补的损害的真实和迫在眉睫的风险的陈述需得到详细的证实,而不是仅出于一般指控性质的陈述。对不可弥补损害的评估应适用于当事人主张的各自权利,即不仅适用于申请人主张的权利,也适用于被申请人主张的权利。[④]

然而,权利在国际法中的解释较为抽象,不可弥补的损害在法院或法庭的适用中产生了一些麻烦。常设国际法院在比利时诉中国关于终止 1865 年条约案中确立了一个适用不可弥补的损害的标准——受害方的权利不能通过“货币支付或赔偿或以其他一些实质形式的补偿(the payment of an indemnity or by compensation or restitution in some other material form)”[⑤]来修复。而在《公约》背景下,库利克法官在极地曙光号案的反对意见中也提到了常设国际法院的这个适用标准,他指出“权利的损害必须是不可弥补的,意味着在时间上,受害方的权利不能通过货币支付或赔偿或以

① Karin Oellers-Frahm, “Article 41”, in Andreas Zimmermann et al. (eds.), *The Statute of the International Court of Justice: A Commentary* (Oxford: Oxford University Press, 2nd edn, 2012), p. 1047.

② See The “Enrica Lexie” Incident (Italy v. India), Order of 24 August 2015, Dissenting Opinion of Vice-President Bouguetaia, ITLOS Reports 2015, p. 237, para. 30.

③ See The “Enrica Lexie” Incident (Italy v. India), Order of 24 August 2015, Dissenting Opinion of Judge Ndiaye, ITLOS Reports 2015, p. 265, para. 30.

④ See The M/T “San Padre Pio” Case (Switzerland v. Nigeria), Order of 6 July 2019, Dissenting Opinion of Judge Gao, ITLOS Reports 2019, p. 496, para. 73.

⑤ Denunciation of the Treaty of 2 November 1865 between China and Belgium, Order of 8 January 1927, Measures of Protection, PCIJ Series A No. 8, p. 7.

其他一些实质形式的补偿来修复"。[①] 2015 年在加纳和科特迪瓦海洋边界划界案中,国际海洋法法庭特别分庭认为,虽然石油收入可能是未来经济补偿的主要问题,可以进行补偿,但是该行为重大和永久地修改了争议地区的物理特征,这种修改不能通过经济得到充分补偿,[②]因此特别分庭规定了临时措施。有学者指出,法庭的过多解释让不可弥补的损害的适用倒退到了比利时诉中国关于终止 1865 年条约案的标准——法庭只需要说明由钻探活动引起的底土损害是不可弥补的损害就够了,根本不需要提及经济不可弥补性。[③]

虽然国际法院从未正式声明不再适用"能否货币补偿"这一立场,但本文认为国际法院已开始采用另一种更加宽泛的"不可弥补"的定义,即不能完全执行最终的判决(complete execution of a final judgment)。因为法院认为在关乎人类安全的案件上,即使错误指示了临时措施也是可以接受的,因为毕竟涉及人的生命,如 2008 年格鲁吉亚诉俄罗斯《消除一切形式种族歧视公约》适用案。[④] 而国际海洋法法庭也明确形成了类似的立场。本文认为,塞加号案、自由号案、极地曙光号案、扣押三艘海军舰船案和圣皮奥号案表明,[⑤]国际海洋法法庭适用了比较宽泛的门槛来适用不

---

① The Arctic Sunrise Case (Kingdom of the Netherlands v. Russian Federation), Order of 22 Nov. 2013, Dissenting opinion of Judge Kulyk, ITLOS Reports 2013, pp. 291 – 292, paras. 3 – 5.

② See Dispute Concerning Delimitation of the Maritime Boundary between Ghana and Côte d'Ivoire in the Atlantic Ocean (Ghana/ Côte d'Ivoire), Order of 25 April 2015, ITLOS Reports 2015, p. 163, para. 88.

③ See Cameron A Miles, *Provisional Measures Before International Courts and Tribunals* (Cambridge: Cambridge University Press, 2017), p. 243.

④ See Application of the International Convention on the Elimination of All Forms of Racial Discrimination (Georgia v. Russian Federation), Request for the Indication of Provisional Measures, Order of 15 October 2008, I. C. J. Reports 2008, p. 396, para. 142.

⑤ 如科龙迪克法官在其独立意见里认为"即使对船舶和货物的损害发生在附件七仲裁庭成立和运作之前相对较短的时间内,也很难想象它会因充分的经济赔偿而无法弥补"。See The M/T "San Padre Pio" Case (Switzerland v. Nigeria), Order of 6 July 2019, Declaration of Judge Kolodkin, ITLOS Reports 2019, p. 418, para. 6.

可弥补的损害：因为考虑到时间价值、船舶价值(或其货物的价值)、由于其滞留而造成的折旧以及任何相应的商业损失，对船只的扣留是能够通过经济损害进行赔偿的。因此，国际海洋法法庭以及附件七仲裁庭显然与国际法院的新做法相同，接受不可弥补的损害的较低标准来规定临时措施，即以不能完全执行最终判决、裁决作为判断依据。

综上，本文认为在这个标准下不可弥补的损害包含两个要素：第一，法院或法庭必须裁定，当事方的权利已经受到损害，如果不规定临时措施，将进一步受到损害；[①]或当事方的权利还未受到损害，但如果不规定临时措施，当事方的权利有可能受到损害，即存在发生权利受损的概率较高。第二，对权利的侵害将是难以弥补的，法院或法庭是不能完全执行最终判决或裁决的。

四、情况紧急

情况紧急是规定临时措施的先决条件。[②] 情况紧急是临时措施本质的一部分，因为这些措施是为了保护当事方在最后判决之前的权利。[③]《国际法院规约》第 41 条对情况紧急没有规定，但在国际法院的实践中，法院在规定临时措施时可以自由裁量审查情况紧急。《公约》对情况紧急有规定，第 290 条第 1 款规定了“根据情况”(under the circumstances)，第 290 条第 5 款规定了“情况紧急”(the urgency of the situation)。在这一部分有两个问题需要讨论：首先，《公约》第 290 条第 5 款“情况紧急”是否与第 290 条第 1

---

① See The “ARA Libertad” Case (Argentina v. Ghana), Order of 15 December 2012, ITLOS Reports 2012, p. 349, para. 99.

② See The “Enrica Lexie” Incident (Italy v. India), Order of 24 August 2015, Dissenting Opinion of Judge Heidar, ITLOS Reports 2015, p. 290, para. 12.

③ See Southern Bluefin Tuna Cases (New Zealand v. Japan; Australia v. Japan), Order of 27 August 1999, Separate Opinion of Judge Treves, ITLOS Reports 1999, p. 316, para. 2.

款“根据情况”认定标准相同。其次,在《公约》两种不同目的的临时措施案件——“保全争端各方的各自权利”案件和“防止对海洋环境的严重损害”案件中,“情况紧急”的认定标准是否不同,“保全争端各方的各自权利”案件的“情况紧急”以及“根据情况”的认定标准又是什么。

(一)“情况紧急”与“根据情况”

《公约》第 290 条第 5 款规定了“情况紧急”,而第 290 条第 1 款并没有“情况紧急”的描述,其规定为“根据情况”。从语境上来看,“根据情况”规定临时措施的情形是针对国际海洋法法庭(包括其海底争端分庭和简易程序分庭),附件七仲裁庭自己具有初步管辖权、自己规定临时措施;而“情况紧急”规定临时措施的情形是针对附件七仲裁庭具有初步管辖权,国际海洋法法庭替代尚未组成的附件七仲裁庭来规定临时措施。适用《公约》第 290 条第 5 款下情况紧急的案例有麦氏金枪鱼案、莫克斯工厂案、围海造地案、自由号案、极地曙光号案、恩丽卡 · 莱克希号案、扣押三艘海军舰船案和圣皮奥号案。

本文认为《公约》第 290 条第 5 款规定的情况紧急的标准比第 1 款规定的严格得多,这既适用于情况紧急的时间方面,也适用于质量方面。首先,第 290 条第 5 款规定的情况紧急的时间方面比第 1 款规定的严格得多,这是因为国际海洋法法庭在审议根据《公约》第 290 条第 5 款提出的临时措施请求时,其任务不是确定在根据案情实质问题作出判决之前是否存在对当事方权利造成不可弥补的损害的真正危险,而是确定在仲裁庭成立并开始运作之前,这种损害是否可能发生。[①] 如在恩丽卡 · 莱克希号案中,根据《公约》附件七第 3 条,仲裁庭将在未来三个月内组建。国际海洋法法

① See The “Enrica Lexie” Incident (Italy v. India), Order of 24 August 2015, Dissenting Opinion of Judge Heidar, ITLOS Reports 2015, p. 290, para. 12.

庭考虑到当事双方之间的争端已经存在了三年多,没有任何进展表明这种情况突然发生了变化,以致加重了任何一方的权利。[①] 第290条第5款的情况紧急不是对较长时期的评估,而是要在附件七仲裁庭组成之前所涉及的较短的时期进行评估。[②] 该时期不一定是评估情况紧急或适用规定措施的期限的决定性因素,但必须考虑附件七仲裁庭还未成立、还未能评估情况紧急,也未能"修改、撤销或确认这些临时措施"。[③] 此外,第290条第5款所规定的情况紧急,要求对权利的损害或损害预期会发生在仲裁庭成立和仲裁庭能审议关于临时措施的规定之前,但这并不意味着损害的影响仅限于仲裁庭成立之前的时期。[④]

其次,在质量方面,法庭对第290条第5款的情况紧急作出解释,即不得规定临时措施,除非"可能对争端各方的权利造成无法弥补的损害的真实和迫在眉睫的危险"。[⑤] 本文认为,与第290条第1款不同,第5款明确规定了紧急性要求。如果《公约》起草者的意图是第5款"情况紧急"与临时措施概念中固有的并反映在第1~4款中的"根据情况"相同,则没有必要在条款上分开写。因此,情况紧急的质量方面的标准,第290条第5款比第1款更严格。虽然第290条第5款的紧急要求比第290条第1款更为严

① See The "Enrica Lexie" Incident (Italy v. India), Order of 24 August 2015, Declaration of Judge Kateka, ITLOS Reports 2015, p. 210, para. 7.

② See The "Enrica Lexie" Incident (Italy v. India), Order of 24 August 2015, Dissenting Opinion of Judge Chandrasekhara Rao, ITLOS Reports 2015, p. 241, para. 6.

③ The Arctic Sunrise Case (Kingdom of the Netherlands v. Russian Federation), Order of 22 Nov. 2013, ITLOS Reports 2013, p. 248, para. 85.

④ See The Arctic Sunrise Case (Kingdom of the Netherlands v. Russian Federation), Order of 22 Nov. 2013, Dissenting Opinion of Judge Kulyk, ITLOS Reports 2013, pp. 292 – 293, para. 5.

⑤ The "Enrica Lexie" Incident (Italy v. India), Order of 24 August 2015, Dissenting Opinion of Judge Heidar, ITLOS Reports 2015, p. 289, para. 8.

格,但这种要求是否得到满足取决于具体情况。[①]

(二)情况紧急(根据情况)的认定标准

情况紧急与根据情况是临时措施制度的存在理由和《公约》第290条的明确规定,但是国际海洋法法庭、附件七仲裁庭在“保全争端各方的各自权利”临时措施案件和“防止对海洋环境的严重损害”临时措施案件中,对于情况紧急(与根据情况)有着不同的判定标准。

国际海洋法法庭在“保全争端各方的各自权利”案件中,确定情况紧急(与根据情况)的标准依据语境“紧急”来确定。在国际法中“紧急”往往关系到迫在眉睫的危险或风险。例如,拉格朗案[②]和贾达夫案[③],在很短的时间内被执行死刑可以认为是一个迫在眉睫的风险。在这种情况下,时间框架(time-frame)是合适的。[④] 本文认为赛加号案、路易莎号案、极地曙光号案、扣押三艘海军舰船案和圣皮奥号案这些判例都表明,国际海洋法法庭一直将剥夺个人自由的情况视为情况紧急。对被指控刑事罪行的人拘留或限制等待太久的行动本身就是一种未经审判的惩罚。在这种情况下,一人被拘留或行动受到限制的每一天都是剥夺其自由的一天。人道主义考量使得临时措施带有一种内在的紧迫需要。[⑤]

在适用“保全争端各方的各自权利”案件中的情况紧急(与根据情况)时,还应考虑与“不可弥补的损害”之间的联系,情况紧急

① See The “ARA Libertad” Case (Argentina v. Ghana), Order of 15 December 2012, Separate Opinion of Judge Paik, ITLOS Reports 2012, pp. 352 – 353, para. 3.

② LaGrand (Germany v. United States of America), Order of 3 March 1999, I. C. J. Reports 1999, p. 11, para. 14.

③ Jadhav Case (India v. Pakistan), Order of 18 May 2017, I. C. J. Reports 2017, pp. 243, 244, paras. 50, 54.

④ See The M/T “San Padre Pio” Case (Switzerland v. Nigeria), Order of 6 July 2019, Dissenting Opinion of Judge Gao, ITLOS Reports 2015, p. 494, para. 61.

⑤ See The “Enrica Lexie” Incident (Italy v. India), Order of 24 August 2015, Separate Opinion of Judge Jesus, ITLOS Reports 2015, p. 228, para. 11.

(与根据情况)对案件涉及的权利有不可弥补的损害的危险是密切联系的。[①] 不可弥补的损害是情况紧急(与根据情况)的决定性因素。[②] 情况紧急(与根据情况)是需要避免法庭在作出最后决定之前可能对所涉权利造成不可弥补的损害的现实和迫在眉睫的风险。[③] 情况紧急(与根据情况)要求必须"根据所有有关因素逐案评价",并考量所涉权利的性质。[④] 法庭必须通过评估事实与所援引的法律标准来确定情况紧急(与根据情况)。[⑤] 如果无法弥补的损害不迫在眉睫,就几乎不存在任何情况紧急(与根据情况)。[⑥] 法庭在审查情况紧急(与根据情况)时需考虑如果没有对该权利进行临时措施的保护会不会发生不可弥补的损害或损失。只有存在一个真实的和迫在眉睫的会对争端涉及权利导致不可弥补的损害风险时,法庭才可以行使其权力,规定临时措施。[⑦] 如果需要保护的权利没有处在情况紧急(与根据情况)下,那么该权利是有时间等待国际法庭最终判决的,因而没有必要规定临时措施。

---

① See Certain Activities Carried Out by Nicaragua in the Border Area (Costa Rica v. Nicaragua), Order of 8 March 2011, I. C. J. Reports 2011, pp. 21 – 22, paras. 63 – 64.

② See Southern Bluefin Tuna (New Zealand v. Japan; Australia v. Japan), Order of 27 August 1999, Separate Opinion by Judge Treves, ITLOS Reports 1999, p. 317, para. 5.

③ See Dispute Concerning Delimitation of the Maritime Boundary between Ghana and Côte d'Ivoire in the Atlantic Ocean (Ghana/ Côte d'Ivoire), Order of 25 April 2015, ITLOS Reports 2015, p. 156, para. 42.

④ See The "Enrica Lexie" Incident (Italy v. India), Order of 24 August 2015, Dissenting Opinion of Judge Chandrasekhara Rao, ITLOS Reports 2015, p. 241, para. 5.

⑤ See The "Enrica Lexie" Incident (Italy v. India), Order of 24 August 2015, Dissenting Opinion of Judge Ndiaye, ITLOS Reports 2015, p. 265, para. 31.

⑥ See The "Enrica Lexie" Incident (Italy v. India), Order of 24 August 2015, Dissenting Opinion of Judge Ndiaye, ITLOS Reports 2015, p. 265, para. 29.

⑦ See The "Enrica Lexie" Incident (Italy v. India), Order of 24 August 2015, Declaration of Judge Kateka, ITLOS Reports 2015, pp. 208 – 209, paras. 3 – 4.

结　论

《公约》《国际海洋法法庭规约》《国际海洋法法庭规则》发展、完善了临时措施在海洋法领域的适用。国际海洋法法庭规定，以保全争端各方的各自权利为目的的临时措施的申请必须满足：第一，临时措施所保护的权利和案件实质问题的诉讼主体之间存在联系；第二，权利能通过合理性检测，即根据既有事实，申请临时措施"所主张的权利"不能明显地不存在，所主张的权利必须是可行地、正当地和可能地存在；第三，符合不可弥补的损害的标准，即以不能完全执行最终的判决为判断依据；第四，符合情况紧急标准，情况紧急往往关系到迫在眉睫的危险或风险，是需要避免法庭在作出最后决定之前可能对所涉权利造成不可弥补的损害的现实和迫在眉睫的风险。

冷战结束后，和平与发展已成为当今时代的主题。在此背景下，国家通过国际司法程序，特别是通过国际法院和国际海洋法法庭维护自身合法权益逐渐成为世界趋势，临时措施业已成为解决国际争端的重要方式之一。从 1927 年建立常设国际法院开始，国际法院或法庭在解决国际争端及维护国际和平与安全中发挥着重要的作用。借鉴国际法院的灵感，国际海洋法法庭在《公约》下实践着临时措施，在仅有的 12 起涉及临时措施的案件中，其对促进国际法发展的重要贡献端倪可察。可以确定的是，随着越来越多的国家开始诉诸国际司法机构以解决国家间的海洋争端，国际海洋法法庭实践下的临时措施制度的贡献会愈加突出。

Provisional Measures for the Purpose of Preserving the Respective Rights of the Parties to the Dispute in the Light of the Latest Practice of the International Tribunal for the Law of the Sea

HAO Yayezi

Abstract: Under the United Nations Convention on the Law of the Sea (UNCLOS) provisional measures can be divided into two categories each of which serves a different purpose: to "preserve the respective rights of the parties to the dispute" or to "prevent serious harm to the marine environment". This article exclusively focuses on provisional measures for the "purpose of preserving the respective rights of the parties to the dispute" with special attention to recent Orders of the International Tribunal for the Law of the Sea (ITLOS) and both Separate Opinions and Dissenting Opinions of its judges. It analyzes in detail the "entity" requirements of these provisional measures for the application of which a link must exist between the rights whose protection is sought, and the provisional measure being requested. Other requirements include that the rights of the parties must be plausible, the existence of a risk of irreparable harm to those rights and the urgency of the situation.

Key Words: provisional measures; United Nations Convention on the Law of the Sea; International Tribunal for the Law of the Sea; irreparable harm; urgency

统筹国内法治和国际法治下国际法律技术脱节失衡的理论阐释*

孙　舒**

摘要：国际条约是国内法治和国际法治的连接点，发挥着协调国内法和国际法的重要作用。国际法律技术脱节失衡指的是，缔约国之间不一致的立法技术和法律适用技术，无法通过国际条约来协调的特殊情形。国际法律技术脱节失衡会导致单方退约行为和违约行为增加，国际条约的权威性和稳定性降低，国际法治权威降低，国内法域外适用呈扩张滥用态势等不利后果。对此，我国应从以下路径应对国际法律技术脱节失衡：尊重各国发展权利，认同各国不同价值主张下法律技术脱节的合理性；顺应国际整体法律技术发展趋势，加快发展本国的法律技术；尽快明确国际条约和国际习惯法在我国的法律位阶，补充部门法规范与国际法的衔接规定；主张以国际规则规范国内法的域外适用，限制国内法域外适用的扩张与滥用；积极推动缔结基于实质"国际公平"的国际条约。

关键词：国内法治和国际法治；国际条约；国际法律技术脱节；失衡；争端解决

---

* 基金项目为国家社科基金一般项目：新时代高校网络意识形态安全风险分析及对策研究（21BKS186）；中国法学会基础研究重点激励项目：阻断美国次级制裁的域外适用经验与中国立法研究[CLS（2021）J01]。

** 法学博士，中国政法大学博士后，讲师。

引　言

在百年未有之大变局和世界疫情交织之下,世界卫生组织失灵、世界贸易组织(WTO)上诉机制停摆、国内法域外适用趋向扩张和滥用,国内法治和国际法治呈现失衡态势,国际社会面临失序危机。实际上,这一现象是国际法律技术脱节失衡带来的不利影响。国际法律技术脱节指的是同属特定领域国际条约的缔约方,其立法技术和法律适用技术存在不一致。例如,中美同为WTO的缔约方,在遵守WTO协定的前提下,基于国内法治需要发展出了不同的国际贸易立法技术和法律适用技术。具体而言,在知识产权保护领域,中美在遵守WTO协定和相关投资条约承诺的基础上形成了差异显著的技术保护立法和法律适用技术。[①] 理论上,国际条约下各缔约方不同法域中的法律法规均基于其本地区的治理需要,在遵守条约义务的条件下发展出不同的立法技术和法律适用技术,符合国内法治和国际法治协调发展规律。因为在国际社会无政府状态下,国际条约是国内法治和国际法治的连结点,发挥着协调国际法律技术脱节的重要作用,各条约缔约方通过遵守条约义务统筹国内法治和国际法治,是维持国际社会有序发展的有效途径。[②] 但是,以美国为主的发达国家,在国际法律技术脱节立场上奉行单边主义和霸权主义立场,即不以遵守国际条约作为协调国际法律技术脱节的基本要求,而以单边法律技术标准作为国际法律技术脱节调整的基本要求。这一情况下,国际法律技术脱节极易陷入失衡状态。单边主义和霸权主义的国际法律技术脱节立场,严重损害了发展中国家的发展权力和利益。对此,我

① 参见沈伟、厉潇然:《中美贸易摩擦中的"强制技术转让"争议及其法理分析——以技术转让政策南北差异论为分析框架》,载《国际法研究》2019年第5期,第82~83页。

② 参见柳华文:《论习近平法治思想中的国际法要义》,载《比较法研究》2020年第6期,第10页。

国提出要统筹国内法治和国际法治、推动构建人类命运共同体，即在国际法律技术脱节立场上，主张在遵守国际条约、履行国际义务的前提下，以国内发展实践需要同时以保障各国共同发展权利，调整国际法律技术脱节、避免国际法律技术脱节失衡。

基于以上立场，在已有研究的基础上，笔者试图从理论上厘清国际法律技术脱节失衡的基本内容和国际法律技术脱节失衡的原因，解析国际法律技术脱节失衡的影响和应对路径，进而为预防和解决国际争端、促进国际社会有序发展和推动构建人类命运共同体，贡献国际法律技术脱节失衡的理论视角。[①]

一、国际法律技术脱节失衡的基本内涵

（一）法律技术脱节的概念源起

国际法律技术脱节的概念源起于法律技术，其本质是各国法域之下的法律技术不一致。因此，在阐释法律技术脱节这一概念之前，需对法律技术这一概念进行梳理。

在漫长的法学发展史中，法学家常常将法律概括为一套可以对社会整体进行管控的技术。古代罗马法学家塞尔苏士（Celsus）认为“法律是良善公正之术”，换言之，他将法律看作实现道德与正义的技术。美国分析学家汉斯·凯尔森（Hans Kelsen）将法律看作社会组织所特有的一种技术。他对法律作了以下解释：“法律的法学定义是不包含任何道德成分的，它只代表一种社会组织的特有技术。在我们看待法律问题的时候要知道它是社会问题而不是道德问题。”[②]凯尔森对法律技术的解释与前人相比更强调法律的技术属性，同时排除了法律技术的道德因素，把法律界定为“社

① 参见柳华文：《推动构建人类命运共同体：法律化及其落实》，载《厦门大学学报（哲学社会科学版）》2019年第6期，第38页。

② ［奥］凯尔森：《纯粹法理论》，张书友译，中国法制出版社2008年版，第2页。

会技术”。美国社会学家罗斯科·庞德(Roscoe Pound)进一步发展完善了这一思想,在其“法律社会控制工程”(legal social control engineering)说中强调了法律是社会调控技术的观点。[①] 庞德把法律同人类的基本需求、社会利益的保护等法律的价值和目的联系起来,丰富了法律的内涵,使人们对法律的认识前进了一步。[②] 可以看出,在法学历史的早期研究中,法律技术是体现在法律的属性之中的。

而在现代的法学研究中,法学家们开始单独地界定法律技术的概念,为后来的学者继续法律技术研究提供了理论基础。早期国内外对“法律技术”的概念界定存在差别,国内法学界更强调法律技术的实践特征,倾向于把法律技术的范围界定在法律适用领域,而忽略了法律制定过程中的技术。而国外法学家对法律技术的概念界定既包括法律的制定技术也包括法律的适用技术,即法律技术包含立法技术(legislative techniques)和法律适用技术(legal application techniques)。[③] 抛开概念界定本身的差异,国内外关于法律技术的概念解读都包含两层具体含义:一是法律本身

① 参见[美]E. 博登海默:《法理学—法哲学及其方法》,邓正来、姬敬武译,华夏出版社1987年版,第140页。

② 参见尹伊君:《论法律技术》,载《法律科学》1991年第5期,第13页。

③ 立法技术指的是制定和变动规范性法律文件过程中所遵循的方法和操作技巧的总和。立法技术是关于法律内部结构和外部结构的形式、法律修改和废止的方法、法律的系统化以及法律条文的修辞、逻辑结构和文字表达的规则等技巧。转引自[日]川岛武宜:《现代化与法》,王志安等译,中国政法大学出版社1994年版,第265页。法律适用技术指的是法律适用者通过正当的程序和严密的逻辑完成对事实认知和法律认知的对接,从而更加有效地解决纠纷。转引自房文翠、陈雷:《法律适用的内在约束力研究——以法律方法为视角》,载《法制与社会发展》2011年第4期,第136~137页。具体而言,法律适用技术分为两个程序:一是查明和认定事实,要完成这一程序,法律适用者需要依靠程序技术和证据运用技术实现对案件事实的认知。二是选择法律规范,即法律适用者要在众多的法律规范中选定适合于现实纠纷的规范并予以运用。在这个过程中,法律适用者要依据法律解释技术完成对法律规则意义的认知、法律意旨和规范构成要件的认知,进而选择出与当下事实认知最匹配的法律规范。

具有的技术属性；二是法律中的技术成分的运用。① 例如，语言技术在立法过程中表现为立法技术，法庭辩论技术是法律适用技术的体现。如果没有这些外部技术与法律过程的融合，法律技术就失去了技术基础。②

综上所述，传统的概念界定已经无法全面解释当前法律技术所涵盖的内容，需要对法律技术的范畴进行发展延伸。法律技术应包括立法技术和法律适用技术。过去我国关于法律技术的概念界定局限于法律的适用技术，近期关于法律技术的研究中，已经将法律技术的外延拓展到立法技术，即法律技术是关于立法技术和法律适用技术的总和。

（二）国际法律技术脱节与国际法律技术脱节失衡的概念界定

国际法律技术脱节指的是同属特定领域国际条约的缔约方，在该领域的立法技术和法律适用技术存在不一致现象。③ 具体而言，在同一国际条约框架下，各缔约方不同法域中的法律法规均基于其本地区的治理需要，在遵守条约义务的条件下发展出了不同的立法技术和法律适用技术，缔约方间的立法技术和法律适用技术不一致即为国际法律技术脱节。国际法律技术脱节的实质是，各国在缔结和履行国际条约过程中的国家立场和利益不一致。例如，在“毛里求斯与马尔代夫印度洋海洋划界案”中，

① 这一技术属性体现在：第一，法律的产生和实践以社会成员的法律技术为保障，没有一定的技术作保障，法律的功能难以有效发挥。第二，法律规范是法律技术的主要载体，体现了法律技术的进步；法律文件的形成、法律规范的拟订、法律术语的提炼选用等具有明显的技术性。第三，法律的产生和实践必须依靠一定的技术操作程序。第四，法律的产生和技能离不开具体的法律实践主体掌握的基本技能。因此，法律的技术属性，实际上是指各种技术在法律的产生和实践中的体现和应用。

② 参见周世中：《法律技术与法科学生实践能力的培养》，载《法制与社会发展》2006 年第 1 期，第 146 页。

③ 参见许军珂、孙舒：《论法律技术脱节对中美贸易争端的影响》，载《国际法学刊》2020 年第 2 期，第 31 页。

同为《联合国海洋法公约》缔约国的当事方,依据各自立场和利益需要,将《联合国海洋法公约》通过立法技术和法律适用技术转化为国内立法并适用。结果,在相关海域内,双方对海域的主张出现重叠、引发争端。[①] 而在国际贸易领域,发达国家的立法技术和法律适用技术通常高于国际条约的标准,而发展中国家则需要提高本国立法技术和法律适用技术标准来履行国际义务。换言之,各国在同一国际条约下的法律技术脱节受其在该领域的履约能力的差异性影响,所以国际法律技术脱节的存在有其合理性和必然性。

缔约方基于不同的国际法律技术脱节立场,将国际条约转化为国内立法并在适用过程中形成了国际法律技术脱节的两种形态。一种情况是,相关缔约方认同国际法律技术脱节的合理性,并坚持维护多边主义和遵守条约义务来协调国际法律技术脱节的立场。例如,我国在 2001 年加入 WTO 以后,积极履行入世承诺,大规模修改国内法规,协调国内贸易法律和 WTO 规定统筹国内法治和国际法治。此种情况下,各缔约方在与条约保持高度一致的情况下,即便存在不一致的立法技术和法律适用技术,各缔约方依然接受条约协调下的国际法律技术脱节,此为国际法律技术脱节维持平衡的情形。另一种情况是,相关缔约方否定国际法律技术脱节的合理性,以单边主义和选择性遵守国际条约义务的立场协调国际法律技术脱节,企图以强大的国内法治凌驾于国际法治之上,在国际上推行统一且利己的法律技术。例如,1960 年代中期,美国发起法律与发展运动,开始将美国的法律价值理念推广到第三世界。[②] 美国推行法律与发展运动的主要动机是推动美国法律思想和法治理念的输出,进而使美国收获积极和

---

① 参见朱利江:《"毛里求斯与马尔代夫海洋划界案"初步反对意见判决的问题、技巧与影响》,载《国际法研究》2021 年第 5 期,第 23 页。

② 参见鲁楠:《法律全球化视野下的法治运动》,载《文化纵横》2011 年第 3 期,第 51 页。

规范的国际评估,[①]并通过输出美国法模式实现世界法律的美国化。[②] 缔约方不接受条约协调下的国际法律技术脱节,且寻求以本国的立法技术和法律适用技术调整国际法律技术脱节,此为国际法律技术脱节失衡的情形。成员方对 WTO 协定遵守情况的转变可以很好地解释这两种国际法律技术脱节情况。首先,WTO 早期的成就之一是它完善并发展了独一无二的国际司法机制。这一机制不仅保障规则体系的贯彻执行,有效解决成员方之间的贸易争端,而且从管辖权范围、争端解决模式、报复的程序限制等方面对传统国际争端解决制度作了突破性发展。此外,WTO 作为有独立国际法人资格的国际组织,其成员不分大小,对其所管辖的"一揽子"多边协议一律必须遵守,不允许在法律上有正式保留。[③] 这一时期的 WTO 协定有效协调了国际贸易法律技术脱节,维持了国际贸易法律技术脱节的平衡。但是近几年,美国作为 WTO 的主要构建者,对 WTO 进行抨击,令 WTO 上诉机构陷入瘫痪,并公然违反 WTO 协定的原则和规则。与美国不同,中国和欧盟一直坚定维护 WTO 的权威性,在美国使上诉机构"瘫痪"之后,中国和欧盟发起了多方临时上诉仲裁安排。[④] 在美国的阻挠下 WTO 危机重重,国际贸易领域的法律技术脱节陷入失衡。

---

① See Jacques Delisle,"Lex Americana? United States Legal Assistance, American Legal Models, and Legal Change in the Post-Communist World and Beyond", (1999) 20 *University of Pennsylvania Journal of International Law* 179, pp. 197 - 201.

② 参见高鸿钧:《法律全球化的理论与实践:挑战与机会》,载《求是学刊》2014 年第 3 期,第 86 页。

③ 参见黄建华:《论 WTO 争端解决机制的贡献、不足与对策》,载《世界贸易组织动态与研究》2000 年第 9 期,第 27 ~ 28 页。

④ 参见左海聪:《实力变迁、法律传统与美欧印中贸易政策的演进》,载《政法论丛》2022 年第 1 期,第 65 页。

二、国际法律技术脱节失衡的原因分析

解析国际法律技术脱节失衡的原因,是进一步分析国际法律技术脱节失衡的不利影响,并提出协调国际法律技术脱节失衡方案的基本依据。具体而言,国际法律技术脱节失衡主要存在以下原因:

第一,缔约领域的国际发展水平差异巨大,各缔约方的发展利益诉求不一致。缔约方在具体领域的发展水平和发展利益不一致,各自的治理需求也不一致,进而发展出了不同的法律技术。同时,国际条约需要统筹协调各缔约方的发展利益,若各方不愿就彼此利益达成妥协,则国际条约难以缔结和通过,该领域的国际法律技术脱节也无法通过国际条约加以协调。此外,若已通过的国际条约面临升级改革,无法协调新时期下缔约方不断变化的发展水平和发展利益,也就无法协调国际条约下各缔约方之间的法律技术脱节。例如,在学界热议的网络空间治理领域,国际网络空间安全问题频出,呈现复杂性和多样性的特点。而以中美为代表的大国,在参与构建网络空间治理规范谈判时,两国在共同利益之外,基于各自的发展模式和发展阶段提出了截然不同的网络安全观和网络战略目标。① 在国家间网络空间治理的水平和需求不一致、网络空间的发展利益诉求冲突的情况下,构建与全球网络空间实践相匹配、协调国际网络空间法律技术脱节的国际条约面临重重困难。又如,《国际卫生条例》下设置了“国际关注的突发公共卫生事件”(Public Health Emergency of International Concern, PHEIC)机制。《国际卫生条例》规定各缔约方必须具备监测和应对 PHEIC 的“核心能力要求”,以发现、评估、通报与核实潜在

---

① See Scott Warren Harold, Martin C. Libicki and Astrid Stuth Cevallos (eds.), *Getting to Yes with China in Cyberspace* (Calif: RAND Corporation Press, 1st edn, 2016), pp. 6 - 9.

PHEIC 事件。[①]《国际卫生条例》强制缔约方指定或设立国家归口单位(National IHR Focal Point,NFP)以随时与世界卫生组织保持联系。然而,在实践中,时有国家不遵守《国际卫生条例》规定的义务。[②]

第二,缔约领域的价值理念不一致,各缔约方的立法和法律适用偏好不一致。国际条约的形成是缔约方在该领域内矛盾和冲突妥协的结果,缔约方通过立法技术和法律适用技术将条约转化为国内立法和司法实践的过程中,将自身的价值理念融入其中,形成了不同的立法技术和法律适用技术。然而,人权、环境、卫生、劳工保护、科技发展等议题领域具有法律性、政治性、公益性和私利性等特征。[③] 相关领域的国际立法和法律适用受各国长期以来的文化价值理念主导,呈现对立性与不可调和性,国际法律技术脱节失衡风险较大。典型的例子有,中西方在人权领域的价值理念差异显著,由此发展出了不同的中西方人权法治。当前,中国整体民生主义的人权观以人民整体的生存权为核心权利,重视经济、社会和文化权利保障以及弱势群体权利保障;而西方经济较发达,国家不面临整体性生存和发展问题,其主张个人自由主义人权观,以个人的自由权利为核心权利。[④] 因此,中西方在人权立法和法律适用上摩擦不断,具体到国际人权法领域,对他国人权价值和法治的批判俨然已成为外交斗争的工具。此外,各国在知识产权保护理念上也存在显著差异,美欧等知识产权强国为维护本国知识产权绝对优势,极力推动缔结各种保护知识产权的国际条约。通过国际

---

① 参见何田田:《〈国际卫生条例〉下的“国际关注的突发公共卫生事件”:规范分析、实施困境与治理路径》,载《国际法研究》2020 年第 4 期,第 41 页。

② 参见[美]劳伦斯·戈斯汀、丽贝卡·卡茨:《〈国际卫生条例〉:全球卫生安全的治理框架》,孙婵译,载《地方立法研究》2020 年第 3 期,第 4 页。

③ 参见戴瑞君:《论国际人权条约中的国家间来文》,载《国际法研究》2021 年第 6 期,第 46 ~ 47 页。

④ 参见常健:《论中欧人权观的视域分野、拓界、融合与交汇》,载《学术界》2019 年第 7 期,第 163 ~ 164 页。

知识产权立法,美欧跨国企业利用知识产权优势,实现行业垄断并摄取了不合理的高额利润,而发展中国家则因扩张的知识产权保护规则利益受损。因此,知识产权弱国往往以生存权、生命权和发展权为由,反对知识产权保护过度立法。①

第三,国家间法律技术发展进度不一致,法律技术水平的协调平衡难度较大。世界各国的法律发展进程不一、法律现代化程度差异巨大,在这一情况下维持国际有序发展只能通过国际条约统筹各国国内法治和国际法治,协调维持国际法律技术脱节的平衡。这一过程中,需要高法律技术国家向下兼容低法律技术国家的法律技术标准,高法律技术国家认为,这是一种法律技术领域的"不公平"和"牺牲"。但是,低法律技术国家在这一过程中也面临法律技术不足,需舍弃更符合本国发展需求的法律技术标准,对接国际条约要求的法律技术要求。只有双方都接受以国际条约协调国际法律技术脱节,才能有效维持国际社会有序发展,否则,国际法律技术脱节面临失衡风险,国际社会也将陷入无序混乱状态。②同样是在知识产权领域,《与贸易有关的知识产权协议》(TRIPS)是知识产权保护的国际性条约,为平衡各国知识产权发展水平和保护能力,在知识产权保护标准方面采取了基本的最低标准,然而,对于发展中国家和不发达国家而言,这一标准依然是超出其知识产权发展水平和保护能力的。更不用说,近年来发达国家在TRIPS标准之上不断提高知识产权保护要求,其知识产权保护立法技术和法律适用技术都远超发展中国家。③ 当前,国际知识产权更注重对产权拥有者的保护,知识产权强国的知识产权保护立法技术和法律适用技术发展速度加快,国际知识产权保护法律技

① 参见吴珏:《中国在知识产权问题上的立场与路径选择》,载《人民论坛》2015年第23期,第251页。

② 参见张建:《国际法在国内法治体系中的地位和作用——基于若干国家非宪法性法律的样本考察》,载《中山大学法律评论》2016年第2期,第27页。

③ 参见吴珏:《中国在知识产权问题上的立场与路径选择》,第252页。

术差距进一步拉大,该领域国际法律技术脱节的协调平衡难度也进一步增大。

第四,国际社会结构的无政府性,国际条约的违约成本不高且退出机制灵活。在国际社会"无政府状态"下,不存在一个超国家行为体来制定国际法并依靠强制力执行国际法,主权是最高权威,"约定必须信守"[①]"平等者之间无管辖"[②]等原则常常遭到主权国家的违背。[③] 在现实国际社会中,各国不仅存在制度差异,发展方式和程度也存在显著差别,呈现错综复杂的平行社会。它不同于国内社会是一个以统治权为基础的纵向式社会,权力集中于中央机关。国际社会不存在这样的机关来统一制定、适用和解释法律。国家不仅是自己应遵守的国际法律规范的制定者,而且在一定程度上又是这些约束它们自己规范的解释者和执行者。[④] 究其原因,国家在参与制定国际法规和适用国际法规的过程中都是根据国家利益做选择。各国国家利益存在差异性且缺少统筹各国利益的国际权威,国际立法技术和法律适用技术就难以统一,国际法律技术脱节失衡也就无法避免。[⑤] 此外,国际条约的违约成本相对较低和单边退出机制灵活,缔约方缺少善意遵守条约义务的积极性。例如,管理全球卫生安全的唯一法律框架《国际卫生条例》对缔约方不具有强制拘束力,导致实践中缔约方动辄违反《国际卫生

① "约定必须信守"的基本含义是:当事国应当善意履行一个对其有效的条约。这一原则在《维也纳条约法公约》以及《联合国宪章》中均有所体现。

② 平等者之间无管辖权源于国家主权平等原则,即所有的主权国家都是平等的,没有一国可以对另一国主张管辖权,一国在另一国享有豁免权,是国家豁免的理论依据。

③ 参见黄健昀:《国际条约解释中的主权因素——"尤科斯案"中的失衡与重构平衡》,载《国际法学刊》2021 年第 4 期,第 113 页。

④ 参见古祖雪:《现代国际法的多样化、碎片化与有序化》,载《法学研究》2007 年第 1 期,第 139 页。

⑤ 参见杨凡:《北极生态保护法律研究》,中国海洋大学 2010 年博士学位论文,第 29 页。

条例》义务和退出世界卫生组织。[①]

第五,双边和小多边国际条约的碎片化,[②]冲击国际条约的权威性。条约是国际法的基础,它们维持国家之间的稳定和外交关系。因此,它们是保障国际合作、和平与安全的最重要因素,这也是条约被视为国际法的根本渊源的原因之一。《维也纳条约法公约》的序言赋予条约以确保国际秩序的重要地位,并强调条约作为一个连续体而存在。但是,当前以双边和小多边为主要形式的国际贸易条约呈现出错综复杂的“意大利面碗”(Spaghetti Bowl)形态,在各个双边自由贸易协定和区域贸易协定下,不同协议的优惠待遇和原产地规则,就像碗里的意大利面,一根根缠在一起,剪不断,理还乱,导致该领域的国际条约无法形成协调规范的体系。[③] 国际法的体系结构相对分散,规范间的冲突难以避免,不同规范之间的关系由于缺乏权威界定而处于不确定状态,国际条约的权威性显著降低。此种情况下,缔约方倾向于在众多国际条约中选择性遵约和毁约,导致国际条约的权威性进一步降低,国际条约协调和平衡国际法律技术脱节的功能也不断降低。例如,美国近年来极力阻挠 WTO 上诉机构成员遴选,导致上诉机构瘫痪。此外,美国在 WTO 改革议题上采取不合作

① 参见何田田:《〈国际卫生条例〉下的“国际关注的突发公共卫生事件”:规范分析、实施困境与治理路径》,第 46 页。

② 2016 年特朗普当选美国总统之后,美国在国际舞台的一系列举措被描述为“退群”“针对多边主义的逆流而动”。拜登执政之后,不仅没有致力于恢复 WTO 争端解决机制的全面运行,而且积极推进所谓的“民主同盟”和“价值观同盟”。美国的表现并不能笼统地概括成“逆全球化”,而更宜理解为边缘化现有多边主义机制,转向积极推进多个双边、区域自由贸易协定,依照自身意志重塑全球规则体系,再造对美国有利的全球化,形成一种全新的“小多边主义”安排。美式“小多边主义”的动因在于多边主义的内在症结及其对美国产生的贸易劣势;美式“小多边主义”具有迅速、灵活、俱乐部形态和以美国优先为核心理念的主要特征;美式“小多边主义”的主要诉求在于把握新型国际经贸规则制定主动权,人为消除对美国的“不公平贸易行为”以及围堵中国。转引自沈伟、胡耀辉:《美式小多边主义与美国重塑全球经贸体系》,载《国际论坛》2022 年第 1 期,第 3 页。

③ 参见冯寿波:《论条约解释对国际法体系的维护——以 VCLT 第 31.3 条(c)项为例》,载《西南政法大学学报》2014 年第 6 期,第 35 页。

立场,同时不断拉拢盟国缔结新的双边和小多边贸易条约,WTO的未来危机重重。①

综上所述,国际法律技术脱节失衡的原因主要来自国家层面和国际条约层面,但从根本上讲,这是一个国家协调的问题,而不是国际条约自身所能解决的。国际法律技术的相互协调、国际条约体系的结构优化,只有通过国家间的协调才能真正实现。②

三、国际法律技术脱节失衡的影响

在同一国际条约框架下,缔约方之间存在一定程度的法律技术脱节有其合理性。而当国际法律技术脱节难以通过国际条约协调维持平衡时,国际法律技术脱节陷入失衡,且不可避免地带来一系列不利影响。

第一,单方退约行为和违约行为增加,国际条约的权威性和稳定性降低。国际法律技术脱节失衡的情况下,处在国际条约体系内的缔约方行使单方退约权付出的成本相对较低。在条约义务过高时,缔约方倾向于选择退出条约或者以威胁退出条约,换取其在谈判中的优势或筹码。显然,缔约方存在为逃避条约义务和攫取更多利益而滥用这一权利的可能。③ 此外,国家衡量其在国际条约框架下的权利与义务时,会为了获取更多收益或逃避义务而选择性违反国际条约。近期,国家单方退出条约和违反条约事件频发,对国际条约构筑的多边体系和国际法治造成了一定冲击。条约退出权是为了增强国际条约的灵活性而设置,但是缔约方存在滥用这一机制的风险,导致国际条约的权威性和稳定性降低。近

① 参见张乃根:《关于 WTO 未来的若干国际法问题》,载《国际法研究》2020 年第 5 期,第 16 页。

② 参见古祖雪:《国际法体系的结构分析》,载《政法论坛》2007 年第 6 期,第 78 页。

③ 参见卜璐:《论国际条约的单方退出》,载《环球法律评论》2018 年第 3 期,第 160 页。

几年,美国奉行单边主义,频频退出多个国际条约,[①]冲击了“二战”以来国际条约构筑的国际规则体系。

第二,国际法治权威降低,国内法域外适用呈扩张滥用态势。国际法律技术脱节失衡在国际法律适用领域,常常表现为法律解释元规则的缺位,国际法治权威降低,国内法的适用范围向域外扩张。同时,国际法缺少关于国内法域外适用的明确规定,导致实践中国内法不当域外适用情况频发。近年来,美国频繁无视国际法规定、滥用“长臂管辖”维护其单边利益,美国的“长臂管辖”不仅违反国际法和国际关系基本准则、破坏国际法治和国际公平,且严重危害我国主权、安全和发展利益。典型的案例有美国商务部对中兴通讯执行巨额罚款事件、[②]美国财政部冻结中远海运等6家中国公司及个人在美国的财产或收益事件[③]和美国联合加拿大非法扣留孟晚舟案。[④]

第三,国际争端增多,且国际争端解决机制效率和效力降低。国家在缔结条约之后,以不同方式将国际条约转化为国内法的过程中,需要对国际条约文本进行准确解释。缔约方在无法对条约文本进行准确解释的情况下,将国际条约转化为国内立法并适用,针对相关条款的法律适用技术不一致的国际争端不可避免。而在

① 2017年1月23日,美国政府退出《跨太平洋伙伴关系协定》(TPP);2017年6月,美国政府宣布将退出《巴黎协定》;2017年10月,美国宣布退出联合国教科文组织;2018年5月,美国宣布退出伊核协议并将重启对伊制裁;2019年2月,美国单方面启动退出《中导条约》程序;2019年8月2日,美国与俄罗斯均宣布《中导条约》当天失效;2020年11月22日,美国宣布正式退出《开放天空条约》。

② See AJOT, “Secretary Ross Announces $ 1.4 Billion ZTE Settlement”, https://www.ajot.com/news/secretary-ross-announces-1.4-billion-zte-settlement (Last visited October. 30, 2021).

③ 参见《2019年9月26日外交部发言人耿爽主持例行记者会》,载中国外交部网,https://www.mfa.gov.cn/fyrbt_673021/jzhsl_673025/201909/t20190926_5418078.shtml,最后访问时间:2021年12月1日。

④ See E. Rauhala, “United States Seeks Extradition of Huawei Official Charged with Violating Sanctions Against Iran”, (2019) 113 *American Journal of International Law* 388, p. 391.

争端解决进程中,国际条约的解释可以影响国际争端解决结果的走向,争端方使用法律适用技术中的条约解释方法,以不利于对方立场的方式解释国际条约,则会加剧国际争端、拖延争端解决程序,不利于争端解决。例如,在“毛里求斯与马尔代夫海洋划界案”前,“毛里求斯为了主张查戈斯群岛主权,启动和参与了一系列英国和毛里求斯关于查戈斯群岛的领土主权争端法律程序,推动联大请求国际法院发表咨询意见”,“但马尔代夫提出国际法院咨询意见的影响要受到咨询管辖权范围、国家同意原则以及咨询意见缺乏法律拘束力的限制”,英国和毛里求斯对查戈斯群岛的领土主权存在对立主张,而根据《联合国海洋法公约》的规定,在存在领土主权争端的情况下,国际海洋法法庭特别分庭(以下简称分庭)无权管辖。① 此种情况下,分庭作出管辖权和可受理性问题的初步反对意见判决效力受到多方质疑。

第四,法律工具化、武器化,国家利益的维护和获取法律化。在传统的国际关系体系中,国家维护或增加本国利益的主要方式是军事和外交。“二战”结束以来,国家对武力的使用越来越趋于理性和克制,法律和外交成为国家进行国际斗争与合作的利器,法治竞争成为国际实力竞争的重要组成部分。而在国际法律技术脱节失衡的情况下,占据法律技术优势的国家纷纷提出和宣传自己的法治理念,争取国际认同,扩大国际法律同盟圈,从而以较低的法律技术成本获得更多的国际收益。此外,各国通过不断推出涉外立法,扩大本国的法律适用范围,维护国家主权及在其管辖下的实体或个人的更大的利益。例如,近年来,美国干涉别国事务会动用包括政治、外交、经济、军事等手段,而法律手段则经常作为辅助措施出现。具体表现在,与竞争对手展开全面竞争的过程中,美国常常援引其国内法将他国企业和个人列入“实体清单”加以制裁,

① 参见宋岩:《国际机制确定领土主权的权限问题——以“毛里求斯与马尔代夫海洋划界案”为视角》,载《国际法研究》2021 年第 5 期,第 43 页。

法律是其打击别国的重要武器。[①]

第五,国际法律冲突增加,全球性合作难度增大。多数情况下,国际条约是各缔约方妥协的产物,一部条约之中可能会反映各缔约方、参与国背后的政治、经济、文化、社会、民族、宗教、历史及生态等方面的态度、利益与关切。为达成共识和平衡各方利益与关切,条约约文会刻意保留一些模糊规定,以促成条约的通过。[②]但正是在这些模糊条款之下,各国法律技术水平差异巨大,各方的立场和利益也难以统筹和妥协,国际法律冲突增加,国际合作难度增大。在这一过程中,衍生了国际法小群体,区域性国际合作蓬勃发展,而全球性的国际合作面临种种困境。近年来,在国际贸易领域,以欧盟、北美自贸区、东盟自贸区、独联体经济联盟、区域贸易协定等为代表的区域性贸易合作不断取得新的发展,而以 WTO 为代表的全球性国际贸易合作组织却危机重重。

四、国际法律技术脱节失衡的协调路径

当前,国际法律技术脱节失衡是国际社会亟待解决的难题,国际贸易和人权领域尤为严重,具体表现为国际贸易争端加剧和国家间制裁与反制裁频发。基于前文的研究,我国应从以下路径协调应对国际法律技术脱节的失衡。

第一,尊重各国发展权利,认同各国不同价值主张下法律技术脱节的合理性。习近平主席在多个国际场合呼吁“尊重各国自主选择社会制度和发展道路的权利”。同时,各国的文化、历史和发展进程决定了其治理需要和治理理念差异下必然存在法律技术脱节,因此,各国应认同彼此价值主张下法律技术脱节的合理性。各

① 参见沈伟:《中美贸易摩擦中的法律战——从不可靠实体清单制度到阻断办法》,载《比较法研究》2021 年第 1 期,第 184 ~ 185 页。

② 参见黄健昀:《国际条约解释中的主权因素——“尤科斯案”中的失衡与重构平衡》,第 106 页。

国只有接受发展模式和价值的多样性,才能在协调法律技术脱节和维持法律技术脱节平衡的立场上,寻求各国持续共同发展的途径。例如,在人权领域,发展中国家仍然面临战乱、疾病、饥饿、生态环境恶化、欠发达等问题。对发展中国家来说,发展是最重要的人权,要尊重各国选择发展道路的权利,不能把人权政治化、武器化。①

第二,顺应国际整体法律技术发展趋势,加快发展本国的法律技术。国际法律技术是持续发展进步的,同时也要求各国的法律技术水平不断提升以符合国际整体趋势。发展中国家在法律技术水平和法律现代化进程落后于法律强国的现实下,既要以本国的实际治理需要来发展法律技术,又要面向国际法律技术要求,在两者之间寻求平衡。例如,在国际领域知识产权保护制度形成的过程中,美国等知识产权强国往往在规则制定中起主导作用,甚至表现出知识产权霸权主义。要想制定较为合理公平的国际知识产权保护制度,既要符合国际整体知识产权保护的发展趋势,又要防止知识产权强国凭借知识产权优势主导知识产权保护的扩张主义。我国作为最大的发展中国家,也要顺应国际发展趋势,加强我国的知识产权法治建设,同时,积极参与国际知识产权保护规则的谈判,维护发展中国家的利益,促使国际知识产权保护制度形成更加科学合理的体系。②

第三,尽快明确国际条约和国际习惯法在我国的法律位阶,补充部门法规范与国际法的衔接规定。虽然我国的民商法、刑法、行政法等部门法中具体规定了国际法的适用方式,但是作为一个整体的中国法律体系对国际法仍是虚位以待状态,这不利于从整体

---

① 参见《“2019 南南人权论坛”凝聚人权共识　尊重各国选择发展道路的权利》,载央广网,https://baijiahao. baidu. com/s? id = 1652711716100308389&wfr = spider&for = pc,最后访问时间:2021 年 12 月 12 日。

② 参见吴珏:《中国在知识产权问题上的立场与路径选择》,第 252 页。

上回应国际法在我国法律体系中的等级顺位问题。[①] 我国应不仅在具体的执法和司法实践中严格遵守国际条约、履行国际义务,也应尽快在立法层面明确国际条约和国际习惯法在我国的法律位阶。例如,肖永平教授曾提议在我国《宪法》序言中,将外交政策表述为"中国坚持独立自主的对外政策,坚持互相尊重主权和领土完整、互不侵犯、互不干涉内政、平等互利、和平共处等国际法原则,发展同各国的外交关系和经济、文化的交流",同时单列条款规定"中华人民共和国诚意遵守业已缔结或加入的国际条约,善意履行业已承诺的国际义务。宪法、国际条约、法律和行政法规是中华人民共和国具有普遍约束力的法律渊源"。[②]

第四,主张以国际规则规范国内法的域外适用,限制国内法域外适用的扩张与滥用。各国在协调国际法律技术脱节的进程中发展出了国内法域外适用理论,现行国内法域外适用模式以美欧为主导,以维护其单边利益为核心,破坏了国家平等和国际公平竞争的贸易秩序。为维护多边主义和公平竞争的国际贸易体制,我国应主张以国际规则规范国内法的域外适用,限制恶意扩大国内法的域外适用。基于此,我国作为法律适用主体,既要具备对既存法律规则的直接适用能力,又要具备对既存法规的解释与适用能力,并在对既存法规的解释基础上创制新的法规。这体现了法律适用者的创新能力,这种能力在参与国际法实践的过程中尤其重要。因为国际规则不同于国内规则,最大的不同点在于国际规则是动态的、不断变化的规则体系。对于国际规则而言,国家实践才是最重要的。我们需要重视对既存国际规则的解释和

① 参见徐崇利:《中国特色社会主义法律体系与法学体系的构建:对国际法虚位以待?》,载《法制与社会发展》2009 年第 6 期,第 153 页。

② 肖永平:《全面依法治国的新阶段:统筹推进国内法治与国际法治建设》,载《武大国际法评论》2018 年第 1 期,第 18 页。

适用,以及在可能情形下创制新规则的能力。[①]

第五,积极推动缔结基于实质"国际公平"的国际条约。基于实质"国际公平"的国际条约的核心要义是考虑各国发展阶段的差别,提倡互惠互利原则,使发展中成员得以在条约框架下享有差别和更优惠的待遇,从而有利于适度保护发展中国家产业、促进其产业良性发展并推动其市场扩大,反过来又会为发达国家提供更多商业机会。这是一种实质的"国际公平"。[②] 在实质"国际公平"的条约体系下,应给予发展中国家的产业从低附加值领域跃升至高附加值领域的机会。发达国家垄断高附加值产业且封堵发展中国家进入高附加值领域的机会的做法不符合全球发展利益,是单边主义和霸权主义发展思维,由此发展出的国际法律技术脱节立场不利于协调和维持国际法律技术脱节平衡。因此,我国主张以善意遵守条约、履行条约义务作为协调国际法律技术脱节基本前提,同时推动国际条约的缔结基于实质"国际公平"。

结　论

在全面依法治国和推动构建人类命运共同体的新时代,统筹国内法治和国际法治成为我国参与全球治理的重大战略,[③]而在这一进程中首先要面对的即为法律技术脱节失衡问题。各国应坚持以多边主义和善意遵守条约义务作为调整国际法律技术脱节失衡的前置条件,在此基础上尊重各国发展权利和认可各国不同价值主张下法律技术的差异性;顺应国际整体法律技术发展趋势,加

---

① 参见《"理解"美国在国际关系中的行为逻辑》,载国际法大视野,https://mp.weixin.qq.com/s/lIEkz2XwFUbx8_gpNPRH-w,最后访问时间:2020 年 1 月 9 日。

② 参见沈伟、厉潇然:《中美贸易摩擦中的"强制技术转让"争议及其法理分析——以技术转让政策南北差异论为分析框架》,第 98 页。

③ 参见肖永平:《全面依法治国的新阶段:统筹推进国内法治与国际法治建设》,第 1 ~ 2 页。

快发展本国的法律技术;主张以国际规则规范国内法的域外适用,限制国内法域外适用的扩张与滥用;积极推动缔结基于实质"国际公平"的国际条约;尽快明确国际条约和国际习惯法在我国的法律位阶,补充部门法规范与国际法的衔接规定来应对国际法律技术脱节失衡。

此外,法律技术作为一种技术也是一种社会生产力。在我国,它所具有的社会价值尚未得到足够的重视。同时,法律技术脱节失衡问题也没有得到理论界和实践部门的足够重视。① 研究法律技术脱节失衡问题有助于系统了解同一国际规则体系下,我国与其他成员在法律技术上的不一致;有助于我国针对性地制定法律技术调整方案,同时完善提升我国在相关领域的法律技术。本文强调研究法律技术脱节失衡的重要意义,呼吁我国学术界和实务界通过定量和定性研究,在不同法律领域探究法律技术脱节失衡的现象和原因,并在此基础上提出应对不同领域法律技术脱节失衡的方案。通过全面的法律技术脱节失衡研究,实现更高质量的社会主义法律体系建设,提高我国法律技术的国际竞争力,推动国际法治朝着更加公平的方向发展。②

Theoretical Interpretation of Imbalance of International Legal Technology Disconnection under the Integration of National and International Rule of Law

SUN Shu

Abstract: International treaties are the connecting point between national and international rule of law and play an important role in harmonizing domestic and international law. International legal

① 参见周少华:《法律理性与法律的技术化》,载《法学论坛》2012 年第 3 期,第 106 页。
② 参见袁达松:《走向包容性的法治国家建设》,载《中国法学》2013 年第 2 期,第 7 页。

technical disconnect imbalance refers to the special situation in which inconsistent legislative techniques and legal application techniques between contracting parties cannot be harmonized through international treaties. The imbalance of international legal technology will lead to the increase of unilateral withdrawal and violation, the decrease of authority and stability of international treaties, the decrease of international rule of law authority, the expansion and abuse of the extraterritorial application of domestic law and other negative consequences. In this regard, China should respond to the imbalance of international legal technology from the following paths: respecting the development rights of each country, recognizing the reasonableness of the disparity of legal technology under the different value propositions of each country; following the development trend of international legal technology as a whole and accelerating the development of domestic legal technology; clarifying as soon as possible the legal status of international treaties and international customary law in China, supplementing the provisions of the interface between sectoral norms and international law; advocating the use of international rules to regulating the extraterritorial application of domestic laws and limiting the expansion and abuse of the extraterritorial application of domestic laws; and actively promoting the conclusion of international treaties based on substantive "international equity".

Key Words: domestic and international rule of law; international treaties; international legal technology disconnection; imbalances; dispute settlement

中国专家参与国际条约谈判的实践及反思

——以《北京草案》为视角

王一斐*

摘要:2007 年,时任国际海事委员会(CMI)执行委员的中国籍委员李海博士率先建议就船舶司法出售的国际承认与执行问题制定国际规则。2012 年,CMI 北京会议形成了《关于外国司法出售船舶及其承认的国际公约草案》(《北京草案》)。2018 年,《北京草案》被确立为 UNCITRAL 第六工作组工作议程。《北京草案》的形成与发展过程表明,专家在国际经贸规则制定方面的角色值得重视。相较于政府直接在政府间国际组织提出议题、设置议程,专家在以《北京草案》为代表的、需要国家合作的条约缔结进程中,在提出议题、形成条款草案,进而说服、推动专家缔约平台"接管"进一步的条约谈判方面,具有特殊的优势。中国还可以更加积极地发挥专家在现代规制性条约谈判中的特殊作用。

关键词:《北京草案》;专家;条约谈判;规制性条约

---

* 厦门大学法学院 2018 级国际法学博士研究生,联合国国际法院法官助理(Judicial Fellow at the International Court of Justice)。感谢李海博士、贾圣囡博士为本文提供的宝贵帮助,疏漏之处文责自负。

导　言

船舶司法出售是实现船舶物权转移、船舶流通的主要方式之一。由于船舶的流动性,船舶的扣押和司法出售由船籍国域外的权威机关实施的情况相当普遍。然而,因为各国国内法对于船舶经域外权威机关司法出售后的效力、船舶注销和重新登记的程序等的规定存在差异,导致一国完成的船舶司法出售在另一国无法得到承认与执行的案例时有发生。作为世界航运大国,中国在船舶司法出售方面具有重要的利益。为船舶司法出售确立恰当的国际规则对于促进中国的航运事业和维护当事人利益都具有重要意义。为此,2007 年,时任国际海事委员会(Comité Maritime International,CMI)①执行委员会委员、中国海商法协会(CMLA)②代表的李海博士首次在 CMI 提出议题申请对船舶司法出售的国际承认与执行制定国际规则。经由 CMI 和各国海商法协会的不懈努力,2012 年,在 CMI 北京会议上形成了《关于外国司法出售船舶及其承认的国际公约草案》,并且把该草案命名为《北京草案》。2015 年,《北京草案》在国际海事组织(International Maritime Organization,IMO)框架下正式启动了公约化进程。2018 年,联合国国际贸易法委员会(UNCITRAL)第五十一届会议决定把船舶司法出售的专题加入其工作方案,并将其分配给最先有时间审议该

① CMI 是非营利性质的国际非政府组织,1897 年创立于比利时安特卫普,广泛吸纳各国海商法协会等团体,其宗旨是通过一切适当手段促进海商法领域在各个方面的统一。

② 中国海商法协会成立于 1988 年,其秘书处设在中国国际贸易促进委员会,由中国法学会主管业务,是由全国从事海事海商等领域的个人和单位组成的学术性、非营利性社会团体,1989 年,中国海商法协会取代中国国际贸易促进委员会,成为 CMI 的国家会员。中国海商法协会是 CMI 的重要成员国协会,李海、宋迪煌、初北平等中国海商法协会成员曾历任 CMI 执行委员会委员一职,司玉琢教授也曾担任 CMI 提名委员会委员。

议题的第六工作组。[①]

尽管缔约谈判目前正在进行当中,但《北京草案》是中国海商法协会加入 CMI 以来首次由中国籍执行委员担任工作组主席,并且首次以中国城市名命名的条约草案。如果《北京草案》最终经由 UNCITRAL 组织缔约后成为正式的条约,这对于维护包括中国在内的各国海事海商、航运物流、船舶融资乃至国际贸易都具有重要意义,是我国在国际经贸领域的规则制定话语权提升的一次突出表现。即便《北京草案》最终未能成为条约,它对于我国如何提高在国际经贸规则制定方面的话语权也具有重要的方法论价值。

《北京草案》已经引起我国学者的关注,并且颇为细致地分析了该草案的具体条款。[②] 本文并不涉及对具体条款的解读,而是关注到与传统条约议题提出和议程设定等主要由政府部门推动不同,在《北京草案》缔约进程中,以李海为代表的专家为条约议题的创设首先打开了局面,并与中国法官等其他国际法专家一道为国内政府部门后续在国际组织的缔约谈判创造契机。因此,本文重点考察"专家"在国际法"规制化"时代中所扮演的角色。本文援引了阿布拉姆 · 蔡斯(Abram Chayes)和安东尼娅 · 蔡斯(Antonia Handler Chayes)提出的"规制性条约"这一概念。[③] 蔡斯在论证条约遵守理论过程中,将条约分为传统规制性条约和现代规制性条约两类,前者规制的是国家在领土划界等传统条约议题下的国家行为,这类条约的遵守是一次性的,并不涉及国家间长期

① 关于将该议题加入 UNCITRAL 工作方案的决定的背景资料,参见联合国国际贸易法委员会:《第六工作组(船舶司法拍卖)第三十五届会议临时议程说明》,A/CN. 9/WG. VI/WP. 80,第 5 ~ 11 段;联合国国际贸易法委员会:《第五十二届会议第六工作组(船舶司法出售)第三十五届会议工作报告》,A/CN. 9/973,第 1 段。

② 参见廖文兰:《评"北京草案"中船舶司法出售的注销与重新登记》,载《大连海事大学学报(社会科学版)》2015 年第 3 期,第 88 页;李歆蔚、初北平:《船舶司法出售公约起草中的核心问题》,载《中国海商法研究》2020 年第 1 期,第 94 页。

③ See Abram Chayes and Antonia Handler Chayes, *The New Sovereignty: Compliance with International Regulatory Agreements* (Cambridge MA, London: Harvard University Press, 1995), pp. 1 – 28, 124 – 125.

合作;后者规制的不仅仅是国家行为,其目的还在于规范除国家外私主体的经济、社会活动,例如节能减排、禁止捕鲸等,这类条约的遵守则需要国家间建立长期的合作机制。《北京草案》最终的履行,需要缔约国家间建立长期的、即时的沟通合作机制,以确保船舶经任一缔约国司法拍卖取得的船舶司法出售证书能在其他缔约国都得到承认与执行。

本文的研究表明,在"提高中国在国际法律事务中的话语权与影响力"被确立为我国法治战略之重要组成部分的新时代背景下,①专家在诸如《北京草案》之类的现代规制性条约形成过程中,可以发挥重要的作用。同时,《北京草案》的缔约过程说明,专家在规制性条约谈判中的功能还可以进一步发挥。有鉴于此,本文在归纳总结《北京草案》谈判经验的基础上,还将分析专家在中国未来规制性条约谈判中的功能和地位问题。换言之,相较于政府直接在政府间国际组织提出议题、设置议程,专家通过在专家缔约平台提出议题、形成条约草案,进而说服、推动具有国际条约制定能力的专家缔约平台在未来某个时候"接管"进一步的条约谈判等方面,具有特殊的优势。据此,我国可以进一步重视在现代规制性条约缔结中专家作用的充分发挥。

除导言和结语外,本文共分为三个部分。第一部分考察《北京草案》的议题提出、文本起草、公约化平台选择,以及这一议题被纳入 UNCITRAL 工作议程的过程。第二部分分析专家在现代规制性条约谈判中的角色功能,主要回答以下四个问题:其一,中国条约谈判中的专家是谁,其与国内立法、政策咨询领域的专家群体有何不同?其二,条约谈判中的专家自身有何属性,他们是中立的吗?其三,专家如何在不同专家缔约平台进行条约谈判的互动?其四,为什么说专家能够在现代规制性条约的谈判中发挥重要作用,除了蔡斯提出的现代规制性条约需要国家间合作,这类条约

① 参见 2014 年中共中央《关于全面推进依法治国若干重大问题的决定》。

还有哪些转向趋势,对于专家在其中的角色功能有何意义?第三部分从对外关系的视角探讨专家有效参与我国对外谈判存在的问题并提出建设性意见,最后就专家条约谈判的方法论作出总结构想。

一、《北京草案》条约谈判进程考察

(一)议题提出

《北京草案》是CMI百年历史上第一次使用中国城市名命名的国际文书。[①] 追溯该草案的形成历史,中国籍专家李海首先发挥了重要作用。[②] 在2007年CMI执行委员会工作会议上,中国籍委员李海首次提出船舶司法出售的国际承认与执行议题。该议题得到与会执行委员的支持,并被列入2008年第39届CMI国际会议(雅典)讨论议程。在2008年雅典会议上,李海就该议题做了《关于船舶司法出售的简要讨论》(A Brief Discussion On Judicial Sales of Ships)的专题演讲。[③] 部分国家海商法协会的代表对该议题表示了浓厚的兴趣,他们建议CMI成立专门的国际工作组(International Work Group,IWG),并且将该议题列入CMI未来工

① 参见李海:《国际海事委员会的最新成果:〈北京草案〉》,载《中国海商法研究》2014年第3期,第24页;联合国国际贸易法委员会:《船舶司法出售:由国际海事委员会编拟的拟议文书草案》,A/CN. 9/WG. VI/WP. 82,第2~3页。

② 参见联合国国际贸易法委员会:《国际海事委员会就司法拍卖船舶相关的跨境议题今后可能开展的工作提出的建议》,A/CN. 9/923,第2页,第2段。

③ 雅典会议上的讨论基于李海提交的题为《关于船舶司法出售的简要讨论》的一篇论文,参见Henry Hai Li,"A Brief Discussion On Judicial Sales of Ships",in CMI,*CMI Yearbook* 2009 (Antwerp,2009),p. 342;联合国国际贸易法委员会:《船舶司法出售:由国际海事委员会编拟的拟议文书草案》,A/CN. 9/WG. VI/WP. 82,第2页,脚注2;Lief Bleyen,*Judicial Sales of Ships:A Comparative Study*,*Hamburg Studies on Maritime Affairs* 36 (Switzerland:Springer International Publishing,2016),p. 159,fn. 25。

作计划。[①] 在 CMI 随后成立的船舶司法出售国际工作组中，李海担任工作组的主席，这是 CMI 自 1897 年成立以来第一次由中国籍执行委员担任这一职务。[②] 工作组随后起草有关船舶司法出售国际承认问题的"问题单"（Questionnaire），用于收集汇总各国国内法船舶域外司法出售在本国的承认与执行问题。

通过问题单征询了各国海商法协会的意见后，CMI 执行委员会指令工作组参照 1958 年《承认及执行外国仲裁裁决公约》（《纽约公约》）的结构和逻辑，起草船舶司法出售国际承认和执行的国际公约文本，由此形成了在 2012 年第 40 届北京 CMI 国际会议上讨论的草案文本。[③] 2012 年，CMI 国际会议首次在北京召开。[④] 2014 年 6 月，在李海主持的第 41 届汉堡 CMI 国际会议船舶司法出售专题会议上，经过最终修订，CMI 以 24 票赞成、2 票弃权正式通过了《北京草案》。[⑤]

CMI 作为由各国海商法协会和航运业专家组成的国际非政府组织，本身并不具备国际法律规范的制定能力，因此，CMI 下一步需要选择推动《北京草案》公约化的政府间国际组织，说服并推动该平台"接管"进一步的条约谈判。历史上，CMI 曾依托比利时政府召开外交会议，实现《海牙规则》等重要海上运输国际规则的公约化进程，但自联合国等国际组织确立起更加高效的现代缔约程序规则，CMI 自 1969 年《国际油污损害民事责任公约》就开始与

---

① 参见李海：《对船舶司法出售国际承认若干问题的思考》，载《中国海商法年刊》2008 年第 19 卷，第 25 页。

② 工作组还包括来自美国、英国、德国、比利时、荷兰、南非、尼日利亚、委内瑞拉的其他 8 名 CMI 代表。

③ 参见李海：《国际海事委员会船舶司法出售国际承认课题进展情况简介》，载中国海商法协会，http://www.cmla.org.cn/zxkd/2018/0720/2419.html，最后访问时间：2021 年 11 月 4 日。

④ 参见郭萍等：《国际海事立法最新动态——国际海事委员会第 40 届大会（北京）会议综述》，载《中国海商法研究》2012 年第 4 期，第 112 页；李海：《国际海事委员会的最新成果：〈北京草案〉》，第 24 页。

⑤ See Lief Bleyen, *Judicial Sales of Ships*, p. 179.

联合国及其专门机构就海事海商领域的广泛议题展开条约谈判和公约化进程的合作。自 2014 年第 41 届 CMI 国际会议(汉堡)之后,着眼于不同国际组织,CMI 开始为《北京草案》公约化进程寻找"切入点"。① 而在此过程中,中国专家通过 CMI 这一非政府组织平台,为推动《北京草案》在国际造法平台实现公约化作出了持续的努力。

(二)议程设置与进展——《北京草案》的国际造法平台转换

IMO② 是 CMI 推动《北京草案》公约化首选的政府间国际组织。IMO 在 1993 年、1999 年相继通过的《船舶优先权和抵押权国际公约》《国际扣船公约》,都是在 CMI 形成条约草案文本的基础上"接管"并推动草案进一步形成国际公约的。

非政府组织如何在政府间国际组织提出条约制定的议题、政府间国际组织如何接手非政府组织的条约草案文本,这些条约制定的过程一般规定在该政府间国际组织的"宪章"之中。根据《国际海事组织公约》(Convention on the International Maritime Organization)第 2 条,IMO 有起草公约、协定或其他文书的职能。IMO 的条约制定并不集中在大会(Assembly),各个委员会(Committee)——包括法律委员会(Legal Committee,LEG)——均可自行起草草案文本或者商定由成员国提出草案文本。③ 对于由

① 孔庆江教授在分析美国投资规则形成过程中议程设置时,将国际议程设置的阶段大致分为:议题选定、冲突拓展与利益动员、寻找"切入点"以及最终进入议程,参见孔庆江:《美国如何设置国际投资规则的议程?》,载《中国政法大学学报》2016 年第 4 期,第 72 页。

② IMO 更名于 1982 年,其前身是成立于 1959 年的政府间海事协商组织,是联合国负责海上航行安全相关的专门机构。IMO 目前有 174 个成员国、80 余个具有咨商地位的非政府组织,其中就包括在 1967 年被授予咨商地位的 CMI,同时 IMO 在 CMI 也具有观察员地位。

③ See Dorota Lost-Sieminska, "The International Maritime Organization", in Michael J. Bowman and Dino Kritsiotis (eds.), *Conceptual and Contextual Perspectives on the Modern Law of Treaties* (Cambridge: Cambridge University Press, 2018), p. 912.

成员国发起的起草新条约的动议,只有经过委员会同意并纳入工作议程后,才会进入理事会(Council)审议等后续程序。[①] 只有当理事会审议通过后,该议题才会进入 IMO 大会讨论是否有必要召开外交大会议定该条约草案。[②]

值得注意的是,《国际海事组织法律委员会组织和工作方法》(Organization and Method of Work of the Legal Committee)并未直接为非政府组织在倡议条约谈判上提供法律上的机制,非政府组织若要发起一项条约议定的议题,仍需通过 IMO 的正式成员国。根据 2012、2016、2018 年版的《国际海事组织法律委员会组织和工作方法》第 4.7、4.8 段,提出新产出动议(submission of proposals for new outputs)的仍是 IMO 正式成员国政府,并且成员国政府需要证明该动议符合 IMO 的宗旨以及条约起草的现实紧迫性(urgency)等多项内容以供法律委员会评估。[③]

CMI 通过中国海商法协会向中国政府驻 IMO 代表团表达了希望由中国作为《北京草案》提案国的意愿,但是,中国政府代表团表示,CMI 必须再另觅至少一个共同提案国为《北京草案》进入 IMO 法律委员会工作议程背书。2016 年 4 月,在时任 CMI 主席赫瑟林顿(Stuart Hetherington)和 IWG 主席李海的努力下,中国、韩国和 CMI 正式向 IMO 递交关于《北京草案》公约化的提案,随后,IMO 法律委员会将该提案列入第 103 届法律委员会会议议程。在准备 IMO 第 103 届法律委员会会议期间,借助 CMI 第 42 届国际会议(纽约),时任 CMI 执行委员宋迪煌向与会代表介绍了中国海商法实践,李海则就《北京草案》在 IMO 提案的动态进行报告。[④]

---

① See Dorota Lost-Sieminska, "The International Maritime Organization", p. 911.

② See Dorota Lost-Sieminska, "The International Maritime Organization", pp. 912 – 913.

③ See IMO, *Organization and Method of Work of the Legal Committee*, LEG. 1/CIRC. 9, 20 June 2018, paras. 4.7, 4.8. 根据 2018 年版《国际海事组织法律委员会组织和工作方法》序言第 3 段,该版本取代 2016 年版(LEG. 1/CIRC. 8)和 2012 年版(LEG. 1/CIRC. 7)。

④ 参见中国海商法协会秘书处:《中国海商法协会 2016 年大事记》,载《中国海商法研究》2016 年第 4 期,第 118 页。

然而,IMO 最终并没有接受三方共同发起的将《北京草案》加入 IMO 工作日程的提案。主要原因是,部分代表虽然认同制定该条约的重要性,但仍然认为《北京草案》涉及的事项属于私法和商法的领域,并不符合 IMO 条约制定专注于海上安全等公法领域的宗旨。①

除了船舶司法出售,《北京草案》还涉及判决的国际承认与执行。海牙国际私法会议(Hague Conference on Private International Law,HCCH)是致力于国际私法规则统一的政府间国际组织。中国自 1987 年加入该组织后,积极参加 HCCH 主持制定的条约谈判,并支持 HCCH 在香港特别行政区设立亚太区办事处。② 自 IMO 拒绝 CMI 的提案之后,CMI 试图在 HCCH 实现《北京草案》公约化。③ 中国海商法协会则与外交部条法司联络,请求中国政府代表团在 HCCH 理事会工作会议上对将《北京草案》纳入其工作议程提供支持。④ 2017 年 2 月 16 ~ 24 日,CMI 派专家参加了 HCCH 关于《承认与执行外国民商事判决公约》的特别委员会会议,并建议将《北京草案》纳入 HCCH 正在讨论的《承认与执行外国民商事判决公约》,但特别委员会拒绝了该提议。部分 HCCH 谈判代表直接表示,像船舶司法出售这种具有行业特性的议题,由 UNCITRAL 或者其他国际组织来推进其公约化更为适宜,而且,在《承认与执行外国民商事判决公约》项目工作尚未完成的情况

① 参见联合国国际贸易法委员会:《国际海事委员会和瑞士就今后在船舶司法拍卖相关跨境议题上可能开展的工作提出的建议》,A/CN. 9/WG. VI/WP. 81,第 5 页,第 8 段。

② 参见《徐宏大使在海牙国际私法会议第 22 届外交大会中方招待会上的致辞》,载中华人民共和国驻荷兰王国大使馆 2019 年 6 月 24 日,http://nl. china-embassy. org/chn/xwdt/t1675071. htm;《海牙国际司法会议亚太区域办事处 13 日在港成立》,载中央政府门户网站 2012 年 12 月 13 日,http://www. gov. cn/jrzg/2012 – 12/13/content_2290051. htm。

③ 参见联合国国际贸易法委员会:《国际海事委员会就司法拍卖船舶相关的跨境议题今后可能开展的工作提出的建议》,A/CN. 9/923,第 5 ~ 6 页,第 9 段。

④ 参见中国海商法协会秘书处:《中国海商法协会 2017 年大事记》,载《中国海商法研究》2017 年第 4 期,第 110 页。

下,代表们普遍没有意愿再接手新的条约起草和谈判工作。[①]

事实上,除了 CMI 早期在布鲁塞尔外交会议上达成的一系列国际公约,其余 CMI 参与起草的、业已签署的国际公约,大部分是与 IMO 合作完成的,其次便是 UNCITRAL。比如,由 CMI 起草公约草案文本的《汉堡规则》《鹿特丹规则》,皆在 UNCITRAL 实现公约化进程。经 CMI 再度游说,2018 年 6 月,瑞士向 UNCITRAL 正式提案,并促使该提案成为 UNCITRAL 第 51 届会议(纽约)的议题之一,并被列入 UNCITRAL 未来立法计划。[②]

二、专家在条约谈判中的角色与功能

不可否认的是,我国政府部门在条约缔结中发挥的作用是不可替代的,但随着国家通过国际组织介入造法进程的专业化、技术化要求越来越高,涉外条法部门应日益重视专家在国际造法中的角色与功能。[③]《北京草案》缔约过程表明,国际法专家在涉国家合作的规制性条约谈判过程中,所起到的功能不仅是解决日趋专业化、技术化的国际法问题本身,他们不仅能担当议题的创设者,还能担当议程设置的推动者。

批判国际法学者的新近研究为审视专家在国际法中的角色提供了新的理论框架,其代表性人物是戴维·肯尼迪(David Kennedy)。肯尼迪认为,在国际政治经济秩序的争斗中,掌握专业知识的专家是决策的幕后人物,而法律则是专家主张和说服他人

① 参见联合国国际贸易法委员会:《国际海事委员会和瑞士就今后在船舶司法拍卖相关跨境议题上可能开展的工作提出的建议》,A/CN. 9/WG. VI/WP. 81,第 5 页,第 9 段。

② 参见联合国国际贸易法委员会:《今后可能就司法拍卖船舶相关的跨境议题开展的工作:瑞士政府提出的建议》,A/CN. 9/944/Rev. 1,第 6 页,第 5 段。

③ 参见罗欢欣:《国家在国际造法进程中的角色与功能——以国际海洋法的形成与运作为例》,载《法学研究》2018 年第 4 期,第 66 页。

的公开表达。[①] 条约谈判无疑需要专家的专业知识和论辩技能的输出以付诸实践,批判国际法对专家角色的关注和解读,给条约谈判方法论提供了抽象国际组织、国家背后微观的个体研究视角。正是这种专注于专家个体的社会学方法,让本文作者关注到以李海为代表的中国专家在国际条约形成中的优势与特殊作用。

然而,肯尼迪所说的专家,尤其是国际法律师(international lawyers),同样包含了政府行政官员在内的法律精英,但是,中国语境下的国际法律师显然与肯尼迪笔下的国际法律师不是同类群体,[②]中国语境下的专家亦然。那么,中国的条约谈判专家究竟是谁?本部分将以2020年年底中国国际贸易促进委员会(以下简称贸促会)选出的7名UNCITRAL第六工作组观察员专家代表为样本,[③]剖析以专家为核心的条约谈判中的专家究竟是谁,为什么在现代规制性条约谈判中可以发挥重要甚至核心作用,以及他们在哪些条约谈判平台可以发挥这种作用?

(一)条约谈判中的专家

1.专家是谁?

"专"在中文中有"对某种学术、技能有特长"之意,如专家。[④]随着社会学尤其是知识社会学在中国的流行,"专家"一词逐渐成为了一个一般性的概念。服务于文章宗旨,社会学、科学哲学、公

---

① 参见李鸣:《国际法的性质及作用:批判国际法学的反思》,载《中外法学》2020年第3期,第814~815页; David Kennedy, *A World of Struggle: How Power, Law, and Expertise Shape Global Political Economy* (Princeton University Press, 2016)。

② 关于中国国际法律师群体的现状,参见廖诗评:《中国国际法律师:是啥?能干啥?为了啥?》,载国际法促进中心2020年6月26日,https://mp.weixin.qq.com/s/k5ebXy_1sJoE7KRlzYga1g,最后访问时间:2021年12月21日。

③ 参见《联合国贸法会观察员专家团》,载贸法通,http://www.ctils.com/laws/uncitral-observers;《中国贸促会法律事务部关于遴选联合国国际贸易法委员会观察员专家团成员的公告》,载中国仲裁法学研究会,http://caal.chinalaw.org.cn/portal/article/index/id/914/cid/19.html,最后访问时间:2021年11月4日。

④ 参见《辞海》,上海辞书出版社1989年版,第33页。

共决策研究中的专家所指向的群体也不一致,即便是"法学专家""法律专家"在不同情境中也指向不同的法学群体。按照单位隶属来划分,具有法学背景的群体大致可以分为体制内、体制外两大类。由于条约谈判涉及的不仅仅是体制内的涉外行政官员、法官,还涉及体制外的高校学者、律师等,有必要厘清专家条约谈判方法论中的"专家"究竟指向的是哪类群体。

首先,中央立法、地方立法语境下的专家排除体制内的行政官员。在全国人大一级的立法层面,不论是《立法法》第 36 条、《全国人民代表大会组织法》第 36 条,还是《全国人民代表大会议事规则》第 28 条,我国立法领域的专家,指的是狭义的体制外的专家,而非体制内的立法机关内部的工作人员。[①] 在地方立法层面,各地成立的立法专家咨询委员会、地方立法专家库等类似于专家智库的机制,聘用、吸收的主体依然是来自高校、科研机构的体制外专家。[②]

然而,在专家参与公共决策领域,行政系统内部的官员是不是专家尚无定论。部分认为参与行政规则制定的"专家"指向行政部门内部的行政人员。[③] 有学者以中立性为界分标准,认为专家咨询制度中的专家是行政系统之外的、在公共行政过程中拥有专业化知识的个体或集团。[④]

其次,在国内法语境下,体制外的"法学专家"主要指向高校学者,将律师群体排除在"法学专家"范畴之外。例如,在 2016 年

---

① 参见朱应平、宿晨、李芸:《立法专家顾问制度探析》,载《上海法学研究》集刊 2020 年第 3 卷,第 82 页。

② 例如,广东省在 2013 年出台《立法咨询专家工作规定》,参见《省人大常委会首次差额票决咨询专家》,载南方日报,http://epaper.southcn.com/nfdaily/html/2013-07/18/content_7208100.htm。

③ 参见王锡锌、章永乐:《专家、大众与知识的运用——行政规则制定过程的一个分析框架》,载《中国社会科学》2003 年第 3 期,第 115 页。

④ 参见王锡锌:《我国公共决策专家咨询制度的悖论及其克服——以美国〈联邦咨询委员会法〉为借鉴》,载《法商研究》2007 年第 2 期,第 114~115 页。

中共中央办公厅印发的《从律师和法学专家中公开选拔立法工作者、法官、检察官办法》中,法学专家指的是"具有讲师及以上职称,从事教学或者科研五年以上,有突出研究能力和优秀研究成果"①的法学学者群体,而律师是排除在法学专家之外单列任职条件的。

2. 中国条约谈判中的专家——以贸促会 UNCITRAL 观察员专家团第六工作组为样本的分析

中国条约谈判中的专家到底指向哪类群体?对此,我们不妨以贸促会的实践为例进行考察。2020 年 12 月 22 日,贸促会召开 UNCITRAL 观察员专家团成立大会,这是自 2019 年贸促会取得在 UNCITRAL 非政府组织观察员身份后,首次选拔专家参与贸促会未来在 UNCITRAL 及其六个工作组的活动。② 经过自愿报名,贸促会遴选出 59 名专家,其中 7 名专家作为 UNCITRAL 第六工作组代表(见表 1)。按照隶属机构划分,贸促会选出的 59 名专家主要由四大类主体构成:第一,来自高校和科研院所的法学或经济学学者,共 37 人;第二,来自律所、公司的律师或咨询专家,共 20 人;第三,一位来自最高人民法院的法官;第四,一位来自行业协会。从以上类别大致可以推出在中国语境下,能够代表工商界以观察员专家身份参与到条约谈判的群体轮廓与特征,除了具备法律、经济、工程等领域的专业知识,专家不仅仅指向高校的专业学者或律所、公司、行业协会的专业从业人员,还包括了法院的法官。可以说,在条约谈判这一国际法领域的专家选拔中,相较于国内立法、国内行政公共决策,参与国际规则制定的专家包含的群体范围更广,将法官也纳入专家的范畴。

---

① 2016 年《从律师和法学专家中公开选拔立法工作者、法官、检察官办法》第 7 条第 4 项。

② 参见《中国贸促会联合国贸法会观察员专家团成立大会在京召开》,载中国贸易促进委员会, http://www.ccpit.org/Contents/Channel_3434/2020/1223/1316675/content_1316675.htm,最后访问时间:2021 年 11 月 4 日。

表 1　贸促会 UNCITRAL 观察员专家团第六工作组专家名单

组别	人数	姓名	单位及职务	分布
第六组:船舶司法拍卖	7 人	曹兴国	大连海事大学法学院讲师	高校
		初北平	大连海事大学法学院院长、教授	
		朱作贤	大连海事大学法学院海商法系系主任、教授	
		贾圣囡	泰和泰律师事务所(北京办公室)合伙人	律所
		李连君	礼德齐伯礼律师行高级合伙人、海商法协会常务理事	
		宋迪煌	北京汇仲律师事务所合伙人律师、海商法协会副会长	
		胡　方	最高人民法院民四庭二级高级法官	法院

资料来源:《联合国贸法会观察员专家团》,载贸法通,http://www.ctils.com/laws/uncitral-observers,最后访问时间:2021 年 11 月 4 日。

值得注意的是,贸促会的专家代表与中国政府代表团的代表存在身份混同,船舶司法拍卖组的朱作贤教授、初北平教授、李连君律师,除了被聘为贸促会专家团成员,同时也是 UNCITRAL 第六工作组中国政府代表团的成员。

(二)专家是中立的吗?

船舶司法拍卖工作组专家身份的混同,引发了又一个问题——专家是中立的吗?产生这种问题的预设是,专家具有中立性,因此相较于由政府内部法律官员提出的条约议题,由专家提出的条约议题更能得到国际法律知识共同体(epistemic community)的广泛认可。但是,这种预设显然忽视了国际规则制定中的政治现实,无论是专家个人,还是专家活动的非政府组织,都必须在实际的现实世界中展开活动。[①] 肯尼迪在绘制全球政治经济斗争的图景时直言道,专家的专业知识和实践已经与政治和经济行动者的“算计”(calculation)相结合。他通过参与斗争的专家的内部视角,观察全球事务中的冲突与对抗,并将重点放在法律和法律专业知识上,突出专家在斗争中发挥的作用。[②]

国内既有研究中,存在不少关于专家中立的预设,认为专家以专业知识参与决策是价值无涉的。[③] 从当代专家伦理的角度,部分研究者认为专家为政治权力背书,是一种职业伦理的丧失,导致了专家决策的低影响力。[④] 专家“不听话”似乎才是评价一个专家符合学术独立性的标准。然而,关于专家在行政决策作用的许多实证研究表明,应该破除专家定义中中立客观的预设,承认专家亦受到自身角色所代表的利益群体的影响。[⑤]

以提高中国在国际规则制定中的话语权为目标,中国专家在条约制定话语场域的“斗争”本身就是全球政治经济斗争的缩影。这种斗争在条约制定中更为明显地以专业语言的形式表现出来,不论是法律领域的海商法专业术语,还是经济领域的航运业专业术语。然而,以《北京草案》目前的学术研究——专注于条文解读——来看,“专家并不认为自己是世界秩序的缔造者”。[⑥] 以斗争而非中立的视角来看待专家在条约制定中的作用,这样的预设就破除了专家仅仅是在技术层面上发挥作用的定见,事实上,尤以

---

① See Steve Charnovitz, "Nongovernmental Organizations and International Law", (2006) 100 *American Journal of International Law* 348, p. 366.

② See David Kennedy, *A World of Struggle*, p. 55.

③ 参见王锡锌、章永乐:《专家、大众与知识的运用——行政规则制定过程的一个分析框架》,第 115 页;王锡锌:《我国公共决策专家咨询制度的悖论及其克服——以美国〈联邦咨询委员会法〉为借鉴》,第 114 页。

④ 参见肖滨、费久浩:《专家—决策者非协同行动:一个新的解释框架——以 A 市政府决策咨询专家的政策参与为例》,载《公共管理学报》2020 年第 3 期,第 38 页。

⑤ 参见程佳旭、祝哲、彭宗超:《重大决策中专家是中立的吗?——对京津冀协同发展中专家社会稳定风险感知的分析》,载《公共行政评论》2020 年第 3 期,第 134 页。

⑥ David Kennedy, *A World of Struggle*, p. 31.

《北京草案》为例,专家在条约制定中能够发挥的能量超越了技术层面的意义。

以专家为叙事核心的条约谈判,其中的专家群体是具有斗争性的,而非中立的。不过,这种斗争性,不是单纯地表现为专家为本国的外交政策背书。从《北京草案》初期专家的活动来看,国际经贸规则中专家的活动,甚至可以超前于国内的外交政策,具有一定的独立性。事实上,讨论专家的中立性、斗争性和独立性,是在不同维度上对专家学术、背景和行动的剖析。强调专家的斗争性,是以专家的背景来考虑专家在国际经贸规则制定上的行动与话语,而不是否认专家在学术语言上的中立性与行动逻辑上的独立性。

(三)专家与专家缔约平台

在阿尔瓦雷斯(José E. Alvarez)看来,“专家缔约”是组织化缔约模式的一种专门类型。他认为,那些由专家负责起草条约的机构,例如《北京草案》最后落脚的 UNCITRAL,展现出与其他以实现政治关切为目标的缔约模式不同的造法方法。[①] “专家缔约”有以下两个特征:第一,专家负责起草条约;第二,条约的缔结不以实现政治为目标。与专家发挥作用的现代规制性条约相对应,本文将专家推动条约公约化的平台——在阿尔瓦雷斯提出的“专家缔约”的基础上——称为专家缔约平台。专家缔约平台,不以政府间、非政府间国际组织这两类为划分标准,提出专家缔约平台,是为了以专家为核心探讨专家在条约谈判中与一系列条约谈判场所的互动。

与研究国际非政府组织的国际关系理论学者和国际非政府组织在国际法上的作用的学者不同,本文关注的是专家如何与不同

① 参见[美]何塞 · E. 阿尔瓦雷斯:《作为造法者的国际组织》,蔡从燕等译,法律出版社 2011 年版,第 435、447 页。

专家缔约平台进行互动,从而提出议题、设置议程并进而推动条约谈判,而非国际法学者通常考察的非政府组织作为"规范倡导者"对国际法发展可能发挥的作用。①

以《北京草案》公约化进程为例,专家在条约准备、起草和谈判阶段与专家缔约平台的互动大致有以下模式:

第一,专家直接在专家缔约平台内部提出议题。一方面,专家可以代表本国为某项国际规则的设定在专家缔约平台取得支持,例如,李海作为中国海商法协会推荐至CMI的代表,以执行委员的身份在该专家缔约平台提出了制定船舶司法拍卖国际规则的议题。另一方面,如果该专家并没有取得本国的支持,专家仍然可以在专家缔约平台率先提出规则制定的议题,谋求平台扩大该议题的影响力从而使专家获得本国乃至他国的支持。例如,当中国不愿作为《北京草案》进入UNCITRAL议程的提案国时,专家继续推动CMI游说瑞士作为《北京草案》的提案国。

第二,专家利用在专家缔约平台的协商地位,影响和促进议程的设定。在《北京草案》公约化进程中,李海同CMI的专家利用CMI在IMO、HCCH和UNCITRAL的协商地位以及条约准备、起草的历史,推动《北京草案》最终进入UNCITRAL条约制定的工作议程。贸促会在UNCITRAL取得观察员身份之后,组建与会的专家团参加UNCITRAL各个工作组条约谈判的相关会议。

第三,专家作为专家缔约平台的代表向提案国在平台的活动提供帮助和游说。在CMI的专家们谋求在IMO实现《北京草案》公约化进程中,CMI的专家们除了游说中国和韩国政府代表团共同向IMO提案,还在IMO法律委员会相关会议时派出李海博士等专家为中国和韩国政府代表团提供支持。

第四,专家作为政府条约谈判代表团的成员,直接参与在专

① See Steve Charnovitz, "Nongovernmental Organizations and International Law", p. 362.

家缔约平台的条约谈判工作。以贸促会选出的 UNCITRAL 观察员专家团第六组的 7 位专家为例，其中初北平教授不仅是 CMI 现任的执行委员，还是贸促会的专家团代表，更是商务部牵头成立的 UNCITRAL 第六工作组《北京草案》谈判代表团成员之一。

第五，专家通过非正式的私人途径对专家缔约平台施加影响。条约谈判不仅在谈判桌上，更是在谈判桌下，CMI 在 IMO 推进《北京草案》公约化进程时，就曾以午餐会的形式向 IMO 与会代表做报告。

相较于国际法学者从抽象的非政府组织出发，分析非政府组织对国际法编纂和发展的作用，[①]可以认为，总结、分析并归纳专家在各个专家缔约平台的互动模式，对于提升我国在国际经贸规则谈判中的话语权具有重要理论意义。

除了阿尔瓦雷斯的"专家缔约"注意造法平台的专业性对条约谈判的影响，蒋超翊博士亦认为"造法场所法律化程度"与中国对国际法规则的影响力呈正相关，中国在选择造法平台时可优先选择法律化程度较高的、能够限制传统大国权力的多边国际组织，如世界贸易组织等，同时，中国也可鼓励本国非政府组织增强软法（soft law）路径的影响力。[②] 李海通过中国海商法协会在 CMI 这一非政府组织提出并推动船舶司法拍卖进入 UNCITRAL 谈判议程，恰恰印证了蒋超翊博士软法路径的可行性。

（四）专家与现代规制性条约

蔡斯将凡是涉及国家间合作解决的重大国际事务都归入现代

---

① 参见鄂晓梅：《国际非政府组织对国际法的影响》，载《政法论坛（中国政法大学学报）》2001 年第 3 期，第 124 页。

② 参见蒋超翊：《中国有效影响国际法规则制定的条件与策略》，载《国际政治研究》2021 年第 3 期，第 65 ~ 69 页。

规制性条约的框架之下。[①] 囿于成书之时以介入国内治理甚深的双边、多边和区域性投资协定尚未大量涌现,蔡斯的现代规制性条约强调的更多的是国家间合作而非国内治理。而进入21世纪以来,现代规制性条约之缔结参与的主体、条约规制对象、条约议题、条约目的、履约机制和手段等都发生了重大转向,因此在蔡斯概念的基础之上,除了本文个案分析的《北京草案》体现的国家间就船舶司法拍卖的规制合作,现代规制性条约主要有以下特征:

第一,从传统的国家的行为到国家和私主体的行为,条约的规制对象出现了公私混合的特征。传统的诸如外交保护、领土划界、海洋划界等条约,规制的是一次性的国家行为,而现代规制性条约除了规制国家行为,还规制个人、公司等私主体的行为。对个人、公司等私主体的规制,并非绝对表现为在条约中直接为私主体设定权利或义务,而是条约规制之目的在于长期干预私主体的各类社会活动。例如,《巴黎气候协定》设定的减排目标,规制的不仅是国家行为,还有个人、公司等在经济和社会生活中的碳排放行为。

第二,条约议题转向国内治理领域并影响缔约方在该领域之公共政策。这类深入国内治理领域的规制性条约,典型的如投资领域的各类双边、多边和区域性协定。除了新一代投资协定引入规制权条款,近期诸如《数字经济伙伴协定》等多边协定中亦开始强调国家之规制权,这种"国家的回归"[②]同样反映出在条约转向国内治理过程中国家与私主体之间的争斗。同时,随着信息技术的革命、人工智能的发展和外层空间的探索等,数字经济、网络空间等的规制需求催生出技术性和专业知识性更强的规制性条约议

---

① See Abram Chayes and Antonia Handler Chayes, *The New Sovereignty*, pp. 1 – 28, 124 – 125.

② 蔡从燕:《国家的"离开""回归"与国际法的未来》,载《国际法研究》2018年第4期,第3页;José E. Alvarez, "The Return of the State", (2011) 20 *Minnesota Journal of International Law* 223。

题,这类议题将使得国家与私主体就具体领域公共政策的规则制定、话语斗争越发激烈。而这种斗争在传统上是国家与国家之间的,在规制性条约议题从传统向现代的转向过程中则更多地表现为国家与私主体之间,因为无论是跨国投资、跨境数据的流动与存储还是外空探索,国家都不再是这些规制空间的唯一行为者,不论是传统的公、私身份,还是传统的公、私活动领域,随着技术的发展都在逐渐地被模糊甚至被打破。

第三,从条约的缔结到条约的履行,现代规制性条约流转的平台增多。蔡斯谈及的早期规制性条约,例如 1865 年签署的《国际电报公约》,也只是通过外交会议的方式成立一个常设局来处理休会期间国际电报联盟(国际电信联盟的前身)的行政工作。从早期的外交会议,到"二战"结束后政府间国际组织成为规制性条约缔结和履约的平台,规制对象的转向、规制议题的扩张使非政府组织成为继政府间国际组织之后现代条约议题提出、条约起草和条约谈判的重要场所,《北京草案》就是在非政府组织平台上提出并起草的。规制对象由国家行为到公私混合、规制议题深入国家治理和公共政策之变化趋势,也丰富了条约履约的手段和争端解决机制,除了寻求国际法院等出具正式的具有拘束力的裁决,新加坡调解机制、"一带一路"国际商事争端解决机制等都可谓是适应当下转向趋势的产物。

第四,规制性条约在对象、议题、平台的转向,无一不突出了外部专家的作用。传统规制性条约议题之下,国家体制内的、正式国际组织之内的专家就能满足从条约缔结到条约争端解决之需求,然而,随着条约规制对象公私混合、条约议题深入国内治理和公共政策、条约技术性增强,一国体制内、一正式国际组织内之专家已经远远不能满足需求,或者说,原来用一国体制内专家、一正式国际组织内专家来应付条约缔结、争端解决的思路在规制性条约转向的背景下已经行不通了。从对外关系的角度讲,由于规制性条约议题的扩张和其深入国内治理之特性,不论是条约的谈判还是履约,都需要调动更多的部门来评估、参与和执行,传统规制议题下由涉外条法部门专家承担的职能,在现代规制议题之下不仅需要非涉外部门的内部专家来分担,还需要更多的体制外专家来承担,因此,不论是体制内涉外部门与职能部门之间专家的关系,还是体制内与体制外之间专家的关系,都需要随着国际法"规制化"转向的趋势发生变化。

三、专家参与我国对外谈判之经验与问题

坚持统筹国内法治和涉外法治,是习近平法治思想的重要内容。[①] 本文关注以专家为核心的条约谈判进程,以期为中国国际规则制定话语权之提升提供参考。然而,现代规制性条约议题往往牵涉诸多部门,无论是前期议题提出之评估还是后续谈判之推进,都需要涉外条法部门、相应职能部门乃至司法系统的长期、系统的合作。由于涉及船舶在法院的拍卖,议题在 CMI 甫一提出就得到了中国法院法官的关注,相较于涉外条法部门,法院通过中国海商法协会"船舶司法出售的国际承认工作组"率先介入《北京草案》的起草,因此,《北京草案》表现出法院法官作为专家参与条约谈判的特殊性与优势。同时,本文也认识到,以法院法官、律师为代表的国际法专家推动《北京草案》取得国内政府部门背书的过程,一定程度上反映出政府部门与法院就条约谈判事项合作机制的缺位。在"打通人才流动'旋转门'"[②]缺乏实质改革进展的现实背景下,除了重视涉外法治人才培养工作,如何充分发挥中国国际法专家在规制性条约谈判中的特殊作用亟待解决。

---

① 参见《习近平法治思想》,载法治网,http://www.legaldaily.com.cn/zt/node_105730.html,最后访问时间:2021 年 11 月 4 日。

② 黄惠康:《从战略高度推进高素质涉外法律人才队伍建设》,载《国际法研究》2020 年第 3 期,第 17 页。

(一)法院法官作为专家参与条约谈判

自从党的十八届四中全会指出我国要积极参与国际规则制定、增强我国在国际法律事务中的话语权和影响力,我国法院在深入学习会议精神后明确指出要充分发挥司法职能作用来积极参与国际规则制定。[①]《北京草案》则表现出我国法院参与涉外条约谈判的独特优势,即法院法官作为专家参与国际规则制定的各个程序。从对外关系的角度,我国法院在《北京草案》起草和公约化谈判进程中的观念基础、角色、参与方式、参与阶段、参与人员、参与平台,还有与条约谈判行政部门之间的关系值得进行系统的总结研究。

从观念与制度基础上,我国法院已经有意识地通过个案审理,积累我国在相关国际法领域的国家实践。2015 年 6 月,最高人民法院专门出台了《关于人民法院为"一带一路"建设提供司法服务和保障的若干意见》,为中国司法参与国际规则制定提出明确要求。[②] 最高人民法院副院长贺荣指出,最高人民法院积极派员参加《北京草案》等国际经贸规则的谈判,正是最高人民法院服务和保障"一带一路"建设的重要体现。[③]

在参与的角色、方式、平台和阶段上,中国法官在《北京草案》缔约过程的突出表现为以国际法专家的角色通过中国海商法协会这一平台,先于政府部门参与条约文书的起草工作。在《北京草案》尚在 CMI 起草阶段,2011 年 9 月,中国海商法协会首次成立工作组,由时任最高人民法院民事审判第四庭审判长王淑梅任组长、第四庭傅晓强法官任工作组成员。[④] 如表 2 所示,2011 年,《北京

---

① 参见贺荣:《论中国司法参与国际经济规则的制定》,载《国际法研究》2016 年第 1 期,第 3 页。

② 2015 年最高人民法院《关于人民法院为"一带一路"建设提供司法服务和保障的若干意见》。

③ 参见贺荣:《论中国司法参与国际经济规则的制定》,第 13 页。

④ 参见中国海商法协会秘书处:《中国海商法协会 2011 年大事记》,载《中国海商法年刊》2011 年第 4 期,第 110 页。

草案》起草阶段是由中国法院法官、国际法律师、国际法学者等组成的国际法专家团队主导的。2015 年,在《北京草案》公约化阶段,李海与最高人民法院傅晓强法官代表中国海商法协会参加 IMO 国际会议并发言。① 自《北京草案》进入 UNCITRAL 工作议程后,由商务部牵头组建的中国政府代表团也包含一名最高人民法院代表。与西方国家法官无法参与由行政部门主导的条约谈判不同,中国的制度优势使中国法官可以在条约缔结的各个阶段贡献中国司法智慧。

表 2　中国海商法协会船舶司法出售的国际承认工作组

姓名	时任单位及职务
王淑梅	最高人民法院民事审判第四庭审判长
傅晓强	最高人民法院民事审判第四庭法官
胡正良	上海海事大学教授
宋迪煌	中国海商法协会副秘书长
韩立新	大连海事大学教授
安　瑞	中国海商法协会副秘书长
翟　娟	中国外运长航集团有限公司法律部

资料来源:根据《中国海商法协会 2011 年大事记》统计整理。

中国是船舶司法出售大国,我国法院的法官积攒了丰富的司法实践经验,更能认识到船舶司法出售国际承认与执行条约谈判的问题所在。② 在参与人员上,除了最高人民法院的法官能作为专家直接参与条约案文的起草,中国法院直接参与条约谈判的优势还体现在基层法院的法官也有机会参与影响条约缔结的“跨国

① 参见中国海商法协会秘书处:《中国海商法协会 2015 年大事记》,载《中国海商法研究》2015 年第 4 期,第 118 页。

② 参见蔡从燕:《中国崛起、对外关系法与法院的功能再造》,载《武汉大学学报(哲学社会科学版)》2018 年第 5 期,第 139 页。

司法对话”。[①] 2012 年 10 月，中国海商法协会在上海设置第 40 届 CMI 国际会议（北京）分会场，上海海事法院承接了与会外国专家的学术交流活动，其间，上海海事法院的法官还向外国专家介绍了中国海事审判制度和中国船舶司法拍卖实践，并播放了船舶司法拍卖的视频录像。[②] 这对于提升《北京草案》各谈判国对于中国司法实践的理解、增进中国法院与国际组织间的沟通与合作和增强中国在国际海事领域的规则制定话语权，都具有积极意义。

（二）专家提案与国内行政部门议程联动

在研究中国国际法学者参与国际法实践时，蔡从燕教授选择单文华教授带领的国际投资法研究团队作为个案分析的对象。他认为，除了国际法学者本身的专业能力、优秀的研究团队，对外关系部门的开放性也是影响中国国际法学者有效参与国际法实践的重要因素。[③] 在商务部主导的国际贸易法和国际投资法的条约谈判中，国际法专家的参与程度较高，[④]然而，除了“自上而下”地由涉外行政部门牵头的条约谈判，《北京草案》这类由国际法专家主动在缔约平台设置议题的条约谈判事例，可以引发我们思考：在后续的条约化与公约化进程中，在议程设定与合作上，专家如何与国内相关部门沟通及协作。

回溯《北京草案》，涉外条法部门、对口职能部门和法院在船舶司法拍卖的议题经专家提出后，就后续条约案文起草、推动条约公约化进程做出了诸多努力。例如，中国海商法协会在我国各级政府部门的支持之下成功申办并举办 2012 年第 40 届 CMI

① 参见蔡从燕、王一斐：《大国崛起中的跨国司法对话——中国司法如何促进实施“一带一路”倡议》，载《国际法研究》2022 年第 1 期，第 21 页。

② 参见中国海商法协会秘书处：《中国海商法协会 2012 年大事记》，载《中国海商法研究》2012 年第 4 期，第 118 页。

③ 参见蔡从燕：《中国国际法学者在国际法实践中的作用》，载《中国法律评论》2016 年第 2 期，第 87 页。

④ 参见蒋超翊：《中国有效影响国际法规则制定的条件与策略》，第 85 页。

北京国际会议,[①]为《北京草案》案文形成并以北京命名奠定基础。但是,自 2014 年之后,从专家通过 CMI 在 IMO、HCCH 和 UNCITRAL 不同平台推动《北京草案》公约化开始,我国的推进模式出现了不同部门对口不同平台的情况。一方面,这些情况容易形成部门化的支持,譬如,交通运输部国际合作司——与 IMO 对口的政府部门——明确支持在 IMO 提案,并邀请最高人民法院法官和中国海商法协会专家组成中国代表团参会。[②] 另一方面,现代规制性条约的缔结涉及的造法平台越多就关切越多的政府部门,例如 2017 年中国海商法协会应 CMI 请求,曾分别与 HCCH 对口部门外交部条法司、UNCITRAL 对口部门商务部条法司联系,[③] 这些情况可能造成部门意见不完全一致,或者合作与效率上的问题。

不可否认的是,不以提案国之身份参与后续条约公约化进程——条约缔结的战术战略之一——并不影响中国政府代表团发挥积极作用。在 2021 年 10 月召开的 UNCITRAL 第六工作组第 39 届会议上,中国政府代表团由商务部牵头派出了包括中国海商法协会李海副会长和朱作贤教授两位专家在内的 9 名代表参会,是参会人数最多的代表团。此次会议逐条审阅了《北京草案》(第四修订稿),而中国政府代表团就所有议题均发表并阐明立场,促进重要共识的形成。这表现出专家与涉外行政部门就规制性条约之缔结合作的优势。

结　语

《北京草案》相关议题的提出、议程设置和公约化进程为我国提高现代规制性条约谈判能力提供了一种新的实践经验,即一条

① 参见中国海商法协会秘书处:《中国海商法协会 2012 年大事记》,第 118 页。
② 参见中国海商法协会秘书处:《中国海商法协会 2015 年大事记》,第 118 页。
③ 参见中国海商法协会秘书处:《中国海商法协会 2017 年大事记》,第 110 页。

由国际法专家提出议题并推动条约进入缔约组织工作议程的新路径，这对我国提高在国际经贸领域规则制定的话语权具有一定的理论价值。然而，不可回避的是，《北京草案》议题提出、文本的起草和议程设置，并非“自上而下”推进的。换言之，该议题并非国家行政部门推进，而是由李海以专家的身份在非政府组织提出，并且经过中国海商法协会与国内法院在相关行政部门的不断游说，才得到国内行政部门在专家缔约平台的支持。要维护以国际法为基础的国际秩序离不开国际规则的制定，除了国家直接在国际组织提出议题并推进各国形成对国际规则的共识，如何发挥专家议题创设者、议程推动者的角色是一个值得研究的课题。本文以专家为核心，希冀通过对《北京草案》公约化的剖析，总结专家参与并推动条约谈判的经验与问题，为提升中国国际经贸规则制定话语权提供新的研究视角。

Practice and Reflection on the Participation of Chinese Experts in International Treaty Negotiations

—A Perspective on the Beijing Draft

WANG Yifei

Abstract: In 2007, Dr Henry Li, a Chinese member of the Executive Committee of the Committee on International Maritime Affairs (CMI) at that time, pioneered the development of international rules on the international recognition and enforcement of judicial sales of ships. In 2012, the CMI Beijing Conference formed the Draft International Convention on the Foreign Judicial Sales of Ships and Their Recognition (Beijing Draft). In 2018, the Beijing Draft was adopted as the UNCITRAL Working Group VI's work agenda. The process of formation and development of the Beijing Draft shows that the role of experts in international trade and economic rule-making merits attention. Compared to the direct initiative and agenda-setting by governments in international intergovernmental organizations, experts have a unique advantage in proposing initiatives, forming draft articles, and then persuading and promoting expert treaty-making platforms to "take over" further treaty negotiations in the treaty-making process as represented by the Beijing Draft. China could play a more proactive role in the special function of experts in the negotiation of modern regulatory treaties.

Key Words: Beijing Draft; experts; treaty negotiations; regulatory treaties

知识产权条约在我国法院的适用：实证考察与完善建议*

韩永红** 李 明***

摘要：通过对我国法院适用知识产权条约的实证分析可以发现，法院较少直接适用知识产权条约，间接适用是主要方式。直接适用的情形主要包括与国内法并列适用、适用知识产权条约的程序性事项条款等。间接适用的情形主要包括援引国内法的规定、援引知识产权条约解释国内法、认定国内法与知识产权条约的精神一致等。在适用知识产权条约时，法院未依照国内法规定的适用逻辑进行裁判说理，存在援引条约方式不规范、回避当事人适用条约的诉讼请求、“非涉外”案件能否适用条约不明确等问题。建议我国在《宪法》中明确国际条约“法律渊源”地位的基础上，通过《缔结条约程序法》和《立法法》规定知识产权条约适用的具体方式。最高人民法院应当发挥司法指导职能，解决实践中知识产权条约适用方式不明确、解释规则不完善、援引形式不规范等较为突出的问题。

关键词：知识产权；国际条约；法律适用

---

* 本文系最高人民法院 2021 年度司法研究重大课题“坚持统筹推进国内法治和涉外法治背景下的国际条约适用问题研究”（ZGFYZDKT202111－04）的研究成果。

** 广东外语外贸大学法学院教授，法学博士。

*** 广东外语外贸大学法律硕士研究生。

一、知识产权条约在我国法院适用的情况概览

据统计,迄今我国共缔结了72项与知识产权相关的条约,其中18项为多边条约,54项为双边条约。① 我国法院适用知识产权条约是我国履行条约义务的具体体现。由于我国司法审判实践中鲜有对双边知识产权条约的援引,为使统计更具实用性和便利性,本文将知识产权条约在我国法院适用的考察范围限定为我国法院存在援引实践的13项多边知识产权条约。

本文首先统计了截至2022年1月22日中国裁判文书网收录的判决书中各项知识产权条约被我国法院援引的数据。此外,为力求统计数据的完善和准确,本文还对中国裁判文书网尚未收录的最高人民法院公报案例、②最高人民法院网公布的裁判文书进行了统计和分析。③ 两项统计的总样本案例数合计2119份。④ 具体统计结果请见表1。

① 检索方法:访问条约数据库官网,选择选项“高级搜索”,在领域中选择“科技和知识产权”,在搜索结果中筛选出知识产权多边条约和双边条约。载中华人民共和国条约数据库,http://treaty. mfa. gov. cn/Treaty/web/index. jsp,最后访问时间:2022年1月22日。

② 检索方法:访问最高人民法院公报网,在检索栏目的“全文”项中输入条约名称,统计检索结果,http://gongbao. court. gov. cn/,最后访问时间:2022年1月22日。

③ 检索方法:访问最高人民法院官网,打开“裁判文书”页面,在“关键词”项中输入条约名称,统计检索结果,http://www. court. gov. cn/,最后访问时间:2022年1月22日。

④ 考虑到一些裁判文书可能尚未被中国裁判文书网收录、被援引的条约未使用规范全称等情形,本文统计的数据恐难免仍有疏漏之处,但应不会影响样本数据呈现的总体规律。

表 1　各级人民法院援引知识产权条约的案件数量

单位：件

条约	最高人民法院	高级人民法院	中级人民法院	基层人民法院	总计
《伯尔尼公约》	10	138	567	875	1590
《巴黎公约》	4	82	73	22	181
《建立世界知识产权组织公约》	0	0	1	1	2
《马德里协定》	2	5	15	15	37
《世界版权公约》	0	4	36	71	111
《商品名称及编码协调公约》	1	0	1	0	2
《尼斯协定》	0	3	7	2	12
《专利合作条约》	5	12	26	6	49
《斯特拉斯堡协定》	0	0	1	0	1
《马德里协定议定书》	1	2	7	3	13
《世界知识产权组织版权条约》	0	1	8	14	23
《表演和录音制品条约》	0	0	2	0	2
《与贸易有关的知识产权协定》	1	3	60	32	96

注：为使版面简洁、清晰，《保护文学艺术作品伯尔尼公约》（《伯尔尼公约》）、《保护工业产权巴黎公约》（《巴黎公约》）、《商标国际注册马德里协定》（《马德里协定》）、《商品名称及编码协调制度的国际公约》（《商品名称及编码协调公约》）、《商标注册用商品和服务国际分类尼斯协定》（《尼斯协定》）、《 国际专利分类斯特拉斯堡协定》（《斯特拉斯堡协定》）、《商标国际注册马德里协定有关议定书》（《马德里协定议定书》）、《世界知识产权组织表演和录音制品条约》（《表演和录音制品条约》）在本文中均采用简称。

由表 1 可见，在我国法院有较高援引频次的条约主要为《伯尔尼公约》《巴黎公约》《世界版权公约》《与贸易有关的知识产权协定》(《TRIPS 协定》)。本文认为,上述几个知识产权条约被我国法院大量援引的缘由是多方面的:

首先,上述条约产生于知识产权国际保护的重要发展时期。根据影响知识产权国际保护的时间顺序,学者将知识产权的国际保护分为了不同的阶段:巴黎联盟与伯尔尼联盟时期、世界知识产权组织(WIPO)时期以及世界贸易组织时期;世界贸易组织时期又分为了"前《TRIPS 协定》时代"和"后《TRIPS 协定》时代"。[①]《伯尔尼公约》《巴黎公约》《TRIPS 协定》的达成便是这些历史阶段的标志性成果,它们揭示了不同时期知识产权条约立法方向、侧重保护客体的变化。因此,上述条约首次确立的关于知识产权保护的原则性、基础性条款就成为我国法院频繁援引的对象。其次,随着知识产权国际保护标准的不断提升,越来越多的外国主体倾向于在诉讼中援引相关的知识产权条约内容以寻求对自身知识产权权利的充分保护,我国法院则需要援引上述条约内容回应当事人的诉讼请求。最后,上述知识产权条约在我国法院的大量援引还得益于我国法律、司法解释、行政法规等对著作、商标、专利等领域条约适用依据的明确。例如,行政机关为实施著作权条约专门制定了《实施国际著作权条约的规定》。[②] 在上位法尚未规定条约适用的总体依据的情形下,该规定为我国法院适用《伯尔尼公约》和有关著作权的双边协定提供了明确的国内法适用依据,因而作为主要的著作权保护国际公约,《伯尔尼公约》在各级法院援引频次中占据了绝对比例。

---

① 参见吴汉东主编:《知识产权法学》,北京大学出版社 2014 年版,第 373 ~ 374 页。

② 《实施国际著作权条约的规定》第 1 条规定:为实施国际著作权条约,保护外国作品著作权人的合法权益,制定本规定。第 2 条明确:对外国作品的保护,适用《著作权法》《著作权法实施条例》《计算机软件保护条例》和本规定。

二、知识产权条约在我国法院的适用方式

知识产权条约的适用方式包括直接适用和间接适用。本文通过对裁判文书中知识产权条约的援引情况进行统计、分析后,发现我国法院较少直接适用知识产权条约,间接适用是我国法院援引知识产权条约的主要方式。在分析和总结现阶段我国条约适用方式存在的问题后,本文认为统一的条约适用方式既是保持裁判文书权威性、规范性的需要,也是实现条约适用的统一性、稳定性和可预见性的必然要求。

(一)知识产权条约在我国法院的直接适用

1. 知识产权条约直接适用的情形

基于对相关裁判文书的统计和考察,本文发现我国法院鲜有直接适用知识产权条约的情形,仅8个条约有直接援引实践,占样本案例总数的21.6%。这8个条约分别为《伯尔尼公约》、《巴黎公约》、《马德里协定》及其议定书、《世界版权公约》、《商品名称及编码协调公约》、《专利合作条约》、《世界知识产权组织版权条约》和《尼斯协定》(见表2)。

表2　知识产权条约在我国法院直接适用的案件数量

类型	《伯尔尼公约》	《巴黎公约》	《马德里协定》及其议定书	《世界版权公约》	《商品名称及编码协调公约》	《专利合作条约》	《世界知识产权组织版权条约》	《尼斯协定》
在事实认定中援引	167件(11%)	58件(32%)	28件(56%)	6件(5.4%)	2件(100%)	31件(63.2%)	23件(100%)	0
在裁判说理中援引	39件(2.5%)	11件(6.1%)	1件(0.2%)	79件(71.2%)	0	1件(2%)	0	12件(100%)

法院直接适用上述知识产权条约时主要援引了条约规定的程序性事项、办理期限、国际标准等。例如,在广州市紫曦企业管理有限公司与国家知识产权局案[①]中,法院在回应当事人诉争商标的无效宣告请求是否超过《商标法》规定的法定期限时,认为“本案争议商标为国际注册商标,而对于国际商标注册的依据主要为《马德里协定》《马德里协定议定书》以及《马德里商标国际注册实施办法》,故上述规范性文件作为诉争商标无效宣告申请是否构成程序违法的依据之一”。该案中法院将条约的程序性规范作为判断当事人违反法律程序与否的直接依据。在江苏车置宝信息科技股份有限公司、汉华易美(天津)图像技术有限公司侵害作品信息网络传播权纠纷案[②]中,法院将“标注方式及内容符合《世界版权公约》对版权权属的相关规定”作为某公司是否享有著作权的标准。再如,法院直接援引《专利合作条约》规定的专利国际申请程序和办理期限,判断当事人的申请是否符合专利申请优先权的规定。[③] 法院在判断被诉侵权商品与涉案注册商标核定使用的商品是否属相同商品时会将《尼斯协定》作为直接依据,[④]因为该条约对商品分类的一般原则进行了规定。

法院在直接适用上述知识产权条约时,有时会将条约与国内法并列适用。例如,在伊士曼柯达公司诉苏州科达液压电梯有限公司商标权侵权纠纷案[⑤]中,一审法院认为“我国与美国均属《巴黎公约》及世界贸易组织的成员方,故本案应适用我国相关法律及《巴黎公约》《TRIPS 协定》”。之后法院对我国法律条款和条约的类似条款均进行了援引,借以得出苏州科达液压电梯有限公司未

---

① 参见北京知识产权法院行政判决书,(2018)京 73 行初 12655 号。

② 参见天津市第一中级人民法院民事判决书,(2019)津 01 民终 3288 号。

③ 参见北京知识产权法院民事判决书,(2019)京 73 民初 1939 号。

④ 参见天津市第一中级人民法院民事判决书,(2018)津 01 民初 444 号。

⑤ 参见伊士曼柯达公司诉苏州科达液压电梯有限公司商标权侵权纠纷案,载《最高人民法院公报》2008 年第 5 期。

经“KODAK”驰名商标权利人同意而使用“KODAK”商业标识的行为,构成商标侵权的结论。类似案例还有美国杜邦公司诉北京国网信息有限公司计算机网络域名侵权纠纷案。该案一审法院认为“原告杜邦公司在美国注册设立,是美国法人。我国与美国均为《巴黎公约》的成员国,本案处理适用我国法律和《巴黎公约》的规定”。①

知识产权条约在直接适用时呈现的以上特点与我国国内法的规定密切相关。我国知识产权法本身就存在程序性事项直接适用条约的相关规定。例如,《商标法》第 25 条第 1 款商标注册人取得优先权期限的规定:“商标注册申请人自其商标在外国第一次提出商标注册申请之日起六个月内,又在中国就相同商品以同一商标提出商标注册申请的,依照该外国同中国签订的协议或者共同参加的国际条约,或者按照相互承认优先权的原则,可以享有优先权。”②《商标法》第 17 条还规定国际条约应当作为外国人或者外国企业在我国申请商标注册的直接依据。③ 此外,有时办理某些程序性事项既要符合国际条约的规定,又要符合国内法的规定。例如,《专利法》第 19 条第 3 款规定:“国务院专利行政部门依照中华人民共和国参加的有关国际条约、本法和国务院有关规定处理专利国际申请。”又如,因国际条约直接规定了缔约方采取强制许可的专利药品的具体输出范围,④我国国内法规定以国际条约的规定作为直接适用的标准,例如,《专利法》第 55 条药品出口的

① 美国杜邦公司诉北京国网信息有限公司计算机网络域名侵权纠纷案,载《最高人民法院公报》2002 年第 3 期。

② 《专利法》第 29 条中也有类似条款:申请人自发明或者实用新型在外国第一次提出专利申请之日起 12 个月内,或者自外观设计在外国第一次提出专利申请之日起 6 个月内,又在中国就相同主题提出专利申请的,依照该外国同中国签订的协议或者共同参加的国际条约,或者依照相互承认优先权的原则,可以享有优先权。

③ 《商标法》第 17 条规定:外国人或者外国企业在中国申请商标注册的,应当按其所属国和中华人民共和国签订的协议或者共同参加的国际条约办理,或者按对等原则办理。

④ 类似的规定还有《专利法》第 75 条有关侵犯专利权的例外情形:仅与我国签订了相关协议或者共同参加了国际条约的国家才适用“不视为侵犯专利权”的法律拟制性规定。

强制许可应符合国际条约的规定,[①]以及第 62 条强制许可受让人给付专利权人使用费的规定。[②]

2. 知识产权条约直接适用时的援引方式

在直接适用知识产权条约时,法院援引条约的具体方式并不相同。以条约在裁判文书中出现的位置为考察标准,主要存在两种援引方式:在事实认定中援引、在裁判说理中援引(见表 2)。其中在事实认定中的援引主要包括:第一,直接在事实认定中列举条约的规定作为查明事项,例如在广州模范堂生物科技发展有限公司等侵害计算机软件著作权纠纷案中,裁判文书所述"六、其他事实:中华人民共和国和日本国均为《保护文学艺术作品伯尔尼公约》(以下简称《伯尔尼公约》)的成员国"。[③] 第二,在事实认定中将条约作为证据使用,例如在化学工业部南通合成材料厂等侵害技术秘密纠纷案中,裁判文书所述"第五组 4 份证据:证据 15.《商品名称及编码协调制度的国际公约》"。[④] 第三,在事实认定中将商标评审委员会援引条约的内容进行列举,例如,在原国家工商行政管理总局商标评审委员会等与迪斯全球控股有限公司二审行政纠纷案中,裁判文书所述"商标评审委员会作出裁定认定:……《巴黎公约》第六条的相关规定具体内容在 2001 年商标法中均有相应规定予以体现,商标评审委员会将依据 2001 年商标法的相关规定予以审理"。[⑤]

本文发现,法院在裁判说理中援引条约时,大多只是列举条约

---

① 《专利法》第 55 条规定:为了公共健康目的,对取得专利权的药品,国务院专利行政部门可以给予制造并将其出口到符合中华人民共和国参加的有关国际条约规定的国家或者地区的强制许可。

② 《专利法》第 62 条规定:使用费问题依照中华人民共和国参加的有关国际条约的规定处理。

③ 北京知识产权法院民事判决书,(2018)京 73 民终 184 号;北京知识产权法院民事判决书,(2015)京知民初字第 1279 号。

④ 参见最高人民法院民事判决书,(2014)民三终字第 3 号。

⑤ 北京市高级人民法院行政判决书,(2017)京行终 4926 号。

的名称,很少说明援引的条约具体条款。例如,在援引公约的国民待遇原则说明外国当事人受我国法律保护时,各级法院存在以下援引实践:仅表明当事人所属国的成员国地位。在南通融润三六五信息科技有限公司等侵害作品信息网络传播权纠纷案①中,法院认为"美国与中国均属于《伯尔尼保护文学和艺术作品公约》的成员国,GettyImages 公司的作品依据成员国关系应受我国著作权法的保护,故涉案摄影作品属于我国著作权法保护的作品"。在包头东宝生物技术股份有限公司等侵害作品信息网络传播权纠纷案②中,法院仅说明美国和中国同为《伯尔尼公约》成员国,据此直接认定美国 Getty 公司对涉案图片是否享有著作权,并依据我国《著作权法》的相关规定予以审查,而未展示条约的具体条款和内容;仅说明该条约规定了国民待遇原则但未援引具体条款。在爱科利态有限公司与原国家工商行政管理总局商标评审委员会其他案③中,法院表示"韩国与我国均为《伯尔尼公约》的成员国,依据公约规定,应对成员国国民的作品按照国民待遇原则承担保护义务"。

多数情形下,尽管法院在裁判说理或者事实认定中将条约作为直接适用依据,但在判决主文中通常只列举国内法。目前,法院在判决书主文中援引条约的情形仅出现在援引《伯尔尼公约》的两个判决当中。④

(二)知识产权条约的间接适用

国家通过立法实施知识产权条约是间接适用条约的典型模

① 参见江苏省高级人民法院民事判决书,(2019)苏民终 1165 号。

② 参见天津市高级人民法院民事判决书,(2018)津民终 22 号。

③ 参见北京市高级人民法院行政判决书,(2016)京行终 4194 号。

④ 参见福建省高级人民法院民事判决书,(2017)闽民终 1135 号;意大利费列罗公司与蒙特莎(张家港)食品有限公司、天津经济技术开发区正元行销有限公司不正当竞争纠纷案,载《最高人民法院公报》2008 年第 6 期。

式。法院间接适用知识产权条约主要有四种方式:援引我国知识产权法的规定、援引知识产权条约解释我国国内法、认定我国国内法与知识产权条约的精神一致、认定知识产权条约的相关规定已经体现于我国国内法。表 3 归纳了截至 2022 年 1 月我国法院具有间接适用实践的 10 个知识产权条约的数据。

表 3　知识产权条约在我国法院间接适用的案件数量

单位:件

条约	援引我国知识产权法的规定	援引知识产权条约解释我国国内法	认定我国国内法与知识产权条约的精神一致	认定知识产权条约的相关规定已经体现于我国国内法
《伯尔尼公约》	1526	5	0	0
《巴黎公约》	31	4	7	6
《世界版权公约》	5	3	0	1
《世界知识产权组织版权条约》	0	13	0	0
《表演和录音制品条约》	0	2	0	0
《与贸易有关的知识产权协定》	89	7	0	1
《建立世界知识产权组织公约》	2	0	0	0
《马德里协定》	7	0	0	0
《专利合作条约》	6	0	0	0
《斯特拉斯堡协定》	0	1	0	0

1. 援引我国知识产权法的规定

基于表3可见,“援引我国知识产权法的规定”是我国法院间接适用知识产权条约的主要方式,占知识产权条约援引总数的78.6%。《商标法》《著作权法》《专利法》《实施国际著作权条约的规定》等明确了知识产权条约的具体适用规则,法院会依据这些条款得出直接适用国内法的结论,此时实际上是间接适用了知识产权条约。

此种间接适用方式对知识产权审判而言具有特殊性,因其基于知识产权条约规定的国民待遇原则、知识产权独立性原则和地域性保护原则。[①] 例如,在再审申请人中山市皇冠胶粘制品有限公司与被申请人虎牌热水瓶株式会社、中华人民共和国国家工商行政管理总局商标评审委员会商标争议行政纠纷案[②]中,二审法院首先援引我国《著作权法》:“外国人、无国籍人的作品根据其作者所属国或者经常居住地国同中国签订的协议或者共同参加的国际条约享有的著作权,受本法保护”。然后,以“中国和日本都是《伯尔尼公约》的缔约国”得出该会社的著作权最终受到《著作权法》保护的结论。最高人民法院再审该案时明确了此种适用方式的性质:“二审法院在阐述裁判理由时援引《伯尔尼公约》的规定,是为了说明虎牌株式会社的美术作品应受中国著作权法的保护,二审判决引用的法律依据并非《伯尔尼公约》,而是中国的著作权法的规定。”简言之,法院此时直接适用的并非知识产权条约而是国内法。

2. 援引知识产权条约解释我国国内法

我国知识产权法中的一些法律概念实际上来源于相关国际条约,因此,法院援引知识产权条约解释国内法通常是为了探寻立法

① See Graeme B. Dinwoodie, “Developing a Private International Intellectual Property Law: The Demise of Territoriality?”, (2009) 51 *William and Mary Law Review* 711, pp. 711–800.

② 最高人民法院行政裁定书,(2013)知行字81号。

者的立法目的以确定法律概念的含义范围。在成都千佳世纪家俱有限责任公司、成都一堂家具有限公司著作权权属、侵权纠纷案[①]中,法院在判断当事人的"实用艺术作品"是否应受我国《著作权法》保护时援引《伯尔尼公约》,称"在《伯尔尼公约》中,实用艺术作品被归入'文学艺术作品'受到保护,故实用艺术作品应受我国著作权法的保护"。在上海益朗国际贸易有限公司侵害商标权纠纷案[②]中,法院在解释《反不正当竞争法》中"混淆"的概念是否包含"关联关系"的混淆时,称"从我国反不正当竞争法的立法背景考量,《巴黎公约》第十条之二明确规定,采用任何手段对竞争者的营业所、商品或工商业活动产生混淆性质的一切行为,应当予以禁止",从而认定仿冒企业名称所导致的混淆应当包括对关联关系的混淆。在财团法人工业技术研究院与中华人民共和国国家知识产权局专利复审委员会案[③]中,法院解释"优先权原则"时,称"优先权原则源自《巴黎公约》,其目的是方便成员国国民就其发明创造或者商标标识在其本国提出专利申请或者商标注册申请后,也可以在其他成员国申请获得专利权或者注册商标权"。以优先权的立法本意解释优先权原则,得出优先权原则的设立只是为了方便在不同的国家申请专利,因而没有国别限制的结论。在北京百度网讯科技有限公司与北京奇虎科技有限公司著作权权属、侵权纠纷案[④]中,法院解释著作权是否保护"思想与表达的合并"时,认为"著作权保护表达,不保护思想。这既是《与贸易有关的知识产权协议》《世界知识产权组织版权条约》等国际条约的明确规定……保护表达就是在一定程度上保护了思想,这与著作权法的基本原则相悖"。

上述案例说明法院通过援引知识产权条约解释国内法欲达到

① 参见四川省高级人民法院民事判决书,(2019)川知民终 176 号。

② 参见上海市高级人民法院民事判决书,(2019)沪民再 5 号。

③ 参见北京市高级人民法院行政判决书,(2015)高行(知)终字第 634 号。

④ 参见北京市西城区人民法院民事判决书,(2013)西民初字第 08272 号。

"国内法与知识产权条约规定一致"的目的。法院致力于达成此种目的正是善意履行知识产权条约义务的表现。同时,也有明确的国内司法解释依据:"人民法院审理国际贸易行政案件所适用的法律、行政法规的具体条文存在两种以上的合理解释,其中有一种解释与中华人民共和国缔结或者参加的国际条约的有关规定相一致的,应当选择与国际条约的有关规定相一致的解释,但中华人民共和国声明保留的条款除外。"①

3. 认定我国国内法与知识产权条约的精神一致

在长盛律师事务所与原国家工商行政管理总局商标评审委员会其他案②中,法院在回应原审判决适用法律是否正确的问题时称:"我国是《巴黎公约》的成员国,并且根据公约的精神对我国的法律进行了适应性调整,满足了该公约对于知识产权保护的要求,比如前述公约第 8 条第 6 款关于保护'商号'的规定,我国《商标法》第 31 条等法律条款即提供了保护。因此,我国的司法案件应当优先适用我国的相关法律,而不能直接适用前述公约的有关条款。"在江苏常佳金峰动力机械有限公司、上海柴油机股份有限公司侵害商标权纠纷案③中,最高人民法院认为:"《商标法》第七条,第十三条的规定与《巴黎公约》及《与贸易有关的知识产权协议》规定的精神完全一致。"此案中,法院还认为在"我国法律与公约规定精神一致"的情形下,应当"优先适用我国法律",根据相关司法解释,④仅有条约与国内法规定不一致时才"优先适用"条约,当条约的内容已经规定在我国国内法当中时,应当"直接适用"国内法,而非"优先适用"条约。

---

① 最高人民法院《关于审理国际贸易行政案件若干问题的规定》(法释〔2002〕27 号)。

② 参见北京市高级人民法院行政判决书,(2015)高行(知)终字第 1431 号。

③ 参见最高人民法院民事判决书,(2016)最高法民再 339 号。

④ 参见外交部、最高人民法院、最高人民检察院等《关于处理涉外案件若干问题的规定》(外发〔1995〕17 号)第 1 条。

4. 认定知识产权条约的相关规定已经体现于我国国内法

法院通常会尝试协调条约与国内法的关系,而不是直接承认和解决法律冲突,这种协调的结果是法院基于对国内法的"确信"而直接适用国内法。[①] 因为直接适用国内法同样能够达到遵守国际条约和履行国际义务的效果。[②] 在意大利费列罗再审案中,最高人民法院就通过说明条约的内容已经体现在我国法律中来协调国内法与国际条约的冲突。[③] 在该案中,二审法院在认定蒙特莎公司的行为是否构成对费列罗公司的商品及商业活动造成"混淆"时,法院认为"我国与意大利共和国均为《保护工业产权巴黎公约》成员国,遇有我国法律与公约有不同规定的情形,应当适用公约的规定。……故本案的审理应依据……相关国际公约规定"。然而,最高人民法院则认为"该规定与《保护工业产权巴黎公约》的有关规定并无不合,在国内已有符合条约要求的法律规定的情况下,无需再援引条约的相关规定。因此,二审判决适用公约的规定的理由不当,应予纠正"。但该案也说明二审法院与最高人民法院对条约中"混淆"的内容是否规定在我国国内法当中理解不一致。实际上,因认定条约的相关条款是否已经体现于我国国内法的标准并不明确,也就很容易导致不同法院的认定结论不一,适用法律不一致。

(三)知识产权条约在我国法院适用中的其他问题

1. 法院回避当事人适用知识产权条约的诉讼请求

在北京谷歌与谷歌中国侵犯商标权及不正当竞争案[④]中,北

---

① See David Sloss, "Domestic Application of Treaties", p. 9, http://digitalcommons.law.scu.edu/facpubs/635 (Last visited February 11,2022).

② See David Sloss, "Domestic Application of Treaties", p. 4.

③ 参见意大利费列罗公司与蒙特莎(张家港)食品有限公司、天津经济技术开发区正元行销有限公司不正当竞争纠纷案,载《最高人民法院公报》2008 年第 6 期。

④ 参见最高人民法院民事裁定书,(2011)民监字第 57 号。

京谷歌认为"原审法院适用《巴黎公约》缺乏依据，而应适用《反不正当竞争法》和司法解释"，但该案的再审法院没有对《巴黎公约》能否适用进行回应，而直接将国内法作为裁判的依据。在德国雨果博斯商标管理有限公司、弘峻实业发展有限公司商标行政管理（商标）再审审查与审判监督案①中，当事人认为，"复制和摹仿'BOSS'驰名商标的诉争商标'BOSSSUNWEN'属于恶意注册，违反《TRIPS 协定》以及《巴黎公约》的规定"。但法院未回应当事人有关该案是否适用《TRIPS 协定》及《巴黎公约》的诉讼请求。

此外，在多个当事人请求适用《保护录音制品制作者防止未经许可复制其录音制品公约》第 5 条、《保护表演者、录音制品制作者和广播组织的国际公约》第 11 条的案件②中，法院也均未回应当事人要求适用条约的诉讼请求。

2. 未明确"非涉外"案件能否适用知识产权条约

在"非涉外"案件中适用知识产权条约已得到一些法院的明确认可。例如，在章某平、广州网易计算机系统有限公司著作权许可使用合同纠纷案③中，法院认为"我国参与的国际条约是重要的法律渊源。如果从国内法规定可以得出与我国加入的国际条约一致的结论，则在非涉外案件中，解释国内法时考虑我国参与的国际条约因素，具有合理性"。在江苏里下河地区农业科学研究所诉宝应县天补农资经营有限公司侵犯植物新品种权纠纷案④中，该案并无涉外因素，但法院仍然基于原《民法通则》第 142 条的规定认为我国对于植物新品种权的保护适用权利用尽原则。

然而，并非各级法院均认可知识产权条约在"非涉外"案件中

---

① 参见最高人民法院行政裁定书，（2019）最高法行申 8769 号。

② 参见广州市中级人民法院民事判决书，（2014）穗中法知民终字第 770 号。

③ 参见广东省高级人民法院民事判决书，（2018）粤民终 712 号。

④ 参见江苏里下河地区农业科学研究所诉宝应县天补农资经营有限公司侵犯植物新品种权纠纷案，载《最高人民法院公报》2010 年第 2 期。

的适用。例如,在长盛律师事务所与原国家工商行政管理总局商标评审委员会案①中,法院认为"我国的司法案件应当优先适用我国的相关法律,而不能直接适用前述公约的有关条款",此处"我国的司法案件"的措辞貌似暗含"非涉外"案件不能适用国际条约之义。能否在"非涉外"案件中适用知识产权条约仍是一个有待明确的问题。

三、知识产权条约在我国法院适用的说理

我国法院在适用知识产权条约时采用了不同的论述理由。概括而言,存在四种说理模式:仅援引知识产权条约、先援引国内法中的法律适用条款再援引知识产权条约、先援引知识产权条约再援引国内法中的法律适用条款、同时援引知识产权条约和国内法中的法律适用条款。表4 展示了截至2022 年1 月存在适用实践的7 个国际条约被我国法院援引作为说理依据的总体情况。

表4　我国法院以特定说理方式援引知识产权条约的案件数量

单位:件

条约	仅援引知识产权条约	先援引国内法中的法律适用条款再援引知识产权条约	先援引知识产权条约再援引国内法中的法律适用条款	同时援引知识产权条约和国内法中的法律适用条款
《伯尔尼公约》	138	1292	69	28
《巴黎公约》	29	0	0	2
《建立世界知识产权组织公约》	2	0	0	0

① 参见北京市高级人民法院行政判决书,(2015)高行(知)终字第1431 号。

续表

条约	仅援引知识产权条约	先援引国内法中的法律适用条款再援引知识产权条约	先援引知识产权条约再援引国内法中的法律适用条款	同时援引知识产权条约和国内法中的法律适用条款
《马德里协定》	4	2	0	1
《世界版权公约》	3	1	1	0
《专利合作条约》	0	0	6	0
《与贸易有关的知识产权协定》	89	0	0	0

(一)仅援引知识产权条约

虽然我国知识产权法规定了条约的适用方式,但法院在说理时未援引该依据。比如,在广州纤姿美容仪器有限公司、上海千美健康管理咨询有限公司侵害计算机软件著作权纠纷案①中,最高人民法院认为:"依据我国与美国共同参加的《伯尔尼公约》,上述计算机软件作品应当依据我国《中华人民共和国著作权法》和《计算机软件保护条例》的规定给予保护。"该案法院或许想说明适用我国法律的基础为《伯尔尼公约》规定的国民待遇原则、知识产权独立性原则和地域性保护原则。但《伯尔尼公约》本身并未指出应当依据哪部或者哪些法律对外国人的著作权予以保护,而我国《著作权法》和《实施国际著作权条约的规定》才是具体得以适用的国内法。然而,在该案判决书中,法院并未展开具体说理,直接得出适用我国法律的结论缺乏充分的理由。

① 参见最高人民法院民事判决书,(2020)最高法知民终1164号。

(二)先援引国内法中的法律适用条款再援引知识产权条约

由表4可见,多数法院采取了此种说理方式。例如,在前文所述再审申请人中山市皇冠胶粘制品有限公司与被申请人虎牌热水瓶株式会社、中华人民共和国国家工商行政管理总局商标评审委员会商标争议行政纠纷案①中,二审法院首先援引我国《著作权法》第2条第2款有关条约适用的规定,“外国人、无国籍人的作品根据其作者所属国或者经常居住地国同中国签订的协议或者共同参加的国际条约享有的著作权,受本法保护”,然后说明“中国和日本都是《伯尔尼公约》的缔约国”,最终得出该会社的著作权受到《著作权法》的保护的结论。法院援引条约是为了说明外国当事人依据条约享有的知识产权权利有受保护的资格,但保护当事人权利的最终依据是我国法律。

在我国法律尚未明确条约适用的总体规则的情形下,该论述逻辑似乎符合条约适用的一般逻辑:首先以国内法规定作为知识产权条约适用的依据,再以知识产权条约规定的国民待遇原则确定当事人权利能否在我国得到保护,最终根据国内法规定选择应当适用国内法还是国际条约。

(三)先援引知识产权条约再援引国内法中的法律适用条款

由表4可见,各级法院较少采用此种说理方式,少数案例主要存在于法院援引《伯尔尼公约》的情形。在Autodesk公司诉龙发公司计算机软件著作权侵权纠纷案②中,北京市第一中级人民法

---

① 参见最高人民法院行政裁定书,(2013)知行字第81号。

② 参见Autodesk公司诉龙发公司计算机软件著作权侵权纠纷案,载《最高人民法院公报》2005年第7期。

院首先援引了《伯尔尼公约》第 3 条、第 5 条[①],得出该公约确定了"国民待遇原则"的结论,再依据我国《计算机软件保护条例》第 5 条第 3 款[②]的规定认定原告 Autodesk 公司享有的著作权应当受我国法律保护。

此种论述模式与"先援引国内法中的法律适用条款再援引知识产权条约"相比,在援引条约和适用我国法律的逻辑顺序上截然相反。然而,该案和前述案例均为最高人民法院作出终审裁定和判决的案件,且该案为最高人民法院公报案例。

(四)同时援引知识产权条约和国内法中的法律适用条款

此种说理方式主要体现在法院对《伯尔尼公约》的援引之中。例如,在深圳市钻之韵珠宝首饰有限公司、艾影(上海)商贸有限公司著作权权属、侵权纠纷一案[③]中,法院认为"藤子会社根据日本法律取得《哆啦 A 梦》漫画与电视剧作品的著作权,而我国与日本均属于《伯尔尼保护文学和艺术作品公约》成员国,依据该公约和《中华人民共和国著作权法》的相关规定,该作品受我国法律保护"。

从该案最终适用我国法律的简短表述中难以看出条约适用的法律逻辑。这表明法院并未对法律适用问题进行推导论证,而是习惯性地适用国内法。此外,法院在适用同一条约时还援引了不

---

① 《伯尔尼公约》第 3.1 条(a)款规定:作者为本同盟任何成员国的国民者,其作品无论是否已经出版,都受到保护;第 5.1 条规定:就享有本公约保护的作品而论,作者在作品起源国以外的本同盟成员国中享有各该国法律现在给予和今后可能给予其国民的权利,以及本公约特别授予的权利;第 5.2 条规定:享有和行使这些权利不需要履行任何手续,也不论作品起源国是否存在保护。因此,除该公约条款外,保护的程度以及为保护作者权利而向其提供的补救方法完全由被要求给予保护的国家的法律规定。

② 该款规定:外国人、无国籍人的软件,依照其开发者所属国或者经常居住地国同中国签订的协议或者依照中国参加的国际条约享有的著作权,受本条例保护。

③ 参见山东省高级人民法院民事判决书,(2018)鲁民终 879 号。

同的法律依据。例如,在援引《伯尔尼公约》说明外国当事人受我国法律保护时,有些法院将《实施国际著作权条约的规定》作为条约适用依据,[1]有些法院则援引《著作权法》。[2]

四、我国法院适用知识产权条约的机制:构建和完善

由 WIPO 管理下的知识产权条约体系和世界贸易组织项下的《TRIPS 协定》建立起来的知识产权国际规则体系仍然是实现全球贸易自由化和协调知识产权保护一体化的最重要工具。[3] 一方面,我国需通过完善知识产权条约的国内适用制度积极维护现有知识产权全球治理多边框架。另一方面,基于以上分析可见,目前我国法院在适用知识产权条约方面存在多种不统一、不明确、不规范的情形,包括回避当事人适用知识产权条约的诉讼请求、非涉外案件中可否适用知识产权条约不确定、适用知识产权条约的说理不一致等,我国亟待明确、统一知识产权条约的国内适用规则。本文认为,需要在明确知识产权条约适用法律依据的基础上,充分发挥最高人民法院的司法指导职能,就知识产权条约适用的逻辑规范、说理规范、解释规范等发布司法解释,以增强各级人民法院适用知识产权条约的统一性、稳定性和可预见性。

---

① 参见广东省高级人民法院民事判决书,(2015)粤高法民三终字第 74 号;黑龙江省高级人民法院民事判决书,(2018)黑民终 762 号;天津市高级人民法院民事判决书,(2015)津高民三终字第 0030 号。

② 参见江苏省高级人民法院民事判决书,(2018)苏民终 389 号;河南省高级人民法院民事判决书,(2018)豫民终 410 号;广西壮族自治区高级人民法院民事判决书,(2017)桂民终 357 号。

③ 参见马一德:《全球治理大局下的知识产权强国建设》,载《知识产权》2021 年第 10 期,第 52 页。

(一)明确知识产权条约适用的法律依据

关于国际条约是否为我国法律体系的组成部分的问题尚未在我国《宪法》中予以明确。学界对国际条约适用的顺位也存在较大争议。[①] 实际上,条约适用的一般理论已经难以反映和解决实践中具体条约的特殊问题。[②] 本文认为,在立法层面,我国应以《宪法》中规定国际条约的"法律渊源"地位为基础,同时,基于知识产权条约的独特特征,在国际条约缔结和国内《立法法》两个层面明确知识产权条约适用的方式。

1. 国际条约的"法律渊源"地位应当在宪法中予以明确

在宪法尚未就国际条约是否为我国正式的法律渊源这一基本问题作出规定前,我国已有多部单行法律、行政法规等下位法对国际条约的适用性作出了规定。最高人民法院也曾明确回答了国际条约能否成为人民法院直接适用依据的问题:"我国政府参加或承认的国际性法律规范,除声明保留的内容之外,无论是多边的还是双边的条约或协议,都是人民法院审理相关涉外案件的法律依据。"[③]该规定为知识产权条约在我国法院的适用提供了重要司法依据。这说明我国最高司法机关认可条约已经"纳入"我国法律

① 根据条约制定法律、行政法规等间接适用方式表明,条约的内容包含在了法律、行政法规之中,就暗含了宪法高于条约,而条约高于法律。参见沈子华:《"一带一路"协议规则的国内适用机制》,载《法学论坛》2020年第4期,第106页。尽管我国宪法没有关于条约法律地位的一般条款,但从法律适用条约的直接规定中可以总结出国际条约在中国法律体系中具有低于宪法高于法律的效力地位的结论。参见赵建文:《国际条约在中国法律体系中的地位》,载《法学研究》2010年第6期,第201~205页。立法权限的范围与决定批准条约的权限范围并不是完全对应的,因而不能得出条约与法律之间的地位关系。参见戴瑞君:《国际条约在中国法律体系中的地位》,中国社会科学出版社2020年版,第116页。

② See Julian Hermida, "A Proposal toward Redefining the Model of Application of International Law in the Domestic Arena", (2003) 7 *Singapore Journal of International & Comparative Law* 489, p. 489.

③ 参见《关于充分发挥审判职能作用为经济发展提供司法保障和法律服务的意见》第4条。

体系,已成为我国法律体系的组成部分。

但如美国学者路易斯·亨金所说,“国际法并不关心各国如何对待国际条约的问题,国际条约在任何国家的国内法的地位,乃是宪法方面的问题,而不是国际法方面的问题”。实际上,多数制定成文宪法的国家都在宪法中规定了国际条约的法律地位。[①] 但在我国《宪法》尚未规定国际条约是否为我国正式的法律渊源这一基本问题前,我国单行法律、行政法规等下位法对国际条约的适用性作出规定恐有违反宪法的嫌疑。有学者就指出行政机关作为法律执行机关对国际条约的效力和地位问题直接作出规定有“越俎代庖”之嫌。[②] 对此,我国有学者提出需要在宪法中明确国际条约在我国法律体系中的地位,从而建立统一规范的条约适用制度。[③] 本文赞同该观点,建议我国应当在《宪法》中明确国际条约(含知识产权条约)的法律渊源地位。

2. 从《缔结条约程序法》和《立法法》两个层面明确知识产权条约适用的方式

国内法体现的是一国统治阶级的意志,而条约是各成员方共同意志的体现,因而即使条约“纳入”国内法,其规定也不可能与现行的国内法律真正融为一体。[④] 为将条约融入国内法律体系,条约的缔结者在缔约过程中必然要考虑条约和国内法之间的融洽性。其中,最低保护水平的国民待遇原则和属地原则的确立使得知识产权条约在纳入国内法和司法适用时将具有自己的特点。[⑤]

---

① 参见戴瑞君:《国际条约在中国法律体系中的地位》,第 233 页。

② 参见李鸣:《应从立法上考虑条约在我国的效力问题》,载《中外法学》2006 年第 3 期,第 357 页。

③ 参见王勇:《论我国条约司法适用制度之完善》,载《南京社会科学》2014 年第 5 期,第 95 页;宋建立:《国际条约国内适用的若干问题》,载《人民司法》2015 年第 5 期,第 51 页。

④ 参见胡玉鸿、吴萍:《试论法律位阶制度的适用对象》,载《华东政法学院学报》2003 年 1 期,第 40 页。

⑤ 参见王志安:《中国の国内裁判における知的所有権関連条約の適用:その知的所有権法の展開への影響を念頭に》,载《駒澤法学》2011 年第 11(1)期,第 130 ~ 136 页。

知识产权条约生效后，如何适用条约是一国的国内事项。立法机关在制定条约的具体实施方案时往往需要考虑缔约主旨、批准机关的意图、国家利益等因素。[①] 因此，知识产权条约适用的方式应当从缔结、批准和实施整个环节上进行设计。

从这个意义上而言，国务院作为《缔结条约程序法》规定的条约协商机关，由其提议条约的具体适用方式更有利于协调条约与国内法的关系。建议在修订《缔结条约程序法》时，加入以下规定：国务院决定和批准的一般协定的适用方式，由国务院作出具体规定。全国人大常委会决定和批准的国际条约和重要协定的适用方式，由国务院制定具体实施方案提交全国人大常委会批准。为解决国际条约具体适用中可能出现的问题，国务院应配合全国人大常委会做好条约的解释工作。

基于知识产权条约确立了国民待遇原则和属地原则的特殊性，知识产权条约的遵守实际上主要是对国内法是否已经达到知识产权条约确立的最低保护标准的检视。我国缔结的知识产权条约多数已经通过国内法予以转化，这也解释了我国法院在适用知识产权条约时多为间接适用的审判实践。但为避免因适用国内法而违反国际条约义务的风险，部分可以直接适用的知识产权条约应当由《缔结条约程序法》授权国务院事先进行明确，这些知识产权条约往往确立了具体的实体性条款，或是规定了我国国内法未规定的事项，诸如程序性事项、国际标准等。

具体而言，知识产权条约的实体性条款能否作为直接适用的条款，可以由条约缔结者加以判断。例如，里基森（Ricketson）和金斯伯格（Ginsburg）就将《伯尔尼公约》项下条款分为两类：公约第 1 条至第 21 条及附录为“实质性条款”（substantive provisions），第 22 条至第 38 条为“行政和最后条款”（administrative and final clauses）。

---

① 参见万鄂湘、余晓汉：《国际条约适用于国内无涉外因素的民事关系探析》，载《中国法学》2018 年第 5 期，第 18 页。

"实质性条款"又可进一步分为"协定规则"(conventions rules)和"参照规则"(rules of referral)。"协定规则"往往规定了缔约国必须遵循的具体要求和标准,如《伯尔尼公约》第7条有关著作权保护期限的规定,因此具有直接适用的可能性。"参照规则"允许各国自主裁量适用,如《伯尔尼公约》第9条第2款有关复制权例外的"三步检验标准"[①],因此缔约国往往并不直接适用这些规则。[②] 同样,缔约协商机关可以依照此种分类标准对其他诸如《巴黎公约》《世界版权公约》等包含知识产权条约实体性规定的适用性作出区分。

此外,随着以实体法条款为核心的知识产权条约体系逐步向知识产权程序规则和制度延伸,[③]知识产权条约当中还包括某些我国国内法未规定的事项,诸如程序性规定、国际标准等。为履行最低保护标准义务,国务院可直接将其认定为直接适用的条约。例如,就程序性事项而言,国务院商标或者专利行政部门通常以《马德里协定》《专利合作条约》等规定的国际申请程序为依据授予当事人要求的权利,这些条约规定的大量程序性事项也可以作为法院审判的直接依据。就国际标准而言,《尼斯协定》《商品名称及编码协调公约》《斯特拉斯堡协定》等是专门规定国际标准的公约,当判断被控侵权产品与注册商标的核定使用商品是否为同类商品时,法院可以直接适用这类公约。此外,既包含实体性条款,又包含程序性条款的公约,如《世界版权公约》当中对在作品上署名的标注方式的要求等亦是可直接适用的国际标准,这些标准对应的条款也可判定为具有直接适用性。但如前文所述,在司法实践中,法院倾向于将上述可直接适用的公约作为事实认定的

---

① "三步检验标准"是指《伯尔尼公约》第9条第2款规定的合法复制作品需要满足的三项要求,即成员国法律允许、不损害作品的正常使用、不致无故侵害作者的合法权益。

② [澳]山姆·里基森、[美]简·金斯伯格:《国际版权与邻接权——伯尔尼公约及公约以外的新发展》(第2版上卷),郭寿康、刘波林等译,中国人民大学出版社2016年版,第158~159页。

③ 参见王志安:《中国の国内裁判における知的所有権関連条約の適用:その知的所有権法の展開への影響を念頭に》,第137~141页。

一部分,此举表明法院对这类条约的直接适用仍是不确信的。因此,建议通过《缔结条约程序法》授予国务院直接认定上述条约具有直接适用性,以促使法院对上述知识产权条约的积极适用。

就间接适用知识产权条约而言,如前文所述,司法实践中法院对条约间接适用存在不同的表述逻辑,包括与知识产权条约规定的精神一致、条约的内容体现于国内法等。对此,有学者提出我国相关法律中无需规定“条约与法律有不同规定”这一限制性条件,而在法律中直接规定“国际条约优先适用”。[①] 还有学者提出最高人民法院可以制定司法解释,将所有商事条约均规定为优先适用,不仅是在与国内法有不同规定时才适用。[②] 但上述直接规定“国际条约优先适用”的方案并不能满足知识产权条约适用的实践需要。

在知识产权领域,通常情况下,《TRIPS 协定》以外的知识产权条约都规定了最低保护标准而非完全统一的具体规则。[③] 多数情形下,我国国内法相对知识产权条约的规定更加具体,且国内法往往规定了较知识产权条约而言更高的保护标准。因此,知识产权条约的间接适用应当以履行条约最低保护标准为指引。当知识产权条约提供更高保护标准的情形下,知识产权条约应当得以优先适用,如我国《著作权法》未规定著作权人享有声音传播权利,但《伯尔尼公约》第 11.3 条对著作权人的此项权利予以保护。[④] 这些条约的直接适用性可由《缔结条约程序法》授权国务院进行明确。若国内法规定了较知识产权条约而言更高的保护标准,尽管此时知识产权条约与国内法规定并不一致,国内法仍应当作为审判的直接依据。因此,建议通过《立法法》明确在知识产权领域,

---

① 参见杨梦莎:《CISG 优先适用法律模式探析——兼评我国国际商事条约适用立法及司法实践》,载《东北大学学报(社会科学版)》2020 年第 4 期,第 103 页。

② 参见左海聪:《直接适用条约问题研究》,载《法学研究》2008 年第 3 期,第 96 页。

③ 参见车丕照:《〈民法典〉颁行后国际条约与惯例在我国的适用》,载《中国应用法学》2020 年第 6 期,第 9 页。

④ 《伯尔尼公约》第 11.3 条规定,文学作品的作者享有下列专有权利:(1)授权公开朗诵其作品,包括用各种手段或方式公开朗诵。(2)授权用各种手段公开播送其作品的朗诵。

知识产权条约一般应优先适用,但当国内法提供更高保护标准的情形下,应优先适用国内法。

知识产权条约间接适用的审判实践中还存在法院以条约解释国内法的情形。虽然法院以知识产权条约解释国内法都是以充分保护当事人合法权益为最终目的,但实际上存在两种不同的具体解释目的:第一,我国法律未将某项权益作为知识产权法保护的客体,但知识产权条约将此项权益纳入了保护范围,法院通过条约的解释机制将该项权益纳入我国国内法的保护范围,如前述案例中对"实用艺术作品"的保护;第二,我国法律对相关概念的含义未予明确,法院为溯源该条款的立法目的而援引知识产权条约中的类似条款对其加以解释,最终明确我国国内法应有的含义,如前述案例中对"混淆"是否包括对"关联关系的混淆"的认定。本文认为,对于上述两种解释应当给予不同的适用性评价。在第一种情形下,法院本应对知识产权条约进行直接适用,因其涵盖了国内法未涉及的保护客体,难以通过立法目的解释将其扩展涵盖在国内法之中。通常情况下,此时知识产权条约也较国内法有更为具体的表达,无需再援引国内法作为适用依据。在第二种情形下,法院应当间接适用知识产权条约,因其目的就是明确立法机关在国内法起草过程中赋予该项条款的准确含义。因此,建议在《立法法》中对间接适用知识产权条约解释国内法的目的做出限定,仅应限定为旨在确定我国国内法相关条款的立法目的。在国内法未涵盖特定知识产权保护之客体时,应当直接适用条约。

此外,我国法院在"非涉外"案件中适用条约仍然是薄弱且尚未解决的问题。[①] 有学者认为国际条约在我国仅适用于不同缔约国公民之间的权利义务关系,而不能适用于缔约国纯国内性的法律关系,但行政技术性国际条约具有绝对效力因而能够在"非涉

① 参见王勇:《论我国法院在非涉外案件中直接适用条约的证成与完善》,载《法学杂志》2021年第5期,第68页。

外”案件中进行适用。[①] 但也有学者表示,国际条约优先适用的情形只限定在涉外法律关系将导致我国公民或法人权利与义务的不平衡,进而影响司法实践的一致性。[②] 另有学者认为,国际条约能否适用于“非涉外”案件是一国的自主选择,因而法院在适用国际条约时应当考察国家缔结条约的意图。[③]

就知识产权条约而言,本文认为,法院在“非涉外”案件中适用知识产权条约是有法律依据可循的。如《专利法》第 19 条第 2 款规定,我国当事人向外国申请专利时要根据我国参加的有关国际条约提出专利国际申请。此外,法院在“非涉外”案件中适用知识产权条约还可能基于对国内外当事人的平等和充分保护:首先,法院在“非涉外”案件中援引知识产权条约对我国国内法进行解释大多是为了扩大国内法的保护范围,最终依据国内法作出的裁判往往更能促进裁判公正,也能充分保护当事人的合法权益。其次,法院所称“条约与国内法规定不同”而适用条约的情形,多数是因为我国法律未对相关事项作出规定。此时,在“非涉外”案件中直接适用条约不仅能够提升我国对知识产权保护的水平,还能够更好履行我国以国民待遇原则平等保护国内外当事人合法权益的国际义务。因此,在我国高标准保护知识产权的态势下,知识产权条约在我国法院的适用无需区分是否具有涉外因素。建议我国在《立法法》中对“非涉外”案件可适用知识产权条约作出统一的明确规定。

(二)加强最高人民法院对知识产权条约适用的司法指导职能

对知识产权条约的地位和适用方式在立法中作出总体性规定

---

① 参见徐锦堂:《关于国际条约国内适用的几个问题》,载《国际法研究》2014 年第 3 期,第 79 页。

② 参见蔡莉妍:《论国际海事条约在中国适用的法律路径》,载《中国海洋大学学报(社会科学版)》2017 年第 1 期,第 60 页。

③ 参见万鄂湘、余晓汉:《国际条约适用于国内无涉外因素的民事关系探析》,第 19 ~ 20 页。

并不能“一揽子”解决司法实践中的所有个性化适用问题。条约在国内的适用还需依赖司法机构发挥重要作用。例如,为判断具体案件中直接适用条约的必要性,美国法院在审理案件时会区分“非自动执行”和“自动执行”两个概念。① 条约在我国法院的适用也是我国最高司法机关近年来最为关注的问题之一。② 2019 年,最高人民法院发布《关于人民法院进一步为“一带一路”建设提供司法服务和保障的意见》指出,“积极适用对我国生效的国际条约,尊重国际惯例和国际商事规则,推动形成和完善区域性及全球性商事法律规则”。2015 年,最高人民法院发布文件要求各级人民法院“增强案件审判中国际条约和惯例适用的统一性、稳定性和可预见性”。③

同样,为使知识产权审判达到“统一性、稳定性和可预见性”的目标,迫切需要充分发挥最高司法机关自身优势,解决实践中各级法院适用知识产权条约时存在的突出问题。

1. 完善知识产权条约司法适用的总体要求

1995 年外交部、最高人民法院、最高人民检察院等《关于处理涉外案件若干问题的规定》是最早对国际民商事条约的适用问题进行明确的司法解释。④ 该项司法解释规定了条约优先适用的规则,即“当国内法或者我内部规定同我国所承担的国际条约义务发生冲突时,应当适用国际条约的有关规定(我国声明保留的条款除外)”,同时强调“各主管部门不应当以国内法或者内部规定为由

---

① See Jia Liu and Qiaolin Shen, “The Domestic Application of WTO Laws”, (2009) 2 *Journal of Politics and Law* 44, p. 45.

② 最高人民法院《关于为成渝地区双城经济圈建设提供司法服务和保障的意见》(法发〔2021〕4 号)中表示:加强涉外审判体系和审判能力建设,完善涉外经贸裁判规则,准确适用国际条约、国际惯例,妥善审理各类涉外民商事案件。

③ 最高人民法院《关于人民法院为“一带一路”建设提供司法服务和保障的若干意见》(法发〔2015〕9 号)。

④ 外交部、最高人民法院、最高人民检察院等《关于处理涉外案件若干问题的规定》(外发〔1995〕17 号)第 1 条第 1 款。

拒绝履行我国所承担的国际条约规定的义务”。[①] 这一司法解释为各级审判机关指明了在“条约与国内法规定相冲突”时条约与国内法的适用顺位。在涉及知识产权条约的领域也存在多个现行有效的司法解释和其他司法文件。最早见于1998年最高人民法院《关于全国部分法院知识产权审判工作座谈会纪要》,[②]该项规定与前述1995年司法解释类似,是对知识产权条约同样遵循与国内法冲突时采用优先适用规则的强调。

上述司法解释虽然能够表明知识产权条约的直接适用性,但由于目前仅《TRIPS协定》明确规定为“需要转化”适用的知识产权条约,[③]而对于哪些知识产权条约已经规定在国内法中没有具体的法律依据,各级法院在审判实践中产生了不同的理解:何谓条约与法律有不同规定?条约与法律规定相同时是否就只能适用国内法?在司法实践中,法院不回应当事人适用知识产权条约的诉求、将知识产权条约与国内法并列援引的情况表明,即使在知识产权条约能够被直接适用的情形,法院也会因上述问题的不明确而回避直接适用条约,而是表示条约与法律的精神一致,或者直接将我国法律解释成与条约一致而适用国内法。

对此,建议我国最高人民法院在关于国际条约国内适用的司法解释中明确:在知识产权条约与国内法规定不同的情形下,各级法院应当衡量知识产权条约与国内法对当事人权益保护的程度,以能提供更高保护程度的优先适用。此外,最高人民法院还应针

---

① 外交部、最高人民法院、最高人民检察院等《关于处理涉外案件若干问题的规定》第1条第3款。

② 最高人民法院《关于全国部分法院知识产权审判工作座谈会纪要》(法〔1998〕65号)中要求:人民法院在审理涉外知识产权民事纠纷案件中,应当严格按照我国法律、法规的有关规定办理。我国缔结或者参加的国际条约同我国法律有不同规定的,应当优先适用国际条约的规定,但我国声明保留的条款除外;我国法律、法规和我国缔结或者参加的国际条约没有规定的,可以适用国际惯例。

③ 《中国加入工作组报告书》第67条规定:中国将通过修改其现行国内法和制定完全符合《马拉喀什建立世界贸易组织协定》的新法的途径,以有效和统一的方式实施《马拉喀什建立世界贸易组织协定》。

对具体条约适用时“条约与国内法律规定不同”“条约内容体现于我国国内法”等情形发布指导案例,并进一步在关于知识产权条约国内适用的司法解释中做出说明。

2. 统一知识产权条约和国内法解释规则

最高人民法院曾发布多个关于解释国际条约的指导意见。如在新冠肺炎疫情暴发期间,最高人民法院要求各级法院“对公约条款的解释,应当依据其用语按其上下文并参照公约的目的及宗旨所具有的通常意义,进行善意解释”。① 又如,最高人民法院还发布了对国内法进行解释的规则:“……所适用的法律、行政法规的具体条文存在两种以上的合理解释,其中有一种解释与中华人民共和国缔结或者参加的国际条约的有关规定相一致的,应当选择与国际条约的有关规定相一致的解释,但中华人民共和国声明保留的条款除外。”②但实质上,上述规则只是对《维也纳条约法公约》有关“善意解释规则”的重复强调,对审判实践的指引性仍显不足。

在审判实践中,当直接适用的条约或者国内法含义尚不清晰时,法院将拥有充分的自由裁量权,此时各级法院解释的不一致就可能因法律适用的不同导致同案不同判的情况。如《巴黎公约》与我国《反不正当竞争法》均规定了驰名商标,在认定商标是否“知名”时,最高人民法院曾发布公报案例称“《反不正当竞争法》所指的知名商品,是在中国境内具有一定的市场知名度,为相关公众所知悉的商品。在国际上已知名的商品……仍以其在中国境内为相关公众所知悉为必要”。③ 伊士曼柯达公司诉苏州科达液压电梯有限

---

① 《关于依法妥善审理涉新冠肺炎疫情民事案件若干问题的指导意见(三)》第7条。

② 最高人民法院《关于审理国际贸易行政案件若干问题的规定》(法释〔2002〕27号)第9条。

③ 意大利费列罗公司与蒙特莎(张家港)食品有限公司、天津经济技术开发区正元行销有限公司不正当竞争纠纷案,载《最高人民法院公报》2008年第6期。

公司商标权侵权纠纷案①中，一审法院表示“KODAK……在全球范围内拥有广泛的用户群，为大众所熟知”，这一表述则是从全球范围内判断商标是否知名。对条约条款含义的不同理解，导致法院借此解释国内法规定时产生了不一致的意见。对此，除在《立法法》中规定解释知识产权条约的总体要求外，建议最高人民法院应当坚持以统筹知识产权条约和国内法解释规则的一致性为导向，发布具有针对性的知识产权条约解释规则，对含义不明的条约条款直接作出解释。

3. 统一知识产权条约适用的说理

在《涉外商事海事裁判文书写作规范》中，最高人民法院要求“……引用公约条款的顺序应置于法律、司法解释之前”。但相比于涉外商事海事条约，知识产权条约直接适用的情形并不多见。这一要求并不符合我国知识产权条约间接适用的一般逻辑。在间接适用知识产权条约时，若以国内法为依据，则应当先援引国内法，再援引条约。在通过条约解释国内法的情形下，仍应当首先说明国内法未予明确的内容，再援引条约确定国内法的准确含义。

此外，最高人民法院发布的《关于裁判文书引用法律、法规等规范性法律文件的规定》第 1 条规定，“人民法院的裁判文书应当依法引用相关法律、法规等规范性法律文件作为裁判依据。引用时应当准确完整写明规范性法律文件的名称、条款序号，需要引用具体条文的，应当整条引用”。我国法院在适用知识产权条约进行说理时，应当依照上述规定，准确援引条约的具体条款。

综上，建议最高人民法院针对国际条约的直接适用和间接适用分别作出规定以明确和统一不同类别国际条约在司法审判适用中的说理，包括纠正法院在援引国际条约时不使用全称及具体条款的情形。具体可以作如下类似规定：在直接适用国际条约时，应

① 参见伊士曼柯达公司诉苏州科达液压电梯有限公司商标权侵权纠纷案，载《最高人民法院公报》2008 年第 5 期。

当援引国际条约名称和条款的全文。不仅要在说理部分援引国际条约,还应当在判决主文中体现其为案件的裁判依据。在将国际条约与国内法并列作为直接适用的裁判依据时,应当以两者适用不同法律事项为前提。在间接适用国际条约时,应当先援引国内法再援引条约。

The Application of Intellectual Property Treaties in Chinese Courts: Empirical Investigation and Improvement Suggestions

HAN Yonghong LI Ming

Abstract: Through the empirical analysis of the application of intellectual property treaties by Chinese courts, it is found that courts seldom apply these treaties directly, and indirect application is the main way. The cases of direct application mainly include parallel application with domestic law, application of procedural clauses in intellectual property treaties, etc. Indirect application includes citing provisions of domestic law, citing intellectual property treaties to interpret domestic laws, and affirming that domestic laws are consistent with the spirit of intellectual property treaties. In the indirect application of intellectual property treaties, the courts do not make judgments and reasoning in accordance with the application logic stipulated by domestic law, and there are problems such as irregular ways of invoking treaties, evading the parties' claims to apply treaties, and unclear applicability of treaties to "non-foreign-related" cases. China should define the status of "legal source" of international treaties through the Constitution, and stipulate specific ways of applying treaties through the Law on the Procedures for the

Conclusion of Treaties and the Legislation Law. The Supreme People's Court should exert its judicial guidance to solve the more prominent problems in practice, such as unclear application of treaties, insufficient interpretation rules, and irregular ways of invoking treaties.

Key Words: intellectual property; treaties; domestic application

书　评

承上启下、兼具实务和学术价值的国际刑法“一本通”

——评安博斯主编的《国际刑事法院罗马规约：逐条评注》（第四版）

贺颖昕*

摘要：在《罗马规约》生效、国际刑事法院正式运行二十年之际，由特里夫特勒莫基、安博斯接棒主编的《评注》（第四版）面世。新版《评注》收录了大量国际刑事法院的新判例，反映了国际刑法在过去五年间的高速发展。《评注》以逐条注释的经典法律评注的体例写成，但并不拘泥于规约文本，是从规约出发的对国际刑法理论和实践的全面分析。尽管无法做到像独著一样在体系性上无懈可击，也难免有一些编排上的疏漏，但新版《评注》还是显示出了编者卓越的统筹编排能力。80位来自实务界和学术界的作者代表了领域内最高的专业水准，他们的作品共同组成了这本兼具实务和学术价值的国际刑法“一本通”。近年来，国际刑事法院一方面受到了国际社会众多的质疑，另一方面其影响力也在扩大，甚至直接或间接地对非缔约国产生了影响。因此，这本《评注》对于中国的读者而言也有很大的参考价值。

关键词：《罗马规约》；评注；国际刑事法院；非缔约国

---

* 德国哥廷根大学博士研究生。

一、与国际刑事法院共同成长的二十年

2022 年是《国际刑事法院罗马规约》(以下简称《罗马规约》)生效二十周年,也是国际刑事法院投入运行的第二十个年头。在这一年里,由贝克出版社(C. H. Beck Verlag)联合哈特出版社(Hart Publishing)和诺莫斯出版社(Nomos Verlagsgesellschaft)共同出版、哥廷根大学教授凯·安博斯(Kai Ambos)①主编的《国际刑事法院罗马规约:逐条评注》(以下简称《评注》)也迎来了"全面修订、更新、扩展和补充"后的第四版。②

《评注》的奠基人是已故国际刑法大家奥托·特里夫特勒(Otto Triffterer)。其第一版出版于 1999 年,③那是《罗马规约》通过后的第二年,国际刑事法院的建立还在筹备之中。④ 特里夫特勒与《评注》的第一批作者们希望将他们对《罗马规约》筹备、缔结过程以及最终文本的"观察者笔记"编撰成书,以促进国际刑事法院尽快开始运行。⑤《评注》的第二版于 2008 年出版,⑥彼时国际

① 凯·安博斯现任德国哥廷根大学教授、科索沃专家分庭(Kosovo Specialist Chambers)法官、哥伦比亚和平特别法庭(Colombian Special Jurisdiction for Peace)顾问。See "Prof. Dr. Dr. h. c. Kai Ambos", https://www.department-ambos.uni-goettingen.de/index.php/en/2014-10-03-12-43-13/kai-ambos (Last visited January 10, 2022).

② See Kai Ambos, "Editor's Preface", in Kai Ambos (ed.), *Rome Statute of the International Criminal Court: Article-by-Article Commentary* (München, Oxford, Baden-Baden: C. H. Beck, Hart, Nomos, 4th edn, 2022), p. VII.

③ See Otto Triffterer (ed.), *Commentary on the Rome Statute of the International Criminal Court: Observers' Notes, Article by Article* (Baden-Baden: Nomos, 1st edn, 1999).

④ 《罗马规约》于 1998 年 7 月 17 日通过。

⑤ See Otto Triffterer, "Editor's Note", in Triffterer (1st edn), p. VI.

⑥ See Otto Triffterer (ed.), *Commentary on the Rome Statute of the International Criminal Court: Observers' Notes, Article by Article* (München, Oxford, Baden-Baden: C. H. Beck, Hart, Nomos, 2nd edn, 2008).

刑事法院已经开始运作并开启了第一案——卢班加(Lubanga)案。[①] 第二版依然由特里夫特勒主编,作者们在原有的结构上进行了内容上的增订,特别是增加了相关的判例。此外,随着国际刑事法院的正式运行,其法律框架也在不断细化、完善,第二版评注不仅将《程序和证据规则》《犯罪要件》《法院条例》收入附录,[②]也将它们与规约相关条文的评注进行了很好的结合。[③] 2016年出版的《评注》第三版迎来了更大的变化。[④] 特里夫特勒在出版前一年去世,安博斯接替他完成了第三版的编辑工作。国际刑事法院的运行渐入佳境,大量增加的判例法为《罗马规约》的解读开启了全新的维度。《罗马规约》本身也有一些重要发展:2010年在坎帕拉举行的规约审查会议通过了该规约第8条修正案[⑤]以及侵略罪修正案。[⑥] 鉴于此,第三版的评注中也增加了相应的内容。[⑦]

① 根据第126条,《罗马规约》于2002年7月1日生效,同时国际刑事法院正式开始运行。2004年3月刚果民主共和国提交情势至国际刑事法院,三个月后检察官启动调查。第一预审分庭于2007年1月29日确认了检察官对卢班加的指控,在《评注》第二版出版时,卢班加案刚刚进入审理阶段。See "Lubanga Case", https://www. icc-cpi. int/drc/lubanga (last visited January 10, 2022).

② See Triffterer (ed.), *Commentary on the Rome Statute of the International Criminal Court* (2nd edn), pp. 1783 – 1954.

③ See Otto Triffterer, "Editor's Note to the Second Edition", in Triffterer (2nd edn), p. V.

④ See Otto Triffterer and Kai Ambos (eds.), *Rome Statute of the International Criminal Court: A Commentary* (München, Oxford, Baden-Baden: C. H. Back, Hart, Nomos, 3rd edn, 2016).

⑤ 参见审查会议决议:《修正〈罗马规约〉第八条》,RC/Res. 5号决议(2010),载https://asp. icc-cpi. int/iccdocs/asp_docs/Resolutions/RC-Res. 6-CHN. pdf,最后访问时间:2022年1月10日。

⑥ 参见审查会议决议:《侵略罪》,RC/Res. 6号决议(2010),载https://asp. icc-cpi. int/iccdocs/asp_docs/Resolutions/RC-Res. 6-CHN. pdf,最后访问时间:2022年1月10日。

⑦ 第8条第2款第5项第13~15目:Robin Geiß, "Article 8", in Triffterer and Ambos (3rd edn), mn. 979 – 987;第8条之二:Andreas Zimmermann and Elisa Freiburg, "Article 8*bis*", in Triffterer and Ambos (3rd edn);第15条之二:Andreas Zimmermann and Elisa Freiburg, "Article 15*bis*", in Triffterer and Ambos (3rd edn);第15条之三:Andreas Zimmermann and Elisa Freiburg, "Article 15*ter*", in Triffterer and Ambos (3rd edn)。

虽然推出新版的时间间隔变短,2022 年的第四版《评注》却是一次更全面的升级和更新。最直观的变化就是主编从前两版的特里夫特勒,第三版的特里夫特勒、安博斯,变成了第四版的安博斯。这一变化与扉页上的“献给这本《评注》的奠基人和父亲——奥托·特里夫特勒(1931—2015)”一起,代表着国际刑法学人的薪火相传。

从内容上看,最显著的变化则是第四版《评注》中增加了大量国际刑事法院的新判例。以下的新进展尤为值得关注:①上诉分庭确认本巴(Bemba)及其律师团队妨害司法罪名成立,②但推翻了对本巴犯有战争罪和危害人类罪的裁决,宣判其无罪。③ 在马赫迪(Al Mahdi)对其破坏历史和宗教遗产的战争罪行认罪后,审判分庭判决其有罪。④ 塔甘达(Ntaganda)因犯战争罪和危害人类罪被判处 30 年有期徒刑。⑤ 审判分庭宣判对巴博(Gbagbo)和古德(Blé Goudé)的危害人类罪的指控不成立。⑥ 昂格文(Ongwen)被审判分庭判定犯有危害人类罪和战争罪。⑦ 此外,预审阶段有两个判决涉及了国际刑法中的一些根本性问题,上诉分庭确认

---

① See Bertram Schmitt, “Introductions to the Fourth Edition”, in Ambos (4th edn), pp. XV – XVI.

② See Ambos (ed.), *Rome Statute of the International Criminal Court* (4th edn), pp. 2961 – 2964. 该案中妨害司法罪的讨论,见 Donald K. Piragoff, “Article 70”, in Ambos (4th edn), mn. 7。

③ See Ambos (ed.), *Rome Statute of the International Criminal Court* (4th edn), pp. 2956 – 2961. 其中涉及的主要是指挥官和其他上级责任的问题,见 Roberta Arnold and Miles Jackson, “Article 28”, in Ambos (4th edn), mn. 28 ff., 40 ff., 56 ff., 67 ff.。

④ See Ambos (ed.), *Rome Statute of the International Criminal Court* (4th edn), p. 2938; 该案的重点在于认罪程序,见 Fabricio Guariglia and Gudrun Hochmayr, “Article 65”, in Ambos (4th edn), mn. 7, 8, 17, 36。

⑤ See Ambos (ed.), *Rome Statute of the International Criminal Court* (4th edn), pp. 2942 – 2945.

⑥ See Ambos (ed.), *Rome Statute of the International Criminal Court* (4th edn), pp. 2968 – 2971.

⑦ See Ambos (ed.), *Rome Statute of the International Criminal Court* (4th edn), pp. 2947 – 2950.

国际刑事法院可受理卡扎菲(Gaddafi)案涉及了“一罪不二审”的原则,[①]而巴希尔(Al Bashir)案中的数个判决则涉及“官方身份的无关性”(元首豁免)的问题。[②] 检察官获得授权启动对阿富汗[③]和孟加拉国/缅甸情势[④]的调查,两者都因为涉及法院与非缔约国之间的关系而备受争议。由于对前者的调查会涉及美军在阿富汗的行为,法院受到了来自美国政府的巨大政治压力。[⑤] 尽管如此,法院上诉分庭依然推翻了第二预审分庭认为启动调查无助于实现公正(司法利益)的决定,授权启动调查。[⑥] 而孟加拉国/缅甸情势的复杂之处则在于如果只有“部分”犯罪行为发生在缔约国境内,法院能否行使属地管辖的问题。[⑦]

本次修订的另一个亮点是新增了案例列表。[⑧] 该列表将《评注》中所提及的所有案例按照裁判机关分为三大类:国际刑事法庭(国际刑事法院、特设法庭、混合法庭和军事法庭)、国际和区域法庭(国际法院、欧盟法院等)、国内法院。国际刑法的案例往往极为庞杂:时间跨度大,涉及审前、审判和上诉多个阶段,事实与法律适用问

---

① See William A. Schabas and Mohamed El Zeidy, “Article 17”, in Ambos (4th edn), mn. 54 ff.; Astrid Reisinger Coracini and Tallgren Immi, “Article 20”, in Ambos (4th edn), mn. 38.

② See Claus Kreß, “Article 98”, in Ambos (4th edn), mn. 84 – 148; Otto Triffterer and Christoph Burchard, “Article 27”, in Ambos (4th edn), mn. 11.

③ See Ambos (ed.), *Rome Statute of the International Criminal Court* (4th edn), pp. 2994 – 2995.

④ See Ambos (ed.), *Rome Statute of the International Criminal Court* (4th edn), p. 2995.

⑤ 参见《国际刑事法院授权检察官针对阿富汗战争中所犯罪行展开调查　美国称其为“鲁莽”行动》,载联合国新闻,https://news.un.org/zh/story/2020/03/1052181,最后访问时间:2022 年 1 月 10 日。

⑥ 本案中的争点在于对《罗马规约》第 53 条第 1 款第 3 项“公正/司法利益”(interests of justice)的理解,参见 Morten Bergsmo and Olympia Bekou, “Article 53”, in Ambos (4th edn), mn. 30 – 35。

⑦ See William A. Schabas and Giulia Pecorella, “Article 12”, in Ambos (4th edn), mn. 14, 19.

⑧ See Ambos (ed.), *Rome Statute of the International Criminal Court* (4th edn), pp. 2931 – 3035.

题均很复杂,既涉及程序法又涉及实体法。一个案件中除了包含多个分庭做出的大量裁定和判决,法官的意见书(不同意见书、少数意见书、协同意见书)、法院其他机关的决定、诉讼参与方(检察官、被告人、利益相关国家)提交的文书、法院之友意见书等也都具有极大的参考价值。因此,将案例以及其中涉及的文书进行系统的编排对于读者而言是非常有帮助的。列表将《评注》所引用的每个文书都在案件名下一一列出,并标明其中涉及条文和其在《评注》中被援引的具体位置(边码)。这便形成了《罗马规约》成文法和判例法的交叉索引。一方面,在《评注》正文部分,作者会援引与条文相关的案例,在脚注中指引读者进行延伸阅读;另一方面,在案例列表中,读者可以从案例出发,按图索骥地找到涉及的规约条文以及《评注》作者的解读。这份列表的归纳汇总是一份极为复杂、琐碎的工作,因此也难免会有一些疏漏,例如同一个判决重复出现,[①]或是对条文或边码援引的错误。[②] 主编安博斯也欢迎读者们提出批评和建议,[③]相信这些编辑上的瑕疵会在后续的印刷或者新版中得到修正。

另一方面,国际刑事法院以《罗马规约》为核心的法律框架也在持续演进。其中最值得关注的发展是,国际刑事法院于 2018 年

---

① 例如, Ambos (ed.), *Rome Statute of the International Criminal Court* (4th edn), pp. 2994 – 2995,在阿富汗情势之下 AC, *Judgment on the appeal against the decision on the authorisation of an investigation into the situation in the Islamic Republic of Afghanistan*, ICC – 02/17 – 138, 5 Mar. 2020 重复两次出现。

② 例如, Ambos (ed.), *Rome Statute of the International Criminal Court* (4th edn), p. 2995,列表显示对《罗马规约》第 14 条的评注有两处[Eleni Chaitidou, "Article 14", in Ambos (4th edn), mn. 16, 37]援引了 PTC III, *Decision Pursuant to Article 15 of the Rome Statute on the Authorisation of an Investigation into the Situation in the People's Republic of Bangladesh/Republic of the Union of Myanmar*, ICC – 01/19 – 27, 14 Nov. 2019;事实上,仅有边码 37 提及孟加拉国/缅甸情势,而边码 16 则完全无关。

③ See Ambos, "Editor's Preface", in Ambos (4th edn), p. VIII. 读者的批评和建议可以发送至 ICC-Commentary@ jura. uni-goettingen. de。

7月17日正式启动了对侵略罪的管辖。[①] 此外,缔约国大会于2015年12月决议删除《罗马规约》第124条(过渡条款)。[②] 2017年,缔约国大会通过了关于第8条战争罪的修正案,拟添加三项与非法武器使用相关的战争罪行。[③] 2019年,缔约国大会再次扩展了第8条的内容,将断绝平民粮食纳入非国际武装冲突下的战争罪行。[④] 《评注》也没有忽略与《罗马规约》相配套的细则和条例的发展,对《犯罪要件》的新修订在《罗马规约》第5条至第8条之二对应部分的评注中有详细论述,对《程序和证据规则》修正案的归纳则在对《罗马规约》第51条的评注中有所体现。[⑤]

面对过去五年中国际刑法实践浩如烟海的新发展,想要做到面面俱到是不切实际的。有一些虽然在理论上没有太多讨论

---

① See ICC-ASP Resolution, *Activation of the jurisdiction of the Court over the crime of aggression*, ICC-ASP/16/Res. 5 (2017), https://asp. icc-cpi. int/iccdocs/asp_docs/Resolutions/ASP16/ICC-ASP-16-Res5-eng. pdf (last visited January 10, 2022); Andreas Zimmermann and Elisa Freiburg-Braun, "Article 15*bis*", in Ambos (4th edn), mn. 41; Roger S. Clark and Alexander Heinze, "Article 121", in Ambos (4th edn), mn. 22 – 26.

② See ICC-ASP Resolution, *Resolution on article* 124, ICC-ASP/14/Res. 2 (2015), https://treaties. un. org/doc/source/docs/ICC-ASP-14-Res2-ENG. pdf (last visited January 10, 2022). 但是根据《罗马规约》第124条第4款的规定,该修正案还未生效。See Andreas Zimmermann, "Article 124", in Ambos (4th edn), mn. 19 – 31; Clark and Heinze, "Article 121", in Ambos (4th edn), mn. 27.

③ See ICC-ASP Resolution, *Resolution on amendments to article* 8 *of the Rome Statute of the International Criminal Court*, ICC-ASP/16/Res. 4 (2017), https://asp. icc-cpi. int/iccdocs/asp_docs/Resolutions/ASP16/ICC-ASP-16-Res4-ENG. pdf (last visited January 10, 2022). 增加的内容既适用于国际武装冲突也适用于非国际武装冲突:第8条第2款第2项第27目/第5项第16目,第2项第28目/第5项第17目,第2项第29目/第5项第18目,参见 Robin Geiß and Anni Pues, "Article 8", in Ambos (4th edn), mn. 811 – 836, 1002 – 1007; Clark and Heinze, "Article 121", in Ambos (4th edn), mn. 28。

④ See ICC-ASP Resolution, *Resolution on amendments to article* 8 *of the Rome Statute of the International Criminal Court*, ICC-ASP/18/Res. 5 (2019), https://asp. icc-cpi. int/iccdocs/asp_docs/ASP18/ICC-ASP-18-Res5-ENG. pdf (last visited January 10, 2022). 拟添加第8条第2款第5项第19目,参见 Geiß and Pues, "Article 8", in Ambos (4th edn), mn. 1008 – 1034; Clark and Heinze, "Article 121", in Ambos (4th edn), mn. 29。

⑤ See Bruce Broomhall, "Article 51", in Ambos (4th edn), mn. 41.

空间,但对司法实践极为关键的发展并没有在新版《评注》中得以体现。例如,2019 年 11 月法官们共同更新了《分庭实践手册》(Chambers Practice Manual)。新版手册建立了一套全面的审限制度,为各个关键的司法决定设置了期限。① 虽然《分庭实践手册》对法官没有正式拘束力,但其包含的指南代表着法官们公认的最佳实践,因此对法院的实际运作有非常重要的参考意义。② 这次关于审限的更新对《罗马规约》和《程序和证据规则》形成了很好的补充,特别是成为《罗马规约》第 64 条第 2 款所要求的"审判公平从速进行"的绝佳注脚。③ 虽然学者们关注的重点往往在于更加复杂的理论问题以及效力层级更高的规则和判例,但是这些实际操作层面的细节却是真正的实务工作者每天都会遇到的问题。也许下一版《评注》需要对这样的问题给予更多的关注。

从 1999 年到 2022 年,《评注》从第一版到第四版跨越了 23 年的时间。这段时间也足以让一个刚入行的年轻人成长为这一领域的中坚力量——从前南斯拉夫刑事法庭的法律干事到国际刑事法院检察官,这是 2021 年 6 月在海牙宣誓入职的卡里姆·汗(Karim Khan)的故事。④ 这段时间也见证了国际刑事法院从无到有,从缓慢启动到飞速发展的全过程。如今,国际刑事法院已是一个 20 岁的"青年",它连同国际刑法这个领域,都是年轻而充满活力的,处在快速而持续的发展之中。《评注》则像是一个"不可或

① See "Chambers Practice Manual", https://www.icc-cpi.int/iccdocs/other/191129-chamber-manual-eng.pdf (last visited January 10,2022), pp. i – iii.

② See Schmitt, "Introductions to the Fourth Edition", in Ambos (4th edn), p. XV.

③ See Gilbert Bitti, "Article 64", in Ambos (4th edn), mn. 11 – 16. 但很遗憾,这条的评注者并没有提及这次关于审限的新进展。

④ See "Delivering the ICC Vision Through Deeds not Words: An Interview with Karim Khan QC", *Opinio Juris*, http://opiniojuris.org/2021/05/21/selling-the-icc-vision-through-deeds-not-words-an-interview-with-karim-khan-qc/ (last visited January 10,2022).

缺的伙伴",[1]与国际刑法领域的工作者们一同成长、与国际刑事法院一同成长。

二、兼具实务和学术价值的国际刑法"一本通"

《评注》以"经典的"法律评注的体例写成,是对《罗马规约》每一个法条的评价和注释。正文前有编者序言、五篇导语、一般文献列表、官方文件和其他文件列表、缩略语列表、作者列表和目录。正文部分是对条文的评注,按照《罗马规约》的结构分为序言和十三编,以条为基本单位,包含法条原文、针对各条的参考文献和目录,以及作者逐款、逐项,甚至逐字对《罗马规约》的注解。正文后是案例列表和索引。

近年来,随着中国法典化的进程和比较法研究的深入,法律评注这种体例受到了越来越多的关注,2020 年《民法典》的颁布更是将国内学界撰写法律评注的浪潮推向高峰。[2] 而国际法领域的学者和实务工作者其实对评注从来都不陌生。红十字国际委员会早在 20 世纪 50 年代就组织编纂了《日内瓦公约》及其附加议定书的评注。[3] 当国际法委员会向联合国大会提交其草拟的公约、条款或准则时,会在每个条文后附上评注,以对条文进行阐

① See Karim A. A. Khan, "Introductions to the Fourth Edition", in Ambos (4th edn), p. XVIII.

② 《法学家》杂志自 2016 年开设评注专栏,《南京大学学报》也于 2020 年开始推出固定的评注专栏。学界关于法律评注文化及其在中国实践的探讨,例如贺剑:《法教义学的巅峰　德国法律评注文化及其中国前景考察》,载《中外法学》2017 年第 2 期,第 376 页;韩世远:《法律评注在中国》,载《中国法律评论》2017 年第 5 期,第 157 页;卜元石:《德国法律评注文化的特点与成因》,载《南京大学学报(哲学 · 人文科学 · 社会科学)》2020 年第 4 期,第 110 页。《苏州大学学报(法学版)》于 2020 年第 2 期推出《民法典》评注专题,介绍了法国、德国、意大利、日本、美国的法律评注。

③ 参见《日内瓦公约及其评注》,载红十字国际委员会,https://www.icrc.org/zh/war-and-law/treaties-customary-law/geneva-conventions,最后访问时间:2022 年 1 月 10 日。

述和说明。[①] 此外,学术界也已经出版了众多国际条约和公约的评注。[②] 如果对国际法领域的评注进一步细分,则又可以分为逐条注释和按主题评注两种形式。大陆法传统意义上的法典评注采用的是逐条注释的形式,而按主题评注则更接近教科书或论文集。目前,已经有一批高质量的《罗马规约》评注出版。[③] 除了由卡塞斯、盖塔和琼斯(Cassese,Gaeta and Jones)主编的评注按照主题编撰,[④]其他评注均采用了逐条注释的形式。安博斯主编的《评注》第四版,不仅具备逐条注释式评注固有的实用性,而且突破了这种体例常有的"只见树木,不见森林"的局限性。[⑤]

---

① 评注部分是对条文部分不可或缺的补充,也是国际法委员会所提交案文的不可分割的组成部分。参见联合国大会正式记录:《国际法委员会第六十三届会议工作报告》,A/66/10/Add. 1(2011),第 29 页。

② 例如,由菲利普·奥尔斯顿(Philip Alston)和沃恩·劳(Vaughan Lowe)总主编的牛津国际法评注系列(Oxford Commentaries on International Law)。向中国读者的介绍,参见包毅楠:《1961 年〈维也纳外交关系公约〉的权威解读——评依琳·登扎教授的〈外交法〉(第四版)》,载《中国国际法年刊(2016)》,法律出版社 2017 年版,第 485 页。

③ 参见李世光、刘大群、凌岩主编:《国际刑事法院罗马规约评释》(上下册),北京大学出版社 2006 年版。用英文出版的评注主要有 Mark Klamberg (ed.), *Commentary on the Law of the International Criminal Court* (Brussels: Torkel Opsahl Academic EPublisher, 2017); William A. Schabas, *The International Criminal Court: A Commentary on the Rome Statute* (Oxford University Press, 2nd edn, 2016); Antonio Cassese, Paola Gaeta and John R. W. D. Jones (eds.), *The Rome Statute of the International Criminal Court: A Commentary* (Oxford: Oxford University Press, 2002)。以下评注针对《罗马规约》中的侵略罪和战争罪:Claus Kreß and Stefan Barriga (eds.), *The Crime of Aggression: A Commentary* (Cambridge: Cambridge University Press, 2017)。向中国读者的介绍,见贾兵兵:《国际法中的侵略罪:概念、相关规则与对未来实践的展望——评 C. 克劳斯和 S. 巴里加主编〈侵略罪合集〉(第三卷)》,载《中国国际法年刊(2017)》,法律出版社 2018 年版,第 367 页;Knut Dörmann (ed.), *Elements of War Crimes under the Rome Statute of the International Criminal Court: Sources and Commentary* (Cambridge: Cambridge University Press, 2003)。此外还有在法语世界颇具影响力的评注 Julian Fernandez *et al.* (eds.), *Statut de Rome de la Cour Pénale Internationale: Commentaire Article par Article* (Paris: Editions Pedone, 2nd edn, 2019)。

④ See Cassese, Gaeta and Jones (eds.), *The Rome Statute of the International Criminal Court*.

⑤ See Andreas L. Paulus, "Legalist Groundwork for the International Criminal Court: Commentaries on the Statute of the International Criminal Court", (2003) 14 *European Journal of International Law* 843, p. 845.《评注》第一版就在这方面做出了努力,第四版则在前三版的基础上更上一层楼。

《评注》的实用性首先体现在其十分便于查阅。只要翻到需要的条文,就可以找到一切相关的内容。《评注》不仅包括《罗马规约》,还包括国际刑事法院的其他法律文件。《评注》列明了与《罗马规约》条文直接相关的《程序和证据规则》(如《罗马规约》第98条与《程序和证据规则》95)①,读者在研究或者适用相关条文时,立刻就可以找到《程序和证据规则》的相应部分进行对照。读者甚至不需要知道会具体用到哪个条文,因为《评注》提供了一个强大的索引,②读者可以通过关键词迅速定位感兴趣的内容。前文提到的案例列表③则可以让读者事半功倍地找到动辄数百页的国际刑法判决中关键的法律问题。此外,《评注》还提供了两套参考文献,全书开头的一般文献包含了国际刑法领域最重要的教科书、法律评注、手册,以及探讨国际刑法普遍性、原则性、历史沿革等问题的专著;每个条文的评注之前则列出了针对该条文的专门文献,特别是专著和期刊、集刊文章。两个列表让读者可以各取所需,找到适合的文献,进行延伸阅读。《评注》所援引的文献不仅包括国际刑法、国际法、刑法界奠基性的经典书籍,还包括最前沿的研究成果,甚至包含发表在法律博客上的评论文章——其中体现的时效性和包容性是对法学界保守的传统形象的突破。

由于《评注》不仅包含了《罗马规约》原文及对其详细的解读,还包含了判例、学术文献、法律发展史和相关的其他法律渊源,称之为国际刑法的"一本通"绝不是夸大其词。此外,让实务工作者们尤为称道的是,即使涵盖了如此广博的内容,《评注》还是浓缩

---

① See Kreß, "Article 98", in Ambos (4th edn), p. 2585.

② See Ambos (ed.), *Rome Statute of the International Criminal Court* (4th edn), pp. 3037–3064.

③ See Ambos (ed.), *Rome Statute of the International Criminal Court* (4th edn), pp. 2931–3035.

在了一卷本的体量之内,[①]方便使用和携带,真正做到了高质量与实用性的统一。可以想象,只要是从事与国际刑法相关的工作,一定会频繁地使用到这本《评注》。如同国际刑事法院院长霍夫曼斯基所说,"我无需为这本书在书架上留一个位置,因为它会一直放在我的办公桌上"。[②]

另一方面,《评注》也具有极高的学术价值。首先,《评注》不是对《罗马规约》"简明字典"式的机械解读,而是以该规约为出发点,对整个国际刑法体系和国际刑事法院运作的深入分析和解读。在对《罗马规约》文本进行注释之外,《评注》还探讨了每个条文背后有怎样的历史渊源,如何结合国际刑事法院的判例对条文进行解读,它们会对整个国际刑法领域产生怎样的影响,以及它们与国际刑事法院的细则和条例的关系为何。以威廉 · A. 沙巴斯(William A. Schabas)撰写的对第 6 条灭绝种族罪的评注为例:这篇评注除了中间部分对犯罪要件的逐一解析之外,还包括了开头的"引言/总论"和结尾的"特别说明"。在总论部分,作者回顾了该条文的起草历史、目前国际刑法领域对该罪名的适用,并建立起了该条文与《灭绝种族罪公约》以及联合国特设刑事法庭实践之间的联系。[③] 总论部分可以让读者在进入条文的具体内容之前,准确地找到它在整个国际刑法体系及历史发展中的定位。而在特别说明部分,作者论述了灭绝种族罪的个人刑事责任、[④]辩护理由[⑤]及该罪与危害人类罪的关系。[⑥] 前两部分很好地将刑法分论与刑法总论结合了起来,而最后一部分则建立起了分论中各罪之

① See Khan, "Introductions to the Fourth Edition", in Ambos (4th edn), p. XVIII; Peter Haynes, "Introductions to the Fourth Edition", in Ambos (4th edn), p. XX. 上述两位作者分别为国际刑事法院检察官和国际刑事法院律师协会主席。

② Piotr Hofmański, "Introductions to the Fourth Edition", in Ambos (4th edn), p. XIII.

③ See William A. Schabas, "Article 6", in Ambos (4th edn), mn. 1 – 6.

④ See Schabas, "Article 6", in Ambos (4th edn), mn. 30 – 32.

⑤ See Schabas, "Article 6", in Ambos (4th edn), mn. 33.

⑥ See Schabas, "Article 6", in Ambos (4th edn), mn. 34 – 36.

间的桥梁。

其次,第四版中的每一篇评注都达到了相当高的学术水准。其援引的资料翔实、可靠,论点清晰,论述有理有据。评注中对于很多问题的讨论深度甚至超越了一些相关主题的专著和论文。即使对于《罗马规约》第四编"法院的组成和行政管理"这样看似只涉及法院内部运作程序的部分,作者们都挖掘出了令人意想不到的理论深度。例如,由米夏埃尔·博兰德(Michael Bohlander)撰写的对第36条法官的资格、提名和选举的评注,其中探讨的候选人资格问题,是关于现代国际刑事审判庭的讨论中最受关注的议题之一。① 作者不仅援引了学术界的观点,还细致地回顾了《罗马规约》起草和磋商阶段该条文成形的过程,并与其他国际刑事审判庭的实践进行了比较研究。② 如果进行纵向比较,新版《评注》相比早期版本的提升是显著的。这一方面归功于主编在作者交稿后的编辑和质量控制,另一方面也与前期的统筹规划密不可分,由于各条文评注的作者通常都是从事相关主题研究或实务的专家,评注写作的质量自然也有所保障。③

更重要的是,《评注》体现了破除权威、理性批判的学术精神。在本书的前言中,主编安博斯明确表示该评注并非国际刑事法院的"喉舌",而是希望以建设性的精神对国际刑事法院的判例和总体表现进行批判性分析。④ 因此,与其说《评注》是对《罗马规约》的"权威解读",倒不如说它是一本"引领性的"(leading)⑤评注。它领先于其他同类作品的高质量并不是来源于权威机构的背书或

① See Michael Bohlander, "Article 36", in Ambos (4th edn), mn. 3.

② See Bohlander, "Article 36", in Ambos (4th edn), mn. 3 – 8.

③ 详见下文第三部分。

④ See Ambos, "Editor's Preface", in Ambos (4th edn), p. VII.

⑤ See Hofmański, "Introductions to the Fourth Edition", in Ambos (4th edn), p. XIII; O-Gon Kwon, "Introductions to the Fourth Edition", in Ambos (4th edn), p. XIV; Schmitt, "Introductions to the Fourth Edition", in Ambos (4th edn), p. XVII; Khan, "Introductions to the Fourth Edition", in Ambos (4th edn), p. XVIII.

者作者的权威地位,而是由于《评注》中的每一个条目都显示出了极高的学术水准。因此,《评注》绝不仅仅是一本工具书,它同时是一部卓越的学术作品。

基于上述特点,《评注》对于与国际刑法相关的各个群体都有极高的参考价值,无论是在学术界还是在实务界,也无论是对于入门者还是进阶者。因为它在内容上很复杂,在形式上却很简单。它既可以作为本科生做案例题的参考书,也可以作为教授写作的参考文献;它既可以是法院实习生写报告前第一本查阅的资料,也可以是国际刑事法院院长在写上诉判决时翻阅的材料。

三、国际刑法界的普遍参与

《评注》新版的出版得益于国际刑法学术和实务界的普遍参与、通力合作。[①] 国际刑法界最知名、最杰出的学者几乎都出现在了《评注》第四版的作者列表中。同时,大批国际刑法领域的实务工作者也参与了《评注》的撰写。他们的背景多元,既有法官、检察官、律师,也有外交官、政府官员、国际组织和非政府组织工作人员。尤为值得注意的是,其中有许多国际刑事法院的工作人员,包括新任检察官卡里姆·汗、法官金伯利·普罗斯特(Kimberly Prost)、被害人参与与赔偿部门主管菲利普·安巴赫(Philipp Ambach)等。没有人会比他们更了解国际刑事法院在实践中对《罗马规约》的解读和适用了。他们的加入为《评注》带来了实务第一线的第一手资料,不仅架起了实务界与学术界之间的桥梁,也为读者们打开了一扇可以窥见国际刑法实践的窗。此外,作者中还有一批青年学者,他们是国际刑法领域的后起之秀,可以想见,他们将在未来成为《评注》持续更新的中坚力量。

① 作者列表参见 Ambos (ed.), *Rome Statute of the International Criminal Court* (4th edn), pp. LVII - LXI。

但是,必须指出的是,《评注》作者的代表性略显不足。以作者所属的机构为依据,作者中的绝大多数常驻于欧洲(其中又以德国背景的作者为最多),其次是北美,仅有我国复旦大学的副教授朱丹常驻于欧洲与北美之外。① 根据作者列表中提供的信息,也仅有另两位作者有在欧洲与北美以外的司法从业背景(国际组织派驻亚非拉地区的除外)。② 当然,国际刑事法院和大部分国际刑法的相关机构都位于欧洲,也不可否认欧洲众多知名学府对于国际刑法的研究处于国际领先的水平,但是《评注》作者在地理分布上极度的不均衡确实是一个值得思考的事实。

在此,我们可以将《评注》与威廉·A. 沙巴斯独著的《国际刑事法院:罗马规约评注》③做一个简短的对比。前者由80位分别写作、安博斯编辑汇总,而后者则由沙巴斯独立完成。独著的优点在于其作者性更强,各个部分在学术水准、写作风格与学术观点上都是统一的。作者对全书结构和内容都有完全的掌控力。但是,必须承认的是,即使对于国际刑法这个相对细分的法律部门,一个人也很难成为其中所有问题的专家。国际刑法中既有刑法的部分,也有国际公法的部分,一个对间接正犯理论有深入研究的学者并不一定对元首豁免有足够的了解。汇编合集的好处在于可以让各领域的专家负责相应内容的写作,让各位作者发挥专长,也让读者可以获得对每个问题最专业的解答。例如,《罗马规约》第118条是关于法院年度审核的规定,面对条文中的“账目”“账册”“财务报表”,一般的国际刑法学家们恐怕都会束手无策,而这条评注的作者菲利普·安巴赫是国际刑事法院被害人参与与赔偿部门主

① 参与编撰第15条、第16条和第42条,见 Ambos (ed.), *Rome Statute of the International Criminal Court* (4th edn), p. LXI。

② 参与编撰第11条的穆罕默德·巴德尔(Mohamed Badar)曾在埃及担任高级检察官和首席法官;参与编撰第17条和第61条的穆罕默德·艾尔·泽迪(Mohamed El Zeidy)也曾在埃及担任法官和高级检察官,见 Ambos (ed.), *Rome Statute of the International Criminal Court* (4th edn), pp. LVIII, LXI。

③ Schabas, *The International Criminal Court*.

管,还曾担任了六年的院长特别助理。[①] 这些让法学家们一头雾水的财务问题正是他的专长和日常工作,由他来撰写这个条文的评注再合适不过了。又如,《罗马规约》第98条涉及豁免权和司法合作的问题,这条评注由科隆大学教授克劳斯·克雷斯(Claus Kreß)完成。克雷斯很早就开始关注相关的问题,发表了多篇学术论文,[②]并且从《评注》第二版开始就一直负责该条的写作。[③] 特别值得关注的是,对于巴希尔案中现任国家元首能否在国家执行国际刑事法院逮捕令时享受豁免的问题,克雷斯在学界持少数说,即认为国际习惯法承认属人豁免在国际刑事法院审判国际犯罪时不适用的例外,国家执行国际刑事法院逮捕令也属于这一例外情形。[④] 在2018年关于约旦未执行对巴希尔的逮捕令的上诉程序中,克雷斯提交了法庭之友意见书,并出庭阐述了其观点。[⑤] 上诉分庭在最终的判决中很大程度上采纳了克雷斯支持的

---

① See Ambach Philipp,"Article 118",in Ambos (4th edn).

② 参见[德]克劳斯·克雷斯:《国际刑事法院与罗马规约非缔约国在国际法中的豁免》,载莫滕·伯格斯默、凌岩主编:《国家主权与国际刑法》(中文版),奥普萨尔学术电子出版社(Torkel Opsahl Academic EPublisher)2012年版,第197页;Hans-Peter Kaul and Claus Kreß,"Jurisdiction and Cooperation in the Statute of the International Criminal Court: Principles and Compromises",(1999) 2 *Yearbook of International Humanitarian Law* 143; Claus Kreß and Sévane Garibian,"Laying the Foundations for a Convention on Crimes Against Humanity: Concluding Observations",(2018) 16 *Journal of International Criminal Justice* 909, pp. 938 – 948; Claus Kreß, *Preliminary Observations on the ICC Appeals Chamber's Judgment of* 6 *May* 2019 *in the Jordan Referral re Al-Bashir Appeal* (Brussels: Torkel Opsahl Academic EPublisher, 2019); Claus Kreß,"Kriegsverbrechen durch Hoheitsträger-Grenzen völkerrechtlicher Immunität: Anmerkung zum BGH, Urteil vom 28. 1. 2021 – 3 StR 564/19",(2021) 74 *Neue Juristische Wochenschrift* 1335。

③ See Claus Kreß and Kimberly Prost,"Article 98",in Triffterer (2nd edn); Claus Kreß and Kimberly Prost,"Article 98",in Triffterer and Ambos (3rd edn); Kreß,"Article 98",in Ambos (4th edn).

④ 参见[德]克劳斯·克雷斯:《国际刑事法院与罗马规约非缔约国在国际法中的豁免》,第214~233页。

⑤ See Amicus Curiae Observations of Professor Claus Kreß, *Al Bashir* (ICC – 02/05 – 01/09 – 359),18 June 2018.

"习惯法路径"。① 由此可以看出,《评注》中的很多内容不仅反映了学术界的最新发展,甚至是前瞻性的——这也是前文提到的《评注》学术价值的体现。

然而,作为一本有大量作者参与写作的合集,《评注》也不可避免地存在系统性、前后一致性方面的缺陷。不同的作者在写作风格和学术观点上必然会有差别,这种差别就会影响读者对主题整体的把握和阅读的连贯性。例如,解决国际刑事法院程序中元首豁免问题的核心在于协调《罗马规约》第 27 条和第 98 条之间的紧张关系。但是由于这两个条文位于《罗马规约》的不同编,且由两位作者分别写作,②《评注》不仅无法像论文或专著那样专注于处理条文之间的关系,甚至会出现前后观点上的矛盾。例如,第 27 条的作者特里夫特勒和克里斯托夫·伯查德(Christoph Burchard)认为,假如承认第 27 条第 2 款在水平关系中也有移除豁免权的作用,就会使第 98 条丧失"可信和合理的适用范围";③而依据第 98 条的作者克雷斯的观点,即使第 27 条第 2 款有水平作用,其对豁免权的限制也仅局限于涉及习惯法下的国际犯罪的案件,也就是说,对于其他纯粹的《罗马规约》下的"条约犯罪",第 98 条仍有适用的余地。④

但是瑕不掩瑜,《评注》的呈现足以显示出编者极高的组织与统筹能力,以及在编辑过程中付出的努力。尽管上文提到第 27 条与第 98 条之间的部分观点并不统一,但这是多个作者作品合集的

---

① See Jordan Appeal Judgment, *Al Bashir* (ICC - 02/05 - 01/09 - 397), AC, 6 May 2019, paras. 113 - 114; Kreß, *Preliminary Observations on the ICC Appeals Chamber's Judgment of* 6 *May* 2019 *in the Jordan Referral re Al-Bashir Appeal*, pp. 5 - 22; Sarah M. H. Nouwen, "Return to Sender: Let the International Court of Justice Justify or Qualify International-Criminal-Court Exceptionalism Regarding Personal Immunities", (2019) 78 *Cambridge Law Journal* 596, pp. 605 - 610.

② See Triffterer and Burchard, "Article 27", in Ambos (4th edn); Kreß, "Article 98", in Ambos (4th edn).

③ See Triffterer and Burchard, "Article 27", in Ambos (4th edn), mn. 11.

④ See Kreß, "Article 98", in Ambos (4th edn), p. 130.

必然结果。百家争鸣的观点反而是一个健康的学术圈的标志,要求不同作者在观点上统一反而是不科学也不自然的。《评注》就像是一件由不同布料拼接而成的大衣,首先最重要的是保证不能有布料破损让大衣透风,其次对布料精确的剪裁和缝制可以让它有一个好的版型,最后不同布料的材质和配色要协调,不同布料的组合得当,会让大衣更具特色。换言之,首先,必须保证《评注》中所有作品都达到一定的学术水准;其次,内容之间的衔接要恰当,不能有疏漏,也应尽量避免重复;最后,在结构与格式上要保持一致,在写作风格上也应该尽可能统一,但是学术观点上可以有所不同。

与早前的版本相比,第四版《评注》各个条文之间的连贯性已经大大增强。《评注》通过交叉援引和添加引言的方式建立起了条文之间的联系。再次以《罗马规约》第 27 条和第 98 条为例,第 27 条的评注中专门有一个小节论述第 27 条和第 98 条的关系,[①] 并且在脚注中引导读者阅读《评注》第 98 条相应的部分。[②] 相应地,对第 98 条的评注中也有论述与第 27 条关系的部分。[③] 另一个例子是对《罗马规约》第 8 条战争罪的评注。第 8 条仅条文本身就有四页之长,且结构复杂,对于不熟悉这一领域的读者而言,阅读条文本身就已经有一定的门槛,再加上有十多位作者参与这个条文的评注,可以想象对这一条评注的编辑有多么困难。第四版《评注》的第 8 条采用总分结构,以"引言/总论"开篇,不仅阐释了战争罪的基本内容和发展史,还介绍了第 8 条的结构和对战争罪的分类,为读者提供了一张继续阅读的路线图。可以说,这些独立的作品经过编排和统筹,达成了"1 +1 >2"的效果。

最后,《评注》的编撰与出版本身就体现了国际刑法学术界与

---

① See Triffterer and Burchard, "Article 27", in Ambos (4th edn), mn. 7 – 11.

② See Triffterer and Burchard, "Article 27", in Ambos (4th edn), mn. 9 (fn. 28).

③ See Kreß, "Article 98", in Ambos (4th edn), pp. 16 – 18.

实务界的良性互动，以及国际刑法领域内的团结。一方面，学者善意批评的意义不仅仅在于可以帮助法院在未来改善其表现，更体现了广大学术界对法院运作的持续支持。① 因为这些开诚布公的讨论，无论是赞扬还是批评，都建立在同一个基础之上，即"维护、捍卫和促进《罗马规约》所承载的价值观和原则"，②在这一点上国际刑法学术界一定会坚定地与实务界统一阵线。另一方面，参与《评注》第四版写作的许多作者也参与了其他版本评注的编撰，但是他们没有门第之见，为《评注》提供了高质量的贡献。学界内部的团结和良性互动必然会促进学术交流，带来研究的进步。《评注》提供了这样一个平台，让不同时代和背景的作者们汇聚一堂，让整个领域内顶尖的学者与实务工作者互通有无。在大型国际会议因为新冠肺炎疫情而无法举办的2022年，《评注》的出版或许可以算作国际刑法界一次盛大的"线上"聚会了。

四、对于中国读者的意义

虽然我国并不是《罗马规约》缔约国，但是《评注》对于中国的读者还是有很大的参考价值。早在《罗马规约》的预备、磋商阶段，就有中国代表团积极参与的身影，在国际刑事法院开始运行之后，中国代表也多次在联合国大会重申"支持建立一个独立、公正、有效且具有普遍性的国际刑事司法机构"。③ 中国学界也持续关注着国际刑事法院与中国关系的问题，且对中国加入国际刑事法

① See Ambos, "Editor's Preface", in Ambos (4th edn), p. VII.

② Kwon, "Introductions to the Fourth Edition", in Ambos (4th edn), p. XIV.

③ 例如，《中国代表刘洋在第73届联大关于"国际刑事法院的报告"议题的发言》，载外交部官网，https://www.fmprc.gov.cn/ce/ceun/chn/zgylhg/flyty/ldlwjh/t1618633.htm，最后访问时间：2022年1月10日。

院持开放的态度。[①]

当然,中国对于《罗马规约》以及国际刑事法院运行的疑虑也是一直存在的。中国代表团当年在罗马外交会议投反对票的理由[②]也是中国一直以来未加入国际刑事法院的最根本的顾虑。《评注》可以为解决这些疑虑提供一个新的视角和依据。近年来,中国也对国际刑事法院的部分实践提出了质疑,例如对官员豁免规则的处理不当,管辖权向非缔约国扩张,授权检察官调查的标准模糊,法官的独立性得不到保证等。[③] 如前文所述,这些与法院新动态密切相关、时效性很强的议题都已经收录在了新版《评注》中。例如,对《罗马规约》第98条的评注讨论了非缔约国官员是否可以享受习惯国际法下的官员豁免权的问题(特别是属人豁免)。[④] 对第12条的评注讨论了如果只有部分犯罪行为发生在缔约国境内,国际刑事法院能否行使属地管辖的问题。[⑤] 对第53条的评注讨论了国际刑事法院在决定是否授权检察官调查时对"公正/司法利益"的考量。[⑥] 对第40条的评注则讨论了法官的独立

---

① 例如,朱利江:《东亚三国与国际刑事法院关系比较研究》,中国政法大学出版社2016年版,第228~254页;薛茹:《国际刑事法院与联合国安理会关系研究》,法律出版社2016年版,第265~269页;朱文奇:《国际刑事法院与中国》,中国人民大学出版社2009年版,第427~455页;Dan Zhu, *China and the International Criminal Court* (Singapore: Palgrave Macmillan, 2018); Chenguang Zhao, *The ICC and China: the Principle of Complementarity and National Implementation of International Criminal Law* (Berlin: Duncker & Humblot, 2017); Bing Bing Jia, "China and the International Criminal Court: Current Situation", (2006) 10 *Singapore Year Book of International Law and Contributors* 1; Jianping Lu and Zhixiang Wang, "China's Attitude Towards the ICC", (2005) 3 *Journal of International Criminal Justice* 608。

② 《王光亚谈〈国际刑事法院规约〉》,载《法制日报》1998年7月29日,第4版。

③ 参见《中国代表在第74届联合国大会关于"国际刑事法院的报告"议题的发言》,载《中国国际法年刊(2019)》,法律出版社2020年版,第566页;《中国代表在第75届联合国大会关于"国际刑事法院的报告"议题的发言》,载《中国国际法年刊(2020)》,法律出版社2021年版,第561页。

④ See Kreß, "Article 98", in Ambos (4th edn), mn. 84 – 148.

⑤ See Schabas and Pecorella, "Article 12", in Ambos (4th edn), mn. 14, 19.

⑥ See Bergsmo and Bekou, "Article 53", in Ambos (4th edn), mn. 30 – 35.

性的问题。[①]

不可否认的是,《罗马规约》和国际刑事法院的意义和影响力已经超越了一般的多边条约和国际组织,它们已经成为国际秩序中不可或缺的组成部分。除了上述官员豁免和属地管辖的问题之外,国际刑事法院还在其他很多方面会和非缔约国产生连结。例如,《罗马规约》第12条第3款涉及的非缔约国接受法院管辖的问题,[②]第73条涉及的非缔约国拒绝同意披露文件或资料的问题,[③]第87条第5款涉及的非缔约国向法院提供协助的问题[④]等。法院与非缔约国的关系应该引起中国实务工作者更多的关注,也值得中国学界更深入地研究。

结　语

《评注》第一版出版时,正值世纪之交,国际刑法的实践方兴未艾。各国代表在罗马外交会议上激烈辩论着应当如何实现国际正义;预备委员会开始在纽约起草国际刑事法院的细则、条例,筹备着首个常设国际刑事法院运行的开启;[⑤]世界各地的学者、实务工作者、政治家,以及关心着世界和平、安全与福祉的每一个人,或是观望着,或是期待着,他们都在好奇《罗马规约》的生效将如何塑造全球秩序。那是一个充满了可能性的时代。《评注》第四版出版的今天,世界已是另一番景象。新冠肺炎疫情的蔓延让很多国家关上了边境,却没有让世界上的暴行和战火停止,单边主义、保护主义的抬头让国际合作面临着巨大的挑战。国际刑事法院也

---

① See Hirad Abtahi and Rebecca Young, "Article 40", in Ambos (4th edn), mn. 1 – 10.

② See Schabas and Pecorella, "Article 12", in Ambos (4th edn), mn. 19.

③ See Rod Rastan, "Article 73", in Ambos (4th edn), mn. 17.

④ See Claus Kreß and Kimberly Prost, "Article 87", in Ambos (4th edn), mn. 31 – 35.

⑤ 国际刑事法院预备委员会的主要任务和会议记录,参见"Preparatory Commission for the International Criminal Court", https://legal.un.org/icc/prepcomm/prepfra.htm (last visited January 10, 2022)。

面对着前所未有的质疑和压力。但是,这也是一个充满了可能性的时代。

如同《罗马规约》序言所指出的,“各国人民唇齿相依,休戚与共,他们的文化拼合组成人类共同财产”,严重国际犯罪“危及世界的和平、安全与福祉”。作为国际社会的一员,中国提倡“和平、发展、公平、正义、民主、自由的全人类共同价值”,承诺“携手应对全球性威胁和挑战,推动构建人类命运共同体”。① 刑罚的施加是法益保护的最后手段(ultima ratio)。② 而国际刑法则可以被看作维护人类共同价值、防止人类命运共同体分崩离析的最后一道保障。如前文所述,《罗马规约》的效力已经超越了一个普通的多边条约,它不仅直接或间接地对非缔约国产生影响,而且也在塑造着习惯国际法。因此,无论中国现阶段是否选择加入《罗马规约》,中国的学界和实务界都应当对《罗马规约》和国际刑事法院的发展保持关注,而安博斯主编的《评注》则是一本适合所有中国读者的国际刑法“一本通”。

A “One-Stop Shop” on International Criminal Law with Both Practical and Academic Value: A Review of *Rome Statute of the International Criminal Court: Article-by-Article Commentary* (4th edn), edited by Kai Ambos

HE Yingxin

Abstract: 20 years after the Rome Statute entered into force and the International Criminal Court commenced to operate, the fourth

① 《习近平在第七十六届联合国大会一般性辩论上的讲话》,载中国政府网,http://www.gov.cn/xinwen/2021-09/22/content_5638597.htm,最后访问时间:2022年1月10日。

② 参见张明楷:《刑法学(上)》(第5版),法律出版社2016年版,第21页。

edition of *Rome Statute of the International Criminal Court*: *Article-by-Article Commentary*, founded by Otto Triffterer and edited by Kai Ambos, is now available. The new edition contains a wealth of new jurisprudence of the ICC, reflecting the rapid development of international criminal law over the past five years. Written in the style of a classic article-by-article commentary, but not merely bound to the text of the Statute, the *Commentary* is a comprehensive analysis of the theory and practice of international criminal law on the basis of the Rome Statute. The new edition of the *Commentary* demonstrates the editor's excellent ability to coordinate, although it is not as systematically sound as the work of a single author, and there are inevitably some omissions. 80 authors from both practice and academia represent the highest level of expertise in the field, and together they make up this "one-stop shop" on international criminal law of both practical and academic value. In recent years, the ICC has, on the one hand, been subject to numerous challenges from the international community and, on the other hand, its influence has grown, even directly or indirectly, on non-States Parties. Therefore, this *Commentary* is also of great reference value for Chinese readers.

Key Words: Rome Statute; the Commentary; International Criminal Court; non-States Parties

机构综述

国际法院2021年司法工作新进展

陈芯仪[*]　王　佳[**]

2021年，国际法院（以下简称法院）开展了大量的工作，其新进展主要包括两方面。第一，作出三项判决：就关于违反《友好、经济关系和领事权利条约》的指控案（伊朗诉美国）中被告国提出的初步反对意见作出判决，就《消除一切形式种族歧视国际公约》的适用案（卡塔尔诉阿联酋）中被告国提出的初步反对意见作出判决，以及就印度洋海洋划界案（索马里诉肯尼亚）的实体问题作出判决。第二，发布十项命令，其中八项涉及设定或延长时限等程序问题，其余两项涉及临时措施命令：法院支持了亚美尼亚在《消除一切形式种族歧视国际公约》的适用案（亚美尼亚诉阿塞拜疆）中提出的关于指示采取临时措施的请求，法院也支持了阿塞拜疆在《消除一切形式种族歧视国际公约》的适用案（阿塞拜疆诉亚美尼亚）中提出的关于指示采取临时措施的请求。本文将对法院在2021年所作出的判决及临时措施命令进行介绍。

---

* 外交学院2021级国际法学硕士研究生。

** 外交学院国际法系副教授。

一、关于违反《友好、经济关系和领事权利条约》的指控案的初步反对意见判决①

关于违反《友好、经济关系和领事权利条约》的指控案是伊朗与美国之间围绕两国间缔结的《友好、经济关系和领事权利条约》(Treaty of Amity, Economic Relations, and Consular Rights,以下简称《友好条约》)在法院进行的五起案件中的一起。②

2018年7月16日,伊朗向法院提交请求书,提出针对美国的关于违反1955年8月15日两国在德黑兰签署并于1957年6月16日生效的《友好条约》的指控。伊朗表示,其请求涉及美国2018年5月决定对伊朗及伊朗公司和国民实施一系列限制性措施。伊朗请求法院作出裁断、发布命令并宣布美国因采取这些措施及其所宣布的进一步措施,违反了《友好条约》规定的多项义务,必须制止这种违反行为,还必须赔偿对伊朗造成的损害。伊朗援引《友好条约》第21条第2款作为法院管辖权的依据。同日,伊朗还提交了关于指示采取临时措施的请求。

2018年10月3日,法院就关于指示采取临时措施的请求发布命令,特别指出,美国必须消除2018年5月8日宣布的措施对向伊朗领土自由出口某些类别的货物和服务造成的任何障碍,并确保发放与这些货物和服务有关的许可和必要授权书,而且与这些货物和服务有关的资金转移不受任何限制。③

---

① 如无特别注释,本部分资料来源皆为:Alleged Violations of the 1955 Treaty of Amity, Economic Relations, and Consular Rights (Islamic Republic of Iran v. United States of America), Preliminary Objections, I. C. J. Judgment of 3 February 2021。

② 其余的四起案件为在德黑兰的美国外交和领事人员案(United States Diplomatic and Consular Staff in Tehran)、1988年7月3日空难案(Aerial Incident of 3 July 1988)、石油平台案(Oil Platforms)和某些伊朗资产案(Certain Iranian Assets)。

③ 参见《国际法院的报告(2020年8月1日至2021年7月31日)》,大会正式记录,第七十六届会议,补编第4号,A/76/4,第29页,第157~159段。

2021 年 2 月 3 日，法院就美国提出的初步反对意见作出判决，判定其对伊朗提出的请求具有管辖权，且伊朗的请求具有可受理性。下文将对法院判决内容进行介绍。

(一)事实背景

美国与伊朗于 1955 年缔结《友好条约》，该条约于 1957 年生效。在国际原子能机构与联合国安全理事会就伊朗核问题发布一系列决议[①]后，美国发布 2011 年第 13574、13590 号行政命令，2012 年第 13622、13628 号行政命令以及 2013 年第 13645 号行政命令，对伊朗各个经济部门施加多个“额外制裁措施”，这些制裁措施均与核武器相关。随后，美国于 2015 年缔结《关于伊朗核计划的全面协议》(the Joint Comprehensive Plan of Action，以下简称《全面协议》)，其内容包括美国停止执行某些相关的制裁，特别是有关金融及银行系统、投资、石油化学工业、能源、航运、造船和汽车行业的制裁。2016 年，美国总统发布第 13716 号行政命令，该命令撤销或修改此前对伊朗或伊朗国民实施的“核相关制裁措施”的行政命令。

2018 年 5 月 8 日，美国总统发布国家安全总统备忘录(National Security Presidential Memorandum，以下简称备忘录)，宣布停止参与《全面协议》，并指明将重新实施“由于《全面协议》而撤销或放弃的制裁”。在备忘录中，美国总统表示伊朗人与伊朗支持的武装力量参与周边地区的军事活动，并且，伊朗仍然是支持恐怖主义的国家。此外，美国总统表示，伊朗已公开宣布将拒绝国际原子能机构进入其军事场所；并且在 2016 年，伊朗两次违反《全面协议》规定的重水储存限制。备忘录中还规定了重新实施制裁的时间。同时，美国财政部外国资产控制办公室宣布重新实施制裁

① 国际原子能机构发布的决议：GOV/2006/14 of February 2006；联合国安全理事会发布的决议包括：1696(2006)号决议、1737(2006)号决议、1747(2007)号决议、1803(2008)号决议、1835(2008)号决议、1929(2010)号决议、2224(2015)号决议。

的时间和步骤。2018 年 8 月 6 日,美国总统发布第 13846 号行政命令,对伊朗、伊朗国民及公司重新实施“某些措施”。美国撤销了此前为履行其在《全面协议》中的承诺而发布的行政命令。

受上述措施的影响,伊朗根据《友好条约》于 2018 年 7 月 16 日向法院提起诉讼。美国于 2018 年 10 月 3 日,根据《友好条约》第 23 条规定的程序发出终止条约的通知。

(二)《友好条约》第 21 条规定的属事管辖权

伊朗援引《友好条约》第 21 条第 2 款作为法院管辖权的依据,该条款规定,“缔约国间关于本条约的解释或适用的任何争议如不能通过外交途径予以解决,则应提交国际法院,除非缔约国商定其他和平方式”。美国认为本案的争议超出上述管辖权条款的范围,并提出两项理由。这两项理由性质上具有可选择性。法院将首先审查第一项初步反对意见,如果有充分根据,这将使伊朗所有主张被排除在法院的管辖范围之外。然后,如有必要,法院将审查第二项初步反对意见,该初步反对意见仅涉及伊朗的部分主张。

1. 对管辖权的第一项初步反对意见:争议的主题

美国对法院管辖权提出的第一项初步反对意见的内容是:请求法院驳回伊朗根据《友好条约》提出的其所称措施不法性的主张,判定这些主张不属于法院管辖权的范围。美国认为伊朗实际上是寻求恢复美国在参与《全面协议》时提供的制裁救济,争议仅与美国对于《全面协议》的决定有关,与《友好条约》没有关系。

法院指出,当事方并未反驳它们之间存在争议,因而问题在于这一争议是否涉及伊朗声称的《友好条约》的解释和适用,还是仅涉及《全面协议》的解释和适用。法院指出,其有义务分离案件的真正问题并确定争议的主题。在本案中,法院根据伊朗寻求法院宣布美国在 2018 年备忘录中的重新实施制裁措施的决定违反了其根据《友好条约》承担的多项义务的申请和诉状,以及美国反对被指责的措施构成对《友好条约》的违反的意见得出结论:当事方存在意见上的反对,这相当于与《友好条约》有关的争议。基于上述理由,法院没有支持美国对管辖权提出的第一项初步反对意见。

2. 对管辖权的第二项初步反对意见:"第三国措施"

美国对法院管辖权提出的第二项初步反对意见的内容是:请求法院驳回主要涉及伊朗与第三国之间,或其国民和公司之间有关的贸易和交易措施的主张,判定这些主张不属于法院管辖权的范围。美国认为《友好条约》的任何条款均不涉及美国对伊朗与第三国之间的贸易或交易采取或限制的措施。美国的根据在于《友好条约》第 4 条第 2 款和第 5 条第 1 款明确限于发生在美国领土内的行为,第 7 条第 1 款不能适用于美国采取措施限制来自或去向第三国转移资金的行为,第 8 条第 1、2 款仅涉及运往美国领土的伊朗产品或出口到伊朗的美国产品,第 9 条第 2、3 款仅涉及缔约双方互相给予某些进出口的待遇以及公司获取海上保险的能力,并且第 10 条第 1 款规定了"重要的领土限制"。

法院指出,不能认为 2018 年备忘录决定实施或恢复实施的所有措施都构成对美国承担的《友好条约》义务的违反;需要考虑到有争议的每一具体措施或每一种类的措施是否损害伊朗基于《友好条约》享有的权利。同样,直接针对第三国、其国民或公司的措施也不能自动被排除在《友好条约》的适用范围之外。只有通过详细审查有争议的每项措施及其适用范围和实际效果,法院才能确定这些措施是否影响到美国履行《友好条约》中的义务。法院指出,美国的第二项初步反对意见涉及伊朗主张部分义务的范围,并且产生需要正确适用法律的法律和事实问题。这是法院在实体阶段解决的问题。因此,法院驳回了第二项初步反对意见。

(三)可受理性

美国基于滥用程序(abuse of process)对案件的可受理性提出反对。美国称伊朗通过提起诉讼寻求在其核活动方面获得"非法优势”,旨在对美国施加“政治和心理上的”压力。此外,美国辩称,法院拥有拒绝行使管辖权以保护其司法职能完整性的固有权力。法院指出,只有在极特殊且存在充分证据的情况下,其才会根据滥用程序驳回具有牢固管辖权基础的案件。在本案中,法院已经确定伊朗指控违反的义务涉及《友好条约》的规定,而不是《全面协议》的适用。法院还认定《友好条约》中的管辖权条款为伊朗提出主张的管辖权提供了有效依据。法院指出,没有任何特殊情况证明滥用程序的存在和伊朗主张的不可受理性。法院还指出,其判决不能牵涉可能导致一国在特定时间或特定情况下选择司法解决的政治动机。因此,法院驳回了这项反对意见。

(四)根据《友好条约》第20条第1款第2、4项提出的反对意见

美国认为其提出的反对意见属于《法院规则》(Rules of Court)第79条中“要求在进一步的实体程序前作出判决的其他种类的反对意见”。并且,美国辩称,法院曾经指出即使上述反对意见涉及案情的某些方面,也可能具有完全初步的性质。

法院指出,由于伊朗和美国对于《友好条约》第20条第1款第2项“与可裂变材料、其放射性副产品或其来源”有关的措施的不同理解,使关于该项的含义及其对本案影响的问题不具有初步性质,必须作为案情的一部分加以审查。这同样适用于美国被指控采取的措施,因为这些措施被认为是“保护其基本安全利益所必需的”,所以被认为是属于该条款第4项概述的措施类别。对于这一反对意见的分析将涉及基本安全利益的存在问题,也需要评估美国所采取措施的合理性和必要性,因为它们影响根据《友好条约》承担的义务。这一评估只能在案件的实体审查阶段进行。根据上述原因,法院驳回了美国根据《友好条约》第20条第1款第2、4项提出的初步反对意见。

(五)执行部分

法院判决的执行部分内容如下：

1. 一致驳回美国对法院管辖权提出的初步反对意见；

2. 一致驳回美国就伊朗(或伊朗国民和公司)与第三国(或其国民和公司)之间贸易或交易有关的各项措施对法院管辖权提出的初步反对意见；

3. 以 15 票对 1 票驳回美国对请求书可受理性提出的初步反对意见；

4. 以 15 票对 1 票驳回美国根据 1955 年《友好条约》第 20 条第 1 款第 2 项提出的初步反对意见；

5. 一致驳回美国根据 1955 年《友好条约》第 20 条第 1 款第 4 项提出的初步反对意见；

6. 以 15 票对 1 票认定,根据《友好条约》第 21 条第 2 款,法院有管辖权受理伊朗于 2018 年 7 月 16 日提交的请求书,并认定该请求可以受理。

二、《消除一切形式种族歧视国际公约》的适用案[①]

2018 年 6 月 11 日,卡塔尔对阿拉伯联合酋长国(以下简称阿联酋)提起诉讼,指控其违反了 1965 年 12 月 21 日《消除一切形式种族歧视国际公约》(International Convention on the Elimination of All Forms of Racial Discrimination, 以下简称《消除种族歧视公约》)。两国都是该公约的缔约国。卡塔尔在请求书中坚称,“阿联酋颁布并实施了一系列明确基于民族身份而针对卡塔尔人的歧

① 如无特别注释,本部分资料来源皆为:Application of the International Convention on the Elimination of All Forms of Racial Discrimination (Qatar v. United Arab Emirates), Preliminary objections, I. C. J. Judgment of 4 February 2021。

视性措施,而且这些措施至今仍然有效”,导致了所指控的侵犯人权行为。卡塔尔请法院裁断并宣布阿联酋违反《消除种族歧视公约》第2、4、5、6、7条规定的义务,而且阿联酋必须采取一切必要步骤履行这些义务。请求国援引《消除种族歧视公约》第22条作为法院管辖权的依据。卡塔尔同时还提交了关于指示采取临时措施的请求。

法院于2018年7月23日就上述关于指示采取临时措施的请求发布命令,其中特别指出,阿联酋必须确保:(1)因阿联酋2017年6月5日采取的措施而分离的卡塔尔－阿联酋家庭团聚;(2)因阿联酋2017年6月5日采取的措施影响的卡塔尔学生有机会在阿联酋完成学业,如果他们希望在其他地方继续学习,也可以获得教育记录;(3)因阿联酋2017年6月5日采取的措施影响的卡塔尔人可以诉诸阿联酋法庭和其他司法机关。2019年6月14日,法院发布命令,驳回阿联酋于2019年3月22日提交的关于指示采取临时措施的请求。①

2021年2月4日,法院就初步反对意见作出判决,支持阿联酋提出的第一项初步反对意见,认为法院没有管辖权受理卡塔尔提出的请求。下文将对法院判决内容进行介绍。

(一)介绍

1. 事实背景

2017年6月5日,阿联酋发表声明。该声明的主要内容包括:(1)阻止卡塔尔国民进入阿联酋或穿越阿联酋入境口岸,要求卡塔尔居民和游客限期离境,禁止阿联酋国民前往或停留在卡塔尔或在其领土过境;(2)宣布与卡塔尔断绝外交关系;(3)在24小时内对所有卡塔尔人关闭领空和海港,阻止前往或离开阿联酋的卡

① 参见《国际法院的报告(2020年8月1日至2021年7月31日)》,大会正式记录,第七十六届会议,补编第4号,A/76/4,第27～28页,第147～153段。

塔尔交通工具穿越、进入或离开阿联酋领土。声明解释这是由于卡塔尔未能遵守海湾合作委员会外交官返回多哈的《利雅得协议》及2014年的补充安排，且卡塔尔持续支持、资助和收容恐怖组织的行为破坏了地区的安全与稳定。声明发布后，阿联酋要求所有在国外的卡塔尔公民取得进入阿联酋的事先许可。

2017年6月6日，阿联酋司法部长发布声明，表示同情卡塔尔或反对阿联酋对卡塔尔采取措施的行为均被视为犯罪，可处以监禁和罚款。阿联酋封锁了一些卡塔尔公司运营的网站。2017年6月11日，阿联酋在外交与国际合作部网站上发布公告，表示会考虑到阿联酋－卡塔尔联合家庭的情况并采取适当措施帮助他们。

2018年3月8日，卡塔尔根据《消除种族歧视公约》第11条向消除种族歧视委员会交存函件，要求阿联酋采取一切必要手段终止自2017年6月4日以来发布和实施的措施。2018年6月11日，卡塔尔向法院提起诉讼。

2. 卡塔尔援引的管辖权依据和阿联酋提出的初步反对意见

卡塔尔援引《消除种族歧视公约》第22条作为法院管辖权的依据，该条款规定，"两个或两个以上缔约国间关于本公约的解释或适用的任何争端不能以谈判或以本公约所明定的程序解决者，除争端各方商定其他解决方式外，应于争端任何一方请求时提请国际法院裁决"。阿联酋提出两项初步反对意见，请求法院裁定并宣布其没有管辖权。第一项初步反对意见是，因为被指控的行为超出《消除种族歧视公约》的范围，所以法院不具有属事管辖权。第二项初步反对意见是，阿联酋宣称卡塔尔没有履行《消除种族歧视公约》第22条规定的前置程序。对于初步反对意见的判决内容见下文。

（二）争议的主题

法院通过申请书、书面和口头的诉状以及卡塔尔声称的事实得出结论,双方当事人在以下三个方面存在分歧:第一,“驱逐令”和“旅行禁令”通过明确涉及卡塔尔国民的表示是否构成对卡塔尔人基于国籍的歧视;第二,阿联酋对卡塔尔媒体和公司是否采取有歧视的措施;第三,阿联酋采取的措施是否对卡塔尔民族的人民构成“间接歧视”。对于上述卡塔尔提出的三项主张的不同意见构成本案争议的主题。

(三)初步反对意见一:属事管辖权

法院指出,就卡塔尔的第一项诉求而言,当事双方对于“民族”一词的含义范围是否包括国籍存在分歧。关于卡塔尔的第二项诉求,双方在公约的适用范围是否延伸至卡塔尔的媒体公司的问题上存在分歧。就卡塔尔的第三项诉求,双方对措施是否基于民族对卡塔尔人造成“间接歧视”的问题存在争议。法院将详细审查这三个问题,以确定是否具有本案的属事管辖权。

1. “民族”一词的含义范围是否包括国籍

卡塔尔在第一项诉求中主张,《消除种族歧视公约》第 1 条第 1 款中的“民族”一词的含义范围包含国籍,并且卡塔尔主张的措施属于该公约的适用范围。

法院指出,《消除种族歧视公约》中“民族”一词,按照其通常含义,结合上下文并根据该公约的目的和宗旨来理解,其含义范围不包括国籍。此外,诉诸准备文件进行补充解释、通过《消除种族歧视公约》委员会的实践和区域人权法院的司法判例来看,“民族”一词的含义也不包括国籍。因此,法院认定,作为卡塔尔第一项诉求的一部分,卡塔尔主张的基于国籍采取的措施不能适用《消除种族歧视公约》。

2. 阿联酋对卡塔尔媒体公司采取的措施是否能适用《消除种族歧视公约》

在第二项诉求中,卡塔尔主张阿联酋对于媒体公司施加的措施侵犯了卡塔尔人的发表意见和言论自由的权利。

法院指出,根据《消除种族歧视公约》的实质性条款,包括第1条第4款、第4条第1项、第14条第1款及序言的规定,该公约仅涉及个人或个人群体。虽然在第2条第1款第1项中提及"机构",但法院认为"机构"一词仅代表个人或个人群体的集体机构或协会,不包括本案的媒体公司。因此,法院得出结论,在卡塔尔提出的第二项诉求中,阿联酋对卡塔尔媒体公司采取的措施不能适用《消除种族歧视公约》。

3. 卡塔尔定性为针对卡塔尔民族人民的间接歧视措施是否能适用《消除种族歧视公约》

在第三项诉求中,卡塔尔提出,在历史文化意义上,"驱逐令"、"旅行禁令"和阿联酋采取的其他措施造成了对卡塔尔民族人民间接歧视的目的和效果。

法院指出,根据《消除种族歧视公约》第1条第1款的规定,公约禁止任何形式和表现的歧视,无论这种歧视产生于一项限制性措施的目的还是效果。本案中,法院认为,措施可能会产生次要影响,但不构成《消除种族歧视公约》意义上的种族歧视。因为这些措施无论是从目的还是从效果来看,都不会导致卡塔尔人作为一个独特的社会群体基于其民族而受到歧视。法院进一步指出,对一国或其政策的批评不能定性为《消除种族歧视公约》中的种族歧视。因此,法院得出结论,卡塔尔主张的间接歧视措施不能适用《消除种族歧视公约》。

综上所述,法院认为其不具有本案的属事管辖权。

(四) 一般结论

法院支持阿联酋提出的第一项初步反对意见。法院认为,根据《消除种族歧视公约》第22条的规定,其不具有本案的属事管辖权。法院认为没有必要再考虑阿联酋提出的第二项初步反对意见。

(五)执行部分

1. 以 11 票对 6 票,支持阿联酋提出的第一项初步反对意见;

2. 以 11 票对 6 票,认定法院没有管辖权受理卡塔尔于 2018 年 6 月 11 日提出的请求。

三、印度洋海洋划界案①

2014 年 8 月 28 日,索马里提交请求书,对肯尼亚提起诉讼,诉讼涉及两国均有主张的印度洋海洋空间划界争端。索马里在请求书中请法院"根据国际法,确定划分印度洋上属于索马里和肯尼亚的所有海域,包括 200 海里以外大陆架的单一海洋边界的完整走向"。索马里援引了《国际法院规约》第 36 条第 2 项的规定作为法院管辖权的依据,并提及了索马里于 1963 年 4 月 11 日和肯尼亚于 1965 年 4 月 19 日根据这些规定作出的承认法院强制管辖权的声明。此外,索马里还提出,双方当事国均在 1989 年批准了《联合国海洋法公约》(United Nations Convention on the Law of the Sea,以下简称《海洋法公约》),"其中第 282 条强调了《国际法院规约》第 36 条第 2 项规定的法院管辖权"。②

2017 年 2 月 2 日,法院就肯尼亚提出的初步反对意见作出判决。法院驳回了这些反对意见,认定法院具有审理索马里于 2014 年 8 月 28 日提交之请求的管辖权,而且该请求可以受理。2021 年 10 月 12 日,法院对本案实体问题作出判决。

---

① 如无特别注释,本部分资料来源皆为:Maritime Delimitation in the Indian Ocean (Somalia v. Kenya),I. C. J. Judgment of 12 October 2021。

② 《国际法院的报告(2020 年 8 月 1 日至 2021 年 7 月 31 日)》,大会正式记录,第七十六届会议,补编第 4 号,A/76/4,第 21 页,第 101 段。

(一)地理和历史背景

索马里和肯尼亚是东非海岸的相邻国家。索马里西南与肯尼亚接壤,肯尼亚东北部与索马里接壤。

在两国作为英国和意大利殖民地期间,英国和意大利曾就两国边界问题作出协议和换文,法院将其称为“1927/1933 年条约安排”。肯尼亚和索马里于 1982 年 12 月 10 日签署《海洋法公约》,并分别于 1989 年 3 月 2 日和 1989 年 7 月 24 日批准该公约,该公约于 1994 年 11 月 1 日对其生效。

依据《海洋法公约》第 76 条第 8 款的规定,索马里和肯尼亚都向大陆架界限委员会(Commission on the Limits of the Continental Shelf,以下简称委员会)提出主张,以获得关于确立 200 海里外大陆架外部界限的建议。在判决作出之日,委员会尚未就该问题发布建议。

(二)各方立场概述

索马里主张,两国之间不存在海洋边界,并要求法院使用等距离法或特殊情况方法划界。

肯尼亚主张,双方已经商定海洋边界,因为索马里默认一条沿着南纬 1°39′43.2″的纬线(以下简称纬线)的海洋边界。肯尼亚进一步主张,考虑到地理背景和区域实践,双方认为这是一种公平的划界。即便法院认为两国没有海洋边界,结果也依然是沿着该条纬线划界。

(三)索马里是否默认一条沿着纬线的海洋边界

肯尼亚主张,索马里默认双方之间的海上边界沿着上述纬线延伸,因此双方之间有商定的边界。其认为,索马里的默认是因为长期没有对肯尼亚的主张提出抗议。此外,肯尼亚还主张,通过 1979 年至 2014 年的其他行为,包括双方关于海军巡逻、渔业和海洋科学研究与石油特许权的实践,可以证明索马里接受了该条沿着纬线的海洋边界。

关于索马里是否默认一条沿着纬线的海洋边界这一问题,法院认为,默认建立海上边界的证明标准很高,法院将通过之前案例中建立的标准审查肯尼亚对于以纬线划定海洋边界这一主张的一贯性,并且因此要求索马里作出回应。此外,法院需要考虑是否存在有力的证据,证明索马里明确且一贯地接受肯尼亚主张的边界。法院首先为确定肯尼亚以纬线划定海洋边界这一主张的一贯性,依次审查了肯尼亚 1979 年公告、2005 年公告、2009 年向委员会提交的材料及其国内法。对于肯尼亚发布的 1979 年公告,法院注意到其与肯尼亚 1972 年《领海法》和 1977 年修订后的《领海法》的表述不同,因此,法院认为肯尼亚并非一贯主张与索马里在所有海域有一条沿着纬线的海洋边界。法院认为肯尼亚关于划界和两国间存在海洋边界的立场与其 1989 年《海洋区域法》的规定不一致,在该法案中,肯尼亚暗示其在 1989 年没有与索马里就海上边界线达成协议。法院认为,肯尼亚发出的 2007 年 9 月 26 日照会和 2008 年 7 月 4 日照会并未将肯尼亚主张的海上边界定性为商定的边界,而是邀请索马里确认其同意。没有证据证明索马里提供了这种确认。此外,肯尼亚 2005 年公告、2009 年向委员会提交的材料、2014 年两国关于谈判的联合报告、2014 年肯尼亚常驻联合国代表团提交秘书长的两份照会,以及 2015 年在案件的初步反对意见阶段期间向法院作出的陈述,均未反映肯尼亚与索马里就海洋边界达成协议。

关于索马里明确且一贯接受肯尼亚主张的边界这一因素,法院认为,索马里在 1979 年声明、1980 年会议纪要和 1981 年双方与会议有关的其他证据都不能表明其接受了肯尼亚的主张。索马里 1972 年《领海和港口法》、1988 年《海洋法》和《采矿法》本身没有规定索马里的海上边界,也不能被视为表明存在海上边界。此外,虽然索马里没有立即对 2005 年公告作出反应,但在 2009 年的谅解备忘录和致联合国秘书长的信件中，索马里认为其与邻国尚未划定大陆架边界的观点得到明确。另外，法院认为不能忽视的情况是，在1991年至2005年内战期间，索马里没有全面运作的政府和行政部门。

此外，法院还指出，肯尼亚的海军巡逻行为不能证明其对海洋边界的主张，其余的证据并不能证明索马里知道这些活动。关于渔业和海洋科学研究活动的证据也不支持肯尼亚的主张。对于肯尼亚关于双方行为反映事实边界存在的主张，法院认为，即使2009年前有限的实践证明在定位石油特许权区域时使用了一条沿纬线的事实界限，也可能只是当事方授予特许权时谨慎行事的表现。

基于上述原因，法院认为，双方在1979年至2014年的其他行为并未证实索马里明确并一贯地接受肯尼亚主张的海洋边界。最后，法院认定，没有足够的证据证明索马里默认了肯尼亚主张的海洋边界。因此，法院驳回了肯尼亚的主张。

（四）海洋划界

1. 可适用法律

索马里和肯尼亚都是《海洋法公约》的缔约方，因此，法院在确定两国海上边界的走向时必须适用《海洋法公约》的规定。

2. 海上边界的起点

法院指出，肯尼亚和索马里就确定海洋边界起点的方法达成一致。考虑到双方的意见，法院认为海洋边界的起点是一条通过最后永久边界信标（Primary Beacon No. 29）、向东南方向延伸、垂直于达累斯萨拉姆的海岸线大致走向的直线与低潮线的交点，根据英版海图3362，法院决定海洋边界的起点坐标为南纬1°39′44.0″和东经41°33′34.4″。

3. 领海划界

索马里和肯尼亚就划定领海的基点分别提出主张。法院指出，尽管在确定基点时会考虑当事方的建议，即便当事方对此达成一致,但如果法院认为相关基点不合适,也无需选择该基点,法院可以选择双方都没有提出的基点。法院认为本案中仅在双方大陆海岸的陆地上设置用于构造中间线的基点是合适的。最后,法院在索马里海岸和肯尼亚海岸上各选定 4 个基点,最终的界限从陆地边界末端坐标,即南纬 1°39′44. 0″和东经 41°33′34. 4″处开始,并且有 5 个转折点,距海岸 12 海里处的基点的地理坐标是南纬 1°47′39. 1″和东经 41°43′46. 8″。

4. 200 海里以内专属经济区和大陆架的划界

(1)划界方法

法院划界的依据是《海洋法公约》第 74 条和第 83 条的规定。这些规定非常笼统,因此为了适用公约,法院逐渐发展出海洋划界方法,以协助其执行任务。在确定海洋分界线时,法院分三个阶段进行:在第一阶段,法院将从双方海岸最合适的基点确定临时等距离线;在第二阶段,考虑是否存在要求调整或移动临时等距离线以实现公平结果的因素;在第三阶段,法院将对设想的分界线进行不成比例测试。

肯尼亚辩称,上述方法并非具有强制性,其不否认这种方法在某些情况下可能实现公平的解决方案,但是在本案中,适用纬线作为海洋边界是公平的解决方案。法院反对肯尼亚提出的以纬线作为划界方法的主张,认为其不是实现公平解决的适当方法,沿纬线的边界会对索马里最南端海岸的海上投影产生严重的截断效应。法院认为本案中没有理由不适用上述三阶段方法确定索马里和肯尼亚的海洋边界。

(2)相关海岸及相关海域

首先,法院必须确定当事方的相关海岸,即那些投影重叠的海岸。法院使用在 200 海里范围内重叠的径向投影确定,索马里的相关海岸延伸约 733 公里,肯尼亚的相关海岸延伸约 511 公里。

其次,法院确定当事方的相关海域。法院认为,在北部,相关海域延伸至肯尼亚海岸和索马里海岸海上投影的重叠部分。法院认为使用陆地边界终点200海里径向投影的重叠是适当的。就相关区域的南部界限而言，法院注意到，双方同意肯尼亚和坦桑尼亚边界以南的海域不属于相关海域的一部分。法院为划定专属经济区和距海岸200海里以内的大陆架而确定的相关区域面积约为212,844平方公里。

(3)临时等距离线

法院认为，可以依据英版海图3362确定临时等距离线的基点。法院确定了索马里海岸的3个基点和肯尼亚海岸的3个基点。以这些基点为基础构建的临时等距离线从领海海洋边界的终点开始，一直延伸到距离海洋边界起点200海里处坐标为南纬3°31′41.4″和东经44°21′02.5″的点处。两点之间存在4个转折点。

(4)临时等距离线是否需要调整

法院驳回了肯尼亚主张的调整时需要考虑的部分因素，包括地区和国际安全利益、适用纬线确定海洋边界的地区实践、双方长期和一贯行为反映事实边界的证据，以及渔民的生计和经济利益等四个方面。但是支持了肯尼亚关于临时等距离线导致沿岸投影的严重减少、对海域造成重大和不合理的截断效果的主张。法院认为，尽管本案中截断效果不如其他一些案件明显，但是仍然严重到需要进行一些调整以解决肯尼亚权利大幅缩减的问题。法院指出，要实现公平的解决方案，分界线应尽可能允许当事方的海岸以合理和相互平衡的方式在海洋权利方面产生影响。本案中，法院认为有必要将这条线向北移动，临时等距离线从领海海洋边界的终点开始，一直延伸到距离海洋边界起点200海里处坐标为南纬3°4′21.3″和东经44°35′30.7″的点处。

(5)不成比例测试

最后，法院将检查所设想的分界线是否会导致双方各自相关海岸的长度比例与该线所分配的相关海域面积比例之间存在显著的不成比例。

索马里相关海岸长733公里，肯尼亚相关海岸长511公里，比例为1.43∶1,有利于索马里。法院确定的海洋边界将海岸200海里内的相关海域划分为大约120,455平方公里属于肯尼亚,其余约92,389平方公里属于索马里,比例为1∶1.30,有利于肯尼亚。这两个比例不存在显著的不成比例。

因此,法院确信,其划界符合《海洋法公约》第74条第1款、第83条第1款的规定,其公平划定了索马里和肯尼亚的专属经济区和200海里内的大陆架划定的海洋边界。

5. 200海里以外大陆架的划界

法院指出,索马里和肯尼亚均已根据《海洋法公约》第76条第8款向委员会提交了关于200海里以外大陆架界限的划界案。只有在委员会提出确定大陆架外部界限有关事项的建议后,两国才能根据《海洋法公约》第76条第8款确定最终和有约束力的外部界限。法院认为,缺乏对大陆架外部界限的划定本身并不妨碍在具有相邻海岸的两个国家之间进行划界。结合200海里以内的划界情况以及两国的主张,法院得出结论,将用于划定两国专属经济区和200海里以内的测地线延长,可以划定两国200海里以外的大陆架边界。

(五)主张肯尼亚违反其承担的公约义务

索马里主张,肯尼亚在争议地区的单方面行动侵犯了索马里对领海的主权及其在专属经济区和大陆架上的主权权利和管辖权,并且肯尼亚的活动违反《海洋法公约》第74条第3款和第83条第3款。

关于肯尼亚在争议地区的单方面行动侵犯索马里对领海的主权及其在专属经济区和大陆架上的主权权利和管辖权的主张,法院指出,如果各国的主张重叠,在判决作出前,一国在随后由判决归属于另一国的区域内活动不能被视为侵犯了后者的主权权利,除非一国提出主张时并非善意。法院认为,没有证据表明肯尼亚对有关地区的主张并非出于善意。所以,法院得出结论,不能确定肯尼亚在有争议地区的海上活动侵犯了索马里的主权、主权权利或管辖权。关于肯尼亚的活动违反《海洋法公约》第 74 条第 3 款和第 83 条第 3 款的主张,法院指出,应当审查两国之间自 2009 年争端确立之后的行为。法院认为,肯尼亚将石油特许权授予私人经营者、进行调查作业等活动不会导致海洋环境发生永久性物理变化,并且不能确定其是否会危及或阻碍就海洋边界划定达成最终协议。并且,没有足够的证据证明肯尼亚进行的钻探活动的存在和造成的损害。所以,法院也不能断定肯尼亚在争议地区开展的活动违反《海洋法公约》第 74 条第 3 款和第 83 条第 3 款。

因此,法院认定肯尼亚在争议地区的海上活动并未违反其国际义务。法院驳回了索马里的主张。

(六)执行部分

1. 一致认定索马里和肯尼亚之间没有约定的海上边界线;

2. 一致认定,划定索马里和肯尼亚海域的单一海洋边界的起点的坐标为南纬 1°39′44. 0″和东经 41°33′34. 4″;

3. 一致认定,领海的海洋边界依照判决第 117 段内容确定,直到到达 12 海里界限坐标为南纬 1°47′39. 1″和东经 41°43′46. 8″的点(以下简称 A 点);

4. 以 10 票对 4 票,决定从 A 点起,划定两国间专属经济区和 200 海里以内的大陆架的单一海洋边界,该边界沿着方位角为 114°的测地线延伸至从基线起算 200 海里的直线,到达坐标为南纬 3°4′21. 3″和东经 44°35′30. 7″的点处(以下简称 B 点);

5. 以 9 票对 5 票,决定从 B 点开始,划定大陆架的海洋边界沿同一测地线延伸,直至到达大陆架外部界限或第三国权利可能受到影响的区域;

6. 一致认定,驳回索马里在第 4 号最后陈述中提交的主张。

四、《消除一切形式种族歧视国际公约》的适用案的临时措施命令[①]

2021 年 9 月 16 日,亚美尼亚共和国对阿塞拜疆共和国提起诉讼,指控其违反了 1965 年 12 月 21 日《消除种族歧视公约》的多项义务。亚美尼亚援引《国际法院规约》第 36 条第 1 款和《消除种族歧视公约》第 22 条作为确立法院管辖权的依据。同时,亚美尼亚根据《国际法院规约》第 41 条和《法院规则》第 73、74、75 条的规定,提交了一份指示采取临时措施的请求。

(一)介绍

阿塞拜疆和亚美尼亚对于纳戈尔诺 - 卡拉巴赫地区的竞争性主张导致敌对行动,并且在 1994 年 5 月停战。2020 年 9 月两国爆发进一步的敌对行动,并持续了 44 天。2020 年 11 月 9 日,阿塞拜疆总统、亚美尼亚总理和俄罗斯联邦总统签署一份"三方声明"。根据该声明,自 2020 年 11 月 10 日起,两国宣布完全停战并终止纳戈尔诺 - 卡拉巴赫地区的所有敌对行动。

亚美尼亚援引《消除种族歧视公约》第 22 条作为法院管辖权的基础,因此案件的审理范围受公约限制。

(二)初步管辖权

1. 概述

亚美尼亚援引《国际法院规约》第 36 条第 1 款和《消除种族歧视公约》第 22 条作为确立法院管辖权的依据。

因此,法院必须首先确定这些条款表面上是否授予它对案件

① 如无特别注释,本部分资料来源皆为:Application of the International Convention on the Elimination of All Forms of Racial Discrimination (Armenia v. Azerbaijan), Provisional measures, I. C. J. Order of 7 December 2021。

的管辖权。亚美尼亚和阿塞拜疆都是《消除种族歧视公约》的缔约国。亚美尼亚于1993年6月23日、阿塞拜疆于1996年8月16日加入《消除种族歧视公约》。两国均未对《消除种族歧视公约》第22条或其他条款作出保留。

2.《消除种族歧视公约》解释和适用的争议的存在

亚美尼亚主张,阿塞拜疆已经并且持续违反《消除种族歧视公约》第2、3、4、5、6、7条承担的义务。阿塞拜疆主张实施的行为与种族歧视无关,并且认为被指控的行为不属于该公约的适用范围。

法院回顾,为了确定当事人在起诉时是否存在争议,需要考虑两国交换的声明或文件。两国在阿塞拜疆的某些行为或不行为是否导致其违反《消除种族歧视公约》义务的问题上存在分歧,已经在两国外交部长于2020年12月8日和22日交换的换文中体现出来,随后的交流中也体现出这一点。法院认为,在诉讼的这个阶段,法院无需确定阿塞拜疆是否出现违反《消除种族歧视公约》义务的情况,法院的任务是确定亚美尼亚指控的作为或不作为是否属于《消除种族歧视公约》的适用范围。法院认为,至少有一部分指控的作为或不作为适用《消除种族歧视公约》的规定。因此,法院认为,现阶段有充分的依据可以初步确定两国间存在与《消除种族歧视公约》的解释或适用有关的争端。

3. 前置性程序

法院此前曾裁定,争议在提交法院前必须经过谈判程序。关于《消除种族歧视公约》第22条所规定的谈判作为前置性程序的规定,法院认为,尝试谈判或开始谈判后,只有在谈判尝试不成功或者谈判失败、徒劳或陷入僵局时,才满足谈判的前置性程序。法院注意到,自2020年11月11日和12月8日双方在信函中第一次交流开始,到2021年9月14日至15日举行的最后一次双边会议为止,两国的状况似乎没有进展。虽然两国就某些程序性事项达成一致,但是对有关阿塞拜疆不遵守《消除种族歧视公约》义务指控的实质性事项没有取得类似进展。法院认为,截至起诉之日,两国之间关于《消除种族歧视公约》的解释和适用的争议尚未通过谈判解决。因此,法院认为《消除种族歧视公约》第22条所规定的前置性程序条件似乎已经满足。

4. 关于初步管辖权的结论

鉴于上述情况,法院得出结论,法院有权根据《消除种族歧视公约》第22条受理两国之间与公约的解释或适用有关的案件。

(三)寻求保护的权利与此类权利和要求采取的措施之间的联系

法院指出,在诉讼的这个阶段,法院不需要明确确定亚美尼亚寻求保护的权利的存在,只需要决定亚美尼亚根据法律主张的权利以及寻求的保护是合理的。并且,寻求保护的权利与请求的临时措施之间存在联系。

对于2020年冲突期间或其后被亚美尼亚认定为战俘和被拘留平民的人员,亚美尼亚主张两项不同的权利:被遣返的权利和免受不人道或有辱人格的待遇。法院出于证据不足的原因不支持第一项权利主张,但是法院认为,上述人员在被关押期间应当享有免受基于民族和族裔的不人道或有辱人格待遇的权利。法院还认为,亚美尼亚主张的阿塞拜疆高级官员通过煽动和宣扬对亚美尼亚人的种族仇恨和种族歧视,以及通过破坏和亵渎方式影响亚美尼亚文化遗产而侵犯的权利是合理的。

法院认为,亚美尼亚主张的措施主要涉及在2020年冲突期间或其后的战俘和被俘平民的权利,这些权利是依据阿塞拜疆应当承担的《消除种族歧视公约》义务,包括保障人身安全和国家保护其免受身体伤害、不支持针对亚美尼亚民族和族裔的仇恨行为、禁止和惩罚故意破坏或改变亚美尼亚历史的行为、保护获取和享有文化遗产的权利。法院认为,这些措施旨在保护亚美尼亚基于《消除种族歧视公约》享有的合理的权利。

因此,法院得出结论,亚美尼亚主张的权利和要求采取的临时措施之间存在联系。

(四)不可弥补损害的风险和紧迫性

法院回顾,在过去涉及《消除种族歧视公约》的案件中,其指出,侵害公约第5条第1、2、3、4、5项规定的权利会造成不可弥补的伤害。法院认为,该陈述同样适用于公约第4条规定的免于种族仇恨和歧视的权利。法院指出,遭受不人道和有辱人格待遇或酷刑的人会遭受不可弥补损害的风险。心理上的伤害,类似于身体上的伤害,也会造成不可弥补的损害。实施公约第4条禁止的行为可能会造成充满种族色彩的社会环境,当国家高级官员利用这种支持种族歧视的言论时尤其如此。这种情况可能对属于《消除种族歧视公约》保护群体的个人造成严重的破坏性影响。这种破坏性影响可能包括但不限于身体或心理上的伤害。此外,当文化遗产已经成为武装冲突的现场,并且此类冲突可能再次发生时,文化遗产可能遭受无法弥补损害的严重风险。基于上述情况,法院得出结论,无视法院认为合理的权利会造成不可弥补的损害,并且存在真实且紧迫的风险,在法院作出最终裁判前,损害可能发生。

(五)结论

基于上述考虑,法院得出结论,《国际法院规约》关于指示采取临时措施的条件已经满足。因此,法院认为在作出最终裁决之前,有必要指示采取某些措施,以保护亚美尼亚所主张的权利。

(六)执行部分

法院命令的执行部分内容如下:

1. 阿塞拜疆根据其在《消除种族歧视公约》中承担的义务:

(1)以14票对1票,保护所有在2020年冲突中被俘虏并扣押的人免受暴力和身体伤害;

(2)一致认定,采取必要措施防止包括官员和公共机构在内的人或组织针对亚美尼亚民族或族裔的所有人煽动和宣扬种族仇恨和种族歧视;

(3)以13票对2票,采取必要措施防止和惩罚影响到亚美尼亚文化遗产的破坏和亵渎行为;

2.一致认定,双方应避免采取使争议加剧或扩大,或使其更难解决的行动。

五、《消除一切形式种族歧视国际公约》的适用案的临时措施命令①

2021年9月23日,阿塞拜疆共和国对亚美尼亚共和国提起诉讼,指控其违反了1965年12月21日《消除种族歧视公约》的多项义务。同时,阿塞拜疆根据《国际法院规约》第41条和《法院规则》第73、74、75条的规定,提交了一份指示采取临时措施的请求。

(一)介绍

阿塞拜疆和亚美尼亚发生冲突和停战的背景与上一命令一致,在此不再赘述。阿塞拜疆同样援引《消除种族歧视公约》第22条作为法院管辖权的基础,因此案件的审理范围受公约限制。

(二)初步管辖权

法院对于《消除种族歧视公约》解释和适用的争议的存在、《消除种族歧视公约》规定的前置性条件已经满足的判断与上一命令一致的不再赘述。最终法院得出结论,法院有权根据《消除种族歧视公约》第22条受理两国之间与《消除种族歧视公约》的解

① 如无特别注释,本部分资料来源皆为:Application of the International Convention on the Elimination of All Forms of Racial Discrimination (Azerbaijan v. Armenia), Provisional measures, I. C. J. Order of 7 December 2021。

释或适用有关的案件。

(三)寻求保护的权利与此类权利和要求采取的措施之间的联系

阿塞拜疆主张,亚美尼亚没有谴责其领土范围内从事煽动针对阿塞拜疆人的暴力行为的武装民族主义仇恨团体,亚美尼亚也没有对领导这些活动的人进行惩罚,上述行为侵犯了阿塞拜疆享有的《消除种族歧视公约》权利。法院支持这一权利主张。阿塞拜疆的另一权利主张,即亚美尼亚设置地雷的行为侵犯阿塞拜疆享有的《消除种族歧视公约》权利。法院出于证据不足的原因不支持这项权利主张。

法院已经认定,阿塞拜疆根据《消除种族歧视公约》主张的权利至少有一些是合理的。法院认为,阿塞拜疆请求采取的一项措施旨在确保亚美尼亚境内的任何组织和个人不参与煽动和宣扬针对阿塞拜疆民族和族裔人民的种族仇恨和出于种族动机的暴力,这项措施旨在保护阿塞拜疆根据《消除种族歧视公约》享有的合理的权利。所以,法院得出结论,阿塞拜疆请求的其中一项措施和其寻求保护的合理的权利之间存在一定的联系。

(四)不可弥补损害的风险和紧迫性

在上一命令中已经提到,法院认为,实施《消除种族歧视公约》第4条禁止的行为,例如,宣扬种族仇恨、煽动种族歧视和基于民族或族裔针对任何人群的暴力行为,最终可能对属于《消除种族歧视公约》保护群体的个人造成严重的身体、心理或其他的伤害。因此,法院得出结论,无视法院认为合理的权利会造成不可弥补的损害,并且存在紧迫性,因为在法院作出最终裁判前,这种损害是真实和迫切的。

(五)结论

法院认为,在判决作出前,亚美尼亚必须遵循《消除种族歧视公约》义务,采取所有必要措施防止领土内的机构和个人从事煽动和宣扬针对阿塞拜疆民族和族裔人的种族仇恨的活动。法院指出,在情况需要时指示采取临时措施以防止争端的恶化或扩大。法院认为,在本案中,除了决定指示采取具体的必要措施外,有必要针对双方提出的旨在保证争端不再扩大的额外措施。此外,法院根据案件的具体情况,没有批准阿塞拜疆主张的亚美尼亚“采取有效措施收集、保护和保存针对阿塞拜疆族裔犯罪的证据”以及定期报告临时措施实施情况的措施。

(六)执行部分

法院命令的执行部分内容如下:

1. 一致认定,亚美尼亚必须遵循《消除种族歧视公约》义务,采取所有必要措施防止领土内的机构和个人从事煽动和宣扬针对阿塞拜疆民族和族裔人的种族仇恨的活动;

2. 一致认定,两国应避免采取任何可能加剧、扩大争议或使其更难解决的行动。

国际海洋法法庭2021年审理案件的新进展

密晨曦[*]　杨一鑫[**]

国际海洋法法庭（以下简称法庭）是依据《联合国海洋法公约》（以下简称《公约》）设立的国际司法机构。[①] 法庭共有21名法官，来自不同的地理区域。[②] 截至2021年年底，法庭共受理案件29起（包括发表“咨询意见”2起），其中，瑞士联邦诉尼日利亚“圣·帕德雷·皮奥”号（San Padre Pio）第2号案（法庭第29号案）已于2021年12月从法庭案件列表中移除。目前在审案件1起，即毛里求斯和马尔代夫印度洋划界案（第28号案）。2021年，法庭没有新增案件。

一、毛里求斯和马尔代夫印度洋划界案（毛里求斯和马尔代夫）

查戈斯群岛位于印度洋中心，具有重要战略价值，是美国在印

---

* 自然资源部海洋发展战略研究所研究员。

** 中国政法大学国际法学院博士研究生。

① 参见《公约》第十五部分第287条及附件六《国际海洋法法庭规约》。

② 自2020年10月1日起，中国籍段洁龙法官在法庭履职。自1996年法庭成立以来，法庭一直有中国籍法官在法庭履职，之前三位中国籍法官分别是赵理海先生、许光建先生和高之国先生。

度洋唯一的军事基地。[①] 毛里求斯先是单方提起《公约》附件七仲裁,后与马尔代夫缔结特别协议,请求法庭成立特别分庭(以下简称分庭)审理两国涉查戈斯群岛海域的海洋划界争端,该案转由分庭审理。继英国通过一份声明重申对查戈斯群岛的主权后,马尔代夫就分庭对本案的管辖权和可受理性问题提出“初步反对”。分庭就马尔代夫提出的“初步反对”意见进行了审理,并于2021年1月作出判决,驳回马尔代夫提出的全部反对意见。法官奥克斯曼(*ad hoc* Oxman)就本案发表了独立和不同意见,认为毛里求斯关于司法解决永久海洋边界的诉求不具有可受理性。[②] 本案实质涉及毛里求斯和英国就查戈斯群岛是否存在领土争端和群岛主权归属,毛里求斯和马尔代夫之间的划界争端是否真实存在,英国是否是本案不可或缺第三方等诸多问题,本案的管辖权和可受理性受到广泛关注和学界热议。

(一)案情回顾和背景情况

2010年12月20日,毛里求斯曾就英国宣布设立查戈斯群岛海洋保护区事提起《公约》附件七仲裁,即毛里求斯诉英国查戈斯群岛海洋保护区案。2015年3月18日,仲裁庭发布裁决(以下简称查戈斯仲裁裁决),支持了毛里求斯的部分诉求。至于英国是否为查戈斯群岛沿海国的问题,仲裁庭认为该问题涉及双方主权争端,法庭对此没有管辖权。2017年6月22日,联合国大会通过第71/292号决议,请求国际法院就查戈斯群岛1965年从毛里求斯分裂的法律后果发表咨询意见(以下简称查戈斯咨询意见)。国际法院于2019年2月25日就该案发表咨询意见,认为查戈斯群岛的分离是非法的,

---

① 美军事基地所在地迪戈加西亚岛属于该群岛。

② See Dispute Concerning Delimitation of the Maritime Boundary Between Mauritius and Maldives in the Indian Ocean (Mauritius/Maldives), ITLOS, Separate and Dissenting Opinion of Judge *ad hoc* Oxman, https://www.itlos.org/fileadmin/itlos/documents/cases/28/preliminary_objections/C28_Judgment_28.01.20210_Sep-DissOp_Oxman_corr.pdf (Last visited January 11, 2022).

毛里求斯的非殖民化进程在其独立时没有完成。同年5月联合国大会发布第73/295号决议(以下简称联大决议),为英国设置了6个月的期限,要求英国于2019年11月22日前从查戈斯群岛撤离。

2019年6月,毛里求斯再次单方提起《公约》附件七仲裁,此次被提起仲裁的一方是马尔代夫,事由是两国在印度洋的海洋划界。马尔代夫于2010年向大陆架界限委员会提交了在印度洋的200海里外大陆架划界案,毛里求斯认为这侵犯了其对查戈斯群岛的相关权利。毛里求斯在2019年提出了关于查戈斯群岛的200海里外大陆架划界主张。2019年9月24日,两国缔结特别协议,将该争端移交分庭。分庭由七名法庭法官以及当事方分别提名的两名专案法官,共九名法官组成。2019年11月,英国在一份声明中重申了对查戈斯群岛的领土主权,称未经英国同意,分庭不能解决英国和毛里求斯的领土主权争端。① 2019年12月18日,马尔代夫就本案的管辖权和可受理性问题提出书面"初步反对",同日通知毛里求斯。2020年2月17日,毛里求斯就马尔代夫的初步反对意见向分庭提交了书面意见。2020年10月13日到19日,分庭以线上和线下混合形式对马尔代夫初步反对意见进行了庭审。2021年1月28日,分庭针对马尔代夫提出的五点反对意见分别进行了论证,驳回其所有反对意见,认为对本案有管辖权且毛里求斯的诉求可受理。

(二)"初步反对"程序中涉及的关键问题

1. 马尔代夫的初步反对意见及判决的核心问题

马尔代夫向分庭提交的初步反对意见,其中四项针对管辖权:

① See Dispute Concerning Delimitation of the Maritime Boundary Between Mauritius and Maldives in the Indian Ocean (Mauritius/Maldives), ITLOS, Written Preliminary Objections of the Republic of Maldives under Article 294 of the United Nations Convention on the Law of the Sea and Article 97 of the Rules of the International Tribunal for the Law of the Sea, December 18, 2019, para. 6; Foreign and Commonwealth Office of the United Kingdom, British Indian Ocean Territory: Written Statement, Doc HCWS90, 5 November 2019.

第一,英国是本案不可或缺第三方,分庭进行划界将违反"货币黄金案原则";第二,英国与毛里求斯关于查戈斯群岛的主权存在争议,在未确定领土主权的情况下,分庭进行划界实际上就是判决谁拥有查戈斯群岛的主权,这不属于《公约》的解释与适用;第三,《公约》第74条和第83条规定的先决条件尚未履行,马尔代夫指出,两国并未就专属经济区和大陆架划界进行过双边谈判;第四,马尔代夫与毛里求斯之间并不存在关于海洋划界的争端。另一项反对意见针对本案的可受理性:马尔代夫认为毛里求斯的请求属于滥用程序,分庭应认定不具有可受理性,驳回毛里求斯的诉求。

根据《公约》,在符合第15部分相关规定的前提下,法院或法庭有权处理向其提起的有关公约解释或适用的争端,但无权管辖领土主权争端。据此,有学者指出,马尔代夫基于查戈斯群岛主权争端的反对主张是强有力的,[①]主权争端的存在理应作为主要障碍阻止分庭对本案行使管辖权。本案分庭也对此作出声明:"双方在协议中赋予分庭的管辖权限定在有关《公约》解释或适用的争端,而主权争端并非此类争端。"[②]有学者评价,分庭使用"转交""区分""回避"等司法技巧,[③]驳回了马尔代夫所有反对意见,确立了对本案的管辖权。

本案值得关注的是,主权争端是否存在以及群岛归属问题并非在于本案双方之间,而是在于一方当事国毛里求斯与第三国英

① 参见高健军:《谁解决了查戈斯群岛的主权争端?——"毛里求斯与马尔代夫海洋划界案"初步反对主张判决评析》,载《国际法研究》2021年第5期,第7页。

② Dispute Concerning Delimitation of the Maritime Boundary Between Mauritius and Maldives in the Indian Ocean (Mauritius/Maldives), ITLOS, Preliminary Objections, Judgment of 28 January 2021, Case No. 28 (hereafter "Mauritius/Maldives, Preliminary Objections, Judgment of 28 January 2021"), para. 111.

③ "转交"是指通过协议将起初由国际仲裁庭审理转变为国际海洋法法庭特别分庭审理;"区分"是指以确立管辖权为目的,将本案与其他在管辖权论证方面逻辑相似的案件加以区分;"回避"是指在关键问题上不予详细阐述和说理,通常一带而过。参见朱利江:《"毛里求斯与马尔代夫海洋划界案"初步反对意见判决的问题、技巧与影响》,载《国际法研究》2021年第5期,第26页。

国之间。而要判断毛里求斯与英国之间是否就查戈斯群岛的主权归属仍然存在争端,就要对先前事关查戈斯群岛主权的法律程序,即查戈斯仲裁裁决、查戈斯咨询意见及其后的联大决议进行考查。这种情况并非国际司法实践中的新问题,在以往的司法实践中,在确定管辖权时,也出现过争端一方认为争端已经被条约、仲裁裁决、咨询意见或联大决议等其他文件所解决,但另一方对上述文件是否产生解决争端的效果有不同意见的情况。[①]

2. 关于查戈斯仲裁裁决

马尔代夫认为,仲裁庭裁定英国在查戈斯群岛周围建设海洋保护区非法的理由是英国违反了《公约》某些义务,这说明仲裁庭将英国视作查戈斯群岛周围水域的沿海国。[②] 分庭认为,仲裁庭认识到查戈斯群岛主权争端的存在,并清楚无权解决查戈斯群岛的主权归属,而是通过根据英国关于查戈斯群岛的具有法律约束力的承诺来认定毛里求斯在查戈斯群岛海域享有的权利,这些权利可以在评估毛里求斯是否属于马尔代夫海岸相邻或相向国家(以海洋划界为目的)中发挥作用。[③] 但分庭又提到,撇开主权问题,查戈斯群岛适用一个"特别制度",据此毛里求斯被赋予特定的海洋权利,[④]这似乎又印证了马尔代夫上述主张,其中逻辑问题值得推敲。

3. 关于查戈斯咨询意见及联大决议

分庭认为主权争端已经不存在的主要依据是国际法院于

---

① 参见雷筱璐:《为确立管辖权对"争端是否被解决"争端的判断——从"毛里求斯与马尔代夫海洋划界案"初步反对意见判决的思路谈起》,载《国际法研究》2021 年第 5 期,第 31 ~ 32 页。

② See Mauritius/Maldives, Preliminary Objections, Judgment of 28 January 2021, paras. 122 – 123.

③ See Mauritius/Maldives, Preliminary Objections, Judgment of 28 January 2021, paras. 137 – 139.

④ See Mauritius/Maldives, Preliminary Objections, Judgment of 28 January 2021, para. 246.

2019年作出的咨询意见。分庭提到,国际法院的咨询意见是否明确了查戈斯群岛的法律地位,是该程序中的关键问题。如果国际法院事实上认定查戈斯群岛是毛里求斯的主权组成部分,则英国对查戈斯群岛的主张仅是一种“声称”(assertion),这种“声称”不足以证明争端的存在。[①] 国际法院认为自身没有解决争端的意图,[②]而分庭认为非殖民地化问题与主权有着密不可分的联系,国际法院咨询意见中关于非殖民地化的决定必然影响主权。[③] 分庭认为,既然毛里求斯非殖民化进程并未完成,则从国际法院的决定中能够推断出“毛里求斯对查戈斯群岛享有主权”。[④] 分庭意识到国际法院的咨询意见没有法律拘束力,声称其法律认定的权威性和重要性并不亚于判决,[⑤]并认为,国际法院咨询意见中的决定对查戈斯群岛的法律地位具有“法律效力”(legal effect)和清楚的意涵,英国继续对查戈斯群岛主张主权是对这些决定的违背。[⑥]

分庭关于此问题的阐述存在突出的逻辑问题和论证不足:一是国际法院的咨询意见并未明确认定查戈斯群岛的主权最终归属于毛里求斯,这个结论仅仅出于分庭的推断(infer)。二是即使咨询意见会对查戈斯群岛的主权争端产生影响,但影响也不应等同于解决,否则会与国家同意原则直接冲突。[⑦] 三是毛里求斯非殖

---

① See Mauritius/Maldives, Preliminary Objections, Judgment of 28 January 2021, para. 243.

② See Legal Consequences of the Separation of the Chagos Archipelago from Mauritius in 1965, Advisory Opinion, I. C. J. Reports 2019, para. 136.

③ See Mauritius/Maldives, Preliminary Objections, Judgment of 28 January 2021, para. 166.

④ See Mauritius/Maldives, Preliminary Objections, Judgment of 28 January 2021, para. 246.

⑤ See Mauritius/Maldives, Preliminary Objections, Judgment of 28 January 2021, para. 203.

⑥ See Mauritius/Maldives, Preliminary Objections, Judgment of 28 January 2021, para. 246.

⑦ 参见高健军:《谁解决了查戈斯群岛的主权争端?——“毛里求斯与马尔代夫海洋划界案”初步反对主张判决评析》,第10页。

民化进程是否完成并不必然解决查戈斯群岛的主权归属问题，比如，查戈斯群岛人能否构成自决权意义上的“查戈斯群岛人民”以及是否要求自决[①]而成为一个独立的主权主体，即不归属英国或毛里求斯，这种情况能否发生并不确定。分庭并没有继续论证非殖民化对于主权的具体影响。另外，分庭在本案中关于咨询意见的效力、“争端”的判断标准等问题的阐释也存在诸多值得商榷之处。

关于联大决议，分庭着墨相对较少。分庭指出，联大决议声明：“根据法庭的咨询意见……查戈斯群岛是毛里求斯领土的组成部分。”分庭认为，以上表述是联大对于国际法院咨询意见的解释。[②] 而对于英国未能遵守大会要求如期撤出查戈斯群岛的事实，分庭也并未将其理解为是英国与毛里求斯就查戈斯群岛主权“针锋相对”的主张，而是英国对咨询意见中的权威认定，即“查戈斯群岛是毛里求斯领土的组成部分”的违背。[③]

目前，分庭只针对马尔代夫的反对意见作出判决并确立了对案件的管辖权，关于实体问题的审理和判决有待继续跟踪及关注。

二、“圣·帕德雷·皮奥”号第2号案（瑞士联邦诉尼日利亚）

2021年12月29日，法庭发布命令（order），将“圣·帕德雷·皮奥”号第2号案从法庭案件列表中移除。[④]

---

① 参见朱利江：《“毛里求斯与马尔代夫海洋划界案”初步反对意见判决的问题、技巧与影响》，第27页。

② See Mauritius/Maldives, Preliminary Objections, Judgment of 28 January 2021, para. 228.

③ See Mauritius/Maldives, Preliminary Objections, Judgment of 28 January 2021, para. 229.

④ See “The M/T ‘San Padre Pio’ (No. 2) Case: Case Removed from Tribunal’s List”, ITLOS/Press 318, 29 December 2021, https://www.itlos.org/fileadmin/itlos/documents/press_releases_english/PR_318_EN.pdf (Last visited January 12, 2022).

(一)案情回顾和背景情况

"圣·帕德雷·皮奥"号是一艘悬挂瑞士国旗的油轮。2018年1月23日,该油轮在尼日利亚专属经济区进行船到船石油转移时,由尼日利亚海军抓扣,被命令前往尼日利亚的哈科特港并被继续扣留。16名船员被送往监狱并受到指控。后多数船员获释和返至船上,相关指控改为仅适用该船以及船长(master)和三名管理人员(officers)。2018年4月13日,船长和三名管理人员获得保释后返回船上,保释条件是未获得事先批准或法庭命令,不得离开尼日利亚。[①]。

此案可谓"一波三折"。2019年5月6日,瑞士就尼日利亚抓扣"圣·帕德雷·皮奥"号及其船员和货物的争端提起《公约》附件七仲裁。2019年5月21日,瑞士根据《公约》第290条第5款请求法庭规定临时措施,列为法庭第27号案,法庭于2019年7月6日发布决定:瑞士向尼日利亚提供财务保障;尼日利亚迅速释放船舶、人员及货物;如果附件七仲裁庭确认尼日利亚的相关措施不违反《公约》,瑞士应确保船长和三名管理人员回尼日利亚出庭和接受刑事审判;双方应避免采取可能导致争端升级或扩大的任何行动。[②] 2019年12月,瑞士与尼日利亚达成特别协议,将其单方提起《公约》附件七仲裁的争端移交法庭审理[③],列为法庭第29号案。

---

① See "The M/T 'San Padre Pio' Case: Provisional Measures", ITLOS/Press 290, 6 July 2019, https://www.itlos.org/fileadmin/itlos/documents/press_releases_english/PR_290_En.pdf (Last visited January 10, 2020).

② See "The M/T 'San Padre Pio' Case (Switzerland v. Nigeria)", Order of July 6, 2019, para. 146, https://www.itlos.org/fileadmin/itlos/documents/cases/case_no_27/Orders/C27_Order_06.07.2019_rev.pdf (Last visited January 10, 2020). 中国籍高之国法官等四位法官各自发表反对意见(Dissenting Opinion),三位法官各自发表个别意见(Separate Opinion),另有两位法官共同发表联合声明(Joint Declaration),两位法官各自发表声明(Declaration)。

③ See "Special Agreement and Notification", https://www.itlos.org/fileadmin/itlos/documents/cases/29/C29_Sp_Agr_Mins_17.12.2019_en.pdf (Last visited January 11, 2022).

(二)案件撤销缘由

瑞士和尼日利亚于2021年5月20日签署谅解备忘录,就该案法庭程序应在“圣·帕德雷·皮奥”号驶入公海或他国的领海或专属经济区的一刻停止,达成一致意见。2021年12月10日,瑞士致函法庭书记官处,提到两国谅解备忘录内容,并通知法庭“圣·帕德雷·皮奥”号已经驶出尼日利亚的专属经济区,并驶入贝宁的专属经济区,由此请求法庭根据《国际海洋法法庭规则》第105条停止对本案的审理,并从法庭案件列表中移除此案。尼日利亚也于2021年12月24日致函书记官处,“圣·帕德雷·皮奥”号已于2021年12月10日获释并离开尼日利亚、驶入贝宁的专属经济区,因此尼日利亚不反对法庭停止审理此案,正如瑞士已通知的那样。在双方协商一致的前提下,法庭庭长于2021年12月29日根据《国际海洋法法庭规则》第105条发布命令,停止对本案的审理,将本案从法庭案件列表中移除。①

附表　国际海洋法法庭受理案件一览

序号	当事国/机构	案件	案由	受理年份
1	圣文森特和格林那丁斯诉几内亚	“塞加”(SAIGA)号案	迅速释放	1997
2	圣文森特和格林那丁斯诉几内亚	“塞加”(SAIGA)号案(2)	临时措施 实质问题	1998
3	新西兰诉日本	南方蓝鳍金枪鱼案	临时措施	1999
4	澳大利亚诉日本	南方蓝鳍金枪鱼案	临时措施	1999
5	巴拿马诉法国	“卡莫科”(Camouco)号案	迅速释放	2000
6	塞舌尔诉法国	“蒙特·卡夫卡”(Monte Confurco)号案	迅速释放	2000

① See “The M/T ‘San Padre Pio’ (No. 2) Case: Case Removed from Tribunal’s List”.

续表

序号	当事国/机构	案件	案由	受理年份
7	智利/欧盟	东南太平洋养护和可持续捕捞箭鱼群案	实质问题	2000
8	伯利兹诉法国	“大王子”(Grand Prince)号案	迅速释放	2001
9	巴拿马诉也门	“契斯雷·雷夫2”(Chaisiri Reefer 2)号案	迅速释放	2001
10	爱尔兰诉英国	混合氧化物案	临时措施	2001
11	俄罗斯联邦诉澳大利亚	“奥尔加”(Volga)号案	迅速释放	2002
12	马来西亚诉新加坡	新加坡在柔佛海峡围海造地案	临时措施	2003
13	圣文森特和格林那丁斯诉几内亚比绍	“朱诺商人”(Juno Trader)号案	迅速释放	2004
14	日本诉俄罗斯联邦	“Hoshinmaru”号渔船案	迅速释放	2007
15	日本诉俄罗斯联邦	“托米马鲁”(Tomimaru)号渔船案	迅速释放	2007
16	孟加拉国/缅甸	孟加拉国与缅甸在孟加拉湾的海洋边界划界案	海域划界	2009
17	国际海底管理局	担保个人和实体参加国际海底区域活动的国家的责任和义务	咨询意见	2010
18	圣文森特和格林纳丁斯诉西班牙	“路易莎”(Louisa)号案	迅速释放 临时措施	2010
19	巴拿马/几内亚比绍	“弗吉尼亚G”(Virginia G)号案	实质问题	2011
20	阿根廷诉加纳	“ARA自由”(ARA Libertad)号案	临时措施 实质问题	2012
21	次区域渔业委员会	相关渔业问题	咨询意见	2013
22	荷兰诉俄罗斯联邦	“北极日出号”案	临时措施	2013

续表

序号	当事国/机构	案件	案由	受理年份
23	加纳/科特迪瓦	加纳和科特迪瓦在大西洋的海洋划界案	临时措施	2014
24	意大利诉印度	“恩瑞卡·雷克斯”(Enrica Lexie)号案	临时措施	2015
25	巴拿马诉意大利	“诺斯塔”(Norstar)号案	实质问题(损害赔偿)	2015
26	乌克兰诉俄罗斯联邦	扣留乌克兰三艘海军舰船案	临时措施	2019
27	瑞士联邦诉尼日利亚	“圣·帕德雷·皮奥”(San Padre Pio)号案	临时措施	2019
28	毛里求斯/马尔代夫	毛里求斯和马尔代夫在印度洋的划界案	海域划界	2019
29	瑞士联邦诉尼日利亚(该案已从法庭案件列表中移除)	“圣·帕德雷·皮奥”(San Padre Pio)号案(2)	实质问题	2019

注:本表信息主要根据国际海洋法法庭网站信息整理,http://www. itlos. org (Last visited January 1,2022)。

国际刑事法院 2021 年度实践综述

徐瀚冬*

2020 年 12 月至 2021 年 12 月(以下简称本年度),国际刑事法院(以下简称法院)在案件审理、情势初步审查、调查等司法活动中都取得了进展,概述如下。

一、法院修订《国际刑事法院司法道德守则》

2021 年 1 月 27 日,经修订的《国际刑事法院司法道德守则》(以下简称《司法道德守则》)正式生效。2021 年版《司法道德守则》对第 5 条“廉正”作出重大修改,并增加了第 8 条关于“忠诚”的规定。

具体而言,修订后的《司法道德守则》在以下方面作出修改:

(1)在第 1 条“通过守则”方面,新增第 2 款,要求定期审查《司法道德守则》,并在必要时进行修订。

(2)在第 3 条新增第 2 款,要求法官应根据事实依法对案件作出裁判,不应在任何方面,受到任何原因的直接或间接限制,包括不当影响、引诱、施压、威胁或干扰。

(3)在第 5 条“廉正”方面,修改并扩充第 1 款内容,要求法官

---

* 中国政法大学国际法学院 2021 级国际公法专业博士研究生。

除了应按照其职务廉洁、克制和正直行事，还应在与缔约国、外交界和其他利益攸关方的交往中，谨慎地采取行动，以确保其行为具有适当性；将原第2款调整至新守则第4款，新增第2款要求法官以有尊严的和尊重的态度对待其他法官、当事人、诉讼参与人、工作人员和其他人，不得以任何形式歧视、骚扰，包括性骚扰和滥用职权；新增第3款，要求法官在任何时候都应基于该守则精神和专业精神相互对待；新增第5款进一步对法官正直行事的义务作出规定，要求延伸至其职务的所有方面，包括参选法院院长等行政职务，并强调对《院长选举程序准则》的尊重与遵守。①

(4)新增第8条"忠诚"，要求法官应履行忠于本法院的义务。

(5)在第10条(原第9条)"公开表达与交往"方面，对第2款作出补充，在可自由作出公开表达的情况增加"学术出版物"，并在除不得对未决案件发表评论的要求之外，新增规定，要求在评论法院的裁决或判决时，法官也应始终表现出克制，并严格遵守本守则中的相关规定。

二、法院司法活动的进展

(一)各情势所涉案件的审理进展

1. 中非共和国情势Ⅱ

(1)耶卡托姆案：上诉分庭作出判决，确认被上诉的裁判

在阿尔弗雷德·耶卡托姆(Alfred Yekatom)和帕特里斯-爱德华·恩盖索纳(Patrice-Edouard Ngaïssona)一案开始进行联合审判之前，耶卡托姆向审判分庭提出申诉，要求驳回指控。根据《国际刑事法院罗马规约》(以下简称《罗马规约》)第67条第1款第1项，在确定任何指控时，应迅速告知被告指控的性质、原因和内容。

① 《院长选举程序准则》于2021年1月27日通过。

耶卡托姆认为,第二预审分庭确认的所有指控没有充分告知共同犯罪的“法律构成要件”,而且没有充分告知确定这些要件的事实。第五审判分庭驳回了耶卡托姆的申诉,随后他就同样的问题向上诉分庭再次提出上诉。

上诉分庭指出,本案需要确认审判分庭在以下两方面的裁定是否具有错误:第一,关于确认“共同犯罪”(co-perpetration)个人刑事责任模式构成要件的通知;第二,关于在指控中描述相关事实时使用“共同计划”(common plan)、“基本贡献”(essential contribution)等具体术语的通知。①

耶卡托姆的第一个上诉理由的核心争议点是个人刑事责任模式的法律构成要件是否属于应当告知被告的指控性质的范围。耶卡托姆认为,除了检察官提交的指控文件之外,预审分庭也应当在确认指控时告知他已确定的赔偿责任模式的法律构成要件。预审分庭未将这部分指控性质告知被告,则会影响其获得公平审判的权利。上诉分庭表示,由于法院的法律文本中没有规定保障公平审判应当告知的指控范围,因此,上诉分庭认为应当援引国际人权法解释该问题。指控的“性质”这一规定源自《公民权利和政治权利国际公约》和一些区域人权公约,这些公约要求不仅要告知面临刑事指控的被告被指控的原因,还要告知其指控所涉行为的法律定性,而且力求详细告知。但是,上诉分庭指出,国际人权法相关判例并未具体阐明何种告知程度能够被认为是“详细”,因此上诉分庭认为,应采用逐案分析的办法,确保在每个案件中,法院告知被告的指控内容、原因、性质足以使其准备相应的辩护。上诉分庭表示,由于没有任何规定要求在所有案件中都应当告知被告与共同犯罪相关的所有法律要件,而且在本案中,预审分

① See Prosecutor v. Alfred Yekatom and Patrice-Edouard Ngaïssona, Judgment on the Appeal of Mr Alfred Yekatom against the Decision of Trial Chamber V of 29 October 2020 entitled “Decision on Motions on the Scope of the Charges and the Scope of Evidence at Trial”, The Appeals Chamber, 5 February 2021, ICC – 01/14 – 01/18 – 874.

庭未告知被告确定个人刑事责任模式的构成要件并未影响被告的辩护,也不会对其获得公平审判的权利造成影响,因此审判分庭驳回这一申诉理由的决定没有错误,上诉分庭据此驳回耶卡托姆第一个上诉理由。

耶卡托姆第二个上诉理由的关键是,他认为审判分庭错误地得出结论,即预审分庭确认指控事实,认为他充分注意到"共同计划"并对此作出"基本贡献",尽管预审分庭在确认指控的决定中并未明确使用上述术语。上诉分庭认为,这一上诉理由并不影响预审分庭得出的提交审判的结论,而是与耶卡托姆的知情权有关。《国际刑事法院条例》(Regulations of the Court)(以下简称《法院条例》)第53条规定,预审分庭确认指控的书面决定必须载列对每项指控的调查结果。在本案中,上诉分庭认为,预审分庭作出的确认指控的决定列明了已确认的指控,但未完整描述与已确认指控和责任模式有关的事实和情况。上诉分庭指出,这样的描述本身不足以体现充分的告知,以保障耶卡托姆能够作出充分的辩护准备,但是,上诉分庭发现,预审分庭决定中讨论个人作用和个人贡献的指控事实部分,已涉及对个人刑事责任的探讨,而且审判分庭的审查结果也表明,预审分庭确认指控的决定中已明确载列与共同计划和基本贡献直接相关的调查结果,符合《法院条例》的要求。另外,上诉分庭认为,没有使用某些术语来描述耶卡托姆在被指控罪行中的作用,并不能支持他提出的未向他作出告知的观点。原因在于,除《罗马规约》的措辞外,没有正式规定要求分庭需要在确认指控的决定中使用哪些术语。确认指控决定中的具体用语可能因案件不同而有所差异。据此,上诉分庭驳回了耶卡托姆的第二个上诉理由。

《国际刑事法院程序和证据规则》(以下简称《程序和证据规则》)第158条第1款规定,根据《罗马规约》第82条第1款第4项提出的上诉,上诉分庭可以确认、推翻或修改被上诉的裁判。基于上述论证,上诉分庭在本案中确认被上诉的裁判。

(2)赛义德案:上诉分庭确认被上诉的裁判;第二预审分庭确认部分指控,并将赛义德提交审判

①上诉分庭确认被上诉的裁判,即预审分庭关于向诉讼当事方转递被害人参与诉讼的申请并允许被害人参与诉讼的决定

穆罕默德·赛义德·阿卜杜勒·卡尼(Mahamat Said Abdel Kani)一案在本年度的主要进展是,中非共和国在据称名为"塞莱卡"(Seleka)民兵组织的指挥官和高级成员赛义德根据2019年发布的逮捕令自首后,于2021年1月24日被移交给法院拘留。1月20日,赛义德首次在第二预审分庭出庭。8月16日,检察官提交了指控赛义德的文件及证据清单,并于同月30日提交了确认概要。赛义德涉嫌于2013年4月至11月8日在班吉犯下14项战争罪(涉及酷刑和残忍待遇)和危害人类罪(涉及监禁或其他严重剥夺自由、酷刑、迫害、强迫失踪和其他不人道行为)。2021年9月14日,上诉分庭确认预审分庭关于接纳被害人参与诉讼程序的决定。

在本次上诉中,上诉分庭被要求确定第二预审分庭将被害人参与诉讼的申请转递给诉讼当事方的方法和允许被害人参与诉讼的程序是否符合《程序和证据规则》第89条第1款以及《罗马规约》中的相关规定。根据《程序和证据规则》第85条和法院制定的审查参与申请的标准,书记官将申请人分为三类:a. 明确符合被害人资格的申请人;b. 明确不符合被害人资格的申请人;c. 书记官处无法因任何原因对其作出明确决定的申请人。虽然书记官处以未经编辑的形式向第二预审分庭转递了所有类型被害人的申请,但仅向诉讼当事方转递了经过编辑的第三种类型申请人的参与诉讼申请。辩方认为,根据《程序和证据规则》第89条第1款,书记官处应将所有被害人申请参与诉讼的副本转递给诉讼当事方,因此预审分庭犯了法律错误,并据此请求上诉分庭撤销该决定并将此事发回预审分庭重审。

上诉的主审法官戈查·洛尔基帕尼泽(Gocha Lordkipanidze)

在公开会议上宣读了判决摘要。上诉分庭认为,对《程序和证据规则》第89条第1款的解释应结合《罗马规约》第68条第1款(法院具有保护被害人权利的义务)和第3款(确保被害人以不损害或违反被告人的权利和公平公正审判原则参与诉讼)。法院有责任调整所有利益攸关方之间的权利平衡。预审分庭允许被害人参与诉讼并将其申请转递给诉讼当事方是确保诉讼公正及迅捷的适当方式,这既尊重被告人的权利,也是对被害人权利的重视。因此只要不损害犯罪嫌疑人或被告人获得公平审判的权利,法庭应允许将被害人参与诉讼的申请副本转递给诉讼当事方。但是,分庭同时强调,在转递被害人申请时应对其作出必要的编辑,以更适当地保障被害人的安全和安定。据此,上诉分庭驳回被告赛义德的上诉请求。①

②第二预审分庭确认部分指控,并将赛义德提交审判

第二预审分庭发现,在2013年4月12日至8月30日,赛义德作为塞莱卡联盟(Seleka coalition)的高级成员,在中央镇压行动办公室拘留了前总统博齐泽的支持者并对他们犯下危害人类罪(监禁或其他严重剥夺人身自由、酷刑、其他不人道行为和迫害)和战争罪(酷刑、残忍待遇和侵犯个人尊严的暴行)。预审分庭驳回了部分指控,最终确认了7项指控。分庭认为,赛义德及塞莱卡联盟的行为严重剥夺了被害人的基本权利,包括生命权、身体完整权、私有财产权、行动自由权以及免受酷刑或残忍、不人道或有辱人格待遇的权利。对于上述行为的严重性和行为性质,赛义德符合"明知"要求。根据《罗马规约》第25条第3款第1项和第2项,有充分证据证明赛义德应对直接共同犯罪和命令、唆使、引诱负有刑事

① See Prosecutor v. Mahamat Said Abdel Kani, Judgment on the Appeal of Mr Mahamat Said Abdel Kani against the Decision of Pre-Trial Chamber II of 16 April 2021 entitled "Decision Establishing the Principles Applicable to Victims' Applications for Participation", The Appeals Chamber, 14 September 2021, ICC-01/14-01/21-171.

责任。①

预审分庭指出,当时各方不能直接对确认指控的决定提出上诉,但是可以申请上诉许可,且分庭决定在书记官处将确认指控裁决译成法文之前,中止提出上诉许可申请的时限。

2. 科特迪瓦情势

(1)洛朗·巴博和古德案:上诉分庭作出判决,确认二人无罪

2021年3月31日,上诉分庭以多数票作出判决,确认洛朗·巴博(Laurent Gbagbo)和查尔斯·布莱·古德(Charles Blé Goudé)无罪。②

2019年1月15日,第一审判分庭判定检察官对洛朗·巴博和古德于2010年和2011年在科特迪瓦犯有危害人类罪的所有指控不成立,附条件地释放了他们。同年9月16日,检察官对该判决提出上诉。检察官认为,审判分庭对洛朗·巴博和古德无罪释放的判决违反了法律要件,且没有统一适用定义明确的证明标准以及评估证据充分性的方法。

上诉分庭认为,虽然最好同时作出裁决并给予理由,但是二者之间存在延迟并不必然导致整个审判无效。相反,在案件的特定情况下,这种分庭可能具有明确的理由。在本案中,被告被无罪释放后的自由受到了威胁。另外,分庭解释道,由于审判分庭的两位法官都认为对被告不利的证据非常薄弱,因此这两位法官未能阐明明确的举证标准,且未能适用具有一致性的举证标准,并未影响案件的审判。法官伊巴涅斯(Ibáñez Carranz)和法官博萨(Solomy Balungi Bossa)持反对意见,认为审判分庭的判决具有严重错误,

① See Prosecutor v. Mahamat Said Abdel Kani, Decision on the Confirmation of Charges against Mahamat Said Abdel Kani, Pre-Trial Chamber II, 9 December 2021, ICC - 01/14 - 01/21 - 218 - Red.

② See Prosecutor v. Laurent Gbagbo and Charles Blé Goudé, Judgment in the Appeal of the Prosecutor against Trial Chamber I's Decision on the No Case to Answer Motions, The Appeals Chamber, 31 March 2021, ICC - 02/11 - 01/15 - 1400.

应对该案作出新判决。

(2)西蒙娜·巴博案:预审分庭撤销了对西蒙娜·巴博的逮捕令

2021 年 7 月 19 日,第二预审分庭批准了检察官于 2021 年 6 月 15 日提出的关于撤销对西蒙娜·巴博(Simone Gbagbo)的逮捕令的请求。预审分庭认为,洛朗·巴博案审判和上诉阶段的进展表明,对西蒙娜·巴博发出逮捕令所依据的证据已不满足《罗马规约》第 58 条第 1 款第 1 项的证据门槛,因此撤销了该逮捕令。①

3. 苏丹达尔富尔情势:上诉分庭作出上诉判决,驳回拉赫曼关于管辖权的上诉

检察官诉阿里·穆罕默德·阿里·阿卜杜勒·拉赫曼(Ali Muhammad Ali Abd-Al-Rahman)一案目前处于预审阶段。2021 年 5 月 17 日,第二预审分庭作出决定,驳回了辩方关于管辖权的质疑。5 月 22 日,辩方针对该决定提出上诉。11 月 1 日,上诉分庭作出裁定,确定法院在拉赫曼案中的管辖权,驳回上诉理由。②

辩方共提出 8 项上诉理由,上诉分庭在上诉判决中全部驳回了这些上诉理由。其中,辩方的核心抗辩理由是:由于法院行使管辖权违反了罪刑法定原则,因此即使法院具有管辖权,也不可行使该管辖权。首先,上诉分庭确定,本案管辖权由联合国安理会第 1593 号决议依据《罗马规约》第 13 条第 2 款触发。其次,针对罪刑法定原则及管辖权行使问题,上诉分庭指出,《罗马规约》的一般法律框架,包括管辖权、补充机制和合作机制,同样适用于第 13 条第 2 款联合国安理会向法院提交情势的规定。上诉分庭在巴希

① See Prosecutor v. Simone Gbagbo, Decision on the Prosecutor's Request to Vacate the Effect of the Warrant of Arrest Issued against Ms Simone Gbagbo, Pre-Trial Chamber II, 19 July 2021, ICC – 02/11 – 01/12 – 90-Conf-Exp.

② See The Prosecutor v. Ali Muhammad Ali Abd-Al-Rahman, Judgment on the Appeal of Mr Abd-Al-Rahman against the Pre-Trial Chamber II's "Decision on the Defence 'Exception d'incompétence' (ICC – 02/05 – 01/20 – 302)", The Appeals Chamber, 1 November 2021, ICC – 02/05 – 01/20 – 503.

尔案的上诉裁定中强调:“第 13 条的引言规定,无论法院的管辖权以何种原因触发,法院必须‘依据本规约’行使其管辖权。这意味着,在联合国安理会提交情势的情形下,法院也受《规约》条款的约束。”故而在联合国安理会根据第 13 条第 2 款提交的案件中,法院应适用《罗马规约》的规定。因此,《罗马规约》基于第 13 条的规定适用于苏丹,与其是不是《罗马规约》的缔约国无关。针对罪刑法定原则的适用,上诉分庭提出了“可预见性”和“可获得性”标准。

上诉分庭认为,在本案中,拉赫曼是苏丹人,且其行为全部发生在非缔约国苏丹的领土上,《罗马规约》中的罪行在相关时间并不直接适用于被告拉赫曼,这要求除了在《罗马规约》文本中找到被指控的罪行之外,还要着眼于行为发生时适用于嫌疑人或被告的刑法,认定一个理性人在行为发生时可以预期其可能被指控的罪行。上诉分庭表示,检察官对拉赫曼提出的指控借鉴了全球公认的,且在达尔富尔冲突时已经可以完全确定的规范,原因在于,原则上为了体现法院管辖范围内罪行的可预见性,在起草《罗马规约》时,《罗马规约》中的罪行旨在普遍代表习惯国际法的状态。苏丹加入、批准的一些国际条约和协定表明苏丹认同这些规范。在指控所涉时期,拉赫曼是部分冲突地区的金戈威德民兵首领,他指挥过民兵以及其他代表苏丹武装部队的成员。因此,根据“可预见性”标准,被告拉赫曼知道他在国际法下的义务,并且能够理解若违反这些义务他该负有的刑事责任。

最后,上诉分庭指出,只有结合本案中的具体指控,才能对指控是否符合罪刑法定原则作出回答,但是由于辩方未表示预审分庭在确认对拉赫曼面临的任何具体指控具有管辖权方面存在错误,因此上诉分庭无法作出进一步解释说明。值得一提的是,虽然上诉分庭的法官就审判结果达成一致,但伊瓦涅斯(Ibáñez)法官对推理过程有不同看法。伊瓦涅斯法官认为,上诉分庭的多数法官在对此事的裁定中将两个不同的问题混为一谈:本案是否满足管辖权要求,以及法院在行使管辖权时是否可能违反罪刑法定原则。在这方面,她同意预审分庭的理解,即辩方"将管辖权问题与刑法的罪刑法定原则和禁止溯及原则问题不当地混为一谈"。在伊瓦涅斯法官看来,这种混淆可能会给人一种法院是否具有管辖权取决于法院是否遵守罪刑法定原则的错误印象。

综上,上诉分庭法官以全体一致驳回了辩方的全部上诉理由;伊瓦涅斯法官就她对驳回上诉理由的论证附上了不同意见。

4. 刚果民主共和国情势

(1)卢班加案:第二审判分庭批准执行集体赔偿

托马斯·卢班加·迪伊洛(Thomas Lubanga Dyilo)曾分别担任过刚果爱国者联盟的主席和刚果爱国解放力量的总司令。2012 年,第一审判分庭判处其犯有战争罪,并给予其 14 年有期徒刑。2014 年,上诉分庭确认了定罪量刑。随后,卢班加于 2015 年 12 月 19 日移交至刚果民主共和国服刑。2020 年 3 月 15 日,卢班加期满释放。

在对卢班加定罪量刑之后,第二审判分庭继续审议被害人赔偿问题,并分别于 2016 年和 2017 年批准了"象征性集体赔偿"[①]和"服务性集体赔偿"的执行计划。2021 年 3 月 4 日,第二审判分庭批准被害人信托基金提交的关于赔偿的方案,并选定其执行以服务为主要形式的象征性集体赔偿,服务型集体赔偿也于 2021 年 3 月开始执行。[②] 该方案包括帮助恢复身心健康的措施,以及改善被害人社会经济状况的措施,后者包括中学、大学教育和职业培训、语言课程和补习、创收活动、生活津贴和养老金等。这些拟定

① 象征性赔偿是一种常见的司法措施,用于解决国际法背景下侵犯人权的行为。与物质赔偿或赔偿金不同,象征性赔偿通常是非货币性的赔偿措施。象征性赔偿形式多样,可能是一些有形赔偿,例如修建纪念碑、纪念场所、记忆博物馆和对一些纪念性场地进行命名,也可能涉及公开道歉、有仪式感的表演等能够体现犯罪者赎罪态度的形式。

② See Procureur v. Thomas Lubanga Dyilo, Rectificatif de la Version publique expurgée de la Décision faisant droit à la requête du Fonds au profit des victimes du 21 septembre 2020 et approuvant la mise en œuvre des réparations collectives prenant la forme de prestations de services, La Chamber De Premiere Instance II, 4 march 2021, ICC - 01/04 - 01/06 - 3495-Red-Corr.

的措施和活动在考虑被害人的性别对其重新融入社会的影响之后为被害人提供教育、职业培训和就业机会,使他们能够在社会中发挥作用。分庭指出,象征性赔偿的目的是减少卢班加所犯罪行对被害人造成的苦痛和影响,而该方案拟定的措施可以通过帮助被害人伸张正义和促进前儿童兵有效地重返社会来减轻犯罪后果,并且能够根据直接或间接被害人的具体情况,以灵活的方式满足他们不同和不断变化的需求。因此,该方案是适当的,并可以实现象征性集体赔偿的目标。另外,分庭强调,集体赔偿的实施必须在安全且健康的环境下进行。

被害人向分庭提交赔偿申请的截止日期是 2021 年 10 月 1 日。迄今为止,法院已确认 1095 名被害人为该案的赔偿受益人。分庭要求被害人信托基金在其下一季度的报告中列明关于执行集体赔偿进度的所有相关信息,并表示,被害人的法律代理人和被害人公共法律顾问办公室有权对信托基金即将发布的季度报告提出意见。

(2)恩塔甘达案:第六审判分庭发布对被害人进行赔偿的命令;上诉分庭对恩塔甘达上诉案作出判决,分别确认其定罪和量刑

①第六审判分庭发布对被害人进行赔偿的命令

2021 年 3 月 8 日,根据《罗马规约》第 75 条,第六审判分庭宣读了检察官诉博斯科・恩塔甘达(Bosco Ntaganda)一案中关于被害人赔偿的命令。[①]

考虑到恩塔甘达案牵涉范围之广、有资格获得赔偿的潜在被害人数量之多,被害人所受伤害程度之深、已定罪被告之权利,以及在本案情况下解决此类伤害和损害更为合适之赔偿范围、类型和方式,结合案件当事方和包括书记官处、指定专家、被害人金拓基金等其他诉讼参与方提交的意见及材料,以及特别考虑到被害人不希望得到任何形式的象征性赔偿(设立纪念碑等),而是希望

① See Prosecutor v. Bosco Ntaganda, Reparations Order, Trial Chamber VI, 8 March 2021, ICC - 01/04 - 02/06 - 2659.

获得可持续性和长期的福祉,分庭得出最终结论,认为具有个性化赔偿方式的集体性赔偿是最为合适的方案,并将恩塔甘达应承担的赔偿金总额定为三千万美元($30,000,000)。由于分庭认定恩塔甘达目前在赔偿方面处于贫困状态,因此分庭鼓励被害人信托基金在其能力范围内尽可能对赔偿金作补充,并建议其可以在必要时发起筹款活动以筹集赔偿金。

在命令中,分庭要求被害人受托基金最迟于2021年9月8日向分庭提交一份针对不同类型和受伤害程度不同的被害人的详细的赔偿执行计划,该计划应明确赔偿的目标和预期结果,并说明个性化赔偿的具体内容、执行方式、必要步骤、所需成本及时间。从恩塔甘达所犯罪行来看,符合赔偿条件的被害人包括遭到袭击、强奸、性奴役、涉及儿童兵问题的直接和间接被害人,以及因强奸和性奴役而出生的儿童。分庭指出,在赔偿时,应优先考虑需要立即进行医疗和心理辅导的残疾人、老年人、无家可归或经济困难的被害人、遭受性暴力或基于性别遭受暴力的被害人、因强奸或性奴役而出生的儿童以及前儿童兵。另外,赔偿方式还应注意并尽量满足被害人的特定需求,避免可能因性别或性别认同带来的歧视。针对上述应优先考虑的被害人设计的紧急计划的截止日期是2021年6月8日。

②上诉分庭对恩塔甘达上诉案作出判决,分别确认其定罪和量刑

2021年3月30日,上诉分庭对恩塔甘达上诉案作出判决,认定恩塔甘达犯有5项战争罪和13项危害人类罪,并确认其刑罚为30年有期徒刑。上诉分庭对恩塔甘达定罪和量刑的判决与第六审判分庭分别于2019年7月8日和11月7日作出的定罪量刑判决一致。[①] 该上诉判决即是恩塔甘达案的最终判决。

① See Prosecutor v. Bosco Ntaganda, Judgment on the Appeals of Mr Bosco Ntaganda and the Prosecutor against the Decision of Trial Chamber VI of 8 July 2019 entitled "Judgment", The Appeals Chamber, 30 March 2021, ICC – 01/04 – 02/06 – 2666 – Red.

第六审判分庭在2019年对恩塔甘达于2002年至2003年在刚果民主共和国实施的犯罪行为作出定罪和量刑判决之后,检察官和恩塔甘达分别对定罪判决提出上诉,恩塔甘达对量刑判决提出上诉。恩塔甘达在其上诉意见中提出了15项上诉理由,质疑诉讼程序的公平性,认为审判分庭在事实、法律和程序方面犯有若干错误,要求上诉分庭撤销其定罪判决。检察官提出2个上诉理由,认为审判分庭对《罗马规约》第8条第2款第5项第4目中"攻击"一词的解释有误,要求分庭基于再次调查后发现的另外两起案件事实对恩塔甘达定罪。

首先,针对恩塔甘达的上诉理由,上诉分庭认为,恩塔甘达获得公平审判的权利没有受到侵犯,且审判分庭的判决没有超出其案件所涉事实。分庭指出,审判不是绝对不允许单方程序存在的,单方程序是否可以接受,取决于案件的具体情况,特别要考虑可能对正在进行案件的公平审判造成的损害风险。分庭认为,本案审判中出现的单方程序并未影响法官公平地审理案件。同时,分庭强调,《罗马规约》第74条第2款并未要求指控对每一项行为都作出详尽且具体的描述,而且,即使指控列出或提及具体的犯罪行为,案件所涉事实也不一定仅限于此。

其次,针对恩塔甘达提出的"攻击未针对平民人口"的上诉理由,分庭首先否认了需要考虑国家或组织整体行动的观点,认为只要符合相关背景要素,无论有关国家或组织计划事实的牵涉更广的活动如何,涉及多项犯罪行为的单一事件或行动都可能构成危害人类罪。同时,《罗马规约》第7条要求攻击须"针对任何平民人口",但并未要求有关行为的主要目的或目标是攻击平民。在确定平民人口本身是否为攻击目标时,区分战斗员和平民的难度是一个考虑因素。分庭发现,在本案中,区分战斗员和平民存在困难,但这些困难不能成为不区分而整体攻击整个族裔的理由。

最后,恩塔甘达质疑审判分庭评估证据的标准有误,但上诉分庭认为,如果被告想要证明其无罪,则需要向分庭提供更具说服力的证据,同时这些证据的可信度和证明力需要按照与检察官提供证据相同的标准和方式进行评估。检察官具有不允许倒置的举证责任,且举证标准是"排除合理怀疑"。因此,如果被告没有提交能够合理怀疑指控内容的证据,审判分庭依据检察官提供的证据对其定罪就不具有法律错误。另外,不同的证言不需要在所有方面都相同,也不必要以相同的方式描述相同的事实,只要证人的证言能够证明同一事实,分庭即可裁定这些证据具有一致性。

针对检察官的上诉,多数法官指出,审判分庭将《罗马规约》第 8 条第 2 款第 5 项第 4 目解释为"战斗行动",而没有适用其他定义并未犯有错误。伊巴涅斯 · 卡兰萨(Ibáñez Carranz)法官有不同观点,她认为根据《罗马规约》及该条款的目的和宗旨,应对"攻击"作扩大解释,使"攻击"包括战斗行动中的准备、实施及战斗结束后进行的追捕行动中涉及的犯罪行为。

关于对所判处刑罚提出的上诉,上诉分庭认为,恩塔甘达故意实施了指挥攻击平民的行为,属于加重刑罚的量刑情节。同时,其与卢旺达灭绝种族事件相关的个人经历,即其因该事件所遭受的痛苦和歧视,不足以成立减刑。因此,上诉分庭驳回了恩塔甘达对量刑的上诉。

5. 肯尼亚情势:预审分庭 A① 驳回辩方关于"允许对确认指控决定提出上诉"的申请

保罗 · 吉切鲁(Paul Gicheru)根据第二预审分庭签发的逮捕令,于 2020 年 11 月 2 日向荷兰当局自首。吉切鲁收买证人的行为涉嫌违反《罗马规约》第 70 条(妨害司法罪)第 3 款"不当影响

① 基于《罗马规约》第 70 条妨害司法罪与第 5 条法院管辖权内犯罪的不同,预审庭庭长赤根智子(Tomoko Akane)指派雷纳 · 阿德莱德 · 苏菲 · 阿拉皮尼 – 甘苏法官(Reine Adélaïde Sophie Alapini-Gansou)组成一人庭——预审分庭 A,在检察官诉保罗 · 吉切鲁和菲利普 · 基普科赫 · 贝特(The Prosecutor v. Paul Gicheru and Philip Kipkoech Bett)一案中行使预审分庭的权力和职能,详情见 Decision Constituting a Chamber Composed of one Judge from the Pre-Trial Division to Exercise the Powers and Functions of the Pre-Trial Chamber in the Present Case, ICC – 01/09 – 01/15 – 32。

证人,阻碍或干扰证人出庭或作证"。本年度吉切鲁案的主要进展是,2021 年 1 月 29 日,预审分庭 A 作出决定,在限制自由的前提下,将吉切鲁临时释放回肯尼亚。3 月 8 日,针对辩方公共法律顾问办公室于 2020 年 12 月 10 日提出的"关于预审分庭 A 作出的适用《程序和证据规则》第 165 条(暂行规则)①的决定"的上诉,上诉分庭认为,应从整体上理解《罗马规约》第 51 条第 3 款,因此该条规定是暗示在缔约国大会下一次常会或特别会议上采取一项具体的措施之前,法院对《程序和证据规则》制定的暂行规则应予以适用。也就是说,该条的含义排除了在缔约国大会未按照要求主动采取措施之前,应将暂行规则视为被拒绝或未通过的可能性。原因在于,如果将缔约国大会的不作为视为暂行规则失效的理由,那么制定该暂行规则试图解决的问题也将重现。② 上诉分庭驳回上诉,确认了《程序和证据规则》第 165 条(暂行规则)的适用性。据此驳回了辩方公共法律顾问办公室的上诉。

2021 年 4 月 30 日,预审分庭 A 根据《程序和证据规则》第 165 条第 3 款,将根据其收到的诉讼双方的书面陈述作出裁断,而不另外举行听讯。2021 年 7 月 15 日,预审分庭 A 确认了吉切鲁在 2013 年 4 月至 2015 年 9 月犯下的 8 项妨害司法的罪行,并将吉切鲁交付审判。7 月 27 日,预审分庭 A 驳回了辩方依据《罗马规约》

---

① 2016 年 2 月 10 日,国际刑事法院法官在全体会议上通过了《程序和证据规则》第 165 条(暂行规则)。该暂行规则对《程序和证据规则》第 165 条"调查、起诉和审判"作出些许修改,详情见 ICC, *Report on the Adoption by the Judges of Provisional Amendments to Rule 165 of the Rules of Procedure and Evidence*, *Annex II to ASP 15th Session-Report of the Study Group on Governance Cluster I in Relation to the Provisional Amendments to Rule 165 of the Rules of Procedure and Evidence*, 29 February 2016, ICC-ASP/15/7。这些修改源于法院认为《罗马规约》第 70 条下罪行的性质和严重性与第 5 条的罪行明显不同,而涉及第 70 条罪行的诉讼程序应反映这种差异。

② See Prosecutor v. Paul Gicheru, Judgment on the Appeal of the Office of Public Counsel for the Defence against the Decision of Pre-Trial Chamber A of 10 December 2020 entitled "Decision on the Applicability of Provisional Rule 165 of the Rules of Procedure and Evidence", 8 March 2021, ICC – 01/09 – 01/20 – 107.

第 81 条第 1 款第 4 项提出的关于“允许对确认指控决定提出上诉”的请求。预审分庭 A 指出，上诉分庭已确认《程序和证据规则》第 165 条（暂行规则）适用于本诉讼程序，而该暂行规则第 2 款规定：“《规约》第 39 条第 2 款第 2 项、第 53 条、第 57 条第 2 款、第 59 条、第 76 条第 2 款和第 82 条第 1 款第 4 项及其相关规则，不予适用。”因此，预审分庭 A 认为，辩方根据《罗马规约》第 82 条第 1 款第 4 项提出的上诉许可请求不具有法律依据，因此拒绝辩方的请求。①

6. 马里情势

（1）马赫迪案：复查小组复查马赫迪刑期，并作出 2 年减刑的决定

2016 年 9 月 27 日，基于 2012 年 6 月 30 日和 7 月 11 日前后阿里 · 马赫迪（Al Mahdi）故意指挥对马里共和国 10 座具有宗教和历史性质的建筑物发起攻击的事实，第八审判分庭判定马赫迪犯有战争罪，并判处其 9 年有期徒刑。随后，马赫迪认罪服刑。根据《罗马规约》第 78 条第 2 款规定，在判处有期徒刑时，法庭应扣减先前被告依照法院的命令或因构成该罪的行为而受到羁押的任何时间。上诉分庭指派 3 名法官组成复查小组，对马赫迪是否符合减刑条件进行复查。《罗马规约》第 110 条第 3 款规定，对于已执行刑期 2/3 的人，或被判处无期徒刑但已服刑 25 年的人，国际刑事法院应当对其判刑进行复查，以确定是否应当减刑。第 4 款详细规定了三种可以减刑的因素：一是被告是否较早且一直愿意配合法院的调查和起诉；二是是否自愿提供协助，使法院作出的判决和命令得以顺利执行；三是依据《程序和证据规则》第 223 条给出一些减刑的标准，包括被判刑人在羁押期间的行为表现、重新融入社会和成功重新安置的可能性、提早释放是否会引起重大的社

① See Prosecutor v. Paul Gicheru, Decision on the Defence Request for Leave to Appeal the Decision on the Confirmation of Charges against Paul Gicheru, Pre-Trial Chamber A (Article 70), 27 July 2021, ICC - 01/09 - 01/20 - 161.

会不稳定、对被害人及其家庭的任何影响,以及被判刑人的个人身体或精神情况。

根据上述标准,复查小组审查了刑期复查程序当事人和参与人以口头或书面形式提交的所有资料。复查小组发现,马赫迪的认罪态度、对认罪协议的坚持遵守,以及在判刑后和法院的合作,表明他很早就表示愿意配合法院的调查和起诉,符合《罗马规约》第110条第4款第1项的要求;马赫迪对其如若获准提前释放后所做的计划和设想,有助于他重新融入社会和成功重新安置,因此符合《程序和证据规则》第223条第2款的规定。然而,根据《程序和证据规则》第223条第3款,结合马里共和国的声明和被害人的意见,复查小组认为提前释放马赫迪可能会具有引起严重社会不稳定的危险,小组在减刑时考虑了这一点。同时,审查小组不同意检察官提出的关于《罗马规约》第110条第4款第2项"自愿协助",《程序和证据规则》第223条第1款"痛改前非"、第4款"为被害人的利益而采取的重大行动"和第5款"个人情况"的减刑建议,认为马赫迪不符合这几项减刑标准。①

最终,复查小组于2021年11月25日作出决定,将马赫迪9年的有期徒刑减为7年。因此,马赫迪于2022年9月18日刑满释放。

(2)哈桑案:上诉分庭作出判决,确认审判分庭决定,驳回辩方上诉理由

检察官诉哈桑·阿杰·阿卜杜勒·阿齐兹(Al Hassan Ag Abdoul Aziz)案于2020年7月14日交付第十审判庭开始审判。2021年7月1日,针对第十审判分庭作出的"关于检察官申请变

① See The Prosecutor v. Ahmad Al Faqi Al Mahdi, Decision on the Review Concerning Reduction of Sentence of Mr Ahmad Al Faqi Al Mahdi, Three Judges of The Appeals Chamber Appointed for the Review Concerning Reduction of Sentence, 25 November 2021, ICC - 01/12 - 01/15 - 434 - Red3.

更指控事实法律性质"的决定,上诉分庭作出确认。①

上诉分庭审议了辩方提出的两个上诉理由,并分别进行反驳。在审判分庭审理该案时,检察官针对关于迫害的指控向分庭提出请求,认为可能需要对与4名被害人相关的性暴力行为进行重新定性,将这些行为纳入这4名被害人被拘留时发生的酷刑、残忍虐待等犯罪行为的指控,并要求将这种改变事实定性的可能性通知其他诉讼参与人。审判分庭认为没有这样做的必要,原因在于,针对同一被害人的类型行为已经包含在其他已经确认的指控中。辩方针对审判分庭这一裁决提出上诉意见。针对第一个上诉理由,上诉分庭指出,《法院条例》第55条第2款规定,如果审判分庭在审判期间认为事实的法律定性可能发生变化,分庭应将这种可能性通知诉讼参与人,并在听取证据后,在诉讼程序的适当阶段给予诉讼参与人口头或书面陈述的机会。分庭可以暂停听讯,以确保参与人有充分的时间对可能面临的变化做有效准备。上诉分庭认为,如若将性暴力行为纳入关于迫害的指控,则可能增加这一犯罪行为的严重性,尤其是在"身体或精神痛苦"或"侵犯被害人尊严的严重程度"等要素的认定方面。因此,审判分庭未适用《法院条例》第55条第2款,未将这种可能性通知被告人的决定是错误的。但是,上诉分庭表示,可能改变或重新对事实进行定性的新指控与现有指控密切相关,在审判分庭重新对所涉事实进行定性的过程中,被告的权利受到保障和维护,因此,审判分庭未通知被告的这一错误并未对其裁决产生实质性影响。

除通知问题之外,辩方质疑审判分庭认为可以重新定性的事实,即由哈桑起草或签署并由伊斯兰法庭作为判决依据的7份警

① See The Prosecutor v. Al Hassan Ag Abdoul Aziz Ag Mohamed Ag Mahmoud, Judgment on the Appeal of Mr Al Hassan against the Decision of Trial Chamber X entitled "Decision on Application for Notice of Possibility of Variation of Legal Characterisation Pursuant to Regulation 55(2) of the Regulations of the Court", The Appeals Chamber, 1 July 2021, ICC – 01/12 – 01/18 – 1562 – Red.

察报告。辩方认为,预审分庭向审判分庭提交的确认指控的材料中,并未包含这些报告。上诉分庭指出,预审分庭在确认案件审理必要性和确定指控范围等方面发挥着"守门人"的作用,同时,预审分庭需要考虑案件审理的进度,以避免对诉讼程序造成不当延误。虽然预审分庭的任务是确定指控范围,但在案件提交至审判分庭进行审理时,审判分庭仍需对指控范围内的个别指控所涉事实进行评估。上诉分庭认为,在哈桑案中,这7份警察报告并未超出指控中所述"事实和情况",因为对哈桑的指控包括其在担任重要职务期间的所有相关行为。因此,上诉分庭驳回辩方的第二个上诉理由。

综上,上诉分庭一致决定维持审判分庭的决定。

7. 乌干达情势:第九审判分庭就翁温案分别作出定罪和量刑判决,翁温提起上诉

针对检察官诉多米尼克·翁温(Dominic Ongwen)一案,2021年2月4日,第九审判分庭对翁温于2002年7月1日至2005年12月31日在乌干达北部犯下的61项危害人类罪和战争罪作出判决,[①]并于2021年5月6日作出量刑判决,宣布判处其25年有期徒刑。[②] 随后,翁温针对定罪判决提出了90项上诉理由,针对量刑判决提出了12项上诉理由,目前这些上诉理由正在审理中。基于这些上诉申请,上诉分庭于2021年6月11日和8月20日分别作出关于被害人参与这两项上诉方式的决定。审判分庭在处理赔偿问题时,要求书记官处全面了解可能有资格直接或间接获得赔偿的被害人情况,并于2021年9月提交主要赔偿意见。然而,结合被害人关于延长赔偿程序请求和相关事实情况,并基于必须及时赔偿被害人的要求,2021年11月8日,第九审判分庭决定将赔偿

---

① See The Prosecutor v. Dominic Ongwen, Trial Judgment, Trial Chamber IX, 4 February 2021, ICC – 02/04 – 01/15 – 1762 – Red.

② See The Prosecutor v. Dominic Ongwen, Sentence, Trial Chamber IX, 6 May 2021, ICC – 02/04 – 01/15 – 1819 – Red.

程序所涉各方应提交的赔偿最终意见,以及个人或组织提交法庭之友的时限延长至2022年2月7日或3月7日。2022年2月14日至18日,上诉分庭就多米尼克上诉理由举行听证会,检察官、被告律师、被害人法律代理人以及一些法庭之友参加了听证会。法院暂未公开赔偿程序的进展。

多米尼克·翁温案于2016年12月6日正式开庭审理。本案共有4095名被害人,他们分别授予法律顾问约瑟夫·阿克文尤·马诺巴、弗朗西斯科·考克斯和保丽娜·马西达代理权,代表他们就分庭审理的事项表达立场,并对证人做出询问。在234次听证会期间,被害人的法律代理人传唤了7名证人和专家,检察官传唤了109名,辩方传唤了63名。在诉讼程序的审判阶段,审判分庭作出了70项口头裁决和506项书面裁决。包括当事方和参与者提交的文件以及分庭的决定,本案记录的案件文件总数高达1760份。

在分析了证据和事实,排除合理怀疑之后,第九审判分庭认定翁温:(1)在对乌干达境内流浪者营地的四次袭击中犯下针对平民的攻击、谋杀、谋杀未遂、酷刑、奴役、侵犯个人尊严、掠夺、破坏财产和迫害的罪行;(2)对绑架后置于他居所内的7名妇女犯有性犯罪和基于性别的犯罪,即强迫婚姻、酷刑、强奸、性奴役、奴役、强迫怀孕和侵犯个人尊严的罪行;(3)对锡尼亚军旅中的女孩和妇女犯下了进一步的性犯罪和基于性别的罪行,包括强迫婚姻、酷刑、强奸、性奴役和奴役;(4)将15岁以下儿童征入锡尼亚军旅并利用他们积极参与敌对行动的罪行。分庭认定,翁温所犯罪行的背景是其曾担任指挥官的乌干达游击队圣灵抵抗军(Lord's Resistance Army)对乌干达政府的武装反抗。翁温及圣灵抵抗军认为居住在乌干达北部的平民,尤其是住在由政府设立的流浪者营地的人,与乌干达政府有关联,因此将他们也视为敌人。审判分庭认为,没有证据显示翁温在与指控有关的期间患有任何精神疾病或精神障碍,其犯下这些罪行也未受到胁迫或任何威胁,因此审判分庭判处其对上述所有罪行负全部责任。

在量刑判决中,审判分庭驳回辩方应对翁温适用阿乔利传统司法机制[①]的意见,并给出四点理由:(1)《罗马规约》未规定可以用传统司法机制取代监禁,也未规定以任何其他方式将传统司法机制纳入判决,因此没有适用的法律依据;(2)阿乔利传统司法机制未得到广泛适用,因此这种当地司法机制无法取代正式司法,而是只供阿乔利当地居民所使用;(3)除了阿乔利人外,还有其他族裔的被害人,适用阿乔利传统司法机制会将这些其他族裔的被害人排除在外;(4)本案的许多被害人不支持适用谅解与和解方式,并认为辩方不应在未与被害人协商的情况下单方面提出应适用阿乔利传统司法机制。

量刑时,审判分庭逐一分析翁温所犯的61项具体罪行的严重性,发现了特别残忍、被害人众多、对妇女的歧视等若干加重量刑情节,在考虑到翁温在童年时曾被圣灵抵抗军绑架的减刑情节以及对他期满后重新融入社会的问题之后,审判分庭拒绝对其判处无期徒刑,最终以多数票判处翁温25年有期徒刑。

8. 巴勒斯坦国情势:第一预审分庭就检察官关于巴勒斯坦国领土管辖权的请求作出裁决

2019年12月20日,检察官宣布终结对巴勒斯坦国情势的初步审查,提交预审分庭请求授权调查。在确定检察官已满足启动调查的法定标准后,预审分庭授权检察官对巴勒斯坦国情势展开调查。2020年1月22日,检察官根据《罗马规约》第19条第3款请求预审分庭审理巴勒斯坦国情势中的领土管辖权问题。2021年2月5日,第一预审分庭针对检察官基于《罗马规约》第19条第3款向分庭提交的关于巴勒斯坦国领土管辖权范围的请求作出裁决。分庭的裁决如下:(1)巴勒斯坦国是《罗马规约》的缔约国;

---

① 阿乔利是主要受到圣灵抵抗军攻击的乌干达民族,在之前的审判中,辩方提出应在量刑中适用当地司法机制中的谅解和和解机制。

(2)巴勒斯坦国属于《罗马规约》第12条第2款第1项规定的"有关行为在其境内发生的国家";(3)法院对巴勒斯坦国情势的领土管辖权延伸至自1967年以来以色列占领的约旦河西岸和加沙地带,包括东耶路撒冷。预审分庭在裁决中强调,法院无权决定对国际社会具有约束力的国家问题,分庭对管辖领土范围作出的裁决,既不是根据国际法裁决边界争端,也不是预判未来的边界问题,而只是对法院的领土管辖权作出界定。[①]

首先,在审查了检察官的请求以及作为法庭之友和被害人团体参加的其他国家、组织和学者提交的材料之后,预审分庭认为,结合上下文及《罗马规约》的目的和宗旨,在提及《罗马规约》第12条第2款第1项"有关行为在其境内发生的国家"时,必须将其解释为《罗马规约》的缔约国。无论巴勒斯坦国的一般国际法地位如何,分庭认为,其按照正确和正常的程序加入《罗马规约》,而分庭无权质疑和审查缔约国大会作出的结果,因此巴勒斯坦国是《罗马规约》的缔约国。其次,分庭指出,联合国大会第67/19号决议中表明,"巴勒斯坦国的巴勒斯坦人民在自1967年以来被占领的领土上享有民族自决权和独立权。"据此,多数法官认为法院对巴勒斯坦国情势的领土管辖权应延伸至上述被占领领土,并指出,《奥斯陆协定》对巴勒斯坦国管辖权的限制与法院对其领土管辖权的认定无关。主审法官彼得·科瓦奇(Péter Kovács)在裁决中附上了部分反对意见。他认为,巴勒斯坦国不符合《罗马规约》第12条第2款第1项的规定;认定法院在巴勒斯坦国情势中的领土管辖权时,不应适用准自动的方式,即不受任何限制地延伸至以色列占领的领土。

(二)其他情势的进展

1. 菲律宾情势:第一预审分庭授权检察官展开调查

2021年9月15日,第一预审分庭批准了检察官的请求,在

---

① See Decision on the "Prosecution Request Pursuant to Article 19(3) for a Ruling on the Court's Territorial Jurisdiction in Palestine", Pre-Trial Chamber I, 5 February 2021, ICC-01/18-143.

法院管辖范围内,授权其对2011年11月1日至2019年3月16日在菲律宾境内的罪行展开调查。预审分庭审查了检察官根据《罗马规约》第15条第3款提交的辅助材料,基于对法院是否具有属事、属时、属地管辖权的分析,阐述展开调查是否具有合理依据。①

分庭认为,2011年11月1日至2016年6月30日在达沃地区发生的谋杀事件,以及2016年7月1日至2019年3月16日在菲律宾全国范围内进行的“毒品战争”中的杀戮,已经满足《罗马规约》第7条关于危害人类罪的背景要素,即“广泛或有系统地针对任何平民人口进行的攻击”,且符合该条第1款第1项的规定,足以授权检察官对上述情势展开调查。分庭强调,虽然菲律宾退出《罗马规约》的通知于2019年3月17日生效,但法院对2011年11月1日至2019年3月16日(包括该日)在菲律宾作为缔约国期间菲律宾境内发生的被指控行为依然具有管辖权。

在确定具有合理依据对菲律宾情势展开调查后,分庭进一步处理授权调查的范围问题。检察官请求授权的范围是“2011年11月1日至2019年3月16日在‘毒品战争’背景下,在菲律宾境内犯下的法院管辖范围内的罪行,以及与这些事件充分相关的任何其他罪行”。检察官认为,这一时期在菲律宾发生的行为,除谋杀外,还可能构成《罗马规约》第7条第1款第6项和第11项,即酷刑或故意造成重大痛苦,或对人体或身心健康造成严重伤害的其他性质相同的不人道行为。被害人向分庭提出的陈述也提到谋杀以外的罪行。预审分庭认为,结合上诉分庭最近作出的裁决,为了全面了解有关事实,检察官必须对情势展开全面的调查。因此,预审分庭将检察官的调查范围扩大至法院管辖权内的任何犯罪,但表示该调查权利需要受到《罗马规约》第15条第3款和第4款的

① See Decision on the Prosecutor's Request for Authorisation of an Investigation Pursuant to Article 15(3) of the Statute, Pre-Trial Chamber I, 15 September 2021, ICC-01/21-12.

限制。

2. 委内瑞拉情势:检察官对委内瑞拉情势展开调查,并与政府达成谅解备忘录

2018 年 2 月,检察官办公室对委内瑞拉情势进行初步审查,并于同年 9 月开始对据称在委内瑞拉境内犯下的危害人类罪展开调查。检察官认为,初步审查是一种“过滤”机制,初步审查持续时间不应过长。目前,对委内瑞拉情势 I 的初步审查已结束,并认为有合理依据进行调查。但是检察官同时指出,迄今为止,检察官办公室对委内瑞拉的调查尚不充足。因此,在现阶段,委内瑞拉情势缺乏指控目标或嫌疑人。2021 年 11 月 3 日,检察官卡里姆·阿萨德·艾哈迈德·汗(Karim Asad Ahmad Khan QC)与委内瑞拉政府达成谅解备忘录,再次对委内瑞拉情势展开调查。①

三、法院重要的人事变动

(一)第十九届缔约国大会第二次续会结束,选出新任检察官和两名副主席

2021 年 2 月 12 日,在纽约联合国总部举行了《罗马规约》第十九届缔约国大会第二次续会。

在此次会议上,卡里姆·阿萨德·艾哈迈德·汗(来自英国)被选举为下一任检察官。卡里姆·汗于 2021 年 6 月 16 日宣誓就职。大会还选举了第二十届至第二十二届缔约国大会的副主席,他们分别是加拿大的罗伯特·基思·雷(Robert Keith Rae)和捷克共和国的卡特日娜·谢肯索娃(Kate řina Sequensová)。新任主席团于 2021 年 2 月 13 日就职。西尔维娅·费尔南德斯·德古尔

① See Memorandum of Understanding between the Bolivarian Republic of Venezuela and Office of the Prosecutor of the International Criminal Court,5 November 2021,https://www.icc-cpi.int/itemsDocuments/otp/acuerdo/acuerdo-eng.pdf.

门迪(Silvia Fernández de Gurmendi)将出任这一届主席团的主席。

(二)法院选举出6名新法官

法院共有18名法官,来自《罗马规约》的缔约国。法官的选举应考虑世界各主要法系的代表性、男女的平等性以及地域公平分配的必要性。当选法院的法官需要拥有高尚、公正和正直的品格,且具备担任各自国家最高司法职务所需的资格。

基于上述要求,第十九届缔约国大会选举出6名新的法官,任期9年,他们分别是:英国的乔安娜·科纳(Joanna Korner)、格鲁吉亚的戈查·洛德基帕尼泽(Gocha Lordkipanidze)、墨西哥的玛丽亚·德尔·索科罗·弗洛雷斯·列拉(María del Socorro Flores Liera)、哥斯达黎加的塞尔吉奥·赫拉尔多·乌加尔德·戈迪内斯(Sergio Gerardo Ugalde Godinez)、塞拉利昂的米娅塔·玛利亚·桑巴(Miatta Maria Samba),以及特立尼达和多巴哥的奥尔西娅·维奥莱特·亚历克西斯-温莎(Althea Violet Alexis-Windsor)。2021年3月10日,6名新法官在法院宣誓就职。

(三)彼得·霍夫曼斯基当选新一任国际刑事法院院长,任期3年

2021年3月11日,法院法官在全体会议上选举彼得·霍夫曼斯基(Piotr Hofmański)法官为新一任院长,任期3年。卢斯·德尔卡门·伊瓦涅斯·卡兰萨(Luz del Carmen Ibáñez Carranza)法官当选为第一副院长,安托万·凯西亚-姆贝·明杜瓦(Antoine Kesia-Mbe Mindua)法官当选为第二副院长。

2021 年刑事法庭余留事项国际处理机制工作综述

武俊松*

回顾刑事法庭余留事项国际处理机制（International Residual Mechanism for Criminal Tribunals，以下简称余留机制）2021 年的整体工作进展，尽管与新型冠状病毒大流行有关的限制持续存在，而且必须保障所有诉讼参与者的健康和福祉，但余留机制仍按照先前向联合国安全理事会通报的结案预测作出了三项具有里程碑意义的判决。[①] 除此之外，余留机制的书记官处先后通过并发布了三份文件，为余留机制广泛的授权职能中的利益攸关方提供了重要的指导、明确性和透明度。[②] 可以说，2021 年余留机制在各领域尤其是司法工作方面取得了不错的成就。以下将就有关事项进行介绍。

---

* 中国政法大学国际法学院 2021 级国际公法专业博士研究生。

① See United Nations General Assembly and United Nations Security Council, *Ninth Annual Report of the International Residual Mechanism for Criminal Tribunals*, A/76/248 – S/2021/694 (31 July 2021), p. 3.

② See United Nations Security Council (UNSC), *Progress Report*, S/2021/487 (20 May 2021), p. 11.

一、法律和监管框架

2021 年 4 月 12 日,书记官处修正了《刑事法庭余留事项国际处理机制诉讼程序中的法庭之友调查员和检察官的任命与薪酬政策》。[①] 该项政策不仅规定了法庭之友的任命程序,即书记官长要从预先核准的候选人名册中挑选最合适的人担任这一职务,还规定了预先核准的候选人须满足的条件与要求:在(国际)刑法领域有 10 年的专业法律经验;具有在国际环境中从事调查或起诉工作的经验;具有出色的书面和口头法律沟通能力;具有流利的英语或法语能力。同时,该项政策还规定了法庭之友对其所进行的合理和必要的工作将获得相应的报酬。该项政策主要基于按小时支付的制度,但以每月最高薪酬为限,在特殊情况下允许通过一次性付款的方式支付报酬。法庭之友负责适当规划并认真有效地管理资源,以确保在整个诉讼期间有足够的资金来支付所进行的工作。修正后的政策为法庭之友的任命和薪酬提供了便利。

2021 年 4 月 12 日,书记官处修正了《允许由刑事法庭余留事项国际处理机制支付律师费用的司法命令发布后,在定罪后程序中代表贫穷的被定罪者的人员的薪酬政策》。[②] 该项政策规定,在司法命令发布后,由余留机制出资为贫困和部分贫困的被定罪人指派律师,辩护团队在定罪程序中所进行的合理和必要的工作将获得相应的报酬。修正后的政策主要基于按小时支付的制度,但

---

① See International Residual Mechanism for Criminal Tribunals (IRMCT), *Policy for the Appointment and Remuneration of Amici Curiae Investigators and Prosecutors in Proceedings before the International Residual Mechanism for Criminal Tribunals*, adopted on 10 May 2018, revised on 12 April 2021.

② See IRMCT, *Remuneration Policy for Persons Representing Indigent Convicted Persons in Post-Conviction Proceedings, upon Issuance of a Judicial Order Granting Assignment of Counsel at the Expense of International Residual Mechanism for Criminal Tribunals*, adopted on 28 September 2017, revised on 4 January 2019, revised on 12 April 2021.

以每月最高酬薪为限,在特殊情况下允许通过一次性付款方式支付报酬。律师负责适当规划并认真有效地管理资源,以确保在整个诉讼期间有足够的资金来支付所进行的工作。这不仅有利于维护贫困和部分贫困的被定罪人在定罪程序中所享有的诉讼权利,也能为指派律师和辩护团队提供充分的经济保障。

2021 年 5 月 14 日,书记官长在与余留机制主席和辩护律师协会协商后,发布了经修正的《在余留机制出庭的辩护律师和其他辩护小组成员专业行为准则》。该行为准则分为四个部分,即定义、一般条款、律师的义务和惩戒制度,共计 49 条。[①] 修正后的准则进一步明确了辩护律师及其辅助人员的专业义务,并引入了一个安全可靠的程序,允许潜在的控告人在不披露其身份的情况下提出控告。[②] 除此之外,该行为准则第四部分惩戒制度既赋予委托人和其他个人,尤其是证人享有对因不当指控行为而使其权利和利益受到重大影响的律师和其他辩护团队成员提出投诉的权利,又确保律师和辩护团队成员能够遵守必要的专业、能力、勤勉和诚实标准,以及保证针对律师或任何其他辩护团队成员的惩戒在程序上是公平的。

二、预审案件

2013 年 4 月 29 日,独任法官瓦格恩·普鲁士·约恩森(Vagn Joensen)签发逮捕令和移交令,要求联合国所有会员国搜查、逮捕费里西安·卡布加(KABUGA,Félicien),并将其移交给余留机制阿鲁沙分支机构监管。[③] 2020 年 5 月 16 日,卡布加在法国巴黎被

① See IRMCT, *Code of Professional Conduct for Defence Counsel Appearing before the Mechanism*, MICT/6/Rev. 1 (14 May 2021).

② See UNSC, *Progress Report*, S/2021/487 (20 May 2021), p. 11.

③ See Prosecutor v. Félicien Kabuga, Kabuga-Warrant of Arrest and Order for Transfer Addressed to All States, IRMCT, MICT – 13 – 38, 29 April 2013, p. 1.

逮捕。2020年10月21日,莱恩·博诺米(Lain Bonomy)法官下令将卡布加移交给余留机制海牙分支机构,[①]卡布加于2020年10月26日被移交给余留机制监管,2020年11月11日卡布加首次出庭。根据1997年提交的起诉书,卡布加被指控在卢旺达犯有种族灭绝罪,直接和公开煽动种族灭绝罪,共谋实施种族灭绝罪,以政治理由迫害、灭绝和谋杀等危害人类罪,[②]但卡布加就起诉书中的指控提出无罪抗辩。2021年2月24日,审判分庭批准了检方修正卡布加起诉书的请求,[③]检方于2021年3月1日提交了第二份经修正的起诉书。[④]

与1997年10月提交的起诉书相比,经修正的起诉书主要有四个变化:(1)收集到的额外证据,尤其是自卡布加被捕以来;(2)对所指控罪行的更具体描述;(3)简化控诉以加快审判;(4)基于2011年以来判例发展的更新。[⑤]

现在对卡布加的指控分为两部分:第一部分涉及利用RTLM电台直接公开煽动种族灭绝和迫害图西族人;第二部分涉及协助和教唆联攻派民兵袭击和杀害图西族人,同时筹集资金购买武器和弹药用于实施犯罪。除此之外,经修正的起诉书确定了卡布加现在被指控的具体性暴力事件,因为检察官办公室认为明确反映种族灭绝期间犯下的性暴力罪行以及妇女和女童遭受的特殊伤害至关重要。[⑥]

经修正的起诉书得到确认后,检方将全力做好审前准备工

① See Prosecutor v. Félicien Kabuga, Decision on Félicien Kabuga's Motion to Amend the Arrest Warrant and Order for Transfer, IRMCT, MICT – 13 – 38 – I, 21 October 2020, p. 7.

② See IRMCT, "Kabuga, Félicien (MICT – 13 – 38)", https://www.irmct.org/en/cases/mict – 13 – 38 (Last visited January 6, 2022).

③ See Prosecutor v. Félicien Kabuga, Decision on Prosecution Motion to Amend the Indictment, IRMCT, MICT – 13 – 38 – PT, 24 February 2021, p. 9.

④ See Prosecutor v. Félicien Kabuga, Prosecution's Second Amended Indictment, IRMCT, MICT – 13 – 38 – PT, 1 March 2021, pp. 1 – 15.

⑤ See UNSC, *Progress Report*, S/2021/487 (20 May 2021), p. 43.

⑥ See UNSC, *Progress Report*, S/2021/487 (20 May 2021), pp. 43 – 44.

作,确保审判正常进行。当前,检方和被告方已经按照 2022 年 6 月 4 日提交的预审工作计划履行了预审义务。[①] 2021 年 8 月 10 日,余留机制主席卡梅尔·阿吉乌斯(Carmel Agius)就卡布加的家人提出的释放请求指派马汉德里索阿·埃德蒙德·兰德里安尼里纳(Mahandrisoa Edmond Randrianirina)法官裁判。[②] 2021 年 9 月 16 日,审判分庭预审法官莱恩·博诺米下达命令,安排在 2021 年 10 月 6 日在余留机制海牙分支机构的审判庭举行当面会议。[③] 2021 年 12 月 14 日,审判分庭预审法官莱恩·博诺米再次下达命令,邀请各方和书记官处于 2022 年 1 月 24 日之前提交对审判程序指南的意见书。[④]

由于对卡布加的指控十分复杂,以及涉及被告人健康等事项的重大附带诉讼,检方在此案中面临着巨大的工作压力。根据"一个办公室"的政策,检察官办公室正在尽一切努力通过灵活调配整个办公室的资源来处理这些问题。令人遗憾的是,征聘工作因余留机制 2021 年预算的削减而推迟,该预算已由检察官办公室与书记官处共同承担。检察官办公室强调,必须充分批准其有限的预算申请,以确保迅速完成审判。[⑤] 目前,卡布加一案的预审程序仍在进行中。

---

① See Prosecutor v. Félicien Kabuga, Order Scheduling the Pre-Trial Conference, IRMCT, MICT – 13 – 38 – PT, 7 July 2022, p. 1.

② See Prosecutor v. Félicien Kabuga, Order Assigning a Single Judge, IRMCT, MICT – 13 – 38 – Misc. 3, 10 August 2021, p. 1.

③ See Prosecutor v. Félicien Kabuga, Order Scheduling a Status Conference, IRMCT, MICT – 13 – 38 – PT, 16 September 2021, p. 1.

④ See Prosecutor v. Félicien Kabuga, Order for Submissions on the Procedure for the Conduct of Trial, IRMCT, MICT – 13 – 38 – PT, 14 December 2021, p. 1.

⑤ See UNSC, *Progress Report*, S/2021/487 (20 May 2021), p. 44.

三、审判案件

前南斯拉夫问题国际刑事法庭(以下简称前南刑庭)审判分庭最初于2012年12月30日发布一份机密命令,以代替对佩塔尔·约吉奇(Petar Jojić)和维里卡·拉德塔(Vjerica Radeta)[①]的起诉。根据前南刑庭《程序和证据规则》第77(A)(iv)条,指控被告人在起诉沃伊斯拉夫·舍舍利(Vojislav Šešelj)案中威胁、恐吓、贿赂或以其他方式干扰两名证人,犯有藐视前南刑庭罪。2014年12月5日和2017年8月17日,前南刑庭修订了这份代替起诉书的命令。2017年11月29日,前南刑庭庭长下令,鉴于前南刑庭即将关闭,将被告人的案件移交给余留机制。[②]

2017年12月5日,余留机制主席西奥多·梅龙(Theodor. Meron)法官根据余留机制《程序和证据规则》第23(A)条和第90(C)条指派阿米纳塔·洛伊斯·鲁乐伊·古姆(Aminatta Lois Runeni N' gum)法官审理前南法庭藐视案。[③] 法官认定余留机制对该案件具有管辖权,并将此事提交给主席,由其任命一名独任法官,以考虑根据《国际刑事法庭余留机制规约》(以下简称《余留机制规约》)第6条将案件移交一国当局,主席将该事项指派艾丁·塞法·阿卡(Aydin Sefa Akay)法官处理。[④] 法官于2018年6月12日以独任法官的身份发布将案件移交给塞尔维亚的命令,由塞尔维亚当局对被告人进行审判。

---

① 佩塔尔·约吉奇和维里卡·拉德塔都是塞尔维亚的政治家和律师,两人曾在沃伊斯拉夫·舍舍利案的辩护团队任职。

② See IRMCT, "JOJIĆ, Petar and RADETA, Vjerica (MICT - 17 - 111 - R90)", https://www.irmct.org/en/cade/mict - 17 - 111 - r90(Last visited January 7, 2022).

③ See Prosecutor v. Petar Jojić and Vjerica Radeta, Order Assigning a Single Judge to Consider a Matter, IRMCT, MICT - 17 - 111 - R90, 5 December 2017, p. 2.

④ See Prosecutor v. Petar Jojić and Vjerica Radeta, Order Assigning a Single Judge to Consider a Matter, IRMCT, MICT - 17 - 111 - R90, 24 January 2018, p. 2.

2018 年 6 月 26 日，检察官以法庭之友的身份提交“针对将案件提交给塞尔维亚共和国的命令的上诉通知”，其中要求余留机制上诉分庭撤销移交令，并命令余留机制保留案件以进行审讯。基于此，余留机制主席根据《余留机制规约》第 12 条第 3 款指派主审法官西奥多·梅龙和威廉·侯赛因·赛库莱（Willianm Hussein Sekule）法官、纳尔逊·德凯尔·巴蒂斯塔·罗萨（Nelson de Caires Batista Rosa）法官组成上诉分庭进行审理。[①] 2018 年 12 月 12 日，上诉分庭裁决将“关于法庭之友对将案件移交给塞尔维亚共和国的命令提出上诉的决定”发回独任法官审理，以根据本决定进一步考虑。[②] 2018 年 12 月 17 日，刘大群法官替代艾丁·塞法·阿卡法官担任该案件的独任法官。[③]

2019 年 5 月 13 日，刘大群法官根据《余留机制规约》第 1(4)、6(6)、28 条以及《程序和证据规则》第 14(D)、55、57、58、59、60、61、90 条，撤销 2018 年 6 月 12 日发布的移送令和逮捕令，发出本决定附件 A 和 B 中所列的新的国际逮捕令，同时要求塞尔维亚毫不拖延地将被告人移交给余留机制海牙分支机构以继续审理此案。[④] 2019 年 7 月 18 日，塞尔维亚提出上诉，要求上诉分庭撤销上诉裁决。作为法庭之友的检察官和塞尔维亚分别于 2019 年 7 月 18 日和 25 日提交答复。2020 年 2 月 24 日，上诉分庭在审议了所有材料后，未发现独任法官有任何错误，驳回塞尔维亚的上诉。

---

① See Prosecutor v. Petar Jojić and Vjerica Radeta, Order Assigning Judges to a Case Before the Appeals Chamber, IRMCT, MICT – 17 – 111 – R90, 17 July 2018, p. 2.

② See Prosecutor v. Petar Jojić and Vjerica Radeta, Decision on Amicus Curiae's Appeal Against the Order Referring a Case to the Republic of Serbia, IRMCT, MICT – 17 – 111 – R90, 12 December 2018, p. 10.

③ See Prosecutor v. Petar Jojić and Vjerica Radeta, Order Replacing a Single Judge, IRMCT, MICT – 17 – 111 – R90, 17 December 2018, p. 2.

④ See Prosecutor v. Petar Jojić and Vjerica Radeta, Decision Re-Examining the Referral of a Case to the Republic of Serbia, IRMCT, MICT – 17 – 111 – R90, 13 May 2019, p. 6.

因此,上诉分庭确认了上诉裁决。[①]

2020 年 12 月 8 日,刘大群法官根据《余留机制规约》和《程序和证据规则》的有关规定做出决定,要求塞尔维亚执行逮捕令和移交令,以期在本决定发布之日起 90 日内确定是否符合本决定。[②] 2021 年 4 月 16 日,刘大群法官根据《余留机制规约》第 28 条和《程序和证据规则》第 8(A)条确认塞尔维亚未履行合作请求的义务,并要求余留机制主席将塞尔维亚未能遵守其根据《余留机制规约》第 28 条逮捕被告及将其移交给余留机制的义务一事通知联合国安理会。[③] 余留机制主席在 2021 年 5 月 11 日致函联合国安理会轮值主席,报告塞尔维亚不与余留机制合作一事。[④] 目前,佩塔尔·约吉奇和维里卡·拉德塔藐视前南刑庭一案的诉讼仍在继续。

四、裁判案件

(一)图里纳博等人藐视法庭案

米利安·图里纳博(Maximmilien Turinabo)等人藐视法庭案是余留机制于 2018 年 8 月 24 日受理的第一起重大的藐视法庭案件。[⑤] 2020 年 10 月 22 日,审判开始,并在 2020 年 10 月 26 日至 11 月 24 日听取了 9 名检方证人的证词。2021 年 3 月 15 日,审判

---

① See Prosecutor v. Petar Jojić and Vjerica Radeta, Decision on Republic of Serbia's Appeal Against the Decision Re-Examining the Referral of a Case, IRMCT, MICT – 17 – 111 – R90 – AR14. 1, 24 February 2020, p. 8.

② See Prosecutor v. Petar Jojić and Vjerica Radeta, Decision Concerning the Referral of a Case to the Republic of Serbia, IRMCT, MICT – 17 – 111 – R90, 8 December 2020, p. 5.

③ See Prosecutor v. Petar Jojić and Vjerica Radeta, Decision on Failure of the Republic of Serbia to Execute Arrest Warrants, IRMCT, MICT – 17 – 111 – R90, 16 April 2021, p. 5.

④ See United Nations General Assembly and United Nations Security Council, *Ninth Annual Report of the International Residual Mechanism for Criminal Tribunals*, p. 9.

⑤ 参见中国国际法学会主办:《中国国际法年刊(2018)》,法律出版社 2019 年版,第 677 页。

继续进行辩方的开庭陈述，并于2021年3月15日至4月9日听取了6名辩方证人的证词。[①] 2021年4月18日图里纳博在肯尼亚首都内罗毕逝世，该案独任法官瓦格恩·普鲁士·约恩森法官决定就此终止对图里纳博的藐视法庭诉讼。[②] 2021年6月23日，独任法官宣布将于2021年6月25日在余留机制阿鲁沙分支机构的审判庭上公开宣判。[③]

根据《余留机制规约》第21条和第22条以及《程序和证据规则》第90、122、125、126条的规定，瓦格恩·普鲁士·约恩森法官做出以下判决：

根据《余留机制规约》第1(4)(a)条和《程序和证据规则》第90(A)(ⅳ)条，安塞尔姆·恩扎邦帕(Anselme Nzabonimpa)、让·德·迪乌·恩达吉吉马纳(Jean de Dieu Ndagijimana)和玛丽·罗斯·法图玛(Marie Rose Fatuma)犯有恩扎邦帕等人起诉书中干扰司法的罪名，但不犯有煽动干扰司法的罪名，应分别判处他们有期徒刑。

迪克·普鲁登斯·穆耶舒利(Dick Prudence Munyeshuli)不犯有恩扎邦帕等人起诉书中违反法庭命令的罪名，并警告穆耶舒利在今后的案件中要严格审查适用证人的保护措施。

根据《余留机制规约》第1(4)(a)条和《程序和证据规则》第90(A)(ⅳ)条，奥古斯丁·恩吉拉巴图瓦雷(Augustin Ngirabatware)犯有恩吉拉巴图瓦雷起诉书中干扰司法和违反法庭命令的罪名，不犯有起诉书中煽动干扰司法的罪名，应判处其两年有期徒刑，与

---

① See IRMCT, "Anselme Nzabonimpa et al. (MICT - 18 - 116)", https://www.irmct.org/en/cases/mict - 18 - 116 (Last visited January 9, 2022).

② See Prosecutor v. Anselme Nzabonimpa, et al., Decision Terminating Proceedings Against Maximilien Turinabo, IRMCT, MICT - 18 - 116 - T, 19 April 2021, p. 2.

③ See Prosecutor v. Anselme Nzabonimpa, et al., Order Scheduling Pronouncement of Judgment, IRMCT, MICT - 18 - 116 - T, 23 June 2021, p. 1.

他已经被判30年有期徒刑的刑期同时执行。①

2021年9月23日,被告人安塞尔姆·恩扎邦帕、玛丽·罗斯·法图玛和奥古斯丁·恩吉拉巴图瓦雷根据《程序和证据规则》第154条向上诉分庭提交紧急更改《程序和证据规则》第90(J)条中规定的时限,以便有足够的时间来准备上诉通知和上诉摘要。② 2021年9月27日,余留机制主席卡梅尔·阿吉乌斯法官指定自己为本案的上诉预审法官,③同时确定由主审法官卡梅尔·阿吉乌斯和阿尔丰斯·奥里(Alphons Orie)法官、西摩·潘顿(Seymour Panton)法官组成上诉分庭。④ 2021年9月28日,卡梅尔·阿吉乌斯法官做出同意请求延长提交上诉通知和上诉摘要时间的决定。⑤ 2021年10月8日,余留机制主席指派何塞·里卡多·普拉达·索莱萨(José Ricardo de Prada Solaesa)法官为独任法官,以评估是否根据余留机制《程序和证据规则》第90条对奥古斯丁·恩吉拉巴图瓦雷的前律师皮特·罗宾逊(Peter Robinson)采取进一步的诉讼程序或其他适当的纪律处分。⑥ 有关该案件的上诉程序及对皮特·罗宾逊的法律处理仍在进行中。

(二)斯塔尼希奇和西马托维奇案

约维察·斯塔尼希奇(Jovica Stanišić)和弗兰科·西马托维奇

① See Prosecutor v. Anselme Nzabonimpa, et al., Judgment, IRMCT, MICT - 18 - 166 - T, 25 June 2021, p. 159.

② See Prosecutor v. Anselme Nzabonimpa, et al., Joint Defence Request for Expedited Ruling Pursuant to Rule 154, IRMCT, MICT - 18 - 116 - A, 23 September 2021, p. 1.

③ See Prosecutor v. Anselme Nzabonimpa, et al., Order Assigning a Pre-Appeal Judge, IRMCT, MICT - 18 - 116 - A, 27 September 2021, p. 1.

④ See Prosecutor v. Anselme Nzabonimpa, et al., Oder Assigning Judges to a Case Before the Appeals Chamber, IRMCT, MICT - 18 - 116 - A, 27 September 2021, p. 1.

⑤ See Prosecutor v. Anselme Nzabonimpa, et al., Decision on a Request for an Extension of Time to File Notices of Appeal and Appeal Briefs, IRMCT, MICT - 18 - 116 - A, 28 September 2021, p. 2.

⑥ See Prosecutor v. Anselme Nzabonimpa, et al., Order Assigning a Single Judge to Consider a Matter Pursuant to Rule 90 (C), IRMCT, MICT - 18 - 116 - T, 8 October 2021, p. 1.

(Franko Simatović)分别为塞尔维亚国家安全部门的负责人和雇员,其均被前南刑庭检察官办公室指控犯有危害人类罪和战争罪。[①] 2008 年提交前南刑庭的起诉书依然是余留机制重审该案的有效起诉书。该起诉书指控约维察·斯塔尼希奇和弗兰科·西马托维奇是不迟于 1991 年 4 月成立并持续到 1995 年 12 月 31 日的联合犯罪组织的共同犯罪者,这一犯罪活动目标是通过实施迫害、谋杀、驱逐和不人道行为等罪行,将大多数非塞族人(主要是克罗地亚人、波斯尼亚穆斯林人和波斯尼亚克罗地亚人)强行永久赶出克罗地亚和波黑的大片地区。[②]

2017 年 6 月 13 日,审判在余留机制开始,检方发表开庭陈述并于 2019 年 2 月 21 日结案。2019 年 6 月 18 日和 11 月 12 日,斯塔尼希奇与西马托维奇的辩方分别开庭陈述。随着最后一名辩方证人的证词于 2020 年 10 月 8 日结束,辩方两起案件均于 2021 年 2 月 23 日宣告结案。双方最终审判摘要于 2021 年 3 月 12 日至 13 日以保密方式提交,结案陈词于 2021 年 4 月 12 日至 14 日进行,审判判决于 2021 年 6 月 30 日宣布。[③]

根据《规约》第 21、22、25 条以及《程序和证据规则》第 122、125、126、127 条,审判分庭裁定:

根据《余留机制规约》第 1 条和《前南刑庭规约》第 3、5、7(1)条,判决约维察·斯塔尼希奇犯有起诉书中的第 1 ~ 5 项罪名,[④]即协助和教唆在博桑斯基·萨马克犯下被指控的罪行,判处他 12 年有期徒刑。根据《程序和证据规则》第 125(c)条,斯塔尼希奇有权

① 参见中国国际法学会主办:《中国国际法年刊(2019)》,法律出版社 2020 年版,第 455 页。

② See Prosecutor v. Jovica Stanišić and Franko Simatović, Prosecution Notice of Filing of Third Amended Indictment, ICTY, IT - 03 - 69 - PT, 10 July 2008, p. 6.

③ See IRMCT, "Stanišić and Simatović (MICT - 15 - 96)", https://www.irmct.org/en/cases/mict-15-96 (Last visited January 11, 2022).

④ 四项危害人类罪:迫害、谋杀、驱逐出境和不人道行为(强行转移);一项违反战争法规或惯例的罪名:谋杀。

计入 1934 天的拘留时间。

根据《余留机制规约》第 1 条和《前南刑庭规约》第 3、5、7(1)条,判决弗兰科·西马托维奇犯有起诉书中的第 1 ~ 5 项罪名,即协助和教唆在博桑斯基·萨马克犯下被指控的罪行,判处他 12 年有期徒刑。根据《程序和证据规则》第 125(c)条,西马托维奇有权计入 2348 天的拘留时间。

根据《程序和证据规则》第 127(c)条,约维察·斯塔尼希奇和弗兰科·西马托维奇应继续由余留机制羁押,以待最后确定将其移交给他们服刑的国家的安排。[①]

2021 年 9 月 10 日,余留机制主席卡梅尔·阿吉乌斯法官鉴于斯塔尼希奇辩护上诉通知、西马托维奇辩护上诉通知和检察官上诉通知均于 2021 年 9 月 6 日提交,因此,指派主审法官卡梅尔·阿吉乌斯和李·加库伊加·穆索加(Lee G. Muthoga)法官、阿米纳塔·洛伊斯·鲁乐伊·古姆法官、尤素福·阿克萨(Yusuf Aksar)法官、克劳迪娅·霍夫(Claudia Hoefer)法官共同组成上诉分庭。[②] 2021 年 9 月 15 日,上诉分庭主审法官阿吉乌斯根据余留机制《程序和证据规则》第 135(A)条,指定自己作为本案的上诉预审法官。[③] 2021 年 9 月 21 日,斯塔尼希奇辩护方向上诉分庭提出请求,为尽量减少对斯塔尼希奇的损害,要加快检方对辩方动议的回应,同时上诉分庭也要加快裁决。[④] 2021 年 10 月 29 日,余留机制主席决定延长控辩双方提交案情摘要的时间,但不得晚于

---

① See Prosecutor v. Jovica Stanišić and Franko Simatović, Judgment, IRMCT, MICT – 15 – 96 – T, 30 June 2021, p. 270.

② See Prosecutor v. Jovica Stanišić and Franko Simatović, Order Assigning Judges to a Case Before the Appeals, Chamber, IRMCT, MICT – 15 – 96 – A, 10 September 2021, p. 1.

③ See Prosecutor v. Jovica Stanišić and Franko Simatović, Order Assigning a Pre-Appeal Judge, IRMCT, MICT – 15 – 96 – A, 15 September 2021, p. 1.

④ See Prosecutor v. Jovica Stanišić and Franko Simatović, Stanišić Defence Urgent Request to Expedite the Prosecution Response and for an Expedited Decision, IRMCT, MICT – 15 – 96 – A, 21 September 2021, p. 1.

2022 年 1 月 31 日。[①] 2021 年 11 月 15 日，阿吉乌斯法官根据《程序和证据规则》第 69(B)、69(C)条，决定于 2021 年 12 月 16 日在余留机制海牙分支机构第一审判庭举行情况会商。[②] 2021 年 12 月 8 日，约维察·斯塔尼希奇的辩护律师韦恩·乔达斯(Wayne Jordash QC)向上诉分庭申请将所附的摘录作为证据，并在评估斯塔尼希奇的上诉时给予适当考虑。[③] 2021 年 12 月 10 日，阿吉乌斯法官批准斯塔尼希奇及其律师根据《程序和证据规则》第 69(C)(ii)条的规定通过视频会议链接参加情况会商的请求，并指示余留机制的书记官长做出必要的安排。[④] 目前，该案件的上诉程序仍在进行中。

(三)姆拉迪奇案

原定将姆拉迪奇(Ratko Mladić)上诉案件的听讯安排至 2020 年 3 月 17 日至 18 日举行，[⑤]但由于受到姆拉迪奇身体健康状况和新型冠状病毒肺炎疫情的影响，其上诉听讯的时间被一再延迟。[⑥] 2020 年 8 月 25 日至 26 日，此案的上诉听证会在余留机制海牙分支机构才得以进行，为上诉分庭在 2021 年 6 月 8 日宣布上诉裁判做好了前期性的程序准备。

---

① See Prosecutor v. Jovica Stanišić and Franko Simatović, Decision on Prosecution Motion for Extension of Time for the Filing of Respondent's Briefs, IRMCT, MICT - 15 - 96 - A, 29 October 2021, p. 3.

② See Prosecutor v. Jovica Stanišić and Franko Simatović, Order Scheduling a Status Conference, IRMCT, MICT - 15 - 96 - A, 15 November 2021, p. 1.

③ See Prosecutor v. Jovica Stanišić and Franko Simatović, Stanisic Motion for Admission of Additional Evidence, IRMCT, MICT - 15 - 96 - A, 8 December 2021, pp. 1 - 31.

④ See Prosecutor v. Jovica Stanišić and Franko Simatović, Order on Videoconference - Link Participation in Status Conference, IRMCT, MICT - 15 - 96 - A, 10 December 2021, p. 2.

⑤ See Prosecutor v. Ratko Mladić, Scheduling Order for the Hearing of the Appeals, IRMIC, MICT - 13 - 56 - A, 16 December 2019, pp. 1 - 2.

⑥ 参见中国国际法学会主办:《中国国际法年刊(2019)》，法律出版社 2020 年版，第 423 页。

由于格贝道·古斯塔夫·卡姆(Gberdao Gustave Kam)法官不幸于2021年2月17日逝世,余留机制主席卡梅尔·阿吉乌斯法官在2021年2月18日根据《规约》第12(3)条和《程序和证据规则》第23(A)条指派穆斯塔法·艾·巴伊(Mustapha EI Baaj)法官接替卡姆法官担任本案审理的法官。①

2021年4月30日,上诉分庭主审法官普利斯卡·马蒂姆巴·尼亚姆贝(Prisca Matimba Nyambe)根据《程序和证据规则》第144(D)条,决定于2021年6月8日在荷兰海牙第一审判庭公开宣读本案上诉判决。②

2021年6月8日,根据《规约》第23条和《程序和证据规则》第144条,上诉分庭裁决驳回姆拉迪奇的全部上诉,也驳回检方的全部上诉。

上诉分庭赞同审判分庭根据起诉书第1项裁定姆拉迪奇不犯有灭绝种族罪的处理意见。上诉分庭回顾说,如果对种族灭绝罪的判定取决于试图消灭部分受保护的群体,那么目标部分必须是该群体的重要组成部分。前南刑庭上诉分庭在Krstić案中确立了四项指导方针以确定目标群体的部分是否满足这一要求。但结合该案的实际情况,上诉分庭认为,该部分群体实际上约占波斯尼亚和黑塞哥维那整个波斯尼亚穆斯林群体的0.6%至2.6%,因此,检方没有证明审判分庭关于该部分群体构成该群体"相对较小一部分"的结论有误。除此之外,上诉分庭指出,审判分庭的调查结果和检方提到的证据都没有反映出对该部分群体的摧毁会威胁到整个波斯尼亚穆斯林群体的生存。鉴于此,上诉分庭驳回检方的上诉理由。

上诉分庭支持审判分庭根据《前南刑庭规约》第7条第1款的

① See Prosecutor v. Ratko Mladić, Order Replacing a Judge in a Case Before the Appeals Chamber, IRMCT, MICT - 13 - 56 - A, 18 February 2021, p. 1.

② See Prosecutor v. Ratko Mladić, Scheduling Order for Pronouncement of Judgment, IRMIC, MICT - 13 - 56 - A, 30 April 2021, p. 1.

规定,认定姆拉迪奇在起诉书第11项下犯有劫持人质的罪行,违反了战争法或战争惯例。上诉分庭注意到,姆拉迪奇在审判中没有就审判分庭对劫持人质的罪行缺乏管辖权而提出异议。因此,上诉分庭认为,如果一方在没有特殊的情况下未向审判分庭就某一问题提出异议,上诉分庭将认为该方已经放弃将该问题作为有效上诉理由的权利。上诉分庭指出,前南刑庭对违反《日内瓦公约》共同第3条,特别是劫持人质的罪行的管辖权问题已由前南刑庭上诉分庭解决,对本案的审判分庭具有约束力,因此,即使姆拉迪奇在审判中提出管辖权异议,审判分庭在本案中也不能背离前南刑庭上诉分庭的裁决。

姆拉迪奇在审判中提出在起诉期间,除了杀害人质或将平民扣为人质外,习惯国际法并不禁止将“非平民”扣为人质,也不会导致个人刑事责任。上诉分庭回顾,1994年通过的《卢旺达问题国际刑事法庭规约》第4条明确禁止劫持人质,因为这违反了共同第3条和《第二附加议定书》。此外,对国家实践的分析也证实了习惯国际法对在起诉期间违反共同第3条和《第二附加议定书》的行为规定了个人刑事责任。在此背景下,上诉分庭认为,姆拉迪奇依靠两本国内军事手册来支持他的论点是没有说服力的,也没有对关于禁止劫持人质的既定法律产生任何消极影响。鉴于上述考虑,上诉分庭认为,姆拉迪奇未能证明对劫持人质的罪行行使管辖权的决定是基于错误的法律原则作出的,或者作出了错误的决定。

上诉分庭还认为,审判分庭正确地判定共同第3条适用于任何未积极参与敌对行动的人,包括失去战斗力的战斗员。共同第3条禁止劫持人质的规定适用于所有被拘留者,无论其在拘留前的身份如何。因此,前南刑庭上诉分庭和余留机制确认,联合国人员有权根据共同第3条获得保护。综上考虑,上诉分庭判定姆拉迪奇劫持联合国人员作为人质的行为违反了战争法或战争惯例。

上诉分庭还确认审判分庭对姆拉迪奇的各项定罪,主要包括:(1)1992 年至 1995 年在波斯尼亚和黑塞哥维那各地指挥种族清洗运动;(2)在围困萨拉热窝期间指挥对平民的犯罪运动;(3)将联合国维和人员扣为人质并将其作为人盾;(4)利用其指挥的部队对斯雷布雷尼察的波斯尼亚穆斯林居民实施种族灭绝等。①

上诉分庭支持审判分庭对姆拉迪奇做出的无期徒刑判决。②上诉分庭认为,审判分庭列出了前南刑庭所适用的法律,并审查了前南斯拉夫的相关判刑规定,指出刑罚范围包括罚款、没收财产、监禁和死刑。审判分庭还特别考虑到,在犯罪发生时,前南斯拉夫适用的最高刑罚是判处 15 年的有期徒刑;对于最严重的罪行,可判处死刑或以 20 年的有期徒刑来代替。上诉分庭认为,审判分庭适当考虑了前南斯拉夫的一般判刑做法,并正确地指出前南刑庭的判刑可以超过前南斯拉夫的判刑。因此,姆拉迪奇提出的违反"法无明文规定不为罪"和"法无明文规定不处罚"的主张是没有依据的。鉴于上述情况,上诉分庭认为,姆拉迪奇未能证明审判分庭判处无期徒刑是错误的。因此,上诉分庭驳回了姆拉迪奇的上诉理由。

在上诉裁判文书中,上诉分庭主审法官尼亚姆贝认为,在审议了起诉书、审判分庭判决书、援引的判例以及各方的书面和口头陈述后,不能同意多数法官关于驳回姆拉迪奇所有上诉理由的决定,因为姆拉迪奇已经满足了上诉的高标准,所以同意姆拉迪奇上诉的第 1 ~5 条和第 7 ~9 条理由的全部内容。

尼亚姆贝法官还指出,审判分庭的错误及其影响已在其他地方阐述,但更具体的是在姆拉迪奇的上诉书中的第 3 ~5 条和第 7 ~9 条,这些错误单独或累积起来使审判分庭对他的定罪所依据

① See United Nations General Assembly and United Nations Security Council, *Ninth Annual Report of the International Residual Mechanism for Criminal Tribunals*, p. 11.

② See Prosecutor v. Ratko Mladić, Judgment, IRMCT, MICT – 13 – 56 – A, 8 June 2021, p. 259.

的调查结果无效。

考虑到在本案中所发现的法律错误的性质和规模，根据《程序和证据规则》第144(c)条，尼亚姆贝法官将命令由另一个审判分庭对姆拉迪奇的所有罪状进行重审，但上诉书中的第6条除外。鉴于上诉案件的复杂性以及案卷和上诉的规模，并受制于迅速开展工作和远程工作的要求，尼亚姆贝法官仅处理了审判分庭中认为最令人震惊的错误。[①]

尽管上诉分庭中的法官对姆拉迪奇上诉案存在诸多不同意见，主审法官也表示要重审此案，但就目前案件状况而言，并未对其采取任何程序措施。换句话说，姆拉迪奇上诉案已正式完成。

2011年6月1日，前南刑庭检察官布拉默茨(Brammertz)曾公开表示如果姆拉迪奇在1995年被捕受审，那将再好不过了，但现在也不算太晚。[②] 如果姆拉迪奇真的在1995年被捕受审，可能最后也并不会产生检方所预期的结果，因为有大量的证据将不会被收集、分析，更不会被公开提供。因此，时间上的拖延在一定程度上是有益的，甚至是重要的。许多重要的案件需要这种艰苦、长达数年的工作才能完成对犯罪者的定罪处罚。[③]

从姆拉迪奇案中所得到的教训并不仅仅是对"迟到的正义是非正义"的正确性质疑，它还对其他冲突、罪行和潜在的被告产生一定程度的影响。一个明显的例子就是叙利亚的冲突。有报告认为，在叙利亚各地发生的各种冲突中，尽管各方都犯有不同程度的罪行，但叙利亚政府军的违法行为明显超过了其他各方。从联合国调查委员会、学术研究机构到非政府组织和记者，都有足够的证

---

① See Prosecutor v. Ratko Mladić, Judgment, IRMCT, MICT - 13 - 56 - A, 8 June 2021, p. 306.

② See Sense News Agency, "Brammertz: Mladić's Arrest Came Late but Not Too Late", http://archive.sensecentar.org/vijesti.php? aid = 12858 (Last visited January 15, 2022).

③ See Iva Vukušić, "Later Rather Than Sooner: Time and Its Effects on the Karadžić and Mladić Trials", (2022) 22 *International Criminal Law Review* 189, p. 206.

据可以证明叙利亚政府军应当对其所犯下的罪行负责,包括对平民使用化学武器、袭击医院及在监狱中使用酷刑等。①

总 结

2021 年余留机制的各项工作虽然受到新冠肺炎疫情的影响,但并未使其停下前进的步伐。余留机制通过采取远程视频和现场听讯相结合的多样化审理方式完成了对三例案件的审判任务,这一成就是自 2018 年余留机制正式运行以来第一次完成如此数量之多的判决。尽管在姆拉迪奇上诉案的审判期间出现了格贝道·古斯塔夫·卡姆法官不幸逝世的事件,以及在卡布加预审案中因 2021 年余留机制预算的缩减导致征聘工作的推迟,但在余留机制各部门的积极协调与配合之下,并未对案件的诉讼程序安排造成明显的不利情势。相反,这些案件基本都在预期的时间段内完结了最后的裁判工作。2021 年,余留机制在各领域都取得了长足的发展,而这一切要归功于法官、工作人员和辩护小组成员非凡的献身精神和辛勤工作。② 余留机制将再次依赖会员国和重要利益攸关方的支持和信任,在致力于推进国际司法、问责制和法治的国家的坚定支持下,继续履行安全理事会赋予它的重要职能。③

---

① See Iva Vukušić,"Later Rather Than Sooner: Time and Its Effects on the Karadžić and Mladić Trials",p. 206.

② See United Nations General Assembly and United Nations Security Council, *Ninth Annual Report of the International Residual Mechanism for Criminal Tribunals*,p. 11.

③ See UNSC,*Progress Report*,S/2021/487 (20 May 2021),p. 33.

大陆架界限委员会2021年工作进展及相关问题*

尹　洁**　方银霞***

大陆架界限委员会(以下简称委员会)是依照《联合国海洋法公约》(以下简称《公约》)附件二成立的条约机构,由21名缔约国国民中选出的地质学、地球物理学或水文学方面的专家组成,行使《公约》赋予的职责。

自2020年1月27日至3月13日的委员会第52届会议以来,由于新冠肺炎疫情的影响,以在联合国总部举行面对面会议以外的其他方式开展工作将面临多种挑战,包括划界案相关数据信息的机密性问题、并非全部委员都具备远程工作的适当条件、如何保证公平和平等对待正在处理的划界案、秘书处难以提供保障和协助等。鉴于此,委员会认为,在其成员能够前往纽约以及条件允许举行面对面会议之前,委员会将无法举行会议开展正常审议工作。

虽然委员会会议未能按期正常召开,但其成员仍积极开展相关工作。从2020年4月至2021年3月,包括主席团在内的委员会行政领导层和工作组共举行了17次非正式会议。小组委员会

* 本文是国家社科基金一般项目“大陆架界限委员会《议事规则》对南海外大陆架划界的潜在影响研究”(20BGJ044)的成果之一。

** 自然资源部第二海洋研究所副研究员。

*** 自然资源部第二海洋研究所研究员,上海交通大学海洋学院双聘教授。

举行了10次非正式会议,划界案提交国也酌情参加,尝试以面对面会议以外的其他方式审议划界案的可能办法。① 2021年11月至12月委员会在纽约联合国总部召开了第53届会议,主要工作内容为小组委员会继续审议划界案。

目前有10份划界案正在审议:俄罗斯关于北冰洋划界案(部分修订划界案)、巴西关于巴西赤道陆缘划界案(部分修订划界案)、法国和南非关于克罗泽群岛和爱德华王子群岛联合划界案、肯尼亚划界案、尼日利亚划界案、帕劳关于北部区域划界案(部分修订划界案)、斯里兰卡划界案、葡萄牙划界案、西班牙关于加利西亚海域部分划界案、印度部分划界案。关于印度提交的部分划界案,巴基斯坦在2020年7月6日提交照会请委员会根据《大陆架界限委员会议事规则》(以下简称《议事规则》)附件一第5(a)段,不审议划界案中与阿拉伯海印度西部近海区域有关的部分。委员会将在第54届会议举行全体会议时讨论该照会。②

一、修订划界案和划界案补充材料提交情况

2021年委员会收到1份划界案补充材料,即俄罗斯北冰洋修订划界案的补充材料;共收到2份修订划界案,分别为冰岛关于雷克雅内斯脊西部、南部和东南区的修订划界案以及库克群岛关于马尼希基海台的修订划界案。截至2021年12月31日,委员会收到的划界案(包含修订划界案)总数增加至97个。

(一)俄罗斯北冰洋修订划界案的补充材料

俄罗斯在2021年3月31日提交了关于北冰洋大陆架外部界

① 参见大陆架界限委员会:《大陆架界限委员会主席给第三十一次缔约国会议主席的信》,SPLOS/31/6(2021),第6段。

② 参见大陆架界限委员会:《大陆架界限委员会主席给第三十一次缔约国会议主席的信》,第10段。

限的补充材料，扩大了其于2015年8月3日提交的北冰洋修订划界案的主张范围。补充资料分为两份，一份关于加克洋脊、南森和阿蒙森海盆，另一份关于罗蒙诺索夫脊、阿尔法脊、门捷列夫隆起、阿蒙森和马卡洛夫海盆以及加拿大海盆。

俄罗斯在2015年8月3日提交的修订划界案的200海里以外大陆架外部界限由7个线段构成：第Ⅰ线段为俄罗斯—挪威于2010年9月15日签署的巴伦支海划界协议的线；第Ⅱ线段由大陆坡脚外推60海里的距离公式线和沉积物厚度公式线组成，都不超过俄罗斯350海里限制线；第Ⅲ线段为俄罗斯200海里线；第Ⅳ线段由大陆坡脚外推60海里的距离公式线和沉积物厚度公式线组成，不超过俄罗斯350海里限制线和基于罗蒙诺索夫脊的深度限制线；第Ⅴ线段由大陆坡脚外推60海里的距离公式线划定，不超过俄罗斯350海里限制线和基于罗蒙诺索夫脊的深度限制线；第Ⅵ线段由大陆坡脚外推60海里的距离公式线和沉积物厚度公式线组成，不超过俄罗斯350海里限制线和基于罗蒙诺索夫脊的深度限制线；第Ⅶ线段由苏联于1979年批准的扇形区界线构成，延伸到美苏1990年签订的楚科奇海上边界协议的线。①

俄罗斯在2021年提交的补充材料中，关于加克洋脊、南森和阿蒙森海盆的第Ⅸ线段主要由俄罗斯350海里线组成。向南使用了丹麦的200海里线、委员会于2009年3月27日对挪威西南森海盆建议的外部界限，以及俄罗斯—挪威于2010年9月15日签署的巴伦支海划界协议的线。②

① See Russian Federation, "Partial Revised Submission of the Russian Federation to the Commission on the Limits of the Continental Shelf in Respect of the Continental Shelf of the Russian Federation in the Arctic Ocean", https://www.un.org/Depts/los/clcs_new/submissions_files/rus01_rev15/2015_08_03_Exec_Summary_English.pdf (Last visited January 5, 2022).

② See Russian Federation, "Addendum to the Partial Revised Submission of the Russian Federation to the Commission on the Limits of the Continental Shelf in Respect of the Continental Shelf in the Area of the Gakkel Ridge, Nansen and Amundsen Basins", https://www.un.org/Depts/los/clcs_new/submissions_files/rus01_rev15/Addendum_1_2021_Executive_Summary_Gakkel_Ridge_English.pdf (Last visited January 5, 2022).

关于罗蒙诺索夫脊、阿尔法脊、门捷列夫隆起、阿蒙森和马卡洛夫海盆以及加拿大海盆的第Ⅴ、Ⅷ、Ⅹ线段主要由大陆坡脚外推60海里的距离公式线划定,使用了加拿大200海里线、加拿大于2019年5月23日提交的划界案中主张大陆架外部界限,以及苏联于1979年批准的扇形区界线。①

相较于2015年修订划界案的主张,俄罗斯2021年的主张更为激进地将大陆架外部界限扩展到对岸的加拿大和丹麦的200海里线,新的第Ⅴ、Ⅷ、Ⅸ、Ⅹ线段代替了2015年修订划界案的第Ⅱ、Ⅲ、Ⅳ、Ⅴ、Ⅵ线段。划界案补充材料不但扩张了对罗蒙诺索夫脊、阿尔法—门捷列夫脊的主张范围,还将加克洋脊作为其陆地延伸的大陆边缘。

委员会在2016年第40届会上设立了审议俄罗斯北冰洋修订划界案的小组委员会,小组委员会审议工作持续到2020年的第52届会仍未结束。随后由于新冠肺炎疫情的暴发,委员会暂停了在联合国总部的会议,目前审议进展情况不明。对于俄罗斯此次提交的补充资料,小组委员会可能需要更多的时间进行审议。

(二)冰岛关于雷克雅内斯脊西部、南部和东南区的修订划界案

冰岛部分修订案提交于2021年3月31日。冰岛曾于2009年4月29日提交关于埃吉尔海盆和雷克雅内斯脊的划界案,并于2016年3月10日得到了委员会建议。冰岛同意委员会建议中关

① See Russian Federation, "Addendum to the Partial Revised Submission of the Russian Federation to the Commission on the Limits of the Continental Shelf in Respect of the Continental Shelf in the Area of the Lomonosov Ridge, Alpha Ridge, Mendeleev Rise, Amundsen and Makarov Basins, and the Canadian Basin", https://www.un.org/Depts/los/clcs_new/submissions_files/rus01_rev15/Addendum_2_2021_Executive_Summary_Lomonosov_Ridge_English.pdf (Last visited January 5, 2022).

于埃吉尔海盆区的建议，本次提交的修订案仅涉及雷克雅内斯脊西部、南部和东南区域。

在冰岛 2009 年划界案的审议中，小组委员会认为冰岛超大规模的地幔柱热点作用，通过与洋中脊扩张作用的相互影响，可沿着雷克雅内斯脊向南延伸到拜特断裂带（Bight Fracture Zone），据此认可了拜特断裂带以北的洋脊段是《公约》第 76 条第 6 款定义的大陆边缘自然组成部分的海底高地。据此小组委员会一致同意经修订的拜特断裂带以北大陆坡脚的位置。但委员会在审议小组委员会提交的建议草案时认为，冰岛提供的数据资料无法证明雷克雅内斯脊的西部和南部是冰岛大陆边缘的自然组成部分，不适用深度限制线，最终只认可了其 350 海里以内的外部界限定点。委员会在建议中指出，要支持雷克雅内斯脊是冰岛大陆边缘自然组成部分，冰岛需要提供更多、更可靠的科学证据。①

冰岛根据委员会建议要求，并援引了委员会 2019 年就挪威布韦岛划界案提出的建议相关内容提交了本修订划界案。挪威布韦岛划界案同样涉及热点与洋脊相互作用地质问题，但其部分洋脊段被委员会认可为海底高地。冰岛在修订划界案中提供了最新的雷克雅内斯脊的调查数据，以及关于雷克雅内斯脊和冰岛地质演化的科学认识，并据此证明雷克雅内斯脊属于《公约》第 76 条定义的大陆边缘自然组成部分的海底高地。冰岛使用大陆坡脚外推 60 海里的距离公式线划定大陆边外缘，基于雷克雅内斯脊是海底高地的认定使用了深度限制线，但公式线完全位于限制线内，最终

① See Commission on the Limits of the Continental Shelf (CLCS), "Summary of Recommendations of the Commission on the Limits of the Continental Shelf in Regard to the Submission Made by Iceland in the Ægir Basin Area and the Western and Southern Parts of Reykjanes Ridge on 29 April 2009", https://www.un.org/Depts/los/clcs_new/submissions_files/isl27_09/2016_03_10_sc_isl.pdf (Last visited January 5, 2022).

外部界限由300个公式线定点连线划定。[①]

冰岛修订案是第一份援引委员会对其他沿海国提出的建议修改外部界限主张的划界案。在大陆架制度的框架下,洋脊条款的模糊性给沿海国留下了较大的解释空间。虽然委员会认为洋脊问题应逐案审议,但其做法很大可能在日后被其他国家效法。委员会就挪威布韦岛提出的建议认可了洋中脊的部分片段为海底高地,为日后沿海国扩大洋脊条款的解释提供可能。

(三)库克群岛关于马尼希基海台的修订划界案

库克群岛修订划界案提交于2021年12月3日。库克群岛曾于2009年4月16日提交关于马尼希基海台划界案,并于2016年8月19日获得委员会建议。

库克群岛在修订案执行摘要中称使用最新测深及地球物理数据进行分析计算,加上最新的科学认知,以支撑修订的外部界限主张。修订划界案使用大陆坡脚外推60海里的距离公式线、深度限制线和距离限制线确定外部界限,主张了约41.2万平方公里的外大陆架区域。外部界限分为西段、北段和东段,由414个定点划定。其中68个点由大陆坡脚外推60海里的距离公式线确定,277个点由2500米等深线外推100海里深度限制线确定,63个点由350海里距离限制线确定,5个点位于邻国200海里线上,1个点位于库克群岛200海里线上。[②]

库克群岛2009年的划界案确定了306个外部界限定点,主张

① See Iceland, "Revised Partial Submission the Commission on the Limits of the Continental Shelf Pursuant to Article 76, Paragraph 8, of the United Nations Convention on the Law of the Sea in Respect of Reykjanes Ridge", https://www.un.org/Depts/los/clcs_new/submissions_files/isl27_09/20210331IslRevEsSecure.pdf (Last visited January 5, 2022).

② See Cook Islands, "Revised Submission to the Commission on the Limits of the Continental Shelf Concerning the Manihiki Plateau", https://www.un.org/Depts/los/clcs_new/submissions_files/cok23_09/CKI_REV_ES_DOC.pdf (Last visited January 5, 2022).

了41.3万平方公里外大陆架区域。① 划界案涉及的马尼希基海台复合体由三个主要地貌单元组成：高位海台、西部海台和北部海台，并分别被危险岛海槽和苏瓦诺海槽分隔。小组委员会在审议了数据资料并与库克群岛代表团沟通后认为，当前地质和地球物理资料难以证明高位海台以外陆块的自然延伸，例如危险岛海槽的存在意味着高位海台和西部海台之间地质和构造上存在不连续性。小组委员会也不认可库克群岛将马尼希基海台北部坡尖认为是海底高地的观点。小组委员会还指出由于库克群岛主张的彭林岛并不位于马尼希基海台，不享有在该区域的200海里外大陆架权利，不建议使用基于彭林岛的350海里距离限制线。此外，小组委员会要求所提供的2500米等深线外推100海里限制线必须通过实测数据确定。小组委员会最后得出结论，马尼希基海台复合体是大火山岩省碎裂后形成的，受到晚期侵位的裂谷作用和海底扩张，导致危险岛海槽和苏瓦诺海槽与海台复合体内部海盆的形成，这些地貌特征造成了马尼希基海台复合体不同区域之间存在地貌不连续性。小组委员会认可高位海台北部陆缘的陆坡基部区和大陆坡脚位置，仅仅为通过从属权利检验（test of appurtenance），当前数据资料无法证明其他区域的自然延伸，因此不接受划界案主张的大陆架外部界限，建议库克群岛重新提交新的或者修订的划界案。②

库克群岛曾在委员会提出建议后的2016年11月30日发表

① See Cook Islands, "Submission by the Cook Islands to the Commission on the Limits of the Continental Shelf Concerning the Manihiki Plateau", https://www.un.org/Depts/los/clcs_new/submissions_files/cok23_09/Cook Islands Submission Executive Summary Addendum 28 August 2012.pdf (Last visited January 5,2022).

② See CLCS, "Summary of Recommendations of the Commission on the Limits of the Continental Shelf in Regard to the Submission Made by the Cook Islands in Respect to the Manihiki Plateau on 16 April 2009", https://www.un.org/Depts/los/clcs_new/submissions_files/cok23_09/2016_08_19_com_sumrec_cok.pdf (Last visited January 5,2022).

照会表示难以接受该建议。[1] 由于修订案执行摘要公布信息有限,无法判定库克群岛是否基于委员会建议进行修订,但从公布的材料中可知,修订划界案主张的外大陆架区域与原划界案相差无几,推测使用新数据支撑原主张。此外,库克群岛仍然使用了彭林岛的200海里线。

二、划界初步信息提交情况

《公约》规定了沿海国应在《公约》对其生效的10年期限内向委员会提交划界案。[2] 2001年的《公约》第11次缔约国会议决定:对《公约》于1999年5月13日前生效的沿海国家,10年期限应从1999年5月13日起算;对于各国(特别是发展中国家)满足《公约》附件二第4条的能力的基本问题有待审查。[3] 由于缺乏财政和技术资源,以及有关能力和专业技能的不足,或其他类似的限制,事实上,许多发展中国家为满足这些要求而面临巨大挑战。因此,2008年6月的《公约》第18次缔约国会议决定:可通过提交从测算领海宽度的基线量起超过200海里的大陆架外部界限的初步信息以及关于划界案编写情况和预计提交日期的说明来满足《公约》附件二第4条关于10年期限的规定。[4]

截至2021年12月31日,委员会共收到49份初步信息。2021年,委员会收到了毛里求斯关于查戈斯群岛北部区域划界初

---

① See Cook Islands, "Note from the Government of the Cook Islands", 30 November 2016, https://www.un.org/Depts/los/clcs_new/submissions_files/cok23_09/2016_11_30_COK_NV_UN_037_16-00919.pdf (Last visited January 5, 2022).

② 参见《联合国海洋法公约》附件二第4条:"拟按照第七十六条划定其二百海里以外大陆架外部界限的沿海国,应将这种界限的详情连同支持这种界限的科学和技术资料,尽早提交委员会,而且无论如何应于本公约对该国生效后十年内提出。"

③ 参见《联合国海洋法公约》缔约国会议:《第十一次缔约国会议的报告》,SPLOS/72(2001)。

④ 参见《联合国海洋法公约》缔约国会议:《第十八次缔约国会议的报告》,SPLOS/183(2008)。

步信息和厄瓜多尔划界初步信息。

(一)毛里求斯关于查戈斯群岛北部区域划界初步信息

毛里求斯曾于2019年提交了关于查戈斯群岛南部区域的划界案,其中明确提出将适时提交查戈斯群岛北部区域划界案。2021年1月国际海洋法法庭特别分庭就毛里求斯诉马尔代夫印度洋海洋边界划定案的初步反对意见作出判决,判定其对争端有管辖权,驳回了马尔代夫的反对主张,认为在毛里求斯去殖民化进程完成之前可作为以查戈斯群岛海洋划界为目的的沿海国,并认为毛里求斯和马尔代夫是《公约》第74条第1款和第83条第1款意义上的海岸相向或相邻的沿海国。① 毛里求斯遂于2021年5月24日提交了关于查戈斯群岛北部区域的初步信息,并表示将适时提交正式划界案。它在初步信息中强调了对查戈斯群岛的主权,认为在该区域需要与马尔代夫划界,但马尔代夫无意与毛里求斯就该问题进行协商。

在初步信息中,毛里求斯基于查戈斯群岛的3个地理单元,即佩鲁斯巴纽斯岛(Peros Banhos)、萨洛蒙群岛(Salomon Islands)和布伦海姆礁(Blenheim Reef)确定外部界限,使用大陆坡脚外推60海里的距离公式线,基于一个大陆坡脚关键点划定大陆边外缘,并使用350海里距离限制线确定了大陆架外部界限,主张的外大陆架面积约2.33万平方公里。② 其范围与马尔代夫2010年划界案主张的外大陆架在东南区域几乎重叠,但马尔代夫在其划界案执

① See Dispute concerning Delimitation of the Maritime Boundary Between Mauritius and Maldives in the Indian Ocean (Mauritius/Maldives), ITLOS, Preliminary Objections, Judgment of 28 January 2021, Case No. 28.

② See Mauritius, "Amended Preliminary Information Submitted by the Republic of Mauritius Concerning the Extended Continental Shelf in the Northern Chagos Archipelago Region", https://www.un.org/Depts/los/clcs_new/submissions_files/preliminary/mus_2021_preliminaryinfo.pdf (Last visited January 5, 2022).

行摘要的“已决和未决的划界问题”部分只字未提毛里求斯。[①]

马尔代夫于2021年7月15日就毛里求斯初步信息提出照会,认为根据特别分庭命令,毛里求斯需在2021年5月25日前提交诉状,而其在2021年5月24日提交初步信息便可以此为证据,证明与马尔代夫存在主张重叠。马尔代夫认为其目前不宜对于新提出的主张作出回应,保留日后作出回应的权利,并提出此照会立场不妨害马尔代夫在诉讼中的立场。[②]

(二)厄瓜多尔划界初步信息

厄瓜多尔于2021年9月20日提交了200海里外大陆架外部界限的初步信息,履行了《公约》附件二第4条规定的10年期限的义务。厄瓜多尔在初步信息中表示正式划界案将在2022年10月24日之后提交。

此次初步信息涉及科科脊(la cordillera del Coco)北部、卡内基脊(la cordillera de Carnegie)南部以及科隆脊(la cordillera de Colón)区域。厄瓜多尔认为科科脊、卡内基脊和科隆脊位于科科斯—纳兹卡扩张中心两侧,形态上与加拉帕戈斯群岛相连,是该群岛的自然延伸,与加拉帕戈斯地幔柱热点作用有关,属于海底洋脊。厄瓜多尔使用大陆坡脚外推60海里的距离公式线确定了大陆边外缘,不超过350海里的距离限制线,最终基于9个定点确定了大陆架外部界限。[③]

---

① See Maldives, "Submission by the Republic of Maldives to the Commission on the Limits of the Continental Shelf", https://www.un.org/Depts/los/clcs_new/submissions_files/mdv53_10/MAL-ES-DOC.pdf (Last visited January 5,2022).

② See Maldives, "Note Verbale", 2021/UN/N/16, 15 July 2021, https://www.un.org/Depts/los/clcs_new/submissions_files/preliminary/AmendedPICLCS.pdf (Last visited January 5,2022).

③ See Ecuador, "Información preliminar relativa al límite exterior de la plataforma continental ecuatoriana, más allá de las 200 millas marinas, y el estatus de preparación y fecha estimada de presentación final de información y datos a la Comisión de Límites de la Plataforma Continental", https://www.un.org/Depts/los/clcs_new/submissions_files/preliminary/Ecuador_preliminaryinformation_20sep2021.pdf (Last visited January 5,2022).

厄瓜多尔在初步信息中声明与邻国不存在争端,其曾于2020年12月16日与哥斯达黎加提交关于巴拿马海盆区联合划界案。

三、划界案相关照会情况

(一)美国就俄罗斯北冰洋修订划界案的补充材料提出照会

2021年8月2日,美国就俄罗斯北冰洋修订划界案的补充材料提出照会,表示不反对委员会审议俄罗斯补充材料,并声明依照《公约》附件二和《议事规则》,委员会不妨害国家间的划界。美国对俄罗斯修订划界案中基于美苏1990年6月1日签署的楚科奇海和白令海的海上边界协议绘制的两国海上边界表示认可。[①]

该照会与美国2015年针对俄罗斯北冰洋修订划界案所提照会立场一致。对于俄罗斯大范围主张200海里外大陆架,作为邻国的丹麦、加拿大也都表示不反对委员会的审议。即便北冰洋沿海国主张的200海里外大陆架存在大面积重叠,这些沿海国仍然达成一致互不反对委员会审议划界案,意在"内部"解决北冰洋海洋边界问题,从而试图瓜分整个北冰洋的海底。

(二)巴基斯坦就印度划界案提出照会

巴基斯坦于2021年1月14日就印度划界案再次提出照会,[②]反对委员会审议印度划界案涉及阿拉伯海的西部区域。巴基斯坦认为印度划界案没有反映两国在爵士湾的争端,印度单方面将中间线作为海上边界线,并在该线上确定了19个大陆架外部界限点提交委员会审议,违反了《公约》和《议事规则》的相关规定,因此

---

① See United States of America, "Note Verbale", https://www.un.org/Depts/los/clcs_new/submissions_files/rus01_rev15/20210802UsNvUN.pdf (Last visited January 5, 2022).

② 巴基斯坦在2020年6月6日首次提出反对照会。

巴基斯坦援引《议事规则》附件一第5(a)段反对委员会审议印度划界案。[①]

印度于2009年5月11日提交了划界案,涉及东部海域(孟加拉湾区和西安达曼区)和西部海域(阿拉伯海区)。[②] 随后,缅甸、孟加拉国和阿曼分别于2009年8月4日、2009年10月29日、2010年5月19日提交了照会,声明存在主张重叠,其中孟加拉国援引了《议事规则》附件一第5(a)段反对委员会审议印度划界案。[③] 委员会在2010年第26届会上决定对印度划界案的审议推迟至排列顺序成为下一个将审议的划界案之时。[④] 在2019年第50届会议上,委员会设立了印度划界案小组委员会,并指示小组委员会仅审议有关阿拉伯海的印度西部区域,不审议划界案中涉及印度东部近海地区的部分,[⑤]即孟加拉国照会认为存在主张重叠的区域。

委员会2019年组建小组委员会着手审议印度划界案的西部区域,而巴基斯坦的反对照会在划界案执行摘要公布11年后,且小组委员会已开始审议后才提出,是否会因此暂停审议尚不清楚。目前的《议事规则》并没有关于反对审议应在多长时间内提出为合理的明确规定。委员会将在下一届会议上讨论如何处理巴基斯坦的反对照会。

---

① See Pakistan, "Note Verbale", https://www.un.org/Depts/los/clcs_new/submissions_files/ind48_09/20210114PakNvUn002OLA202000189.pdf (Last visited January 5, 2022).

② See India, "Partial Submission to the Commission on the Limits of the Continental Shelf, Pursuant to Article 76, Paragraph 8 of the United Nations Convention on the Law of the Sea", https://www.un.org/Depts/los/clcs_new/submissions_files/ind48_09/ind2009executive_summary.pdf (Last visited January 5, 2022).

③ See Bangladesh, "Note Verbale", https://www.un.org/Depts/los/clcs_new/submissions_files/ind48_09/bgd_re_ind_clcs48_2009e.pdf (Last visited January 5, 2022).

④ 参见大陆架界限委员会:《大陆架界限委员会主席关于委员会工作进展情况的说明》,CLCS/68(2010),第36段。

⑤ 参见大陆架界限委员会:《大陆架界限委员会的工作进展——主席的说明》,CLCS/50/2(2019),第81段。

(三)缅甸和印度就孟加拉国修订划界案提出照会

缅甸和印度分别于2021年1月26日和4月16日就孟加拉国2020年10月提交的修订划界案发表照会。

缅甸认为孟加拉国的领海基点违背了国际海洋法法庭2012年3月14日就孟加拉湾海洋划界案作出的判决。孟加拉国新提交的两个领海基点更加向海,使得孟加拉国的专属经济区侵犯了缅甸的专属经济区,并且缩小了法庭判决的灰区范围。孟加拉国用法庭在孟加拉湾海洋划界案中判定的两国边界和2014年7月7日印度/孟加拉国海洋边界仲裁裁决的两国边界相交的交点作为其外部界限点并未与邻国进行协商,这种单方行为将损害边界交点的确定。①

印度认为孟加拉国新提交的领海基线更加向海,从而侵犯了印度的专属经济区和孟加拉国/印度仲裁裁决中确定的灰区,并且鉴于孟加拉国修订划界案执行摘要提供的信息有限,不能确定该边界是否与仲裁裁决中的边界相吻合。印度援引《议事规则》附件一第5(a)段反对委员会审议孟加拉国的修订划界案。②

针对缅甸和印度的两份照会,孟加拉国分别在2021年5月6日和9月3日作出回应,认为领海基点与其修订划界案中的外部界限不相关。委员会在灰区问题上不发挥作用,灰区与孟加拉大陆架外部界限的划定无关。修订划界案只提交了一个外部界限定点,即国际海洋法法庭2012年就孟加拉国/缅甸关于孟加拉湾海洋划界案判决的海上边界线和附件七下仲裁庭2014年就印度/孟加拉国关于孟加拉湾海洋边界仲裁裁决的海上边界线的交点。正如孟加拉国2011年提交的划界案主张,委员会仅需判断孟加拉国

---

① See Myanmar, "Note Verbale", https://www.un.org/Depts/los/clcs_new/submissions_files/bgd55_11/20210126MmrNvUn002.pdf (Last visited January 5, 2022).

② See India, "Note Verbale", https://www.un.org/Depts/los/clcs_new/submissions_files/bgd55_11/20210416IndNvUN002.pdf (Last visited January 5, 2022).

是否享有200海里外大陆架权利,并且该权利是否能够扩展到交点的位置。孟加拉国认为该交点的位置是既定事实,无需与相应邻国再行协商。缅甸2015年修订划界案反而是不合适的。① 印度曾于2016年发布公告反映仲裁裁决的海上边界,同时也反映了与2012年法庭判决的海上边界的交点,位置与孟加拉国修订划界案中外部界限点相同。②

虽然法庭和仲裁庭分别划定了孟加拉国/缅甸和孟加拉国/印度在孟加拉湾的海上边界,争端在表面上已得到解决,但依照《议事规则》,导致委员会不能审议相关划界案的情况仍然存在,孟、缅、印三国仍然反对委员会审议相关划界案,使得孟加拉湾的200海里外大陆架外部界限尚难确定。

(四)刚果共和国就加蓬划界案提出照会

刚果共和国于2021年7月13日就加蓬划界案提出照会,认为两国存在主张重叠,并非如加蓬划界案中所述"划界案涉及区域不存在争端",援引《议事规则》附件一第5条要求委员会不审议加蓬划界案,直到两国达成一致。③

加蓬于2012年4月10日提交划界案,目前尚在排队等待委员会的初步审议,依照委员会通常做法,在排队轮到设立小组委员会之前,委员会考虑到刚果共和国的反对照会,势必决定推迟审议加蓬划界案。

① See Bangladesh, "Note Verbale", https://www.un.org/Depts/los/clcs_new/submissions_files/bgd55_11/20210506BgdNvUn009.pdf (Last visited January 5, 2022).

② See Bangladesh, "Note Verbale", https://www.un.org/Depts/los/clcs_new/submissions_files/bgd55_11/20210913BgdNvUn010.pdf (Last visited January 5, 2022).

③ See Congo, "Note Verbale", https://www.un.org/Depts/los/clcs_new/submissions_files/gab60_12/20210713CogNvUn001E.pdf (Last visited January 5, 2022).

四、涉争端划界案的审议

依照《议事规则》第 46 条及附件一的规定，委员会不应审议存在陆地或海上争端的划界案，除非当事国同意。目前已有 8 个划界案由于存在争端且第三国反对而被委员会推迟审议（见表 1），仍在排队审议的 35 个划界案中还有 11 个划界案收到了反对照会，按照目前委员会议的工作原则，这 11 个划界案也将被推迟审议。由此，2016 年的第 26 次《公约》缔约国会议上，有代表团提出了对《议事规则》第 46 条和附件一问题的关切，认为一些划界案由于第三国的反对意见，导致被推迟审议，甚至有可能无限期推迟。有代表团遂认为，修订《议事规则》就可以使委员会审议所有划界案。① 该问题在 2017 年的第 27 次缔约国会议上继续讨论。有代表团认为委员会推迟审议存在争端的划界案是符合《议事规则》的，但仍有代表团提议修订《议事规则》，试图达到委员会能够审议全部划界案的目的。② 近年来，委员会内部也存在修改《议事规则》的不和谐呼声。

表 1　委员会推迟审议的涉争端划界案情况

序号	划界案	反对审议的国家	反对的理由
1	缅甸划界案	孟加拉国	存在海域主张重叠；反对缅甸的直线基线，并认为也属于《议事规则》第 46 条和附件一中的争端

① 参见《联合国海洋法公约》缔约国会议：《第二十六次缔约国会议的报告》，SPLOS/303（2016），第 61 段。

② 参见《联合国海洋法公约》缔约国会议：《第二十七次缔约国会议的报告》，SPLOS/316（2017），第 57 段。

续表

序号	划界案	反对审议的国家	反对的理由
2	也门关于索科垂岛东南划界案	索马里	存在海域主张重叠(在两国未达成同意审议的协议前要求委员会不审议)
3	英国提交的哈顿－罗科尔区划界案	冰岛	存在海域主张重叠
4	爱尔兰提交的哈顿－罗科尔区划界案	冰岛	存在海域主张重叠
5	斐济划界案	瓦努阿图	存在海域主张重叠
6	马来西亚和越南联合提交的南海南部划界案	中国、菲律宾	存在陆地领土主权争端和海域主张重叠
7	越南提交的北部区域划界案	中国、菲律宾	存在陆地领土主权争端和海域主张重叠
8	英国关于福克兰群岛以及南乔治亚岛和南桑威奇群岛划界案	阿根廷	存在陆地领土主权争端

注:该表根据大陆架界限委员会官方资料统计,参见 https://www.un.org/Depts/los/clcs_new/clcs_home.htm (Last visited January 5,2022)。

《议事规则》涉及争端划界案审议相关规定的法律依据源于《公约》第 76 条第 10 款“本条的规定不妨害海岸相向或相邻国家间大陆架界限划定的问题”,以及附件二第 9 条“委员会的行动不应妨害海岸相向或相邻国家间划定界限的事项”的规定。其设置是基于《公约》目的,即促进海洋安定,为委员会审议划界案提供一项程序规则,避免让现有的争端恶化或者在没有争端的地方制造争端。① 最终《议事规则》附件一的条款是经缔约国会议审议通

① 参见《联合国海洋法公约》缔约国会议:《第七次缔约国会议的报告》,SPLOS/24(1997),第 31 段。

过的。[1]

《公约》附件二对委员会的职责作出了规定,第9条强调委员会的职责不是对大陆架主张重叠国家之间的划界做决定或影响其谈判。它还指出委员会不参与沿海国与另一个国家确定有争议的大陆架外部界限。[2] 委员会对划界案仅能提出建议,如果其他国家不同意委员会对涉及其依据《公约》享有的权利问题进行审议,委员会则不得作出影响这些国家利益的建议。[3] 因此,《议事规则》附件一将有可能影响划界的事项概括为“存在海岸相向或相邻国家间的争端或其他未解决的陆地或海洋争端”,并确认沿海国对“争端”具有管辖权是合理合法的。

综合目前划界案收到的异议照会来看,反对的理由主要有:(1)存在海域主张重叠;(2)存在陆地主权争议;(3)对领海基线的反对;(4)岛礁权利的认定。这些事项都直接或者间接对相邻或相向沿海国的划界产生重大影响。如果委员会不考虑相关国家的立场而行使审议权,将难以实现《公约》第76条第10款和附件二第9条的规定,尤其对于存在陆地主权争议的区域,而且也将超越委员会的职权。

五、委员会席位及任期

委员会委员任期5年,自1997年委员会成立以来已经历5次换届选举,本届委员会委员自2017年起任期至2022年6月。第31次缔约国会议重申委员会的工作对沿海国和整个国际社会的

---

① 参见《联合国海洋法公约》缔约国会议:《第八次缔约国会议的报告》,SPLOS/31(1998),第45段。

② 参见[斐济]萨切雅·南丹、[以]沙卜泰·罗森主编:《1982年〈联合国海洋法公约〉评注》(第2卷),海洋出版社2014年版,第913页。

③ See A. G. Elferink,“Submissions of Coastal States to the CLCS in Cases of Unresolved Land or Maritime Disputes”,in M. H. Nordquist eds.,*Legal and Scientific Aspects of Continental Shelf Limits* (Leiden: Martinus Nijhoff,2004),pp. 263–285.

重要性,并意识到已经提交大量划界案,而且预计今后还将提交大量划界案,委员会的工作量繁重,考虑到新冠肺炎疫情给委员会工作带来了更多挑战,导致委员会浪费了整整一年的工作时间,委员会成员在其五年任期的前三年已经取得进展,原本可以审议通过更多建议,会议决定将委员会现任成员的五年任期延长一年,于2023年6月15日届满,强调该决定是由于新冠肺炎疫情引起的前所未有的情况而作出的例外安排,不构成先例,也不妨碍《公约》附件二第2条第4款。①

2021年7月23日,秘书处收到巴西常驻联合国代表团的普通照会,通知巴西籍委员海尔·阿尔伯托·里瓦斯·马克斯(Jair Alberto Ribas Marques)先生去世,委员会出现空缺。2021年8月9日,根据《公约》附件二第2条第2款,秘书长致函《公约》缔约国,要求分配给拉丁美洲和加勒比国家一个委员提名候选人。②2021年11月11日,秘书长收到一位提名候选人:巴西籍法利亚(Antonio Fernando Garcez Faria)先生。③ 根据缔约国会议的惯例,选举将以无记名投票方式进行,但须经缔约国会议同意。根据《公约》附件二第2条第3款,2/3的缔约国构成该次会议的法定人数。依照《缔约国会议议事规则》第72条,当选的委员会委员将在前任的余下任期内任职。选举于2021年12月8日举行,法利亚先生正式当选,其委员任职期至2023年6月15日。目前,委员会只有20名成员,至今仍有一名东欧国家集团的委员因缺乏提名候选人而长时间空缺。

---

① 参见《联合国海洋法公约》缔约国会议:《第三十一次会议关于延长大陆架界限委员会现任成员任期的决定》,SPLOS/31/10(2021)。

② 参见《联合国海洋法公约》缔约国会议:《第三十一次会议续会选举大陆架界限委员会一名成员秘书长的说明》,SPLOS/31/11/(2021)。

③ See Meeting of States Parties Thirty-first Meeting (resumed), List of Candidates Nominated for Election to the Commission on the Limits of the Continental Shelf, SPLOS/31/12 (2021).

国际海底管理局2021年工作进展综述

张 丹[*] 孟凡涛[**]

2021年国际海底管理局（以下简称管理局）在《“区域”内矿产资源开发规章》（以下简称开发规章）制定、勘探活动监管、区域环境管理计划审查等方面取得诸多进展。管理局在2021年12月以现场会议和线上会议相结合的方式召开了第26届会议第二期会议，理事会通过了此前根据默许程序做出的多项决定，就开发规章工作路线图、勘探合同延期申请、区域环境管理计划审查等做出决定；大会重点讨论了财务委员会委员补选、管理局支持联合国海洋科学促进可持续发展十年行动计划实施情况等议题。

一、开发规章配套标准和指南制定取得积极进展

受全球新冠肺炎疫情影响，理事会在2021年未能对开发规章

* 自然资源部海洋发展战略研究所副研究员。

** 中国海洋学会高级工程师。

草案进行进一步审议,因而开发规章谈判进程有所迟滞。[①] 2021年6月,瑙鲁总统致函理事会主席,表示瑙鲁担保的勘探合同承包者瑙鲁海洋资源公司有意请求申请核准开发工作计划,要求理事会按照《关于执行1982年12月10日〈联合国海洋法公约〉第十一部分的协定》有关规定,在瑙鲁请求生效之日(2021年7月9日)起两年内完成开发规章的制定。[②] 非洲集团针对瑙鲁的请求在2021年7月向理事会提交文件,认为不可能在两年内完成开发规章制定,要求在最终确定开发规章并允许商业规模的开发之前,必须先实质性解答公平分享海底采矿收益的机制、海底采矿活动对陆地采矿经济的影响以及采矿对深海生态系统和沿海国的影响等问题。[③] 拉丁美洲和加勒比集团成员国也针对瑙鲁的请求在2021年10月向理事会提交文件,认为可能无法在两年期限内完成开发规章制定,提出在审议任何开发工作计划之前,需要讨论和商定财务机制、惠益分享机制、企业部的运作,制定区域环境管理计划,检查、遵守和执行规则、标准和指南,修订规章草案纳入利益攸关方的意见和建议以及制定地域平衡的程序用于选举法律和技术委员会(以下简称法技委)的委员等问题。[④]

为加速开发规章的制定,管理局秘书长在2021年8月提出一份报告,拟定了2022年和2023年开发规章工作路线图,建议采取

---

① 国际海底管理局在2019年3月发布的《"区域"内矿产资源开发规章草案》(ISBA/25/C/WP.1)包括序言、13个部分、10个附件、4个附录以及1个附表。理事会在2019年7月和2020年2月届会期间对开发规章草案从序言到第六部分以及附件四、附件七和附件八的内容进行了审议。

② 参见国际海底管理局:《2021年6月30日国际海底管理局理事会主席给理事会成员的信》,ISBA/26/C/38(2021)。

③ 参见国际海底管理局:《国际海底管理局理事会非洲国家组成员就瑙鲁根据〈关于执行1982年12月10日《联合国海洋法公约》第十一部分的协定〉附件第1节第15段提出的请求而提交的文件》,ISBA/26/C/40(2021)。

④ 参见国际海底管理局:《哥斯达黎加就瑙鲁根据〈关于执行1982年12月10日《联合国海洋法公约》第十一部分的协定〉附件第1节第15段提出的请求而提交的文件》,ISBA/26/C/47(2021)。

增加理事会会期、重新分配管理局各机构会议时间、为开发规章制定额外增加财政投入以及加强秘书处能力等方式,以期在未来两年内完成开发规章制定。① 理事会在2021年12月召开的届会上审议通过了经修订的开发规章工作路线图。②

开发规章配套标准和指南的制定一年来取得积极进展。法技委继在2020年8月公布3个标准和指南草案征求利益攸关方意见后,又于2021年3月公布了7个标准和指南草案,征求利益攸关方意见(见表1)。截至提交截止日期,管理局收到了60多份书面评论意见。③ 至此,法技委已完成第一阶段全部10项标准和指南草案的拟定工作。④ 法技委将根据各方提交的书面评论意见,对这些标准和指南草案进行修改,提交理事会审议。

表1　管理局发布的第一阶段开发规章配套标准和指南草案

序号	发布时间	名称
1	2020年8月	请求核准开发工作计划的编制和评估指南草案
2	2020年8月	环境管理系统的制定、应用标准和指南草案
3	2020年8月	环境履约保证金的形式、计算标准和指南草案
4	2021年3月	建立基线环境数据指南草案
5	2021年3月	环境影响评估标准和指南草案

① 参见国际海底管理局:《"区域"内矿物资源开发规章草案现状及2022年和2023年拟议路线图秘书长的报告》,ISBA/26/C/44(2021)。

② 参见国际海底管理局:《理事会主席关于理事会第二十六届会议续会期间工作的声明》,ISBA/26/C/13/Add.1(2021),附件。

③ 有关标准和指南草案以及各方评论意见,载国际海底管理局网站,https://isa.org.jm/mining-code/standards-and-guidelines,最后访问时间:2021年1月18日。

④ 法律和技术委员会在2019年第25届会议第二期会议上提出,标准和指南应分阶段到位,即第一阶段是需要在开发规章草案通过之前到位的标准和指南,第二阶段是需要在收到开发工作计划申请书之前到位的标准和指南,第三阶段是需要在"区域"内开始商业采矿活动之前到位的标准和指南。

续表

序号	发布时间	名称
6	2021 年 3 月	编写环境影响报告指南草案
7	2021 年 3 月	制定环境管理和监测计划指南草案
8	2021 年 3 月	危害识别和风险评估工具及技术指南草案
9	2021 年 3 月	采矿船只、设施安全管理、操作标准和指南草案
10	2021 年 3 月	制定、执行应急、应变计划标准和指南草案

在管理局第 26 届会议第二期会议上,中国代表就开发规章工作路线图议题发言指出,目前开发规章尚未完成一读且疫情阴霾仍未散去,在缺乏充分沟通的背景下两年内出台开发规章并不现实。开发规章这一重要议题的讨论应兼顾效率和效果,相较于出台时间,各方充分协商和确保规章质量更为重要。有关开发规章草案、有关标准和指南的磋商应以现场磋商进行,这样各方意见才能得到充分讨论,磋商才能取得更好效果。①

二、管理局积极履行勘探活动监管职能

理事会在 2020 年 12 月核准了牙买加蓝矿有限公司提交的多金属结核勘探矿区申请,2021 年 3 月,管理局与其签订了勘探合同。牙买加蓝矿有限公司勘探合同的担保国为牙买加,合同区位于太平洋克拉里昂—克利珀顿区(CC 区),合同区面积约 7.5 万平方千米。至此,管理局已与 22 个承包者签订了 31 份勘探合同,包括 19 份多金属结核勘探合同、7 份多金属硫化物勘探合同和 5

① 参见《中国代表团在国际海底管理局第 26 届理事会第二期会议上关于开发规章制定路线图的发言》,载中华人民共和国常驻国际海底管理局代表处,http://china-isa.jm.chineseembassy.org/chn/xwdt/202112/t20211221_10473411.htm,最后访问时间:2021 年 1 月 18 日。

份富钴结壳勘探合同。

法技委在2021年4月召开的线上会议审议了海洋地质作业南方生产协会、国际海洋金属联合组织、韩国政府、中国大洋矿产资源研究开发协会、日本深海资源开发有限公司、法国海洋开发研究所、印度政府等7个承包者提出的多金属结核勘探合同延期申请,上述承包者申请将勘探合同延期5年。法技委认为上述勘探合同承包者真诚地努力遵守勘探合同的要求,但由于其无法控制的原因,未能完成进入开发的筹备工作,建议理事会核准相关勘探合同延期申请。理事会在12月召开的届会上根据法技委的建议核准了上述7项勘探合同延期申请。

法技委审议了30份勘探合同年度报告,认为大多数承包者都遵守了为提交年度报告设定的延长期限,并遵循了法技委所建议的结构和格式,尽管受到全球新冠肺炎疫情的影响,但承包者仍努力在工作中取得进展。① 法技委还审议了比利时全球海洋矿物资源公司提交的多金属结核勘探合同区域放弃报告以及俄罗斯自然资源和环境部提交的多金属硫化物勘探合同区域放弃报告,认为上述承包者完成了有关区域放弃义务。②

此外,理事会在2021年通过决议,决定将承包者勘探合同年度管理费从6万美元提高到8万美元,自2022年1月1日起生效。③

---

① 参见国际海底管理局:《法律和技术委员会主席关于委员会在2021年第二十六届会议续会期间工作的报告增编》,ISBA/26/C/12/Add.2(2021),第7段和第8段。

② 参见国际海底管理局:《关于放弃全球海洋矿物资源公司在其与国际海底管理局签订的多金属结核勘探合同下已获分配的部分区域的报告秘书处的说明》,ISBA/26/C/42(2021);《关于放弃俄罗斯联邦自然资源和环境部在其与国际海底管理局签订的多金属硫化物勘探合同下已获分配区域50%的报告秘书处的说明》,ISBA/26/C/41(2021)。

③ 参见国际海底管理局:《国际海底管理局理事会关于勘探合同标准条款第10.5节所述年度管理费用的决定》,ISBA/26/C/28(2021)。

三、审查克拉里昂—克利珀顿区环境管理计划新增 4 个特别环境利益区

制订区域环境管理计划是管理局为确保有效保护海洋环境免受“区域”内活动可能产生的有害影响而采取的适当和必要措施之一。理事会在 2012 年核准了太平洋克拉里昂—克利珀顿区环境管理计划,这是管理局迄今制定的唯一一个区域环境管理计划,其中划定了由 9 个特别环境利益区组成的代表性网络。此后法技委根据理事会的要求,对该区域环境管理计划的执行情况进行定期审查,包括评估特别环境利益区的面积、位置和数量等。法技委在 2021 年向理事会建议增加 4 个特别环境利益区,以提高特别环境利益区网络的有效性。① 理事会在 2021 年 12 月届会上审议通过了法技委的建议,核准新划定 4 个特别环境利益区,并鼓励与所有利益攸关方进一步对话以确保 13 个特别环境利益区具有互补性。②

在管理局第 26 届会议第二期会议上,中国代表发言指出,各方一致同意在克拉里昂—克利珀顿区域新增 4 个特别环境利益区,有效增强了该区环境保护网络的有效性。中方支持通过设立区域环境管理计划加强深海环境保护,同时认为不同区域应平衡推进,避免不同区域的承包者因区域环境管理计划问题受到不同对待。③

---

① 参见国际海底管理局:《审查克拉里昂—克利珀顿区环境管理计划的执行情况法律和技术委员会的报告和建议》,ISBA/26/C/43(2021)。

② 参见国际海底管理局:《国际海底管理局理事会关于审查克拉里昂—克利珀顿区环境管理计划的决定》,ISBA/26/C/58(2021)。

③ 《常驻国际海底管理局代表田琦大使在海管局第 26 届会议大会“秘书长报告”议题下发言》,载中华人民共和国常驻国际海底管理局代表处,http://china-isa. jm. chineseembassy. org/chn/xwdt/202112/t20211216_10470271. htm,最后访问时间:2022 年 1 月 21 日。

四、结　语

国际海底事务在管理局的带领下一年来取得多方面进展，管理局与各成员国一道应对全球新冠肺炎疫情挑战，灵活推动开发规章制定等重要议题的磋商，并通过默许程序成功处理了诸多迫切问题。中国继续全面深入参与国际海底事务，成功连任理事会A组成员，中国政府以及中国大洋矿产资源研究开发协会、中国五矿集团公司、北京先驱高技术开发公司等3个中国的勘探合同承包者就有关开发规章标准和指南草案向管理局提交了书面评论意见，中国大洋矿产资源研究开发协会的多金属结核勘探合同延期申请再次获得理事会核准。2022年是《联合国海洋法公约》开放签署40周年，中国将与各方携手努力，继续推进国际海底事业向前发展。

附表："区域"勘探合同一览

表1　多金属结核勘探合同一览

序号	承包者	担保国	签约时间	到期时间	位置
1	国际海洋金属联合组织	保加利亚、古巴、捷克、波兰、俄罗斯、斯洛伐克	2001/3/29	2026/3/28	太平洋CC区
2	海洋地质作业南方生产协会	俄罗斯	2001/3/29	2026/3/28	太平洋CC区
3	大韩民国政府	韩国	2001/4/27	2026/4/26	太平洋CC区
4	中国大洋矿产资源研究开发协会	中国	2001/5/22	2026/5/21	太平洋CC区
5	深海资源开发有限公司	日本	2001/6/20	2026/6/19	太平洋CC区

续表

序号	承包者	担保国	签约时间	到期时间	位置
6	法国海洋开发研究所	法国	2001/6/20	2026/6/19	太平洋CC区
7	印度政府	印度	2002/3/25	2027/3/24	印度洋
8	德国联邦地球科学及自然资源研究所	德国	2006/7/19	2026/7/18	太平洋CC区
9	瑙鲁海洋资源公司	瑙鲁	2011/7/22	2026/7/21	太平洋CC区
10	汤加近海开采有限公司	汤加	2012/1/11	2027/1/10	太平洋CC区
11	英国海底资源有限公司	英国	2013/2/8	2028/2/7	太平洋CC区
12	全球海洋矿物资源公司	比利时	2013/1/14	2028/1/13	太平洋CC区
13	新加坡大洋矿产有限公司	新加坡	2015/1/22	2030/1/21	太平洋CC区
14	马拉瓦研究与勘探有限公司	基里巴斯	2015/1/19	2030/1/18	太平洋CC区
15	英国海底资源有限公司	英国	2016/3/29	2031/3/28	太平洋CC区
16	库克群岛投资公司	库克群岛	2016/7/15	2031/7/14	太平洋CC区
17	中国五矿集团公司	中国	2017/5/12	2032/5/11	太平洋CC区
18	北京先驱高技术开发公司	中国	2019/10/18	2034/10/17	西太平洋
19	牙买加蓝矿有限公司	牙买加	2021/4/4	2036/4/3	太平洋CC区

注:此表根据国际海底管理局网站公布信息整理。

表 2　多金属硫化物勘探合同一览

序号	承包者	担保国	签约时间	到期时间	位置
1	中国大洋矿产资源研究开发协会	中国	2011/11/18	2026/11/17	西南印度洋
2	俄罗斯联邦政府	俄罗斯	2012/10/29	2027/10/28	大西洋
3	大韩民国政府	韩国	2014/6/24	2029/6/23	中印度洋
4	法国海洋开发研究所	法国	2014/11/18	2029/11/17	大西洋
5	德国联邦地球科学及自然资源研究所	德国	2015/5/6	2030/5/5	中印度洋
6	印度政府	印度	2016/9/26	2031/9/25	中印度洋
7	波兰政府	波兰	2018/2/12	2033/2/11	大西洋

注：此表根据国际海底管理局网站公布信息整理。

表 3　富钴结壳勘探合同一览

序号	承包者	担保国	签约时间	到期时间	位置
1	日本国家石油天然气金属公司	日本	2014/1/27	2029/1/26	太平洋马尔库斯－威克海山区
2	中国大洋矿产资源研究开发协会	中国	2014/4/29	2029/4/28	太平洋麦哲伦海山区
3	俄罗斯联邦自然资源和环境部	俄罗斯	2015/3/10	2030/3/9	太平洋麦哲伦海山区

续表

序号	承包者	担保国	签约时间	到期时间	位置
4	巴西矿产资源研究公司	巴西	2015/11/9	2030/11/8	大西洋里奥格兰德海底高原
5	大韩民国政府	韩国	2018/3/27	2033/3/26	太平洋麦哲伦海山区

注:此表根据国际海底管理局网站公布信息整理。

以习近平法治思想为引领，加强国际法研究和运用

——中国国际法学会2021年工作综述

张爱宁*

日月其迈，岁律更新。2021年在百年变局、世纪疫情叠加交织的演变中渐行渐远，而我们想在时间的长河中留下自己波澜起伏的痕迹。2021年，中国国际法学会以习近平新时代中国特色社会主义思想，特别是习近平法治思想为指引，全面贯彻落实党的十九大和十九届历次全会精神，团结依靠全体国际法同仁，秉持初心，砥砺奋进，加强国际法研究和运用，深度参与国家涉外法治建设，服务国家外交大局。

一、举办国内和国际高端学术会议

（一）主办"习近平法治思想与国际法研讨会""中国国际法学会2021年学术年会""恢复联合国合法席位50周年：中国的国际法贡献研讨会"

2021年5月22日至23日，由中国国际法学会和海南大学共

---

* 中国国际法学会秘书长。

同主办、海南大学法学院承办的“习近平法治思想与国际法研讨会”“中国国际法学会2021年学术年会”“恢复联合国合法席位50周年:中国的国际法贡献研讨会”在海口隆重举行。来自全国人大、外交部、商务部、司法部、海南省等有关部门,联合国、国际红会等国际组织,全国各高校、研究院所的专家学者和代表630余人与会。人民日报、中央电视台、中国新闻网、光明日报、海南日报等媒体对会议进行了报道。

中国国际法学会会长黄进,外交部条法司司长贾桂德,商务部条法司司长李詠箑,海南大学校长骆清铭,海南省高级人民法院院长陈凤超,联合国国际法委员会委员黄惠康,中国国际法学会常务副会长李鸣、孙吉胜,中国国际法学会副会长余劲松、张乃根出席开幕式。黄进会长和骆清铭校长分别代表会议主办方在开幕式上致辞。陈凤超院长代表海南省委、省政府和海南省高级人民法院在开幕式上致辞。李鸣常务副会长主持会议。

开幕式后,贾桂德司长和李詠箑司长分别以“当前国际形势和我国外交条法工作”“经贸领域国内法和国际法的互动与发展”为主题作大会报告。孙吉胜常务副会长主持大会报告环节。

5月22日下午,“习近平法治思想与国际法研讨会”召开。会议围绕习近平法治思想有关坚持统筹推进国内法治和涉外法治的要求,就涉外法治体系建设、人类命运共同体理念与国际法、运用国际法防范应对风险挑战、推进全球治理体系变革等议题和新时期如何以习近平法治思想为指导加强国际法研究和运用进行了深入研讨。

5月23日上午,“恢复联合国合法席位50周年:中国的国际法贡献研讨会”召开。此研讨会系纪念中国恢复联合国合法席位50周年系列活动之一。会议回顾了中国重返联合国50年来的光辉历程,从国际法角度梳理总结了中国恢复联合国合法席位的重大历史意义,并对新形势下推动构建人类命运共同体,坚定维护以联合国为核心的国际体系和以国际法为基础的国际秩序积极建言。

5月22日下午和23日上午,参加"中国国际法学会2021年学术年会"的专家学者围绕全球公共卫生治理的国际法问题,国际争端解决机制中的仲裁与调解,国际条约与国内法的关系,网络空间国际法的新动向与中国主张,自由贸易港与自由贸易试验区法律问题,国际货币金融法新动向,海洋法专题,极地与太空的国际法问题,单边制裁的国际法问题,新一轮国际经贸规则重构与中国应对,国内法的域外适用与国际法,气候变化与贸易,全球生物多样性治理新动向,国际争端的预防与解决机制,《海牙选择法院协议公约》《海牙判决公约》专题,"一带一路"与国际投资法律问题,《区域全面经济伙伴关系协定》(RCEP)、《全面与进步跨太平洋伙伴关系协定》(CPTPP)、《中欧全面投资协定》(CAI)专题,管辖、治理与国际法治等18个分议题进行了分组讨论。

本届学术年会延续惯例,在主场外设置了边会环节。5月22日晚在海南大学校园举办了"中国批准2005年海牙《选择法院协议公约》和签署2019年海牙《承认与执行外国民商事判决公约》"主题边会和"再论东京审判管辖权及法律适用之争"主题边会。边会面向海南大学学生开放。

海南自贸港是深化我国改革开放的重大战略,而加强涉外法治和国际法治对海南自贸港的建设和发展尤为重要和迫切。2021年,中国国际法学会三场盛会在海南并举,增进了我国国际法理论界、实务界与海南自贸港的交流与合作,必将促进海南自贸港的法治建设。本次会议议题广泛,研讨深入,成果丰硕,参会者多元,并呈年轻化趋态。主办和承办单位高度重视,运筹帷幄,会议组织工作专业、高效、有序、贴心,受到与会代表高度评价。

(二)主办"国际法和全球治理:后疫情时代的多边主义"国际学术对话会

2021年8月28日,中国国际法学会与世界久负盛名的学术团体国际法研究院(Institute of International Law,IDI)共同主办了主题为“国际法和全球治理:后疫情时代的多边主义”线上国际学术对话会。会议由国际法研究院主席、国际法院法官薛捍勤女士主持。

中国国际法学会副会长张乃根教授、国际法研究院秘书长Marcelo Kohen教授和中国国际法学会常务理事、理事、青年学术骨干、国际法研究院成员近200人与会。国际法研究院方面由伦敦玛丽女王大学国际法教授Malgosia Fitzmaurice和剑桥大学法律与环境政策教授Jorge Vinuales代表发言;中国国际法学会方面由学会常务理事、新当选国际法研究院联系院士(Associate Member)的清华大学法学院教授贾兵兵和学会理事、北京大学法学院副教授陈一峰代表发言。

本次中国国际法学会与国际法研究院协同办会取得圆满成功。中国国际法学者的专业水平和精神面貌令国际法研究院成员印象深刻,是中国国际法学会与世界最重要的国际法学术机构进行学术交流的一次成功范例。

(三)主办香港“2021·国际法论坛”

2021年11月19日,由亚洲国际法律研究院和中国国际法学会联合主办的“2021·国际法论坛”在中国香港召开。本届论坛主题为“‘后’疫情时代的国际贸易法发展”。

中国国际法学会会长黄进以视频方式致欢迎辞,亚洲国际法律研究院主席梁定邦在会议现场致欢迎辞。香港特区行政长官林郑月娥出席本届论坛并致辞,外交部驻港公署特派员刘光源应邀出席论坛并发表演讲。香港特区律政司司长郑若骅、联合国国际贸易法委员会秘书长布莱特出席论坛并致辞。会议探讨了现有法律条文在疫情下以及疫情后的适用性,并就如何“寻求有效争议解决机制的共同守则”进行了专题研讨。来自香港特区、内地和46个国家和地区的政府官员、专家学者、律师及业界代表等近700人以线上线下方式参加了本届论坛。

香港“国际法论坛”从 2016 年开始第一次举办，至今已经连续举办了六届。在亚洲国际法律研究院和中国国际法学会的共同努力下，每年一度的香港“国际法论坛”已成为年轻的亚洲国际法律研究院很有影响的会议品牌和顶级学术论坛。

（四）主办“2021 · 东湖国际法律论坛”

2021 年 11 月 20 日，中国国际贸易促进委员会、武汉大学和中国国际法学会共同主办的第六届“东湖国际法律论坛”成功举办。论坛主题是“坚持真正的多边主义与维护以国际法为基础的国际秩序”。论坛采取线上和线下结合方式举行，设北京、武汉两个会场。中国国际法学会会长黄进教授出席开幕式，并作题为“践行真正的多边主义，构建以国际法为基础的国际秩序”的致辞。百余名来自中央国家机关、高校、工商界、律所等机构的专家学者现场与会，逾 1.18 万人在线参加会议。

二、主办出版物和运营网络平台

（一）出版《中国国际法年刊(2020)》

在编辑部全体工作人员共同努力下，《中国国际法年刊(2020)》卷于 2021 年 3 月顺利完成组稿、编审和其他出版前期准备工作，10 月由法律出版社出版。随后编辑部着手进行《中国国际法年刊(2021)》卷的组稿和编审工作。

《中国国际法年刊》创立于 1982 年，由外交部主管，中国国际法学会主办，是改革开放后最早的学术年刊，一直致力于成为中国学界国际法领域最高水准研究成果发表和交流的平台。2021 年，《中国国际法年刊》再次入选中国社会科学研究评价中心 CSSCI (2021—2022) 核心集刊。经过年刊编辑部努力，《中国国际法年刊》已正式被中国知网收录。目前,2019年卷已可以进行全书检索和阅读,年刊编辑部将继续推进历年《中国国际法年刊》全书的电子化和网络化。同时,《中国国际法年刊》从1982年创立至2021年所发表的各卷本论文目录,目前均可在中国国际法学会中文网站(http://www.csil.cn/)上查阅到。

(二)出版《国际法学刊》

2021年,《国际法学刊》(季刊)如期完成全年4期出版任务,所有论文均被中国知网收录,其中多篇论文被《新华文摘》《人大复印报刊资料》全文转载。《国际法学刊》注重政学结合,致力于发表外交一线工作者的专业论文,获得读者广泛好评,也形成了《国际法学刊》有别于其他国际法期刊的重要特色。

《国际法学刊》注重开拓优质稿源,除了专家约稿和自由投稿,还通过举办专题研讨会等学术活动遴选优秀论文。今后一段时间,《国际法学刊》将继续重点围绕"习近平法治思想与国际法""人类命运共同体理论与国际法"等重要问题组稿与发表。

(三)运营微信公众号和英文网站

运营"中国国际法学会"(zggjfxh)微信公众号。学会微信公众号为关心中国国际法事业的同仁提供一个分享信息、交流意见、促进研究、凝聚共识的平台。2021年,学会微信公众号一如既往地秉持"真实性""时效性""准确性""简明性"的基本要求,发挥着学会对外宣传媒介的作用。所发布内容基本反映了学会2021年开展的主要工作,成为外界了解学会动态的重要窗口。从2013年上线运营至今,学会微信公众号的关注度持续上升,所发布文章或信息的分享、转发、阅读量也在持续增加。学会微信公众号逐渐成为中国国际法学界和实务界同仁进行交流、分享的重要平台,同时表明国际法在国内越来越受到重视。

运营"Global Health and Global Governance"英文网站。在新

冠疫情全球大流行背景下，为便于中外专家、学者和业界人士开展国际学术交流、研讨和实现信息共享，中国国际法学会与外交学院合作，筹建了“Global Health and Global Governance”英文网站（bigghgg. cn），并于 2020 年 9 月正式上线运营。网站设“Commentaries”“Bibliographies”“News”三个栏目，主要关注有关新冠疫情研究的各类学术成果或信息。“Commentaries”主要发表中外学者撰写的有深度的原创学术文章；“Bibliographies”主要介绍具有一定时效性的新近研究成果；“News”主要发布最新的研究动态信息。“Global Health and Global Governance”网站致力于建设成为一个多元化的有关全球治理与国际法治的英文信息发布和交流网络平台。网站所发布的文章或信息在多元化建设方面取得了较好进展：关注角度多元，既包含中国视角，也体现国际视野；研究领域多元，既汇集了法律研究领域的大量成果，也涉及政治、文化、经济、生物、税务等其他领域的跨专业研究；信息类型多元，既坚持刊载和介绍有深度的专业理论研究成果，也转载了大量短平快的专栏评论、时评、简讯等新闻动态。

三、推动国际法学科专业建设

提高涉外工作法治化水平，参与国际法治化进程，人才是关键。中国现有国际法治人才的数量和质量与中国的大国地位和国家利益需求极不匹配，远远不能适应高水平对外开放格局和日益多元的涉外法律服务需求，高端国际法治人才尤其匮乏。培养一大批德才兼备，具有家国情怀和世界眼光、通晓国际法规则、善于处理国际法律事务的高素质法治人才，既是当务之急，也是长远战略所需。

学科专业是高级专门人才培养的载体。在我国目前设置的法学学科门类中，只有一个法学一级学科、一个法学本科专业，与哲学、经济学、教育学、文学、历史学、管理学等学科门类相比极不平衡,弱化了法学学科专业在整个社会科学领域的地位,极不利于专门培养国际法治人才。近年来,中国国际法学会一直坚持不懈地推动国际法学科专业建设。黄进会长和一些有识之士在多个场合和通过多种渠道反复阐释设立国际法一级学科的重要性,痛陈由于过去对国际法学科专业建设的不够重视和短视行为所导致的今天的不利后果。2021 年两会召开之际,中国国际法学会还吁请多位人大代表和政协委员分别向两会提交和附议了关于设立国际法一级学科的提案。

多年不懈努力终于有了一定回响。2021 年 9 月 7 日,教育部网站公布了《对十三届全国人大四次会议第 8342 号建议的答复》。对于“关于将国际法学列为一级学科,加强涉外法治人才培养的建议”,教育部答复称,将继续支持有条件的高校在法学一级学科下自主设置国际公法、国际私法、国际经济法二级学科,支持能够开展学位授权自主审核工作的高校探索设置相关一级学科,推动培养模式改革,培养博士硕士高层次人才。

四、寄语 2022

2022 年,中国国际法学会将继续坚持以习近平法治思想为指引,面向国家涉外法治工作战略布局,加强国际法研究和运用,服务国家外交外事大局。

把握机遇,不惧挑战。百年未有之大变局对于中国国际法学人而言,机遇和挑战都是前所未有的。(1)中国从来没有像今天这样迫切需要国际法、重视国际法。习近平总书记指出:“参与全球治理需要一大批熟悉党和国家方针政策、了解我国国情、具有全球视野、熟练运用外语、通晓国际规则、精通国际谈判的专业人才。要加强全球治理人才队伍建设,突破人才瓶颈,做好人才储备,为我国参与全球治理提供有力人才支撑。”习近平总书记还指出:“中国走向世界,以负责任大国参与国际事务,必须善于运用法治。

在对外斗争中,我们要拿起法律武器,占领法治制高点,敢于向破坏者、搅局者说不。全球治理体系正处于调整变革的关键时期,我们要积极参与国际规则制定,做全球治理变革进程的参与者、推动者、引领者。”习近平总书记强调:“要坚持统筹推进国内法治和涉外法治。要加快涉外法治工作战略布局,协调推进国内治理和国际治理,更好维护国家主权、安全、发展利益。”党的十九届四中全会提出“加强国际法研究和运用,提高涉外工作法治化水平”;党的十九届五中全会再次提出“加强涉外法治体系建设,加强国际法运用”。(2)大变局产生大机遇。大变局确实带来诸多挑战,但只有变才能对后发国家产生更多机遇。史久镛先生曾说过,现在是国际法发展的最好时机。在国际法制定初期,发展中国家缺乏话语权,正当诉求没有得到充分反映。随着国际格局变化,现行全球治理体系及其规则的不合理性越发凸显,不能有效应对全球治理进程中的各种挑战,也为创新和完善国际法,提高新兴力量在全球治理规则制定中的地位提供了机遇。特别是在深海、极地、外空、气候变化、网络、人工智能、大数据等新疆域和新领域的国际治理规则制定方面,中国国际法学人应该也必须抓住机遇,展现智慧,有所作为,努力为维护世界公平正义贡献更多中国方案。

推进国际法理论和实践创新。在大国博弈白热化和世纪疫情冲击双重作用下,百年变局加速演进。由于变化太快,变化因素太多,在推进国际法理论和实践创新的同时需要有定力,守正创新,以不变应万变。(1)应该在维护以联合国为核心的国际体系、以国际法为基础的国际秩序、以联合国宪章宗旨和原则为基础的国际关系基本准则的前提下,推进国际法理论和实践创新。以联合国为核心的全球治理机制和以联合国宪章宗旨和原则为基础的国际法原则、规则和制度体系,是世界各国人民对不到30年时间两次爆发世界大战的深刻反省,是欲免后世再遭此惨不堪言战祸而达成的强烈共识。她守护了世界70多年的和平与安全。历史悲剧不能重演,特别是在世界分裂和对抗不断加剧的当下,以联合国为代表的全球治理机制和以联合国宪章宗旨和原则为基础的国际法体系，对于维系团结、避免分裂、保卫和平、维护安全、促进发展、增进人权，其地位和作用无可替代。(2)要立足中国实际需要，推进国际法理论和实践创新。国际法产生于国际关系，并用以规范和调整国际关系。在中国和平发展的过程中和世界大变局的背景下，中国国际法学人也要与时俱进，准确判断和把握国情世情的深刻变化，适应运用国际法术语表达、阐释中国的新理念、新主张和新实践。针对既有国际法规范抽象、原则、框架特征而导致的内涵不确定，以及因国际立法不发达而导致的国际法规范不成体系、冲突、存在灰色和空白地带，要善于通过规范的解释和创造表达自身的观念和立场，从而促进国际法规范和体系的创新和完善。(3)不断提升运用国际法的能力和水平。要着力推动国际规则制定、议题设置、统筹协调等方面的能力建设；要善于运用国际法的语言和思维推行国家的对外政策；要善于运用国际法的机制维护国家主权、安全和发展利益。不仅要培养一大批精通国际法的高端专业人才在一线应对处理具体问题，还应注重推进国际法的大众化、通俗化、普及化，涵养国际法治思维和观念。领导干部特别是高级领导干部，在制度设计、战略规划、政策制定过程中要有国际法意识。

百舸争流千帆竞，长风破浪正当时。迎着2022年的朝阳，中国号巨轮奋楫扬帆，劈波斩浪，向着第二个百年目标奋进。在新的伟大征程上，中国国际法学人当立足祖国、胸怀天下，踔厉奋发、笃行不怠，担当作为、勇毅前行。为实现中华民族伟大复兴，促进世界和平发展，推动构建人类命运共同体，做出应有贡献，以实际行动迎接党的二十大胜利召开！

世界卫生组织《烟草控制框架公约》第九届缔约方大会和《消除烟草制品非法贸易议定书》第二届缔约方会议综述

柳锦云　刘师勋*

一、会议总体情况

2021年11月8日至17日，世界卫生组织《烟草控制框架公约》（以下简称《公约》）第九届缔约方大会（COP9）和《消除烟草制品非法贸易议定书》（以下简称《议定书》）第二届缔约方会议（MOP2）在瑞士日内瓦以视频形式召开，来自162个缔约方以及非缔约方国家和国际组织等方面的1200余名代表与会，世界卫生组织总干事谭德塞出席会议并致辞。外交部条法司副司长孙劲作为中国代表团团长和COP8主席团副主席率团参会。COP9围绕启动设立控烟投资基金、通过《公约》与疫情复苏宣言等展开讨论，听取《公约》第9条和第10条实施情况、新型和新兴烟草制品、《公约》实施自愿审查机制试点项目等问题的进展报告，最终通过21项决定。斯威士兰代表当选《公约》下一届主席团主席，乌拉

---

* 现均供职于外交部。

圭、荷兰、澳大利亚、斯里兰卡、阿曼代表任副主席。MOP2 围绕建立全球信息共享中心、国际援助与合作等议题进行讨论,我国以观察员国身份与会。

二、会议重点议题

(一)设立《公约》和《议定书》投资基金

为拓宽资金渠道以支持实施《公约》和《议定书》,秘书处自2018 年起开始推动设立烟草控制框架公约投资基金和消除烟草制品非法贸易议定书投资基金。经磋商,COP9 决定委托世界银行为基金受托人,启动建立一个初始资本为 5000 万美元,预估年投资回报为 200 万美元的投资基金,为实施《公约》提供资金支持。会上,有代表提出在决定中明确写入"对基金的注资应采取自愿形式",并将 COP 对分配基金收益的权限改为"决定",强化 COP 对使用基金收益的决策权。MOP2 也通过相关决定,启动建立投资基金,初始资本为 2500 万美元,预估年投资回报为 100 万美元。

(二)通过《公约》与疫情复苏宣言

COP9 开幕前,大会主席国伊朗向秘书处提交《公约》与疫情复苏的宣言草案。经会上磋商,大会以决定的形式通过了关于世界卫生组织《烟草控制框架公约》与 2019 冠状病毒病大流行后复苏问题的宣言,印度、澳大利亚、沙特阿拉伯等 23 国为共同提案国。宣言强调在 COVID - 19 大流行背景下,有必要保护公共卫生政策不受烟草业既得利益影响。宣言呼吁缔约方根据《公约》第 5.3 条及其实施指南,采取适当措施,防止烟草业干预和参与 COVID - 19 相关公共卫生政策和行动;将实施《公约》纳入各国为实现联合国可持续发展目标的行动计划中;尽可能探讨调整卫生系统以提供针对烟草依赖的替代性选择。

(三)《公约》第9条、第10条实施情况

《公约》第9条、第10条规定了缔约方在烟草制品成分管制和信息披露方面的义务,是《公约》最受关注的重点议题之一。COP1决定成立由缔约方派代表组成的第9条、第10条工作组,负责制定实施指南文件。由于相关工作进展缓慢,COP8决定暂停工作组至COP9,由秘书处邀请专家成立专家组,分析阻碍第9条、第10条实施的因素。受限于会议形式,COP9仅听取专家组关于阻碍第9条、第10条实施原因及改进建议的报告,秘书处有关卷烟通风问题报告及世界卫生组织烟草制品管制研究小组报告。COP9决定延长专家组工作期限至COP10,第9条、第10条工作组的工作被继续暂停至COP10,该议题下的实质性讨论也被推迟至COP10。

(四)新型烟草制品监管

应COP8相关决定要求,《公约》秘书处向本届大会提交关于新型烟草制品的挑战以及分类的报告。COP9听取该议题报告,相关实质性讨论推迟至COP10进行。会上,一些缔约方认为新型烟草制品被误导性宣传为危害性较小的戒烟辅助手段,有必要对新型烟草制品进行监管。日本、印度、韩国代表发言称监管法规需要以科学证据为基础,希望世界卫生组织在新型烟草制品危害方面给出更多指导。韩国代表建议尽快开启讨论,以完善《公约》第1条(f)段中关于“烟草制品”的定义,将新型烟草制品,特别是加热烟草制品纳入定义范围。

(五)《议定书》跟踪追溯系统和全球信息共享中心

根据《议定书》第8条规定,各缔约方应在《议定书》对其生效后五年内建立全球跟踪和追溯系统,为每盒卷烟作独特识别标记,在《议定书》对其生效后十年内对其他烟草制品作同样处理。秘

书处将设立全球信息共享归口单位,各缔约方可通过标记提供的链接向该单位获取烟草制品生产、加工、流通、仓储、销售等过程的相关信息。MOP1 通过决定成立工作组研究成立和实施跟踪和追溯系统问题。MOP2 通过决定延长工作组的任务期限,进一步指导全球信息共享归口单位的实施,并要求秘书处继续收集各个国家和地区跟踪追溯系统的实施情况,并向 MOP3 报告调查结果。

三、中国代表团参与

中国代表团在 COP9 一般性辩论中重点介绍了 2018 年至 2021 年中国控烟履约的成果进展,强调中国政府始终高度重视公众健康,支持《公约》的目的和宗旨,善意履行《公约》义务,取得积极成效,并就履约及做好控烟工作提出务实主张。中国代表团全面深入参与会议各项议题的讨论,同与会各方交流中方控烟履约的经验做法,就《公约》第 9 条、第 10 条实施进展、控烟投资基金等议题与各方充分交换了意见。

联合国外空委第64届会议及其法律小组委员会第60届会议(2021年)简况

崔宏宇*

2021年5月31日至6月1日和8月25日至9月3日,联合国外空委法律小组委员会第60届和联合国外空委第64届会议以线上线下混合方式举行,由外交部、国家航天局等有关部门代表和专家学者组成的中国代表团视频与会。

新冠肺炎疫情背景下,外空技术应用和商业化发展延续上升势头。外空委的多边平台作用受到重视,历史性扩员到100个成员国,非政府组织等参与也不断增加。在审议常规议题基础上,会议围绕空间资源开发、外空活动长期可持续性两大进程,继续推进加强外空全球治理。多数国家还关注公共卫生、气候变化、自然灾害等人类共同挑战,倡导通过扩大外空合作予以应对,以促进实现可持续发展目标。"空间2030"议程完成谈判,全面规划外空全球治理和国际合作,未来实施备受期待。

---

* 现供职于外交部。

一、深空探测呈现热潮，国际规则制定呼声日高

美国推进载人重返月球、月轨“门户”中转站、火星取样返回及火星冰绘图等系列计划，推动外空委将美国首次载人登月的7月20日定为“国际月球日”。欧洲航天局与俄罗斯联合探索火星生命。日本、阿联酋、印度等国也纷纷竞逐火星和小行星探索。我国与俄罗斯宣介国际月球科研站设想，强调开放性和合作性。

各国普遍认为，空间资源开发等新型活动即将付诸实施，有关国际规则亟待明确。多数国家支持以外空委为规则制定的主平台，推动2021年6月成立的工作组尽快启动实质性谈判。美国等国主张以美国推动的“阿尔忒弥斯协议”为蓝本发展国际规则，并从商业利益出发，力推私营企业等非政府实体参与实质谈判。我国主张工作组应延续外空委一贯实践，体现政府主导并考虑私营企业正当利益诉求。经数轮磋商，会议初步完成空间资源工作组职权范围和工作方法磋商，有望于2022年启动资源开发规则谈判。

二、外空安保问题热度上升

外空安保(safety)涉及空间碎片、在轨操作、防止干扰、信息通报等众多领域，外空活动长期可持续性(LTS)是其中主要进程。原LTS工作组提出21条准则并获外空委通过，新设工作组如何推进成为讨论焦点。美国、英国、加拿大及一些其他欧洲国家强调已有准则的执行，英国还提交“国家报告模板”。发展中国家总体接受LTS理念，同时强调执行的自愿性和技术合作的必要性。我国主张重点推进能力建设合作，增强发展中国家的航天能力，以此促进准则执行。各方下步将继续讨论工作组职权范围、工作方法

和工作计划等。

美国私营企业部署巨型低轨星座引发讨论。美国 SpaceX 公司的星链计划(Starlink)拥有 4 万多颗卫星,迄今已发射逾 1700 颗。德国、奥地利、瑞士等欧洲国家担忧此类行为会加剧轨道安全风险,发展中国家质疑其掠夺性占用轨位和频率资源。美国、日本支持国际天文联合会设置新议题,仅聚焦巨型星座对天文观测的影响。我国支持对此问题加强多边治理,以解决有关关切。

三、空间技术促进可持续发展渐成热点

发展中国家期盼更好地获得并利用导航、遥感、通信等技术援助,服务粮食安全、水资源管理、防灾减灾等领域实际需求,呼吁扩大技术转让、能力建设等国际合作,促进减贫、就业等经济社会发展目标。伊朗、委内瑞拉、古巴等国还强调,应避免单边制裁对民生领域航天合作造成负面影响。

美国、欧洲、加拿大、日本等西方国家则强调应对公共卫生、环境保护等挑战,尤其突出新冠肺炎疫情防控和应对气候变化,大力宣介疫情监测、远程医疗、碳循环数据收集等应用。不少国家积极支持并参与法国"国际空间气候观测站"项目。菲律宾、印度尼西亚等东南亚国家也多次参加并积极评价日本主办的亚太区域航天机构论坛(APRSAF)。

四、"空间 2030"议程完成谈判

根据联大决议,外空委自 2019 年起着手谈判制定"空间 2030"议程,规划未来十年外空全球治理与国际合作。会议就"空间 2030"议程达成一致,该议程将作为单独决议提交 2021 年第 76 届联大审议通过。外空委保留长期议题,将继续讨论该议程的落实。

"空间 2030"议程强调以外空委为中心加强外空全球治理,补充完善国际空间法制度,扩大国际合作,促进实现《2030 年可持续发展目标》等全球发展议程。该议程附有实施计划,将加强利用联合国及各国合作机制和倡议,推动实现提高经济效益、解决日常挑战、增强外空能力、加强国际合作等四方面目标。

多数国家表示重视和支持"空间 2030"议程。美欧要求在议程框架下继续加强外空规则制定。印度尼西亚、墨西哥、智利、斯里兰卡等众多发展中国家要求切实加强国际合作,确保该议程得到全面有效落实。我国在谈判中主张兼顾不同发展水平国家的利益和需求,既要适当完善规则,也要促进务实合作。

“跨国公司与人权”法律文书谈判缓慢推进

——“跨国公司及其他工商企业与人权问题”法律文书政府间工作组第七次会议综述

刘梦钊*

2014年，联合国人权理事会通过第26/9号决议，决定设立“一个跨国公司及其他工商企业与人权问题的不限成员名额政府间工作组”，谈判跨国公司及其他工商企业与人权问题法律文书，旨在从国际层面明确跨国公司侵害人权的法律责任，建立预防、监督和追责机制。工作组迄已召开了七次会议。

2021年10月25日至29日，工作组第七次会议以线上线下混合方式举行。中国代表团由外交部、最高人民法院、国资委、最高人民检察院、商务部、香港特区政府和国内有关专家学者组成。近70个国家及有关国际组织、行业组织和非政府组织参加。各方对法律文书第三版修订案文进行了逐条讨论。

一、会议总体情况

部分拉美和非洲国家倾向要求企业“全供应链”担责、国家对

* 现供职于外交部。

受害人提供全方位保护、着重保护弱势群体权益等,有关立场得到部分非政府组织大力支持。多数欧美国家强调应遵循《联合国工商业与人权指导原则》,在协商一致的基础上达成具有可操作性的法律文书,质疑现有案文的合理性,未参加具体案文磋商。多个行业组织发声呼吁为工商业发展提供稳定、可预期和公平的规则环境。

我国主张,修订案文仍存在一些原则性和方向性争议,没有消弭各国在第六次会议中的分歧,存在适用范围过广、管辖权过宽、给国家和企业施加的义务过重等突出问题,难以解决各方此前提出的合理关切。发展和人权不能偏废,发展权也是基本人权,发展权的实现有利于人权的充分保障。法律文书应更加务实,平衡兼顾发展和人权,在内容上更有针对性和可操作性,符合国际公认的一般法律原则和国际法;同时要做到规则清晰、责任明确,为跨国公司和其他工商业企业的经营创造稳定、可预期的规则环境,避免给企业施加过于沉重的负担。

二、主要问题和各方立场

(一)适用范围

根据联合国人权理事会第 26/9 号决议,法律文书旨在规范"跨国公司及其他具有跨国性质的工商企业",但修订案文将适用范围拓展为"所有工商业活动",引发诸多争议。不少国家主张,法律文书应严格按照第 26/9 号决议,将适用范围限定于"跨国公司及其他具有跨国性质的工商企业"。

(二)遭受跨国公司侵害的受害人权利

修订案文提出,因商业活动而遭受人权损害的个人或群体均是受害人,受害人还可包括"直接受害人的直系亲属或被扶养人”,并要求在相关诉讼中适用举证责任倒置。一些国家积极支持,强调应对受害人提供有效、充足和及时救济,同时要求将“人权卫士”也纳入受害人范围,为其开展活动提供充分保障。但另一些国家认为受害人应仅限于直接受害的个人,并指出举证责任倒置的建议违背其国内法。

(三)预防义务

修订案文为企业规定了十分详尽的人权尽责义务,包括“定期评估和公布人权、劳工权利、环境和气候变化影响”“采取措施预防和减轻与其商业关系直接关联的侵害人权行为”等,并要求国家采取相关措施确保企业落实人权尽责义务,包括“成立基金以支付可能的赔偿要求”。一些国家虽积极介绍各自国内层面关于人权尽责义务的立法,但对于通过国际法律文书向国家和企业施加过重义务态度谨慎,强调在国际层面应以《联合国工商业与人权指导原则》为基础,推动落实企业人权尽责义务。

(四)跨国公司侵害人权的法律责任

修订案文规定企业应为其子公司、分公司以及商业合作伙伴的侵犯人权行为承担连带法律责任;企业的作为和不作为都可构成侵犯人权,且即便履行了人权尽责义务也不能自动免除侵权责任。不少国家强调,要求企业为与其有商业关系的合作伙伴实施的侵权行为承担责任不符合国内法规定和一般法律原则,不具备可行性。我国也对所谓“全供应链”追责提出疑问,强调应鼓励企业建立人权合规政策,履行人权尽责义务。

(五)司法管辖权

修订案文要求便利受害人通过诉讼维权,除侵权行为和结果发生地、受害人住所地、加害人住所地等传统管辖连结点外,“原告出现地”“被告财产所在地”法院也可主张管辖权,且要求缔约国法院不得以“不方便法院原则”拒绝管辖。许多国家对变相的普遍管辖提出反对,强调应允许法院以“不方便法院原则”拒绝管辖。我国强调应尊重各国法律基本原则,合理确立管辖权,防止任意挑选法院和滥诉的情况。

三、前景展望

目前来看,该法律文书谈判仍存在原则性和方向性的争议,特别是各国对于适用范围等问题仍然缺乏共识,相关具体条款亦分歧明显。部分拉美和非洲国家倾向于支持对跨国公司的“全供应链”追责,以全面预防和惩治工商企业侵害人权。多数欧美国家作为跨国公司的母国,强调案文在结构和内容上都存在重大缺陷。后续谈判进程预计仍将曲折。

国际社会就打击网络犯罪达成若干共识

——联合国网络犯罪问题政府间专家组第七次会议简况

王渊洁*

2021年4月6日至8日，联合国网络犯罪政府间专家组第七次会议以视频方式举行，107个国家、欧盟和国际刑警组织等政府间国际组织和业界、学界代表与会。我国外交部、最高人民检察院、最高人民法院、公安部、司法部和常驻维也纳代表团组团参会。根据专家组2018—2021年工作计划，本次会议是最后一次会议，旨在对第四次至第六次会议形成的初步结论和建议进行盘点，将达成的最终结论和建议清单提交联合国预防犯罪和刑事司法委员会。

一、会议就打击网络犯罪通过部分建议

会议重点审议各国在前三次会议上就打击网络犯罪的立法、定罪、执法和调查、电子证据和刑事司法、国际合作、预防等6个议题提出的205条初步建议。考虑到视频会议的时间有限，且初步建议的条目繁多，经主席提议，各国同意以快捷方式开展审议，即

* 现供职于外交部。

对于各项建议如有异议即予搁置,各国无需说明异议的理由,也不做深入讨论。

经审议,共有 63 条建议被列入“共识清单”,多数涉及打击和预防网络犯罪国际合作等敏感度相对较低的内容。在网络犯罪的立法、电子证据和刑事司法等问题,特别是涉及跨境取证、网络有害内容管控、域外管辖权等问题上,各方分歧较大,少有建议得到通过。根据 2018—2021 年工作计划要求,专家组将向联合国预防犯罪和刑事司法委员会提交上述 63 条建议,各国同意在专家组会议报告中纳入各方讨论情况和包含所有 205 条建议的网页链接。①

二、专家组结束工作任务

2019 年 12 月,第 74 届联合国大会通过第 247 号决议,授权成立特设政府间专家委员会,谈判制定打击网络犯罪全球性公约。我国及俄罗斯等多国对此表示欢迎,指出专家组已顺利完成 2018—2021 年工作计划的相关任务,各国应将工作重心转向联合国框架下的公约谈判。

美国、英国、智利、日本、比利时、葡萄牙等《布达佩斯公约》缔约国表示,专家组为各国分享打击网络犯罪的实践和经验提供了重要平台,支持专家组延长授权或由联合国预防犯罪和刑事司法委员会建立新的机制,为各国开展务实交流提供机会。我国及俄罗斯、伊朗、委内瑞拉、古巴、吉尔吉斯斯坦、叙利亚、巴基斯坦等强调,考虑到多数发展中国家以及联合国毒品和犯罪问题办公室人力和资源有限,延长专家组授权不利于各方集中精力投入特委会工作,在谈判制定新公约的过程中,各方也可同时开展务实交流。因各方缺乏共识,专家组未获延长授权,工作任务结束。

① See “Report on the Meeting of the Expert Group to Conduct a Comprehensive Study on Cybercrime Held in Vienna from 6 to 8 April 2021”, UNODC/CCPCJ/EG. 4/2021/2, http://unodcs. org/UNODC/CCPCJ/EG. 4/2021/2.

三、中国的贡献

回顾联合国网络犯罪政府间专家组十年历程，各国专家在这一开放的多边平台上就打击网络犯罪问题深入开展务实交流，拟定网络犯罪问题综合研究报告，并就强化网络犯罪国际合作形成一系列具体建议，为国际社会更好打击网络犯罪提供了重要参考。中国一贯倡导在联合国框架下推动加强打击网络犯罪国际合作，是专家组的发起者、支持者和维护者，为打击网络犯罪全球治理贡献了智慧，以实际行动践行真正的多边主义。中国将继续秉持网络空间命运共同体理念，与国际社会一道推动尽早达成一项具有权威性、普遍性的联合国打击网络犯罪公约。

联合国打击网络犯罪公约谈判正式启动

——联合国打击网络犯罪公约特委会组织会议简况

姜博谦*

2021 年 5 月 10 日至 12 日，联合国打击网络犯罪公约特委会（以下简称特委会）组织会议在纽约以混合模式举行。我国外交部及常驻联合国代表团、常驻维也纳代表团组团参会。会议产生了特委会主席团，并在会后通过相关联大决议，确定公约谈判安排，定于 2022 年 1 月 17 日至 28 日举行第一次谈判会议。

一、选举主席团

经投票，阿尔及利亚常驻维也纳代表当选特委会主席。中国、美国、俄罗斯、埃及、尼日利亚、日本、爱沙尼亚、波兰、多米尼加、尼加拉瓜、苏里南、澳大利亚、葡萄牙 13 个国家候选人当选副主席，印度尼西亚候选人当选报告员（亚洲、西欧两组候选人未经过投票自动当选）。

---

* 现供职于外交部。

二、制定议事规则

中国及俄罗斯、古巴、伊朗、委内瑞拉、叙利亚等强调,特委会作为联大设立的附属机构,理应适用联大议事规则,即如无法达成协商一致,应通过投票作出决定。加拿大、英国、巴西、新西兰、澳大利亚、尼日利亚、多米尼加、日本、墨西哥等坚持特委会应以协商一致方式作出决定。埃及、泰国等表示在争取协商一致的同时,也应保留以投票作决定的选项。

经艰苦协商,中、俄、美、欧提出妥协方案,特委会谈判应适用联大议事规则,同时在实质问题上尽力争取协商一致。但英、澳、加及墨等仍强硬坚持应以协商一致为原则,会议未能达成一致。

三、确定谈判地点

中国、俄罗斯、古巴、伊朗等国家支持在纽约开会,强调纽约设有所有成员国的代表团,有利于全体成员国,尤其是发展中国家充分参与谈判。欧盟及部分非洲和拉美国家建议谈判会议在维也纳举行,适用协商一致的“维也纳精神”。部分小岛国强调,其在维也纳没有常驻代表团,倾向于在纽约开会,要求特委会充分考虑其关切。

组织会议后,俄方以中、俄、美、欧提出的妥协方案为基础向联大提交决议草案。巴西、苏里南、英国等就决议草案关于议事规则、谈判地点和观察员参与等条款提出修正案。有关议事规则和观察员参与的两项修正案经表决通过,有关谈判地点的修正案以协商一致通过。此后,决议草案整体以协商一致方式获得通过,主要内容如下:

1. 确认特委会主席团选举结果。

2. 从 2022 年 1 月开始,特委会召开至少 6 次会议,每次 10

天,并向第 78 届联大提交公约草案。

3. 特委会将在纽约和维也纳举行谈判。其中,第一次、第三次和第六次会议在纽约举行,第二次、第四次和第五次会议在维也纳举行,并在纽约举行总结会议通过公约。

4. 谈判将采用联大议事规则,如在实质性问题上无法达成协商一致,须以 2/3 多数投票作出决定。

5. 具有联合国经社理事会咨商地位的非政府组织可向秘书处登记,作为观察员参加特委会会议。其他非政府组织、民间社会组织、学术机构和私营部门(包括在网络犯罪领域具有专长的组织)也可申请成为观察员。

联大第 75/282 号决议的通过,表明制定公约已获得国际社会广泛重视和支持。同时,各方在关键的议事规则等问题上反复拉锯,不得不付诸表决,再次突显了对公约谈判的深层次分歧。公约谈判涉及大量与网络数据相关的政治、法律和技术问题,关系各国切身利益,谈判博弈仍将十分复杂激烈。

东盟地区国家线上交流打击网络犯罪问题

——首届东盟地区论坛“打击将信息通信技术用于犯罪目的”线上研讨会简况

姜博谦*

2021年4月23日和26日，中国、俄罗斯、越南共同举办首届东盟地区论坛（ARF）“打击将信息通信技术用于犯罪目的”专题线上研讨会。外交部条法司司长贾桂德、俄外交部信息安全司司长克鲁茨基赫、越外交部法律与条约司代理司长黎德幸出席开幕式并致辞。东盟秘书处、东盟地区论坛各方政府代表、业界和学术界100多人参加。

一、开幕致辞

贾桂德表示，在东盟地区论坛框架下讨论打击网络犯罪问题对强化地区以及全球合作具有重要意义。中方支持在联合国框架下尽早达成广泛参与、普遍接受、务实有效的打击网络犯罪国际公约。公约谈判应坚持多边主义，由各国共同协商制定统一的规则；应坚持共治共享，充分吸纳各国经验和实践，保障各国平等参与决

* 现供职于外交部。

策;应坚持包容开放,确保发展中国家广泛参与,同时鼓励学界、业界等利益攸关方做出贡献。

克鲁茨基赫表示,网络犯罪数量激增、手段多元、后果严重,任何国家都无法独自应对,谈判制定全球性公约是唯一正确出路。各国应将加速推进公约谈判作为当前的核心任务,充分吸收现有法律框架以及各国实践和经验,注重从刑事司法角度开展务实探讨,避免政治化。

黎德幸表示,东盟国家高度重视网络安全问题,在东盟地区论坛讨论打击网络犯罪问题有助于推进地区国家的能力建设并增强地区互信,鼓励地区国家加强协调,共同推进公约谈判。

二、专题讨论

1. 与会专家围绕"定罪与预防犯罪""打击网络犯罪的国际法治""打击网络犯罪的国际合作""境内调查及跨境调查的实践"4个主题开展深入交流。

与会专家表示,疫情以来,全球网络犯罪形势更趋严峻。2020年,卡巴斯基公司平均每天拦截36万次网络攻击,360公司全年共查杀网络病毒454万个,同比增长151%。暗网、加密货币技术等使网络犯罪的实施更为便利,甚至形成了售卖个人信息以及计算机病毒等网络犯罪工具的"产业链"。据统计,2020年网络犯罪造成的经济损失逾1万亿美元,占全球GDP的1%。疫情期间,针对医疗系统的网络犯罪造成了人道主义影响。

关于打击网络犯罪国际合作,与会专家均强调合作的重要性,围绕能力建设、信任建设、构建合作网络等提出一系列建议,包括:强化政府与网络服务提供商以及相关利益攸关方的合作,建立网络威胁信息共享和证据保留机制,利用联合国毒品和犯罪问题办公室和国际刑警组织等多边平台加强培训、宣传和信息共享,建立由各国执法机关构成的联络点,为犯罪情报共享和取证请求建立快速联系渠道等。

与会专家指出,当前国际合作仍面临不少掣肘因素。一是各国对网络犯罪的定罪不尽一致,对于需要开展刑事司法协助的案件,存在因不满足“双重犯罪”要求而无法合作的情况。二是网络犯罪具有很强的跨国性,嫌疑人、作案工具和受害人往往位于不同国家,如何解决管辖权冲突尚无有效方案。三是电子证据具有跨地域性和易灭失性等特点,传统国际司法协助和执法合作途径在时效上难以满足取证需要。四是各国执法部门缺乏情报共享和交流最佳实践的平台,给执法合作造成阻碍。五是发展中国家普遍存在能力和人力不足,难以有效回应国际合作请求。

2. 俄方专家介绍其对特委会组织会议有关重要问题的立场,中方专家积极倡导支持联合国制定新公约。美、澳、欧盟等代表强调欧洲委员会《布达佩斯公约》是唯一有效的打击网络犯罪国际法律文书,认为各国加入该公约即可,无需谈判制定新公约。中俄专家就此强调,《布达佩斯公约》无法适应网络犯罪新形势,存在代表性不足、开放性欠缺等固有缺陷,难以成为打击网络犯罪的“全球标准”。

《联合国反腐败公约》第九届缔约国会议

琚丁庆浩　董　优*

2021 年 12 月 13 日至 17 日,《联合国反腐败公约》(以下简称《公约》)第九届缔约国会议在埃及沙姆沙伊赫召开。本届会议以线上线下混合形式举行,会议讨论了《公约》履约审议、资产追回、国际合作等议题,就反腐败执法合作等通过八项决议。

一、各方高度重视全球反腐败治理

受疫情影响,本届缔约国会议采用线上线下混合形式召开。来自 152 个国家的 2000 多名代表参会,创《公约》缔约国会议参会人数新高。会议开幕式上,联合国秘书长古特雷斯、联合国毒品和犯罪问题办公室执行主任瓦利、东道国埃及总理马德布利分别致辞,强调腐败对人权和可持续发展造成的危害,呼吁持续推进反腐败国际合作,共同打击腐败犯罪。各国代表普遍认为,全球疫情带来诸多挑战,各方应坚持《公约》的主渠道作用,加强技术援助和能力建设在预防和打击腐败方面的重要作用,强调要落实好反腐败问题特别联大政治宣言,不断为反腐败国际合作持续开展注入活力。

---

* 现均供职于外交部。

二、中国代表团的工作

中央纪委有关领导同志在一般性辩论环节发言,外交部有关领导同志接受采访并视频会见联合国维也纳办事处总干事瓦利,宣介党的十九届六中全会精神、中国反腐败成就和经验,肯定联合国及《公约》重要作用,阐释我国反腐败国际合作"四项主张"。代表团还主办了"信守承诺,拒绝腐败避风港"边会,并与联合国毒品和犯罪问题办公室共同举办"丝绸之路经济带"反腐败项目第一次全会,展示中国积极践行多边主义,切实推动反腐败国际合作的决心和行动。

三、议题讨论情况

(一)关于履约审议

《公约》秘书处表示全球新冠肺炎疫情已造成审议进程延误和难度增加,希望各方加快进程。各方介绍履约审议进展,强调愿意积极参与相关工作。包括中国在内的许多国家强调履约审议应坚持政府间进程和不干涉内政原则。中国代表团还介绍了中国开展第二周期履约审议情况,强调中方以高度负责任的态度开展履约审议,充分发挥国内履约协调机制作用,努力克服疫情困难,及时提交履约审议自评清单。

(二)关于预防腐败

各方主要围绕加强教育和公众参与等展开讨论。一些国家表示应加强公众参与度,提升公众获取信息的透明度,便于执法机构获取有关资产的受益人信息。一些国家强调应当充分利用科技和数字化技术预防腐败,建议建立稳定有效的预防腐败机制。中国代表团表示,中国共产党十九届六中全会要求全党必须继续推进新时代党的建设新的伟大工程,坚持全面从严治党,坚定不移推进党风廉政建设和反腐败斗争,并介绍了中方增强公共事务透明度,健全问责机制,重视保护举报人,确保对受害人保护和补救等腐败预防相关经验做法。

(三)关于资产返还

一些国家认为缺乏政治意愿是当前资产追回主要障碍,敦促相关缔约国切实履行《公约》义务,提高追赃合作实效。包括中国在内的许多国家表示,返还资产不应附加任何条件,不应设置障碍。中国代表团重点介绍了今年追逃追赃工作成效,强调中方始终对腐败犯罪保持高压态势和零容忍态度,通过完善体制机制、加强法治建设、加大对涉腐洗钱行为打击力度等方式加大资产追回力度相关情况。

(四)关于国际合作

一些国家表示应以《公约》为法律依据积极开展司法协助、引渡等合作,同时加强国内法建设和信息交流,反对成为腐败分子避风港。许多国家表示支持在《公约》框架下建立"全球反腐败执法机构行动网络",呼吁各方积极加入和利用该"网络"。中国代表团介绍近年来开展国际合作相关情况,表示将继续坚持中方反腐败国际合作"四项主张",践行真正的多边主义,坚持法治思维和法治方式,积极开展追逃追赃和跨境腐败治理工作,并呼吁各方切实履行《公约》义务,通过积极开展引渡、司法协助等合作,不断提升《公约》履约实效。

海牙国际私法会议管辖权项目专家组第五次会议情况

吴　琼*

20世纪末期，随着各国经贸、人员往来日益密切，一国法院审理的具有涉外因素的民商事案件与日俱增。但各国国际管辖制度和对待外国判决态度存在差异，严重影响了法院判决的域外效力，客观上阻碍了国际交往。为协调和消弭此类冲突，在民商事诉讼管辖权和承认与执行判决方面建立统一规则，海牙国际私法会议（HCCH）于1992年启动“判决项目”。该项目的最初目标是制定一项“混合公约”，既直接规定各国法院如何行使管辖权（直接管辖权），也规定一国法院在承认与执行外国法院判决时如何判定外国法院具有管辖权（间接管辖权）。会议于2001年形成“临时案文”，但因欧美等主要谈判方分歧严重未获通过。在全球化不断发展、承认与执行外国判决的合作需求日益突出的大背景下，2012年HCCH重启“判决项目”，并于2019年通过了涉及间接管辖权的《承认与执行外国民商事判决公约》（以下简称《判决公约》）。为继续推进“判决项目”，HCCH先后于2020年2月、11月举行“管辖权项目”专家组第三次、第四次会议，讨论就直接管辖权规则达成法律文书的可能性和具体问题。

* 现供职于外交部。

2021 年 2 月 1 日至 5 日,“管辖权项目”专家组视频举行第五次会议,包括中国在内的 21 个 HCCH 成员及 2 个观察员组织的 48 位专家与会。本次会议在第三次、第四次专家组会议的基础上,继续探讨制定法律文书的可行性和必要性、法律文书类型、直接管辖权、平行诉讼规则、建立合作机制等问题。专家组主席事先围绕各项议题设计建议规则,各方在会上充分交换意见,讨论情况如下。

一、制定法律文书的宗旨、必要性、可行性和文书类别

专家组一致同意,制定法律文书旨在提高国际民商事诉讼的法律确定性和可预见性,促进司法救济,减少平行诉讼带来的风险和成本,并防止出现冲突判决。多数专家认为有必要就直接管辖权和平行诉讼两个问题制定文书,但对二者关系、文书应重点解决的问题、是否就直接管辖权制定有法律约束力的规则等事项分歧明显。

专家组主席就此提出三种建议方案:方案一是就直接管辖权和平行诉讼制定有法律约束力的文书;方案二是就平行诉讼制定有约束力的文书,并就直接管辖权制定有约束力的议定书;方案三是就平行诉讼制定有约束力的文书,就直接管辖权制定没有约束力的议定书。

一些专家支持方案一,强调直接管辖权和平行诉讼存在固有联系、不可分割,不能脱离直接管辖权仅制定平行诉讼规则,因此未来文书应对两个问题都作出规定,并且制定没有约束力的文书意义不大。

一些专家支持方案三,强调各国法律制度、管辖权规则不同,并且 HCCH 以往谈判已告失败、目前专家组内分歧较大,因此就直接管辖权制定有约束力的文书难以实现,建议就此制定软法;考

虑到实践中亟须解决平行诉讼问题,宜就此制定有约束力的文书。

还有专家表示,就直接管辖权制定有约束力的规则难度较大,建议采取“先易后难”的步骤,先考虑制定关于直接管辖权和平行诉讼的示范法等无约束力的文书,同时对讨论上述三个方案持开放态度。

二、直接管辖权问题

会议讨论了专家组主席建议的法定管辖权(required jurisdiction)和过度管辖权(exorbitant jurisdiction)规则。根据主席设计,前者是指缔约国根据文书必须管辖的情形,后者是指缔约国根据文书不能管辖的情形。

(一)法定管辖权

专家组主席建议以《判决公约》第5条为基础讨论法定管辖权规则。

一些专家主张文书应与《选择法院协议公约》和《判决公约》保持一致,支持以《判决公约》第5条作为讨论基础,特别是考虑将《判决公约》第6条(不动产物权由不动产所在地国排他性管辖)和第5条第1款中以下内容纳入文书:a项,被请求承认与执行人的惯常居所;b项,被请求承认与执行自然人(个体经营者)的主要营业地;d项,被告分支机构、代表机构所在地;e项,被告明示同意管辖;f项,被告应诉管辖;g项,合同履行地;m项,非排他性选择法院协议。有的专家提出,法定管辖权除纳入《判决公约》第5条有关内容外,还可考虑纳入根据国内法行使的管辖权基础,只要这些管辖权不是文书所禁止行使的。有的专家建议逐项讨论《判决公约》第5条中可纳入法定管辖权的基础,同时强调有关规则应赋予受案法院决定是否行使管辖的自由裁量权,而不是强制其必须行使管辖权。

一些专家反对规定法定管辖权或以《判决公约》第5条为讨论基础。其中有专家强调,《判决公约》第5条规定的间接管辖权与未来文书的直接管辖权存在本质区别,前者旨在确定一国法院承认与执行外国法院判决的条件,后者则是一国法院对案件行使管辖的依据,它可能要求一国加入文书时修改其国内法以与文书规则保持一致。有的专家主张文书没有必要规定法定管辖权,认为实践中任何法院都不管辖的情况非常罕见。也有专家主张,文书中任何管辖权的规则都不应是强制性的,在这一前提下可考虑纳入《判决公约》第5条第1款a、b、e、g、h项(不动产租赁判决,由不动产所在地国作出)、i项(针对不动产物权担保的合同义务,由不动产所在地国作出)和k项(针对信托内部事项,由信托文书指定的国家或信托主要管理地国作出)。

专家组主席指出,考虑到法定管辖权存在例外,即缔约国可以在特定情形下拒绝管辖,因此要求缔约国必须(required)管辖的命名不恰当,建议重新命名;在技术层面未来将以《判决公约》第5条为讨论基础。

(二)法定管辖权的例外

专家组主席建议以2001年临时案文第22条为基础,讨论在哪些例外情况下,缔约国法院即使根据文书享有法定管辖权,也可以中止诉讼或拒绝管辖。该条规定,如果一缔约国的受案法院明显不适合行使管辖权,同时另一缔约国的法院具有管辖权并且明显更适合管辖,前者可以应当事人的申请中止诉讼程序,并应视后者是否管辖而拒绝管辖或继续诉讼;该条第2款规定了法院判定是否适合管辖的四项考虑因素,包括当事人的惯常居所、证据所在地、诉讼时效和判决得到承认与执行的可能性。

各方总体支持以该条作为未来讨论基础。有的专家建议纳入第2款规定的前三项考虑因素;有的专家认为第22条规定的情形过窄,建议考虑其他例外情形;还有专家建议未来对该条重新逐项讨论,例如“判决得到承认与执行的可能性”可能也同时规定在文书其他条款,应避免重复。

(三)过度管辖权

专家组主席建议以 2001 年临时案文第 18 条为基础讨论过度管辖权。该条第 1 款规定,如果缔约国与争议或被告缺乏实质联系,缔约国就不得根据其国内法行使管辖;第 2 款列出了缺乏实质联系的具体情形,例如仅依据原告或被告的国籍行使管辖;第 3 款规定,针对灭绝种族罪等提起的索赔诉讼,该条有关规定不影响缔约国行使管辖。

一些专家支持以该条为基础,讨论过度管辖权的一般规则并列举具体情形。有的专家强调,一国法院行使管辖权应充分尊重他国主权和正当利益,应考虑将过分的、不合理的域外管辖列为禁止行使的管辖权,同意以第 18 条为基础并有必要重新讨论。也有专家反对文书规定过度管辖权,强调其限制了各国根据本国法行使管辖;其中有专家强调,即使就直接管辖权制定软法也不应规定过度管辖权。

专家组主席表示,需要进一步讨论是否纳入过度管辖权及其具体规则,第 18 条可以作为未来讨论基础。

三、平行诉讼规则

专家组讨论了相同当事人相同诉因的平行诉讼规则,以及更复杂的涉及关联诉讼请求的平行诉讼问题。

(一)相同当事人相同诉因的平行诉讼规则

专家组主席提出三种建议方案:方案一是“先受理原则”,以 2001 年临时案文第 21 条和第 22 条为基础,原则上先受理的法院有优先管辖权,后受理法院应当中止诉讼,当先受理法院在规定期限内没有行使管辖权,后受理法院可以行使管辖权,例外情况是后受理法院认为先受理法院明显不适合行使管辖权。方案二是“更适合法院规则”,即诉讼涉及的所有法院都要根据文书标准判断哪个法院为更适合的法院,这需要各国法院之间通过合作机制交换与诉讼有关的信息,根据文书有管辖权的缔约国法院只有在其他缔约国法院决定行使管辖权时才可以拒绝管辖。方案三是“以直接管辖权为基础的更适合法院规则”,即法院须根据文书规定的直接管辖权规则确定更适合法院,如果一缔约国法院根据文书可以行使管辖权而另一缔约国法院根据其国内法具有管辖权,则前者可以优先行使管辖权,后者应当中止或者拒绝管辖;如果两个法院都根据文书享有管辖权,则再适用“更适合法院规则”判定。

一些专家支持方案一;一些专家支持方案二,并就此起草了平行诉讼规则建议案文。有的专家表示原则上支持方案二或方案三,并指出“先受理原则”在实践中可能会产生问题:一是各国法院受理标准不一,哪个法院受理在先有时不易判断;二是易引发当事人抢先起诉。

还有专家在“先受理原则”和“更适合法院规则”的基础上提出折中案文,即以“先受理原则”为基础,例外情况是如果后受理法院认为自己是明显更适合的法院,就可以行使管辖;在判定例外情况时,除 2001 年临时案文第 22 条规定的四项因素外,该案文还吸纳了有的专家所提建议案文中的案件适用法律、各法院所处诉讼阶段、法院地与当事人和争议之间的联系等因素。对此,有的专家指出,折中案文的平行诉讼规则脱离了直接管辖权,而“先受理原则”必须以直接管辖权为基础,其适用于均拥有适当管辖权的两国法院之间。提出建议案文的专家则强调,后受理法院行使管辖权的情况不应称“例外情况”(exceptional),主张或删除这一称谓,或改为“适当情况”(appropriate)。

专家组同意继续就此展开讨论,并一致认为应将缔约国法院均根据其国内法行使管辖权的情形一并纳入讨论范围;在制定平行诉讼规则时,"另一缔约国法院将作出的判决得到承认与执行的可能性"可以作为缔约国法院中止诉讼的一项考虑因素,但不应成为决定性因素。

(二)涉及关联诉讼请求的平行诉讼问题

会议讨论了"关联诉讼"的定义和平行诉讼规则两个问题。关于定义,专家组主席建议参照《判决公约》第7条第1款e项界定"关联诉讼",即诉讼请求如果属于相同当事人之间,以及由不同诉讼程序对这些诉讼请求作出的未来判决可能冲突,则视为有关联。各国专家均不支持采纳上述定义。有专家指出,上述两项条件都存在问题:"相同当事人"并不是关联诉讼的必要条件,例如在交通事故损害赔偿案件中,保险公司在与受害人的诉讼程序结束后可能还会起诉侵权人,虽然两个诉讼当事人不同,但是诉讼请求是相关联的;即使不同诉讼程序作出的未来判决并不冲突,也不能将有关诉讼请求就确定为相互关联的。许多专家均支持这一观点。还有专家建议借鉴欧盟的《布鲁塞尔条例》第30条和第34条作为未来讨论基础。

关于涉及关联诉讼请求的平行诉讼规则,专家组主席建议:即使一缔约国法院根据文书对一项诉讼请求(原诉讼请求)有管辖权,当与原诉讼请求有关的诉讼请求(关联诉讼请求)正在另一缔约国法院被审理时,应允许该法院自行决定中止诉讼(和拒绝管辖)。各国专家总体认为有必要在未来文书中就该问题制定规则,但对上述建议态度不同。有的专家支持纳入上述建议规则,并强调该规则应具有一定灵活性,例如法院可自由裁量是否中止诉讼程序。有的专家主张应通过合作机制或者适用"更合适法院规则"处理这一问题。还有专家表示,考虑到关联诉讼较难界定,虽有必要就此制定规则,但可能难以实现,在制定规则时需有明确的标准。

四、建立合作机制

会议讨论了在缔约国法院之间就确定管辖、平行诉讼等问题建立沟通合作机制的必要性和考虑因素。各国专家普遍认为有必要建立合作机制,但具体形式取决于未来文书的类型和内容。有专家强调,合作机制应充分考虑各国法律制度、司法实践差异及语言障碍,尊重各国主权、司法机关独立审判权和当事人的程序性权利。有的专家强调,合作机制应具有一定的灵活性,允许缔约国自行决定沟通方式,并充分考虑当事人的意愿。还有专家提出合作机制需考虑沟通中产生的成本问题。

五、会议结论和建议

经过讨论,各方达成妥协,专家组就下步工作提出以下五项建议,形成了会议备忘录并向 2021 年 3 月 1 日至 5 日召开的 HCCH 总务与政策理事会(总务会)提交:

1. 结束专家组工作,就国际民商事诉讼管辖权问题成立工作组;

2. 授权工作组就国际民商事诉讼管辖权包括平行诉讼起草具体规则,就文书的适用范围和类别提供政策考量;

3. 工作组采用兼收并蓄、整体全面的方法,首先致力于就平行诉讼制定有法律约束力的规则,并认可直接管辖权规则、不方便法院原则和其他因素对制定平行诉讼规则的重要作用;

4. 工作组将探讨建立灵活的司法合作机制,为法律文书的适用提供支持;

5. 为持续推进讨论,无论 2021 年 HCCH 总务会是否决定成立专家组,都建议请 HCCH 常设局在 2022 年 HCCH 总务会前组织召开两次会议,其中一次在 2021 年夏季后召开,另一次在 2022 年年初召开,如可行拟召开实体会议。

2021 年 3 月 5 日,HCCH 总务会通过了上述建议,“管辖权项目”下一步将据此推进。

海牙国际私法会议管辖权项目工作组第一次会议情况

朱容征　吴　琼*

2021年10月11日至15日，海牙国际私法会议（HCCH）视频举行“管辖权项目”第一次工作组会议，包括中国在内的29个HCCH成员及2个观察员组织的80余名代表与会。本次工作组会议在前五次专家组会议的基础上，重点讨论制定平行诉讼规则。工作组主席提出了两个案文草案供会议讨论，主案文采用“先受理原则+管辖权+更适合法院因素”模式，替代案文主要基于“更适合法院规则”（替代案文系根据部分国家代表在第五次专家组会议上的提案转化而来）。工作组会议具体讨论了制定平行诉讼规则的宗旨、适用范围、排除事项、管辖权规则和更适合法院规则与平行诉讼的关系等问题，绝大多数内容未达成共识，留待后续讨论。会议讨论情况如下。

一、制定平行诉讼规则的宗旨

主案文未规定制定平行诉讼规则的宗旨，工作组讨论了此前专家组会议中各方基本认可的表述，即“制定平行诉讼规则旨在提

---

* 现均供职于外交部。

高国际民商事诉讼的法律确定性和可预见性,促进司法救济,减少平行诉讼带来的风险和成本,并防止出现冲突判决”。

各方对上述措辞提出具体修改建议。有代表指出,考虑到实践中无法完全避免平行诉讼和相互冲突的判决,建议将“防止出现冲突判决”改为“降低产生冲突判决的风险”,该建议获得多国代表支持并获工作组采纳。也有代表建议在“旨在”后增加“通过为国内法院提供指引”(by creating guidance to domestic courts)的表述,但有反对意见认为工作组旨在制定有约束力的法律文书,“指引”(guidance)似将文书性质削减为不具有约束力的“软法”,该代表于是建议将措辞修改为“具体规则”(concrete rules)。还有代表建议在“平行诉讼带来的风险和成本”的“成本”前加上“不必要”(unnecessary)的限定,认为诉讼本身即有成本,但仍有一些代表表示反对。工作组决定日后再对这些具体措辞展开讨论。

二、平行诉讼的定义

主案文第 1 条第 3 款将平行诉讼定义为“相同当事人就同一诉讼标的在不同[缔约]国家法院进行的诉讼”。该定义借鉴了 HCCH 于 2019 年 7 月通过的《承认与执行外国民商事判决公约》(以下简称《判决公约》)第 7 条第 1 款 f 项和第 2 款。各方争议集中于“同一诉讼标的”(the same subject matter)的表述:部分代表支持该表述,强调应与《判决公约》保持一致;有代表表示无法理解“subject matter”的含义,建议采纳其此前在专家组提出的替代案文改为“相同诉因”(the same claims),并强调本法律文书解决的平行诉讼问题是在法院作出判决之前,《判决公约》处理的则是法院作出判决后的承认与执行问题,在定义时应充分考虑二者在时间上的不同,不能完全照搬定义。各方未能就此达成一致,决定后续进一步讨论。

主案文还定义了“关联诉讼”(related proceedings)和“并行诉

讼”(concurrent proceedings)。关联诉讼指“除平行诉讼外,就相关联的诉讼或诉讼请求在不同[缔约]国家法院提起的诉讼。关联的诉讼或诉讼请求是指其联系非常密切,从而适宜一起审理和裁定,以避免单独诉讼而产生判决相冲突的风险”。并行诉讼指“前款所定义的平行诉讼和关联诉讼”。考虑到上述定义过于宽泛,不确定性较强,实践中可能会给法院认定带来随意性,在多位代表的建议下,工作组决定暂时删除关联诉讼和并行诉讼的定义。部分代表建议日后再讨论关联诉讼问题。

三、法律文书的适用范围

主案文第1条第1、2款分别规定,平行诉讼相关条款“适用于不同[缔约]国家法院之间跨国民商事项的平行诉讼”;“适用于在一缔约国法院诉讼中的被告惯常居住于另一缔约国法院的情形”。

1. 关于法律文书是否应仅适用于缔约国之间。大多数国家代表认为该文书应仅适用于缔约国之间,部分代表提出应进一步考虑如果更适合的法院是非缔约国法院时,应该如何处理相关问题。工作组同意现阶段重点讨论缔约国法院之间的平行诉讼问题,如有必要,此后再讨论涉及非缔约国法院的平行诉讼。

2. 关于“跨国民商事项”(transnational civil or commercial matters)的措辞。由于多国代表认为该措辞含义不清,工作组决定删除“跨国”(transnational)一词。

3. 关于法律文书是否应仅适用于被告惯常居住在缔约国的情况,有些代表认为被告惯常居住地与直接管辖权密切相关,主张本法律文书应当仅适用于被告惯常居住地在缔约国的情况,并提出应以“在先受理法院提起诉讼时”作为判断惯常居住地的时间标准。多国代表表示反对,认为仅以被告惯常居住地为判断标准会导致原告和被告当事人间的不平衡,且在涉及多个被告的复杂诉讼中,适用该规则也存在困难,建议删除这一限制。工作组未就此达成共识，决定日后再讨论此问题。

四、法律文书的排除事项

主案文第2条沿用《判决公约》第2条的规定，列举了平行诉讼规则排除适用的事项范围，包括自然人的身份和法律能力、扶养义务、旅客和货物的运输、知识产权等。有代表提出，《判决公约》第2条排除一些事项的原因之一是已有国际条约规定了相关事项的判决承认与执行问题，本法律文书是关于直接管辖权和平行诉讼规则的，是否也存在国际条约规定了这些事项的直接管辖权和平行诉讼问题，建议在进一步研究后再讨论是否应在本文书中予以排除。主席请HCCH常设局就此开展研究。

另有代表提出，应充分考虑本法律文书与《判决公约》在调整对象方面的不同，即前者是关于平行诉讼等规则的，后者是关于判决的承认与执行的，《判决公约》规定的排除事项可能并不需要排除在本法律文书之外。一些代表提出，本法律文书的排除事项范围还需考虑与2005年《选择法院协议公约》的关系，因为《选择法院协议公约》也规定了在当事人已缔结排他性选择法院协议情形下的平行诉讼问题。此外，部分代表建议将消费者合同、雇佣合同、临时保护措施排除，其他代表建议待文书其他条款确定后，再讨论排除事项问题。工作组决定日后继续讨论排除事项问题。

五、管辖权规则、更适合法院规则与平行诉讼的关系

工作组以主席起草的主案文和替代案文为基础，就管辖权规则和不方便法院原则对处理平行诉讼的作用进行了讨论。代表们对此争论激烈，多数内容未能达成一致。

1. 部分代表力推主案文

主案文采取“先受理原则+管辖权+更适合法院因素”模式,第3、4条分别规定了先受理法院和其他受理法院的义务,第5条参照《判决公约》第5条规定了管辖权规则(如被告惯常居住地在该缔约国),第6条规定了判定更适合法院的因素(如争议与法院、当事人等的关联性,争议适用的准据法等)。根据上述规定,在平行诉讼中,原则上应由具有主案文第5条规定的管辖权且在先受理的法院优先行使管辖权,其他法院应中止诉讼,除非根据第6条规定的因素判断,其他法院是明显更适合审理争议的法院。

部分代表力推该案文,强调主案文较好平衡了管辖权规则和更适合法院规则,应以此为基础制定平行诉讼规则。其他一些代表反对先受理原则,指出在很多情况下两个法院可能根据本法律文书都有管辖权,采用管辖权规则并不能解决哪个法院可以优先管辖的问题。

2. 部分代表提出替代案文

替代案文系根据部分国家代表在第五次专家组会议上的提案转化而来,该案文采用“更适合法院规则”,即平行诉讼涉及的所有法院都要根据本法律文书规定的标准判断哪个法院更适合审理,如果判断一致则由该更适合法院审理,否则可由本国法院继续审理。

反对意见认为替代案文没有明确体现管辖权规则,无法接受;支持替代案文的代表则主张,替代案文中规定了“各个法院在判断哪个法院更适合审理案件时,可以决定哪个判断因素更为重要”,判断因素也包括管辖权因素,可实现主案文第5条关于管辖权规则的类似效果。

3. 合并案文功败垂成

为便于讨论,主席询问各方可否将上述两个案文合并为一个文本。虽然支持替代案文的代表起初展示开放和灵活性,但支持主案文的代表在管辖权问题上态度强硬,支持替代案文的代表最终表示暂不考虑合并。因两个案文在概念、条款结构、实际适用等方面的差异,观点严重对立,合并案文暂难实现,工作组决定后续仍在两个案文的基础上讨论。

4. 细化管辖权情形分类讨论

主席指出,在不同缔约国的法院进行平行诉讼可分为三种情况:(1)两个法院都有管辖权(指根据主案文第5条,下同);(2)只有其中一个法院有管辖权而另一个没有;(3)两个法院都不具有管辖权。工作组根据主席建议进行了分类讨论。

对于第二类情况,各方同意原则上有管辖权的法院应优先于其他没有管辖权的法院,并认为还需要进一步探讨法律文书中的管辖权规则与各国国内法专属管辖权规则之间的关系问题。

对于第一类、第三类情况,有些代表主张采用先受理规则,有些代表则坚持更合适法院规则,还有代表主张本法律文书不应处理第三类情况,可留给国内法决定。工作组未达成共识,留待后续讨论。

5. 其他相关问题

第一,关于先受理法院的义务性质。主案文第3条第1款规定,“如果先受理法院根据本文书第五条享有管辖权,该法院应该(shall)行使管辖权”;第2款规定,“尽管有第1款的规定,如果平行诉讼正在根据本法律文书享有管辖权的另一缔约国法院进行,并且该另一缔约国法院明显更适合解决争议,则先受理法院可以根据当事人的申请中止诉讼”。有代表提出,第1款中“shall”一词似对先受理法院施加了必须行使管辖权的强制性义务,这将限制法院的自由裁量权,建议改为“可以”(may)。反对意见认为第1款应与第2款一起解读,第2款已经赋予先受理法院在特定情形下中止诉讼的自由裁量权,建议不予修改。各方未能达成一致,留待进一步讨论。

第二,关于管辖权规则的措辞和内容。主案文第5条使用“管辖权规则”(rules of jurisdiction)的措辞,内容上完全借鉴《判决公约》第 5 条的规定。对于“管辖权”措辞,有代表提出,一国法院审理案件的管辖权应根据该国国内法而非本法律文书,建议不使用“管辖权”一词。另有代表建议使用“基于充分连结点的优先性”(priority based on sufficient connecting factor)。一些代表则极力坚持保留“管辖权”措辞,认为本法律文书旨在制定直接管辖权规则,不应改为其他措辞。工作组决定日后再讨论使用“管辖权”(jurisdiction)、“优先性”(priority)、“连结点”(connecting factors 或 connecting grounds)或是其他措辞。对于管辖权规则的具体内容,由于时间原因,各方未展开具体讨论。

第三,关于先受理法院所作判决的预期承认问题。主案文第 4 条第 3 款规定,“如有证据表明先受理法院所作判决将无法根据先受理法院以外的其他法院所在国国内法获得承认……则该其他法院可以继续审理案件”。有代表提出,如果一缔约国根据国内法根本就不承认执行外国判决,该款规定对先受理法院而言不公平。工作组决定暂时删除该款,认为未来可进一步讨论预期承认问题,同时应区分预期承认和预期执行。

第四,关于更适合法院的判定因素。主案文第 6 条和替代案文第 1 条第 2 款分别规定了更适合法院的判定因素,但二者不完全相同。由于时间原因,各方未对这些具体因素逐项讨论,并认为后续可考虑将两案文具体因素合并的问题。

另有部分代表提出,为实现司法正义,在制定更适合法院具体规则时,应考虑避免出现先受理法院被强制拒绝管辖、更适合法院不积极管辖的情形。主席同意未来讨论时应考虑是否有必要就“实现司法正义”制定专门条款。

六、结　　语

制定平行诉讼规则是“直接管辖权”项目工作组讨论的起点,未来还将就直接管辖权制定规则。直接管辖权关系到民商事案件管辖权在各国的分配,涉及各国司法主权和巨大经济利益,极为复杂敏感。本次工作组会议未在解决根本性、理念性分歧方面取得进展,绝大多数问题仍留待后续讨论。第二次工作组会议已于2022年2月举行,继续讨论两个案文,并向2022年2月28日至3月4日召开的HCCH总务与政策理事会会议报告,以决定未来工作安排。

第四届"一个星球"峰会综述

刘　韩*

2021 年 1 月 11 日,法国举办第四届"一个星球"峰会,法国、英国、德国、意大利、哥斯达黎加等 13 国领导人,联合国秘书长、世界卫生组织总干事、联合国粮农组织总干事等国际组织及非政府组织负责人现场或线上与会。中共中央政治局常委、国务院副总理韩正应邀以录制视频方式出席,在开幕式上发表题为"携手迈向昆明,共启生物多样性治理新进程"的讲话。①

韩正表示,各国命运休戚与共。宇宙只有一个地球,人类共有一个家园。为实现人类永续发展,我们需要一个人与自然和谐共生的地球,一个清洁美丽的地球,一个开放包容的地球。中国将在昆明举办《生物多样性公约》第十五次缔约方大会。这次大会将制定"2020 年后全球生物多样性框架",绘制未来 10 年生物多样性保护蓝图。我们要携手努力、抓紧行动,确保大会取得积极成果,共启全球生物多样性治理新进程,推动共建地球生命共同体。一是要走合作共赢之路,加强沟通,相向而行,共促框架谈判进程。二是要走雄心与务实兼备之路,科学研究和制定 2020 年后行动目标,确保合理性和可执行性。三是要走共同提升之路,加强资源调动和执行保障力度,切实提升发展中国家执行能力。

---

* 现供职于外交部。

① 参见《韩正出席"一个星球"峰会并发表讲话》,载中国政府网,http://www.gov.cn/guowuyuan/2021-01/11/content_5578997.htm,最后访问时间:2022 年 3 月 18 日。

韩正表示,在习近平生态文明思想指引下,中国生态环境保护取得显著成绩。中国划定生态保护红线,建立国家公园体系,实施生物多样性保护重大工程,陆地和海洋生态环境得到明显改善。我们将按照高质量发展的要求,持续改善环境质量,建设美丽中国。

本届峰会聚焦生物多样性议题,包括保护陆地和海洋空间、促进生态农业、生物多样性筹资、保护热带雨林、物种与人类健康等分议题。各方普遍强调生物多样性保护的紧迫性,呼吁共同努力,推动“2020 年后全球生物多样性框架”达成,推动人与自然和谐共处,推动疫后可持续发展。

国际舆论积极评价韩正副总理讲话,认为讲话对推动《生物多样性公约》第十五次缔约方大会进程具有现实指导意义,期待昆明大会达成积极成果,促进全球生物多样性治理。

领导人气候峰会综述

尚宝玺*

2021年4月22日、23日，美方举办领导人气候峰会。这是拜登政府上台以来举办的首场多边气候会议，包含四场领导人会议。41位世界领导人及非政府组织、企业和青年代表应邀出席。习近平主席应邀以在线方式出席会议，在各国领导人中第一位致辞。联合国秘书长古特雷斯、欧盟委员会主席冯德莱恩、法国总统马克龙、德国总理默克尔、俄罗斯总统普京等26位领导人视频出席第一场领导人会议。美国总统拜登、副总统哈里斯致开幕词。

习近平主席在会上发表题为"共同构建人与自然生命共同体"的重要讲话。① 习主席表示，人类进入工业文明时代以来，在创造巨大物质财富的同时，也加速了对自然资源的攫取，打破了地球生态系统平衡，人与自然深层次矛盾日益显现。近年来，气候变化、生物多样性丧失、荒漠化加剧、极端气候事件频发，给人类生存和发展带来严峻挑战。新冠肺炎疫情持续蔓延，使各国经济社会发展雪上加霜。面对全球环境治理前所未有的困难，国际社会要以前所未有的雄心和行动，勇于担当，勠力同心，共同构建人与自然生命共同体。

一是坚持人与自然和谐共生。"万物各得其和以生，各得其养

---

* 现供职于外交部。

① 参见《习近平在"领导人气候峰会"上的讲话(全文)》，载中国政府网，http://www.gov.cn/xinwen/2021-04/22/content_5601526.htm，最后访问时间：2022年3月18日。

以成。”大自然是包括人在内一切生物的摇篮,是人类赖以生存发展的基本条件。大自然孕育抚养了人类,人类应该以自然为根,尊重自然、顺应自然、保护自然。不尊重自然,违背自然规律,只会遭到自然报复。自然遭到系统性破坏,人类生存发展就成了无源之水、无本之木。我们要像保护眼睛一样保护自然和生态环境,推动形成人与自然和谐共生新格局。

二是坚持绿色发展。绿水青山就是金山银山。保护生态环境就是保护生产力,改善生态环境就是发展生产力,这是朴素的真理。我们要摒弃损害甚至破坏生态环境的发展模式,摒弃以牺牲环境换取一时发展的短视做法。要顺应当代科技革命和产业变革大方向,抓住绿色转型带来的巨大发展机遇,以创新为驱动,大力推进经济、能源、产业结构转型升级,让良好生态环境成为全球经济社会可持续发展的支撑。

三是坚持系统治理。山水林田湖草沙是不可分割的生态系统。保护生态环境,不能头痛医头、脚痛医脚。我们要按照生态系统的内在规律,统筹考虑自然生态各要素,从而达到增强生态系统循环能力、维护生态平衡的目标。

四是坚持以人为本。生态环境关系各国人民的福祉,我们必须充分考虑各国人民对美好生活的向往、对优良环境的期待、对子孙后代的责任,探索保护环境和发展经济、创造就业、消除贫困的协同增效,在绿色转型过程中努力实现社会公平正义,增加各国人民获得感、幸福感、安全感。

五是坚持多边主义。我们要坚持以国际法为基础、以公平正义为要旨、以有效行动为导向,维护以联合国为核心的国际体系,遵循《联合国气候变化框架公约》及其《巴黎协定》的目标和原则,努力落实2030年可持续发展议程;强化自身行动,深化伙伴关系,提升合作水平,在实现全球碳中和新征程中互学互鉴、互利共赢。要携手合作,不要相互指责;要持之以恒,不要朝令夕改;要重信守诺,不要言而无信。

六是坚持共同但有区别的责任原则。共同但有区别的责任原则是全球气候治理的基石。发展中国家面临抗击疫情、发展经济、应对气候变化等多重挑战。我们要充分肯定发展中国家应对气候变化所作贡献,照顾其特殊困难和关切。发达国家应该展现更大雄心和行动,同时切实帮助发展中国家提高应对气候变化的能力和韧性,为发展中国家提供资金、技术、能力建设等方面支持,避免设置绿色贸易壁垒,帮助他们加速绿色低碳转型。

中方欢迎美方重返多边气候治理进程。中美于 2021 年 4 月共同发布了《应对气候危机联合声明》,中方期待同包括美方在内的国际社会一道,共同为推进全球环境治理而努力。

习近平主席强调,中华文明历来崇尚天人合一、道法自然,追求人与自然和谐共生。中国将生态文明理念和生态文明建设写入《宪法》,纳入中国特色社会主义总体布局。中国以生态文明思想为指导,贯彻新发展理念,以经济社会发展全面绿色转型为引领,以能源绿色低碳发展为关键,坚持走生态优先、绿色低碳的发展道路。

2020 年,中国正式宣布将力争 2030 年前实现碳达峰、2060 年前实现碳中和。这是中国基于推动构建人类命运共同体的责任担当和实现可持续发展的内在要求作出的重大战略决策。中国承诺实现从碳达峰到碳中和的时间,远远短于发达国家所用时间,需要中方付出艰苦努力。中国将碳达峰、碳中和纳入生态文明建设整体布局,正在制定碳达峰行动计划,广泛深入开展碳达峰行动,支持有条件的地方和重点行业、重点企业率先达峰。中国将严控煤电项目,"十四五"时期严控煤炭消费增长、"十五五"时期逐步减少。此外,中国已决定接受《〈蒙特利尔议定书〉基加利修正案》,加强非二氧化碳温室气体管控,还将启动全国碳市场上线交易。

作为全球生态文明建设的参与者、贡献者、引领者,中国坚定践行多边主义,努力推动构建公平合理、合作共赢的全球环境治理体系。中方在 2021 年 10 月承办《生物多样性公约》第十五次缔约方大会，同各方一道推动全球生物多样性治理迈上新台阶，支持《联合国气候变化框架公约》第二十六次缔约方会议取得积极成果。中方秉持“授人以渔”理念，通过多种形式的南南务实合作，尽己所能帮助发展中国家提高应对气候变化能力。从非洲的气候遥感卫星，到东南亚的低碳示范区，再到小岛国的节能灯，中国应对气候变化南南合作成果看得见、摸得着、有实效。中方还将生态文明领域合作作为共建“一带一路”重点内容，发起了系列绿色行动倡议，采取绿色基建、绿色能源、绿色交通、绿色金融等一系列举措，持续造福参与共建“一带一路”的各国人民。

习近平主席最后表示：“众力并，则万钧不足举也。”气候变化带给人类的挑战是现实的、严峻的、长远的。但是，只要心往一处想、劲往一处使，同舟共济、守望相助，人类必将能够应对好全球气候环境挑战，把一个清洁美丽的世界留给子孙后代。

习近平主席讲话得到与会领导人高度赞赏。英国首相约翰逊表示，完全赞同习近平主席所提“人与自然和谐共生”理念，呼吁国际社会保护自然，以可持续方式应对气候变化挑战。法国总统马克龙回顾中法德领导人峰会，赞赏中方决定接受《〈蒙特利尔议定书〉基加利修正案》。安提瓜和巴布达总理布朗赞赏中国应对气候变化努力，认为中国行动鼓舞人心，具有至关重要的榜样和带动作用。国际舆论高度关注习近平主席讲话，积极报道“人与自然生命共同体”理念及应对行动；高度评价中国为全球应对气候变化所做贡献，期待中方未来发挥更大领导力。

与会各方普遍强调气候危机紧迫性，呼吁提升行动力度，加强团结协作，共促《巴黎协定》落实；携手推动绿色复苏，实现经济社会可持续发展。发展中国家还普遍强调自身应对疫情、气候变化双重危机面临的困难；全球气候治理应坚持多边主义、遵循共同但有区别的责任原则；发达国家应切实为发展中国家提供资金、技术、能力建设支持。

第二届全球绿色目标伙伴 2030 峰会综述

张琳琦*

2021 年 5 月 30 日至 31 日，第二届全球绿色目标伙伴 2030 峰会在韩国首尔举行。峰会旨在提高国际社会气候行动力度，主题为“通过包容性绿色复苏实现碳中和愿景”。李克强总理应邀以视频方式出席峰会并发表致辞，67 位国家和国际组织领导人出席峰会。峰会期间还邀请专家学者以农业、粮食、水、能源、城市、循环经济等为主题进行专题讨论。

李克强总理表示，[①]当前，新冠肺炎疫情仍在全球范围肆虐，世界经济不稳定性、不确定性增加，全球绿色和可持续发展面临严峻挑战。面对困难和冲击，国际社会应当守望相助、同舟共济，努力实现谋发展与绿色转型并行不悖、相互促进，推动提质升级。

李克强总理指出，作为世界上最大的发展中国家，中国要在本世纪中叶实现现代化、让中国人民过上幸福生活的过程中实现低碳绿色发展，这在人类历史上没有先例，需要付出艰苦卓绝的努力才能实现。中国国家主席习近平宣布中国力争 2030 年前实现碳达峰、2060 年前实现碳中和。中国将建立健全绿色低碳循环发展

---

* 现供职于外交部。

① 参见《李克强出席第二届全球绿色目标伙伴 2030 峰会》，载中国政府网，http://www.gov.cn/premier/2021-05/31/content_5614114.htm，最后访问时间：2022 年 3 月 18 日。

经济体系，促进经济社会发展全面绿色转型；以降碳为重点战略方向，推动减污降碳协同增效。中国将在2021年10月主办《生物多样性公约》第十五次缔约方大会，愿同国际社会一道推动全球生物多样性治理迈上新台阶。

李克强总理提出三点建议：

一是团结协作，共同打赢全球抗疫阻击战。疫情一日不结束，各国都难以安心发展。面对病毒这一共同的敌人，没有哪个国家可以独善其身。团结协作是战胜疫情的“正道坦途”。我们要加强抗疫国际合作，进一步完善全球卫生治理体系。同时，加强政策协调，以“快捷通道”“绿色通道”等灵活形式，保障全球产业链供应链安全稳定。

二是转变思路，推动绿色低碳转型。各国疫后复苏绝不能重回高污染、高排放发展的老路，要坚定追求经济发展与生态环境保护的共赢，坚决抑制粗放型增长冲动。紧抓疫情催生的新业态、加速数字化转型、激发发展新动能等新机遇，推动实现高质量发展。

三是照顾发展中国家特殊困难。国际社会要坚持共同但有区别的责任原则，高度重视发展中国家的关切与诉求，加大技术、资金、能力支持，帮助他们实现绿色低碳转型。要维护以世界贸易组织为核心的多边贸易规则体系，警惕新的绿色贸易壁垒，反对单边主义和贸易保护主义。

李克强总理强调，绿色决定了未来发展的成色。中方愿同各方一道，携手推动绿色复苏，共创人类更加美好的未来。

会上，各方围绕“疫后包容性绿色复苏”“2050碳中和”“促进公私伙伴关系”三大议题交换意见，强调应对气候变化的紧迫性，呼吁各国团结一致，切实提高气候行动力度，加强政府与私营部门合作，共同推动疫后绿色复苏，实现全球绿色低碳转型和可持续发展。峰会还通过成果文件《首尔宣言》，与会各国均支持该宣言，表示将为克服新冠肺炎疫情和应对气候变化共同努力。

国际社会高度赞誉并广泛报道李克强总理致辞,积极评价我国在全球抗疫合作、应对气候变化、推动绿色低碳发展等领域所做贡献,并高度赞赏李克强总理所提三点建议。

《生物多样性公约》第十五次缔约方大会领导人峰会综述

徐　璐*

2021 年 10 月 12 日,《生物多样性公约》第十五次缔约方大会(以下简称昆明大会)领导人峰会在云南昆明以线上线下相结合的方式举行,习近平主席发表题为“共同构建地球生命共同体”的主旨讲话。[①] 俄罗斯总统普京、埃及总统塞西、土耳其总统埃尔多安、法国总统马克龙、哥斯达黎加总统阿尔瓦拉多、吉尔吉斯斯坦总统扎帕罗夫、巴布亚新几内亚总理马拉佩、英国王储查尔斯、联合国秘书长古特雷斯等应邀以预录视频方式出席峰会并致辞。

习近平主席在讲话中指出,生物多样性使地球充满生机,也是人类生存和发展的基础。保护生物多样性有助于维护地球家园,促进人类可持续发展。昆明大会为未来全球生物多样性保护设定目标、明确路径,具有重要意义。国际社会要加强合作,心往一处想、劲往一处使,共建地球生命共同体。

习近平主席强调,人与自然应和谐共生。我们要尊重自然、顺应自然、保护自然,构建人与自然和谐共生的地球家园。绿水青山

* 现供职于外交部。

① 参见《习近平在〈生物多样性公约〉第十五次缔约方大会领导人峰会上的主旨讲话(全文)》,载中国政府网,http://www.gov.cn/xinwen/2021-10/12/content_5642048.htm,最后访问时间:2022 年 3 月 18 日。

就是金山银山。良好生态环境既是自然财富,也是经济财富,关系经济社会发展潜力和后劲。我们要加快形成绿色发展方式,促进经济发展和环境保护双赢,构建经济与环境协同共进的地球家园。新冠肺炎疫情给全球发展蒙上阴影。面对恢复经济和保护环境的双重任务,我们要加强团结、共克时艰,让发展成果、良好生态更多更公平惠及各国人民,构建世界各国共同发展的地球家园。

习近平主席强调,我们处在一个充满挑战也充满希望的时代。为了我们共同的未来,我们要携手同行,开启人类高质量发展新征程。习近平主席就此提出 4 点倡议:

第一,以生态文明建设为引领,协调人与自然关系。要解决好工业文明带来的矛盾,把人类活动限制在生态环境能够承受的限度内,对山水林田湖草沙进行一体化保护和系统治理。

第二,以绿色转型为驱动,助力全球可持续发展。要建立绿色低碳循环经济体系,把生态优势转化为发展优势,使绿水青山产生巨大效益。加强绿色国际合作,共享绿色发展成果。

第三,以人民福祉为中心,促进社会公平正义。要心系民众对美好生活的向往,实现保护环境、发展经济、创造就业、消除贫困等多面共赢,增强各国人民的获得感、幸福感、安全感。

第四,以国际法为基础,维护公平合理的国际治理体系。要践行真正的多边主义,有效遵守和实施国际规则。设立新的环境保护目标应该兼顾雄心和务实平衡,使全球环境治理体系更加公平合理。

习近平主席指出,中国生态文明建设取得了显著成效。中国将持续推进生态文明建设,坚定不移贯彻创新、协调、绿色、开放、共享的新发展理念,建设美丽中国。习近平主席宣布,中国将率先出资 15 亿元人民币,成立昆明生物多样性基金,支持发展中国家生物多样性保护事业。中方呼吁并欢迎各方为基金出资。中国正加快构建以国家公园为主体的自然保护地体系,逐步把自然生态系统最重要、自然景观最独特、自然遗产最精华、生物多样性最富集的区域纳入国家公园体系。为推动实现碳达峰、碳中和目标,中国将陆续发布重点领域和行业碳达峰实施方案和一系列支撑保障措施,构建起碳达峰、碳中和“1 + N”政策体系。中国将持续推进产业结构和能源结构调整,大力发展可再生能源,在沙漠、戈壁、荒漠地区加快规划建设大型风电光伏基地项目。

习近平主席最后强调,人不负青山,青山定不负人。生态文明是人类文明发展的历史趋势。让我们携起手来,秉持生态文明理念,站在为子孙后代负责的高度,共同构建地球生命共同体,共同建设清洁美丽的世界!

与会领导人高度赞赏“共建地球生命共同体”理念,强调“人与自然和谐共生”的重要性。国际社会高度关注习近平主席讲话,积极报道习近平主席提出的重要理念和举措。舆论普遍认为习近平主席出席峰会展现了中方与国际社会共促全球生物多样性保护的积极姿态,为全球生物多样性治理注入了动力;盛赞中方提出的生态文明理念及成立昆明生物多样性基金等倡议,为国际社会应对当前挑战提供了“中国方案”。

《联合国气候变化框架公约》第二十六次缔约方大会世界领导人峰会综述

高正霖*

2021年10月31日至11月13日,《联合国气候变化框架公约》第二十六次缔约方会议(COP26)在英国格拉斯哥线下举行。期间,COP26主席国英国于11月1日至2日举办世界领导人峰会,旨在为COP26取得成功提供政治推动力。峰会包含全会及三场边会。英国首相约翰逊、美国总统拜登、法国总统马克龙、德国总理默克尔、印度总理莫迪、欧盟委员会主席冯德莱恩、欧洲理事会主席米歇尔、联合国秘书长古特雷斯等在内的百余位国家元首、政府首脑和领导人与会致辞,习近平主席向峰会发表书面致辞。①

习近平主席指出,当前,气候变化不利影响日益显现,全球行动紧迫性持续上升。如何应对气候变化、推动世界经济复苏,是我们面临的时代课题。

习近平主席提出三点建议。第一,维护多边共识。应对气候变化等全球性挑战,多边主义是良方。《联合国气候变化框架公

---

* 现供职于外交部。

① 参见《习近平向〈联合国气候变化框架公约〉第二十六次缔约方大会世界领导人峰会发表书面致辞》,载中国政府网,http://www.gov.cn/xinwen/2021-11/01/content_5648312.htm,最后访问时间:2022年3月18日。

约》及其《巴黎协定》，是国际社会合作应对气候变化的基本法律遵循。各方应该在已有共识基础上，增强互信，加强合作，确保格拉斯哥大会取得成功。第二，聚焦务实行动。行动，愿景才能变为现实。各方应该重信守诺，制定切实可行的目标和愿景，并根据国情尽己所能，推动应对气候变化举措落地实施。发达国家不仅自己要做得更多，还要为发展中国家做得更好提供支持。第三，加速绿色转型。要以科技创新为驱动，推进能源资源、产业结构、消费结构转型升级，推动经济社会绿色发展，探索发展和保护相协同的新路径。

习近平主席强调，中国秉持人与自然生命共同体理念，坚持走生态优先、绿色低碳发展道路，加快构建绿色低碳循环发展的经济体系，持续推动产业结构调整，坚决遏制高耗能、高排放项目盲目发展，加快推进能源绿色低碳转型，大力发展可再生能源，规划建设大型风电光伏基地项目。中国分别于 2021 年 9 月和 10 月发布了《关于完整准确全面贯彻新发展理念做好碳达峰碳中和工作的意见》和《2030 年前碳达峰行动方案》，还将陆续发布能源、工业、建筑、交通等重点领域和煤炭、电力、钢铁、水泥等重点行业的实施方案，出台科技、碳汇、财税、金融等保障措施，形成碳达峰、碳中和“1 + N”政策体系，明确时间表、路线图、施工图。

习近平主席指出，中国古人讲“以实则治”。中方期待各方强化行动，携手应对气候变化挑战，合力保护人类共同的地球家园。

习近平主席的致辞彰显了中国积极应对气候变化、引领全球气候治理的大国担当，获得国际社会高度赞誉。国际媒体广泛关注、积极报道习近平主席书面致辞，高度赞赏中国气候行动体现的大国诚意与担当，期待中国在全球气候治理中发挥更大作用。

峰会发布《关于森林和土地利用的格拉斯哥领导人宣言》，包括中国、美国、英国、巴西、俄罗斯等在内的占全球森林总面积 90% 的 141 个国家签署宣言，承诺到 2030 年停止并扭转森林丧失和土地退化。峰会还发布了《格拉斯哥突破议程》，呼吁各方在未来十年加强国际合作,加速清洁技术开发和部署,确保其可及性和可负担性,加强应对气候变化韧性。议程后附电力、道路交通、钢铁和氢能四个领域突破目标。中国支持议程及其氢能突破目标。

文件资料

弘扬国际法治　完善经贸规则
护航“一带一路”高质量发展

——谢锋副部长在中国法治国际论坛(2021)开幕式上的致辞

(2021年11月12日,北京钓鱼台)

尊敬的王晨副委员长,

各位来宾,

女士们,先生们:

很高兴出席中国法治国际论坛。我谨代表中国外交部,对论坛的成功举办表示热烈祝贺。

2013年习近平主席提出共建“一带一路”倡议以来,在各方的热情参与和支持下,“一带一路”作为构建人类命运共同体的实践载体,已成为全球最大的国际合作平台。八年来,中国与“一带一路”合作伙伴贸易额累计超过9.2万亿美元,中国企业在沿线国家直接投资累计超过1300亿美元,为合作伙伴带去巨大机遇,也为世界繁荣贡献崭新动力。

在新冠疫情蔓延反复、世界经济复苏乏力的背景下,“一带一路”合作逆势前行,离不开各方对规则的遵循、对法治的信守。今天,大家围绕“‘一带一路’国际经贸规则创新与完善”这一主题展开交流,以国际法为“一带一路”高质量发展护航,很有现实意义。

女士们,先生们,

国际法是国际社会公认的行为准则,对维护世界和平、促进共同发展至关重要。但是,当今世界,国际法治仍面临严峻挑战。有的国家对国际法合则用、不合则弃,鼓吹“基于规则的国际秩序”,企图将自己定下的“家法帮规”强加给他国,本质是假借规则之名、行霸权之实;有的国家无视《联合国宪章》规定的国际法基本原则,将国内法凌驾于国际条约和协议之上,滥用“长臂管辖”和单边制裁,动辄使用武力或以武力相威胁,严重损害他国主权、安全和发展利益;有的国家屡屡毁约退群,逃避国际义务,严重破坏国际合作,阻碍多边治理进程;有的国家滥用“国家安全”概念推行保护主义,动不动搞脱钩断供,欺行霸市,严重冲击国际供应链产业链稳定。

习近平主席指出,世界上只有一个体系,就是以联合国为核心的国际体系。只有一个秩序,就是以国际法为基础的国际秩序。只有一套规则,就是以《联合国宪章》宗旨和原则为基础的国际关系基本准则。作为负责任大国,中国始终致力于弘扬国际法治,坚定维护国际法和国际秩序的权威性和严肃性,反对打着所谓“规则”旗号破坏国际秩序、制造分裂和对抗的行径;始终坚持《联合国宪章》的宗旨和原则,特别是尊重国家主权、不干涉内政、和平解决国际争端等原则,反对霸权主义和强权政治;始终坚定维护以世界贸易组织为基石的多边贸易体制,深度参与世界贸易组织改革,推动达成“多方临时上诉仲裁安排”,以扩大开放的实际行动反对单边主义和贸易保护主义;始终秉持共商共建共享原则,积极参与全球治理体系改革和建设,倡导国际上的事大家商量着办,推动国际秩序朝更加公正合理的方向发展。

女士们,先生们,

习近平主席强调要“推动构建公正、合理、透明的国际经贸规则体系,推动共建‘一带一路’高质量发展,更好造福各国人民”。我愿借中国法学会举办“中国法治国际论坛”之际,就加强“一带一路"法治保障提三点建议：

一是要坚持开放包容。"一带一路"是维护经济全球化和自由贸易体制的中坚力量。中方愿与各方一道，增强机制、理念、政策、规则的开放性和包容性，增强发展中国家在国际经贸规则体系中的话语权，推动国际经贸规则的创新与完善。

二是要厉行国际法治。"一带一路"法治合作有利于推动国际关系法治化。中方愿与各方一道，捍卫国际法和国际关系基本准则。坚持国际规则制定进程的平等和民主参与，严格遵守国际法，践行真正的多边主义。

三是要不断与时俱进。"一带一路"始终着眼世界经济前进方向。中方愿与各方一道，探索制定高标准数字经贸规则，落实绿色低碳可持续发展，推进世界贸易组织和国际金融货币体系改革，为国际经贸规则不断注入新能量。

谢谢大家！

中国代表团在世界卫生组织《烟草控制框架公约》第九届缔约方大会一般性辩论上的发言

（2021 年 11 月 8—13 日）

女士们，先生们：

第八届缔约方大会以来，中国政府继续高度重视公众健康，支持《公约》的目的和宗旨，善意履行《公约》义务，取得积极成效，现简要介绍中国过去三年所作主要工作。

第一，政策法律方面。实施《健康中国行动（2019—2030年）》，将控烟纳入专项行动；发布《进一步加强青少年控烟工作的通知》和《进一步保护未成年人免受电子烟侵害的通告》，防止青少年受到烟草侵害；实施《电子烟市场专项检查行动方案》并开展专项检查，全面屏蔽互联网电子烟广告、网络下架电子烟产品等。同时，继续积极推动控烟立法，将控烟有关要求纳入《基本医疗卫生与健康促进法》《未成年人保护法》等法律法规，31 个省份出台了控烟法规，全国受到较为严格的无烟法律法规保护人口比例持续提高。

第二，行政措施方面。不断调整卷烟结构，全国卷烟加权平均价格逐年提升。截至 2020 年，国内销售卷烟加权平均价格达到 150 元/条（200 支），同比提高近 8%。严格执行《中华人民共和国境内卷烟包装标识的规定》，并根据规定要求，分别于 2019 年和 2020 年对市场上流通的卷烟包装标识进行专项监督检查。

第三,公众推广和服务方面。整合戒烟资源,在今年世界无烟日前正式发布“中国戒烟平台”,以帮助提高吸烟者戒烟意愿。建立戒烟医院联盟、推进戒烟门诊等服务网络建设。组织开展世界无烟日主题宣传及电子烟危害宣传系列活动,修订发布《中国吸烟危害健康报告 2020》,新增电子烟对健康的危害等内容,不断提升人民群众健康意识。西安市人民政府、北京控烟协会和秦皇岛市人民政府先后获得世界卫生组织“世界无烟日奖”。

第四,打击烟草制品非法生产和贸易方面。中国政府始终保持高压态势,相关主管部门严厉打击物流寄递、境外制假、海上走私活动等。2019 至 2020 年,共查处案值 5 万元以上假私烟案件 18,096 起,收缴制假烟机 651 台,查获烟丝烟叶 4.0 万吨、假烟 80.91 万件、走私烟 23.96 万件,依法拘留 16,733 人,卷烟市场净化率保持在 96% 以上,足见中国政府打假打私的坚定决心和显著成就。

第五,烟草替代种植方面。中国政府积极压缩烟叶种植面积,2012 年至 2020 年,烟叶种植面积减少约 37%(由 141 万公顷下降到 89 万公顷),烟叶收购总量减少约 38%(由 274 万吨减少到 170 万吨),烟农户数降幅为 54%(由 184 万户减少到 84 万户)。在烟区有计划地实施烟草与粮食、药材、其他经济作物的各种轮作、替代种植模式,非烟收入逐年增加,2020 年增加约 14.3 亿美元。

第六,促进《公约》实施方面。根据第八届缔约方大会(COP8)相关决定,中国政府邀请《公约》秘书处、世界卫生组织(WHO)驻华代表处、《公约》第 9 条和第 10 条专家组、国际烟草实验室网络(TobLabNet)及部分缔约方的专家,于 2019 年 12 月在北京成功举办《公约》第 9 条、第 10 条国际技术研讨会,就烟碱成瘾性研究、新型烟草制品风险性、烟草成分及释放物检测技术等相关技术问题进行交流,为推进《公约》第 9 条和第 10 条履行发挥了积极作用。

女士们,先生们,

根据“一国两制”方针以及香港特别行政区和澳门特别行政

区《基本法》,《公约》适用于中华人民共和国香港特区和澳门特区。中国代表团愿简要介绍两特区所做工作。

香港特区政府通过立法、执法、宣传、教育、推广戒烟服务及征税等方式,抑制烟草使用,努力降低二手烟影响。2019 年,香港特区政府提出修订法例,禁止进口、制造、销售、分发及宣传电子烟、加热烟等新型烟草制品。香港特区 15 岁及以上人口吸烟率从 1980 年代的逾 20% 下降到 2019 年的 10.2%,香港特区政府并在《迈向 2025 香港非传染病防控策略及行动计划》中确定争取 2025 年把吸烟率降至 8% 以下。

澳门特区政府继续通过立法、执法、宣传、鼓励戒烟多管齐下的方式加强控烟。2018 年,实施新修订的《预防及控制吸烟制度》,禁止销售、广告及在禁烟地点使用规管的电子烟。澳门特区 15 岁及以上人口烟草使用率由 2008 年 17.3% 降至 2019 年 11.2%。

女士们,先生们,

我愿与大家分享中国对促进《公约》履约及做好控烟工作的三点看法:

一是聚焦重点,提质增效。受新冠疫情影响,国际控烟进程也受到一定限制。中方充分肯定秘书处为实施《公约》开源资金渠道、推动设立控烟投资基金所作努力。同时,在全球经济下行和疫情持续蔓延的大背景下,建议秘书处就《公约》事务充分听取缔约方意见,聚焦核心工作,不断优化资金使用效率。

二是结合国情,务实履约。《公约》兼顾了各方关切,内容全面均衡。实施《公约》要考虑不同缔约方的经济社会发展、文化和管理体制的差异,要秉持包容务实理念,推动《公约》切实有效实施。

三是加强统筹,综合施策。缔约方要采取综合措施控烟履约,协调好卫生、税收、海关和市场监管等部门,发挥相关领域及政策、法律方面专家作用。

中国政府愿同各方共同努力,全面推进控烟工作,维护公众健康。

谢谢大家!

中国代表在第76届联合国大会“国际法院的报告”议题下的发言

（2021年10月28日）

主席先生：

中方感谢多诺霍院长向联大报告国际法院工作，对全体法官和工作人员在疫情期间克服困难、勤勉履职表示敬意，对克劳福德法官不幸去世表示哀悼。

今年是国际法院正式运作75周年。75年来，国际法院依据《联合国宪章》和《国际法院规约》开展工作，受理了154个诉讼案件，发表了28项咨询意见，涉及领土主权、海洋划界、单边制裁、非殖民化、不使用武力、外交和领事关系等重要领域的国际法事务，为正确解释和适用国际法作出了巨大贡献，为和平解决国际争端、维护国际和平与安全发挥了积极作用。经过75年的实践，国际法院赢得国际社会广泛赞誉，成为世界上最具权威性和影响力的国际司法机构。

近年来，国际法院受理案件的数量不断增加，反映出各国对国际法院的信任持续增强。国际法院审案不仅涉及当事国利益，也事关国际法规则的理解与适用。2020年12月，国际法院在“豁免与刑事程序案”（赤道几内亚诉法国）的判决中，澄清了有关认定使馆馆舍地位的外交法规则，此举有助于国家与国家之间发展双边友好关系。2021 年 2 月,国际法院判决认定对"指控违反 1955 年《友好、经济关系和领事权利条约》案"(伊朗诉美国)具有管辖权。希望关于本案的下步审理有助于厘清和应对单边制裁带来的负面影响。

主席先生,

和平与发展是我们的共同事业,公平与正义是我们的共同理想,民主与自由是我们的共同追求。联合国应该高举多边主义旗帜,捍卫并弘扬全人类共同价值,推动各国团结,促进国际合作,为实现国际关系民主化和法治化作出积极努力。国际法院作为联合国主要司法机关,在维护多边主义和促进国际法治方面肩负崇高使命,应继续忠实履职尽责,发挥重要而独特作用。

今年是中华人民共和国恢复在联合国合法席位 50 周年。半个世纪以来,中国积极倡导国际关系民主化和法治化,始终做世界和平的建设者、全球发展的贡献者、国际秩序的维护者。中国国家主席习近平在第 76 届联大一般性辩论中指出:"世界只有一个体系,就是以联合国为核心的国际体系。只有一个秩序,就是以国际法为基础的国际秩序。只有一套规则,就是以《联合国宪章》宗旨和原则为基础的国际关系基本准则。"习近平主席的讲话鲜明地表达出中国对多边主义和国际法的坚守。

无论世界风云如何变幻,中国愿与各国一道,秉持《联合国宪章》宗旨和原则,坚定支持联合国和国际法院工作,共同维护以联合国为核心的国际体系和以国际法为基础的国际秩序,促进完善全球治理,推动构建人类命运共同体。

谢谢主席先生。

中国代表在第 76 届联合国大会“国际刑事法院的报告”议题下的发言

（2021 年 11 月 10 日）

主席先生：

中方感谢霍夫曼斯基院长向第 76 届联大报告国际刑事法院工作，并向今年新就任的检察官和 6 名法官表示祝贺。中方一直高度关注国际刑事法院工作，作为观察员参加历届《国际刑事法院罗马规约》（以下简称《罗马规约》）缔约国大会。我们注意到，在过去一年里，国际刑事法院克服疫情困难，调整工作安排，创新工作方法，继续努力开展调查和审判活动。

主席先生，

中方一贯支持依法打击和惩治危害国际和平与安全的严重罪行。国际刑事法院应严格按照《罗马规约》审慎行使职权，其司法活动应当符合包括《联合国宪章》宗旨与原则在内的国际法基本原则，促进国际和地区和平与安全。

根据国际法，国家负有惩治国际罪行、消除有罪不罚和实现正义的主要责任。国际刑事法院的建立是对国家司法管辖的补充，应充分尊重国家司法主权，严格遵循补充性原则以及国际法上的其他要求，审慎确定和行使自身管辖权，进一步回应各国合理关切，通过实践赢得广泛信任和支持。国际刑事法院还应坚守独立、客观和非政治化的立场,彻底认清那些捏造事实、诬告滥诉伎俩的真实面目,坚决抵制那些滥用司法程序进行政治操弄的恶劣行径。

主席先生,

个别国家于2020年9月对国际刑事法院检察官和其他官员实施单边制裁,国际刑事司法公正面临前所未有的威胁。目前,上述单边制裁措施虽已撤销,但单边制裁的根源并未消除。个别国家一再将本国意志和法律凌驾于国际法之上,对国际法合则用、不合则弃,此等行径严重破坏国际法治。

必须强调指出,与国际法不符的单边制裁严重影响被制裁国家的经济发展和社会民生,大肆侵犯基本人权,甚至引发重大人道灾难。中方一贯反对单边制裁,注意到已有《罗马规约》缔约国就其遭受单边制裁问题向国际刑事法院提交情势,作为联合国主要司法机关的国际法院也在审理关于单边制裁问题的国家间诉讼。中方期待国际社会为制止单边霸凌行径付出更大努力。

主席先生,

国际刑事法院于今年9月对菲律宾情势(situation)启动调查(investigation),这是国际刑事法院首次在缔约国退约(withdraw from the Statute)后正式启动调查。中方注意到,在解释和适用《罗马规约》第127条关于退约的规定方面,国际上存在不同的观点。特别是检察官开展的"初步审查"(preliminary examinations)是否属于第127条规定的退约生效之日前开始的"刑事调查与诉讼"(criminal investigations and proceedings)或"法院已在审理中的任何事项"(any matter which was already under the consideration by the Court),从而能否在退约生效后继续推进或进一步启动调查与诉讼程序,或由法院继续审理该事项,各方对此尚无定论。上述问题涉及退约国在与国际刑事法院合作方面到底承担怎样的义务,涉及尊重国家主权和国家同意原则的适用,应当予以澄清。

主席先生,

中方一贯重视国际刑事司法机构在促进国际法治、惩治严重国际罪行方面发挥的作用，始终以建设性态度积极参与国际刑事司法制度建设。中方重申支持建立一个独立、公正、有效且具有普遍性的国际刑事司法机构，期待国际刑事法院通过客观公正的司法活动维护司法正义、促进和平与安全。

谢谢主席先生。

中国代表在第 76 届联大六委“消除国际恐怖主义的措施”议题下的发言

（2021 年 10 月 6 日）

主席女士：

首先，我谨代表中国代表团祝贺你当选第 76 届联大六委主席。中国代表团愿与你和主席团成员以及各国代表团通力合作，推动本届联大六委工作取得圆满成功。

今年是“9 · 11”事件 20 周年。20 年来，各国恐怖势力遭到沉重打击，国际反恐合作取得重要进展。与此同时，恐怖主义仍对各国构成现实威胁，国际反恐斗争面临新的挑战，呈现新的特点，依然任重道远。

——“基地”组织、“伊斯兰国”仍活跃在阿富汗、叙利亚、伊拉克等地，一些恐怖组织加速向非洲、东南亚等地渗透。恐怖势力利用高新技术散播暴恐思想、募集资金人员、遥控暴恐活动，加紧组建恐怖网络。

——个别国家打着反恐旗号，推行双重标准，奉行单边主义和霸凌行径，炮制所谓人权人道问题，干涉他国内政，干扰国际反恐合作进程。

——新冠疫情背景下，世界经济复苏进程放缓，贫困和社会问题加剧，南北鸿沟拉大，极端思想蔓延，进一步助长恐怖主义滋生。

主席女士，

面对新形势、新任务、新挑战，国际社会必须齐心协力，深化合作，共同打击恐怖主义。为此，中方提出以下主张：

第一，践行真正多边主义。恐怖主义是人类社会公敌，反恐是国际社会共同责任。各国应树立命运共同体意识，充分发挥联合国在全球反恐领域的中心协调作用，构筑最广泛的反恐统一战线。各方应支持联合国相关反恐机构加强协作，推动在国际、区域和国家层面进一步凝聚共识、协调行动。

第二，强化反恐国际法治。反恐应尊重各国主权、独立和领土完整，不得以反恐为名干涉他国内政。应落实国际社会普遍接受的反恐条约，尽快出台《关于国际恐怖主义的全面公约》，完善反恐国际法律框架。应全面落实安理会和联大相关决议及《联合国全球反恐战略》，依法开展预防性反恐和去极端化工作。

第三，摒弃反恐双重标准。恐怖分子没有好坏之分，无论恐怖活动发生在何时何地，由何人作为，出于何种目的，都应明确反对、坚决打击。反恐不应以意识形态划线，将恐怖主义与特定国家、政府、民族或宗教挂钩，不应搞选择性反恐，将反恐问题政治化工具化。利用恐怖势力谋求地缘政治利益，最终只会“搬起石头砸自己的脚”。

第四，消除恐怖主义根源。单纯依靠武力消灭不了恐怖主义。反恐要综合采取政治、经济、司法、社会等各种手段，彻底铲除滋生恐怖主义、极端主义的土壤。要秉承平等、尊重、宽容原则，推动不同文明交流对话。要更加重视发展问题，推动落实2030年可持续发展议程，夯实全球反恐努力基础。

第五，着力解决新兴问题。国际社会要深入分析反恐形势，坚决打击利用新冠疫情、滥用新兴技术煽动和实施恐怖活动的现象。要围绕打击网络恐怖主义、处置外国恐怖作战分子以及反恐融资等问题密切协调，深化合作，加大投入，有效应对。

主席女士,

“东伊运”是联合国安理会列名的国际恐怖组织,打击以“东伊运”为代表的“东突”恐怖势力是国际反恐斗争的重要组成部分,符合国际社会共同利益。安理会制裁委专家小组起草的报告显示,“东伊运”目前依然十分活跃,在叙利亚境内有上千名战斗人员,在阿富汗境内有数百名成员,仍同“基地”组织等暴恐势力保持联系,仍在组织恐怖分子进行训练,仍定期发布宣传恐怖袭击的音频和视频信息。

中方希望各方认清“东伊运”的暴恐本质和严重危害,理解和支持中方反恐努力。个别国家将“东伊运”从本国恐怖组织名单上除名,为其开脱,对其袒护,完全是在奉行双重标准,操弄政治议程,背后有不可告人的目的。我们敦促有关国家从国际反恐合作大局出发,立即纠正错误做法,恢复对“东伊运”恐怖组织的认定。

近期,阿富汗国内局势发生重大转变。中方呼吁塔利班兑现承诺,彻底切断同恐怖主义的关联,呼吁国际社会团结协作,防止“东伊运”等恐怖势力在阿富汗乘机坐大,防止阿富汗再度成为恐怖活动的庇护所和扩散源。国际社会还要及时向阿富汗提供抗疫支持和人道援助,帮助阿富汗早日开启国家建设进程,加快经济社会发展,消除恐怖主义滋生的土壤。

主席女士,

中国反对任何形式的恐怖主义,始终是国际反恐合作的参与者和贡献者。中方将继续深入参与联合国、上海合作组织和全球反恐论坛等国际反恐机制,同各方在情报交流、反恐融资、打击网络恐怖主义等领域深化合作,共同应对恐怖主义威胁,维护世界和平与稳定。

谢谢主席女士。

中国代表在第76届联大六委“国内和国际的法治”议题下的发言

（2021年10月12日）

主席先生：

我们今天讨论的主题是“促进以人为中心的国内和国际法治，奠定我们共同议程的基础”。这一主题同中国以人为本的法治思想和法治实践高度契合。

中国是人民当家作主的国家。中国共产党是中国的执政党。自100年前诞生之日起，中国共产党就把为中国人民谋幸福、为中华民族谋复兴作为自己的初心使命，始终做到来自人民、依靠人民、为了人民。当代中国积极践行全面依法治国，坚持以人民为中心，把体现人民利益、反映人民愿望、维护人民权益、增进人民福祉落实到全面依法治国的各领域和全过程。中国将持续加强以人为中心的国内法治，坚持依法治国、依法执政、依法行政共同推进，法治国家、法治政府、法治社会一体建设，不断提升人民对法治的参与感和获得感。

主席先生，

今天，我重点谈谈促进以人为中心的国际法治问题。

中国一贯主张国际关系民主化和法治化，呼吁各国恪守《联合国宪章》宗旨和原则。我们认为，加强国际法治是维护世界和平、促进共同发展、完善全球治理的前提和保障。以人为中心的国际法治,要回应各国人民对和平、发展、人权的殷切期盼,把各国人民对美好生活的向往作为努力目标和前进方向,要践行真正的多边主义,弘扬和平、发展、公平、正义、民主、自由的全人类共同价值。

一段时间以来,个别国家避而不谈国际法,却总是鼓吹什么"基于规则的国际秩序"。但他们对基于什么样的规则,基于谁制定的规则,这种规则与国际秩序之间是什么关系却闪烁其词、语焉不详。如果真像他们说的那样,这里所称的"规则"就是公认的国际法,就是《联合国宪章》宗旨和原则,那么为什么不光明正大地说"以国际法为基础的国际秩序""以《联合国宪章》宗旨和原则为基础的国际秩序"?为什么要搞移花接木、偷梁换柱的把戏?

我们不能不怀疑,个别国家鼓吹"基于规则的国际秩序",其真实目的是想随意解释和适用国际法,把自己的意志强加于其他国家,用自己制定的规则取代普遍接受的国际法则。所谓"基于规则的国际秩序"是对法治精神的违背,体现的不是多边主义,而是单边主义,不是民主正义,而是强权政治。

中国国家主席习近平在第76届联大一般性辩论中明确指出,世界只有一个体系,就是以联合国为核心的国际体系。只有一个秩序,就是以国际法为基础的国际秩序。只有一套规则,就是以《联合国宪章》宗旨和原则为基础的国际关系基本准则。联合国应高举真正的多边主义旗帜,加强国际法治,完善全球治理,坚定维护以国际法为基础的国际秩序。为此,中方提出以下主张:

第一,要民主立法,反对唯我独尊。多边主义的要义是国际上的事大家商量着办,世界的前途命运各国共同掌握。法治不是少数国家的专利,国际立法应由各国共同平等参与,国际规则要平衡反映各国关切。不能把个别国家的规则当作国际规则,也不能把个别国家的标准当作国际标准。

第二,要善意遵法,反对双重标准。各国应坚持客观公正立场,确保国际法得到统一解释与适用,防止借国际法治谋求政治私利，进行政治操弄。个别国家不能一方面要求他国遵规守矩，另一方面自己却对国际法采取“合则用，不合则弃”的功利态度。

第三，要公正司法，反对单边霸凌。国际法不容工具化。任何国家不得将本国规则凌驾国际法之上，利用司法手段滥施单边制裁和长臂管辖。任何国家不得违背当事国同意原则，对其他国家提起滥诉，以“法治”之名，行侵害他国权益之实。

主席先生，

今年是中国恢复在联合国合法席位50周年。半个世纪以来，中国积极倡导国际关系民主化和法治化，坚定反对霸权主义、单边主义、保护主义，始终做世界和平的建设者、全球发展的贡献者、国际法治的践行者。

无论国际风云如何变幻，中方将始终同各国一道，秉持《联合国宪章》宗旨和原则，践行真正的多边主义，促进完善全球治理，推动构建人类命运共同体。

谢谢主席先生。

中国代表在第76届联大六委“追究联合国官员和特派专家的刑事责任”议题下的发言

（2021年10月12日）

主席女士：

对于联合国官员和特派专家实施的犯罪行为，中方一贯支持依法追究其刑事责任，以惩处犯罪并维护联合国的形象、声誉和威望。具体而言，主要谈三点看法：

第一，坚持零容忍，打击有罪不罚。各国尤其是涉案联合国官员和特派专家的国籍国，应在立法、执法、司法等领域采取一切必要措施，严厉打击有关犯罪活动。联合国应在其职责范围内加强务实举措，坚决执行零容忍政策、确保所有犯罪行为依法得到惩处，实现公平和正义。

第二，坚持早预防，加强教育培训。派遣国和联合国应注重将预防性措施和惩罚性措施相结合，综合施策，对联合国官员和特派专家加强警示教育、岗位培训和监督管理，提高其职业操守，指导其行为规范，最大限度防止犯罪行为。

第三，坚持促合作，形成国际合力。联合国官员和特派专家的国籍国与其工作地点的东道国之间应积极开展引渡和刑事司法协助等合作。联合国应继续与行使管辖权的各国加强情报交换、信息共享等合作。联合国系统内部也应增强有关政策和程序的协调性,防范和打击联合国官员和特派专家的犯罪活动。

主席女士,

联合国秘书长针对本议题,向本届联大提交了 A/76/205 和 A/76/208 报告,概述了联合国系统关于防止联合国官员和特派专家从事犯罪活动的政策和程序,并进一步更新各国关于追究联合国官员和特派专家刑事责任的立法、司法和国际合作实践。中国对两份报告表示欢迎,对联合国秘书处付出的努力表示赞赏。借此机会,中方愿重申其对中国籍联合国官员和特派专家确立有关刑事管辖权的法律规定,并介绍中方在相关领域开展国际合作的近况。

关于刑事管辖方面,根据中国《刑法》第 7 条的规定,对于中华人民共和国公民在中华人民共和国领域外实施的犯罪行为,如果根据中国《刑法》亦构成犯罪,中国具有刑事管辖权。根据中国《刑法》第 9 条的规定,对于中国缔结或参加的国际条约所规定的罪行,中国将在所承担的条约义务范围内行使刑事管辖权。基于此,如果中国籍联合国官员或特派专家涉嫌从事犯罪行为,中国可依据本国法律,对其行使刑事管辖权。

关于国际合作方面,截至 2021 年 9 月,中国已参加涉及司法合作的多边条约 20 余项,与 82 个国家缔结了总计 170 项司法合作类双边条约,其中 140 项已经生效。此外,对于未与中国缔结双多边条约的国家,中国可根据其《引渡法》和《国际刑事司法协助法》的规定,基于互惠原则,在个案基础上与有关国家开展引渡和刑事司法协助合作。

主席女士,

中国期待与各方加强协作,合力打击联合国官员和特派专家的各类犯罪行为,促进公平正义,维护联合国的整体利益。

谢谢主席女士。

中国代表在第76届联大六委“危害人类罪”议题下的发言

（2021 年 10 月 13 日）

主席女士：

危害人类罪是国际公认的严重罪行，中方支持依法予以防止和惩治，以实现公平与正义，促进和平与安全。

2019 年，国际法委员会提出《防止及惩治危害人类罪条款草案》（以下简称《条款草案》），并建议在《条款草案》基础上拟订一项公约。中方感谢委员会和特别报告员付出的辛勤努力，同时认为制定公约是一项重大系统工程，牵涉方方面面，应秉持负责任态度，充分开展民主讨论。在此，我想着重强调以下两点：

第一，制定公约应以国家实践和国际共识为基础。目前，对于危害人类罪定义，各方仍观点不一。对于危害人类罪的适用，各方仍没有广泛、统一的国家实践。《条款草案》中关于危害人类罪定义的条款基本照搬《国际刑事法院罗马规约》（以下简称《罗马规约》），而《罗马规约》并非普遍性国际条约，超过 1/3 的联合国会员国迄未参加该项条约。危害人类罪还涉及国家官员的外国刑事管辖豁免和普遍管辖权等敏感问题，国际社会对这些问题亦存重大分歧，远未达成共识。在没有充分国家实践、没有普遍缔约意愿的情形下，不应仓促启动危害人类罪的国际立法进程。

第二，制定公约应以国际互信与务实合作为保障。近年来，个别国家出于政治目的,任意给别的国家贴上实施“危害人类罪”的标签,并大肆炒作。这些国家一方面借法律之名干涉他国内政、侵犯他国主权,另一方面对自身所犯严重国际罪行却视而不见,在打击有罪不罚方面采取双重标准。此外,国际刑事司法机构围绕有关危害人类罪案件任意扩大管辖权,引发争议,令人忧虑。上述做法将严肃的法律问题政治化,损害国际社会互信与合作。没有团结一致、密切协作的氛围,危害人类罪国际立法进程恐难启动。即使启动,也难以持续。

主席女士,

中方认为,当前形势下,围绕危害人类罪制定公约的时机尚不成熟,不应强行推动有关国际立法进程,否则欲速则不达,甚至削弱国际社会合作打击危害人类罪的共同意愿。

中方支持在联大六委框架下,围绕危害人类罪问题继续开展讨论,但不应预设启动国际立法进程的前提,不应预设时间表和路线图。各方可加强信息分享、充分交换意见,进一步梳理、分析和积累关于危害人类罪的国家实践,在此基础上务实探讨制定公约的必要性和紧迫性,逐步凝聚政治意愿、积累国际共识。

谢谢主席女士。

中国代表在第76届联大六委“加强和促进条约框架”议题下的发言

（2021年10月15日）

主席女士：

中方欢迎就完善《〈联合国宪章〉第一百零二条实施细则》（以下简称《实施细则》）继续展开讨论，感谢有关国家就《实施细则》提出修订建议。

及时、准确、完整地进行条约登记和公布有利于各方及时获取和有效利用相关信息，有利于促进履行遵守条约的义务，对维护以国际法为基础的国际秩序具有重要意义。中方感谢联合国秘书处，特别是联合国条约科为执行《联合国宪章》第102条规定以及促进条约登记和公布方面作出重要贡献。

中方注意到，2020年联大第75/144号决议鼓励联合国秘书处与会员国协商，利用现有资源开发线上条约登记系统，为会员国开辟新的条约登记渠道。相较提交书面或电子文本的传统方式，线上条约登记系统更为快捷方便，有助于提高条约登记效率。中方支持在这方面积极开展工作。

主席女士，

关于《实施细则》的修订工作，中方愿强调三点：

第一，中方支持对联合国条约科在长期工作中积累的良好实践进行编纂,根据需要纳入《实施细则》。关于《实施细则》的修订应基于会员国广泛共识,并听取联合国条约科意见,在此基础上务实、稳步推进。

第二,修订《实施细则》旨在进一步便利条约登记和公布,促进《联合国宪章》第 102 条规定的有效执行。《实施细则》的修订应避免加重条约登记国的负担,甚至影响各国进行条约登记的意愿。

第三,使用多种语文是联合国工作的一项重要原则。中方支持相关国家所提建议,即各国在登记条约时,除提交条约正本外,可视情自愿提交任意一种联合国官方语文的非正式译本,以便联合国秘书处及时公布。

主席女士,

条约是国际法的主要渊源,中方支持在联大六委就“加强和促进条约框架”议题继续进行深入讨论,为条约法和条约实践相关问题寻求解决方案,加强条约领域国际合作,促进国际法治。

谢谢主席女士。

中国代表在第 76 届联大六委“联合国国际贸易法委员会第 54 届会议工作报告”议题下的发言

（2021 年 10 月 18 日）

主席女士：

中国政府历来高度重视和支持联合国国际贸易法委员会（以下简称贸法会）的工作，一直积极参与各项议题讨论和相关规则制定，为国际商事规则的统一和现代化，以及促进全球贸易发展贡献力量。

中方认为，联合国贸法会第 54 届会议务实高效，富有成果，对秘书处和秘书长的工作表示赞赏。会议审议通过了《联合国贸法会有限责任企业立法指南》、《联合国贸法会小微企业破产立法建议》、《贸易法委员会调解规则》、《贸易法委员会调解安排说明》、《贸易法委员会国际商事调解和调解产生的国际和解协议示范法（2018 年）颁布和使用指南》以及《贸易法委员会快速仲裁规则》等一系列法律文件。这些法律文件将推动各国在企业法立法、小微企业破产、多元化纠纷解决等相关领域的实践发展，并对各国完善国内立法产生积极影响。

主席女士，

联合国贸法会扩员有助于提高各国参与度和贸法会影响力，中方对此原则支持。目前，贸法会成员的地域代表性不平衡，亚太组和非洲组代表性严重不足。扩员应增强发展中国家的代表性，维护发展中国家的利益。在第54届会议期间，贸法会达成扩员方案，即在现有地区组席位分配基础上，每个地区组增加2个席位。该方案进一步加剧地域代表性不平衡问题，中方对此深表关切。希望贸法会今后采取切实行动，纠正地域代表性不平衡问题，提高发展中国家参与度。中方强调，上述方案不构成贸法会或联合国系统其他机构扩员的先例。

中方支持联合国贸法会第三工作组关于投资争端解决机制的改革进程。此项改革有助于弥补现行投资争端解决机制的不足，维护投资保护和东道国管理权之间的平衡。中方支持增加贸法会的会议资源和辅助资源，提高工作效率，以尽早完成上述改革进程。

主席女士，

中国政府将一如既往重视并参与贸法会各项工作，与其他成员国一道，共同为促进国际贸易法的统一和现代化作出努力。

谢谢主席女士。

中国代表在第76届联大六委“联合国国际法的教学、研究、传播和广泛了解协助方案”议题下的发言

（2021年10月21日）

主席女士：

中国感谢联合国秘书长就本议题提交的报告，赞赏秘书处、法律事务部等联合国相关机构克服疫情不利影响，推动实施“联合国国际法教学、研究、传播和广泛了解协助方案”。

协助方案自1965年开始运作以来，为国际法教学、研究和应用提供重要助力，为各国特别是发展中国家加强国际法能力建设发挥了不可替代的作用。联合国法律事务部编纂司负责具体实施协助方案，为此开展了卓有成效的工作，中方对此表示赞赏。

主席女士，

过去一年，受新冠肺炎疫情影响，国际法研究金方案、联合国国际法区域课程均无法按计划举行。编纂司克服困难，针对上述两类项目设计了远程在线学习课程，邀请国际法研究和实务领域的知名专家与学员开展线上互动，并充分利用国际法视听图书馆等现有资源，最大限度保障相关培训项目的有效运作。编纂司还出版了《国际仲裁裁决汇编》（第三十三卷），并积极推进《联合国

法律年鉴》(2016 年和 2017 年)和《国际仲裁裁决汇编》(第三十四卷)的出版筹备工作。总体上,中方对上述工作感到满意。

主席女士,

中国一贯高度重视国际法教学和研究,以实际行动支持协助方案。中国政府连续多年向协助方案捐款,涵盖多个项目。2021 年 7 月,中国政府为协助方案捐款 27,000 美元,支持协助方案的工作。

中国还通过设立合作项目等方式直接支持亚洲、非洲国家在国际法领域的能力建设。2015 年,中国政府宣布设立并启动"中国—亚非法协国际法交流与研究项目",旨在弘扬万隆会议精神,加强亚非国家在国际法领域的交流与合作。迄今为止,中国在该项目下已成功举办五期国际法培训班,为来自亚洲、非洲 40 多个国家的 200 多名法律官员提供培训。上述培训项目有利于亚非国家共同提高国际法能力建设,更好维护共同利益,携手构建人类命运共同体。

主席女士,

协助方案的有效实施需要国际社会共同努力。中方愿同其他各方一道,继续向协助方案提供支持,为国际法的教学、研究和传播,以及加强发展中国家在国际法领域的能力建设作出贡献。

谢谢主席女士。

中国代表在第76届联大六委“东道国关系委员会报告”议题下的发言

（2021 年 11 月 9 日）

主席女士：

在过去一年里，东道国关系委员会在主席的带领下，为加强东道国同各国常驻联合国代表团之间的协调与合作发挥了积极作用。借此机会，中方对东道国关系委员会主席和委员会的工作表示赞赏，同时对联合国法律事务部作为委员会秘书处所开展的工作表示感谢，对纽约市政府和警方为会员国代表提供的便利和保障各国代表团安全所作努力表示感谢。

中方支持东道国关系委员会以协商一致方式通过本年度工作报告，期待在本议题下的决议磋商中，各方继续展现合作精神，就决议案文达成共识。

主席女士，

正如东道国关系委员会报告所载明的那样，有关签证和旅行限制问题由来已久，并且始终没有获得妥善解决，影响有关会员国正常参与联合国的工作。中方重申，有关问题必须依据包括《联合国宪章》《联合国总部协定》在内的国际法妥善加以解决。希望东道国政府认真听取有关代表团的关切，切实履行义务，避免将签证和旅行限制问题与双边关系和政治问题挂钩。即便拒绝发放签证,也应尽早向申请方告知需要补充提交的材料或说明拒绝原因。

中方还关切地注意到,有会员国因受单边制裁影响,无法正常缴纳联合国会费,进而面临失去在联合国的表决权的风险,这严重影响会员国参与联合国工作,也影响联合国自身正常运转。这一问题在东道国关系委员会先前会议上多次被提及,也多次写入委员会报告。中方重申,无论东道国与另一会员国的双边关系如何,东道国都无权阻碍会员国充分参与联合国的工作。中方希望,有关国家以及联合国秘书处共同努力,推动尽快解决上述问题,保障会员国权利和联合国正常运转。

主席女士,

中方赞赏各方,包括东道国关系委员会主席和联合国秘书处为推动上述问题的解决所付出的努力。同时指出,《联合国总部协定》第 21 节规定了争端解决的方法和步骤。在有关问题长期得不到妥善解决的情况下,这些方法和步骤应予适用,其目的是依法解决争端,保障会员国合法权利,保障会员国平等参与联合国工作,这符合联合国的整体利益。

谢谢主席女士。

中国观察员代表在《国际刑事法院罗马规约》第20届缔约国大会上的发言

（2021年12月6日）

中方一贯支持国际社会惩治严重罪行、促进实现司法正义的努力，一直密切关注国际刑事法院的工作，作为观察员参加历届缔约国大会。中方注意到，在新冠肺炎疫情持续的背景下，法院不断创新工作方法，调整工作重点，继续努力推进调查和审判等工作。

中方注意到，检察官办公室11月23日向联合国安理会提交的报告中提到，将特别优先处理安理会移交的情势。中方相信，法院与安理会加强合作，有利于兼顾司法正义和国际和平，更好履行安理会和法院各自职能。希望法院恪守独立、客观和非政治化的立场，通过实践赢得更广泛的信任和支持。

中方欢迎检察官通过更积极接触和沟通，就有关情势听取相关国家的意见，尊重相关国家的主权和管辖权。例如，今年6月，在达尔富尔情势提交法院15年后，检察官首次访问苏丹达尔富尔，并与苏丹政府签署了谅解备忘录。冲突后重塑和平稳定殊为不易，希望法院充分考虑当前局势所有相关因素，充分尊重苏丹人民的选择，遵循《罗马规约》补充性管辖原则和一般国际法，促进达尔富尔问题的妥善解决。

今年9月，法院对菲律宾情势启动调查，这也是法院首次在缔约国退约后正式启动调查。中方注意到,对于如何解释和适用《罗马规约》第127条有关退约的规定,特别是在缔约国退约前检察官仅开展“初步审查”的情况下,法院在缔约国退约后能否再行启动调查、起诉和审理的问题,国际上存在不同观点,因为这涉及缔约国退约后在与法院合作方面到底承担怎样的义务,也涉及尊重国家主权和国家同意等重要国际法原则。中方还注意到,菲律宾近期向检察官提出推迟调查的请求,检察官正就此与菲方展开交流对话。这类沟通与对话有利于充分尊重国家的司法主权以及国家同意等国际法原则,也有利于法院顺利开展工作,赢得各国信任和支持。

同样在9月,检察官宣布将就阿富汗情势优先调查塔利班和“伊斯兰国呼罗珊省分支”(IS－K)在阿富汗所犯罪行。法院调查阿富汗情势曾引发个别国家于2020年9月对法院实施单边制裁,尽管该国后续撤销了一些胁迫法院的措施,国际刑事司法的独立性和公正性仍面临威胁。和《罗马规约》众多缔约国一样,中方作为单边制裁的受害者对此也高度关注,期待法院不惧霸权施压、独立和公正地推进对阿富汗情势的调查。

需要指出的是,单边制裁的根源在世界范围内并未消除。个别国家始终将本国意志和法律凌驾于国际法之上,实施与国际法不符的单边制裁,给有关国家的经济发展和社会民生造成严重影响,侵犯基本人权,甚至引发规模空前的人道灾难。中方一贯反对单边制裁,注意到已有《罗马规约》缔约国就其遭受单边制裁问题向国际刑事法院提交情势,联合国主要司法机关国际法院也在审理有关国家受单边制裁影响的诉讼。中方期待国际刑事法院与国际社会一道,为制止单边霸凌作出更大的努力。

中国代表在联合国外空委第64届会议上的一般性发言

（2021年8月26日）

主席先生：

中方赞赏主席先生及Simonetta di Pippo女士率领的秘书处克服新冠肺炎疫情影响召开外空委会议，保持外空委工作连续性对推进和平利用外空国际合作有重要意义。中方支持哥斯达黎加代表“77国集团加中国”所作发言。

主席先生，

今年是中华人民共和国恢复在联合国合法席位50周年。50年来，中国积极维护多边主义和以联合国为核心的国际体系，在和平利用外空全球治理和国际合作中，支持外空委发挥主要平台作用。面对外空技术快速发展和传播带来的发展机遇，以及在确保外空活动长期可持续性、规范新型外空活动方面的挑战，中方期待与各方一道，维护并践行真正的多边主义，利用外空委这一重要平台广泛开展交流对话，提升空间技术和应用对实现可持续发展目标的促进作用。

中方欢迎第58届科技小组委员会和第60届法律小组委员会的报告。LTS（外空活动长期可持续性）新工作组应根据外空委第62届会议有关决定，平衡推进制订新准则、交流执行经验、提高认知及能力建设三项职能。中方正梳理和研究外空活动长期可持续性面临的新挑战,同时采取有效措施从空间活动监管、空间业务安全和能力建设层面对已通过准则进行自愿执行,依托联合国附属空间科技教育亚太区域中心(中国)等为发展中国家学员提供相关培训。从根本上说,扩大国际合作,加强航天技术和应用能力建设,是执行 LTS 准则的基础,也应是外空委重要工作方向。

空间资源开发活动正从设想走进现实,相关国际法律框架亟待明确,外空委法律小组委员会决定设立工作组,有助于以多边主义方式讨论和应对这一问题。中方期待工作组尽快启动实质性工作,坚持外空条约所奠定的基本法律原则,本着审慎态度逐步发展空间资源活动规则,促进空间资源开发活动以合法、有序且有利于各国共同利益的方式开展。

在低轨道拥挤问题日益突出背景下,低轨道巨型卫星星座在技术和法律层面带来挑战受到越来越多关注。中方支持在外空委或其小组委员会合适议题下对有关问题开展更有针对性的讨论,确保相关活动符合对轨道和频率的可持续利用,维护外空的可进入性。

“空间 2030”议程制定工作进入最后阶段。“空间 2030”议程是外空委重要文件,应充分反映各方在和平探索外空、为全人类谋福利方面的共同利益。中方期待各方相向而行,基于外空委已有工作成果,充分协商并达成共识,以便如期将“空间 2030”议程提交联大审议。

主席先生,

中国继续大力推进外空技术及应用国际合作,以促进各国特别是发展中国家社会经济可持续发展。今年 8 月,中国与巴西、俄罗斯、印度、南非共同签署《金砖国家遥感卫星星座合作协定》。该倡议由中国国家航天局于 2015 年发起,将由金砖国家现有卫星组成“遥感卫星虚拟星座”,旨在促进卫星数据共享合作,帮助有关国家共同应对气候变化、重大自然灾害等挑战。

中国继续支持联合国灾害管理与应急反应天基信息平台

(UNSPIDER)项目,2019 至 2020 年,共捐赠人民币 285 万元,用于保障 UNSPIDER 北京办公室日常运转和项目执行工作。中国还为阿富汗严重干旱、萨尔瓦多洪涝等灾害提供监测服务,为有关国家抗击自然灾害提供支持。

今年 3 月,中国与俄罗斯共同发起建设国际月球科研站,欢迎感兴趣的国际伙伴参与国际月球科研站的设计、研制、实施等合作。自 6 月起,作为旨在确保火星轨道安全(safety)的一项工作,中国国家航天局与美国国家航空航天局(NASA)定期交换火星探测器轨道数据。在嫦娥五号月球探测任务和天问一号火星探测任务中,中方还与阿根廷、巴基斯坦、纳米比亚、欧空局(ESA)等开展良好合作。“祝融号”火星车自今年 5 月至 8 月圆满完成既定巡视探测任务,后续将实施拓展任务。

中国空间站项目正按计划推进,三名航天员于 6 月 17 日由神舟十二号载人飞船送入太空,并于 7 月 4 日和 8 月 20 日两次出舱活动,预计在轨驻留 3 个月。中方正协同相关国家和联合国外空司推进实施“中国空间站国际合作计划”首批项目。今年是人类首次太空飞行 60 周年,纪念先行者有助于彰显载人航天及其国际合作的重要意义,中方感谢俄罗斯代表团举办纪念边会,中国首位航天员杨利伟将参加今天的边会。

2020 年 7 月,北斗三号全球卫星导航系统正式开通。一年来,北斗三号系统运行稳定、性能稳中有升,已向全球 120 多个国家和地区提供服务。北斗系统同 GPS 系统、GLONASS 系统及 Galileo 系统持续开展兼容与互操作协调,并与众多国家和地区建立常态化交流平台。

主席先生,

中方乐见非洲、拉美国家通过共同设立航天局等方式加强地区航天合作,相信这有利于促进实现平等进入和利用外空。中方也乐见外空委持续扩员和提升影响力,欢迎安哥拉、孟加拉国、斯洛文尼亚、巴拿马提交的外空委成员国申请,欢迎朝鲜、危地马拉、梵蒂冈、马耳他骑士团、国际统一私法协会(UNIDROIT)、开放月球基金会、平方公里阵列天文台(SKAO)提交的观察员申请。

维护外空安全(security),防止外空武器化和外空军备竞赛,是确保外空和平利用的根本保障。中国愿与各国继续携手努力,为和平利用外空这一人类共同事业做出贡献,实现命运共同体愿景。

谢谢主席先生。

中国代表在联合国外空委法律小组委员会第60届会议“空间资源探索、开发和利用活动的潜在法律模式的一般意见交流”议题下的发言

（2021年5月31日）

主席女士：

中国代表团欢迎本届会议继续审议“空间资源探索、开发和利用活动的潜在法律模式的一般意见交流”议题。

对空间资源活动的兴趣和需求正不断增长，国际法律制度不应滞后。我们注意到，一些国家签署的《阿尔忒弥斯协议》，针对空间资源开发和利用等月球活动，对1967年《外空条约》等现行外空国际规则进行解释，并提出新的规则，引发广泛关注。《外空条约》是外空活动国际法律制度的基石，如何解释和适用其中各项条款，涉及全体缔约国权利，也将影响国际规则的发展。

因此，应在明确现有规则可适用性的基础上，本着审慎态度逐步发展空间资源活动规则。例如，《外空条约》除了规定探索和利用外空应本着为所有国家谋福利与利益的精神、外空包括月球和其他天体不得据为己有、非政府团体的外空活动由国家承担责任之外，还规定，对包括月球等天体在内的外空，应有科学调查的自由，各国应在这方面便利并鼓励国际合作。

对相关规则的讨论还需要一个符合多边主义的框架。不少成员国指出,外空委法律小组委员会是在国际层面处理外空活动所涉法律问题的主要机构,也是讨论空间资源相关法律问题的最适合平台。中方赞同这一看法,并且一如既往支持在法律小组委员会设立工作组,对空间资源探索、开发和利用涉及的法律问题进行深入、全面审议。

中方赞赏共同协调员 Andrzej Misztal 大使和 Steven Freeland 教授为本届会议期间关于设立工作组问题的非正式磋商所做的大量准备和协调工作。感谢德国、芬兰等代表团提出的工作文件。也感谢希腊、比利时在此前议题审议中为推动讨论作出的贡献。中方基于对未来工作组的愿景,以及与有关国家的沟通,准备了书面建议并请秘书处予以散发。相信在各方共同努力下,有关磋商能够取得积极进展。

借此机会,我愿简要介绍中方提交书面建议的主要内容。中方认为:

工作组应在国际法,特别是现有国际空间法的指导下开展工作。着眼于高效开展工作,应在工作组成立后,磋商并确定授权、期限、预期成果和工作计划。

工作组应向所有外空委成员国和永久观察员开放,鼓励发展中国家和新兴航天国家的积极参与。工作组应对空间资源活动所涉及的法律、政策和治理问题进行全面、实质的审议,成果应与现有国际空间法的基本原则保持一致。

工作组应根据外空委议事规则、工作方法和委员会既有实践吸收外空委成员国、永久观察员和非政府组织、工业界和私营部门意见。工作组可适当参考空间资源活动领域已有的研究报告、学术成果和相关文件等辅助材料,但应坚持规则讨论应由政府主导,并符合现有国际空间法的基本原则。我们的书面建议还对工作组的工作计划提出了具体建议,愿在非正式磋商中,与各方开展深入交流。

中方还注意到,在联合国之外,国家政府、非政府组织、企业和研究机构等正利用不同平台开展对空间资源活动国际规则的研究和讨论。我们真诚希望,通过在外空委设立工作组,开启聚焦、高效的多边进程,与其他进程良性互动,为完善外空领域全球治理做出贡献。

谢谢主席女士。

中国代表在亚非法协第59届年会“以色列在巴勒斯坦和其他被占领土上违反国际法以及与巴勒斯坦问题相关的其他国际法问题”议题下的发言

（2021 年 11 月 30 日）

主席先生：

今年 5 月以来，巴以爆发 2014 年以来最大规模冲突，加沙地带和约旦河西岸局势持续紧张，大量巴勒斯坦平民伤亡或流离失所，安全和人道局势严峻。中方对此表示严重关切，认为以色列应履行国际人道法义务，切实保障被占领土民众安全，积极配合国际社会开展人道援助和支持。同时，应停止扩建定居点等违反国际法、破坏“两国方案”前景的行动。

主席先生，

中方在巴勒斯坦问题上的立场是明确的、一贯的。我们始终坚定支持巴勒斯坦人民争取恢复民族合法权利的正义事业，支持建立以 1967 年边界为基础、以东耶路撒冷为首都、拥有完全主权的、独立的巴勒斯坦国，从根本上实现巴勒斯坦和以色列的和平共存，实现阿拉伯和犹太两大民族的和谐相处，实现中东地区的持久和平。

中方认为，近年来巴以局势持续动荡，很大程度上是因为中东和平进程偏离原有正确轨道,联合国决议没有得到切实执行,巴勒斯坦独立建国权利一再受到侵害。归根结底,解决巴勒斯坦问题的根本出路在于"两国方案"。

中方一直为劝和促谈、缓解巴勒斯坦人道局势积极努力。王毅国务委员兼外长今年5月主持安理会巴以冲突问题紧急公开会时,就巴以问题提出停火止暴、人道援助、国际支持、"两国方案"四点主张,7月又在访问中东地区时提出关于落实"两国方案"的思路,包括增强巴勒斯坦民族权力机构的权威、支持巴方各派实现内部和解、鼓励巴以以"两国方案"为基础重启和谈等,旨在破解巴以问题停滞局面,促进"两国方案"转为行动。中方近期还倡议举办第四次巴以和平人士研讨会,在安理会等各个场合呼吁为解决巴以问题采取有力行动。

作为巴勒斯坦的真诚朋友,中方已多次向巴方提供紧急现汇、抗疫物资和疫苗等人道援助,还将继续向巴方捐赠疫苗,并通过与埃及联合向加沙地带民众捐赠疫苗、向联合国近东巴勒斯坦难民救济和工程处捐赠疫苗等方式,与国际社会一道以实际行动支持巴勒斯坦人民抗疫斗争。

中方愿与各方共同加大促和努力,持续采取行动,为缓解巴勒斯坦民众苦难,平息中东地区动荡之源而不懈努力,推动巴勒斯坦问题早日得到全面、公正、持久解决。

谢谢主席先生。

中国代表在亚非法协第59届年会“国际法委员会相关议题”议题下的发言

（2021 年 11 月 30 日）

主席先生：

作为联合国重要国际法研究机构，国际法委员会在国际法的编纂和逐渐发展方面发挥着重要作用。今年，委员会克服新冠肺炎疫情影响，以线上线下混合的形式召开第 72 届会议，工作取得积极进展。中方对委员会创新会议形式和全体委员的辛勤努力表示赞赏，也希望委员会在未来工作中更好回应国际社会特别是亚非发展中国家的迫切现实需要和合理关切。

主席先生，下面我介绍一下中方对委员会有关专题的看法。

关于“国家官员的外国刑事管辖豁免”专题。这是委员会迄今为止讨论时间最长且分歧明显的专题。特别是 2017 年投票通过的有关属事豁免例外的条款草案 7，近两年委员会内部和联大六委仍有许多不同意见，说明各方对属事豁免例外等重要问题远未达成一致。中方和许多国家一样在联大六委表达了关切，认为条款草案 7 并非对习惯国际法的编纂，缺乏国家实践支撑，建议委员会重新审议该条款。我们注意到，委员会在本届会上继续审议了加强程序保障相关问题，然而遗憾的是，这些程序性保障无法弥补条款草案 7 在实质问题上的根本缺陷。因此，希望委员会积极回应有关意见,重新审议条款草案7及其评注,作出有普遍国家实践和法律确信支持的正确结论。

关于"与国际法有关的海平面上升"专题。中方认为,海平面上升是一个前沿议题,很可能对现行海洋法制度和各国海洋权益产生实质性影响,且关乎小岛屿发展中国家和低洼国家的生存和发展,委员会工作中应充分考虑各国意见。中方赞赏委员会研究组为研究该问题所作贡献,也注意到共同主席口头报告了相关工作进展,主要有以下几点意见:一是在工作程序方面,中方认为研究组应认真考虑部分研究组成员建议,充分体现国家特别是相关中小国家立场关切,以保证公信度和代表性。二是在研究方法方面,《联合国海洋法公约》谈判中并未考虑海平面上升问题,针对这一新问题的研究宜考虑其他法律渊源;同时,不少国家认为各国尚未就这一问题形成一致国家实践,委员会对地区习惯应持审慎态度,不轻易下结论。三是在研究组授权方面,在联大六委讨论中,已有国家明确要求委员会不应涉及岛礁地位问题,但研究组共同主席报告不仅涉及岛礁地位认定,还包括低潮高地是否可被据为领土这一涉及主权归属的问题;此外,共同主席报告还援引了极具争议的裁决;中方认为,研究组应准确把握职责。

关于"与国家责任有关的国家继承"专题。特别报告员今年提交了第四次报告和部分条款草案,中方总体表示支持,期待委员会下步审议时,从增强实践指导意义角度对相关条款予以充实。同时,考虑到该专题国家实践较少,理论性较强,中方和其他一些代表团一样,也在联大六委提出建议,请委员会考虑将本专题预期成果改为"指南草案"或研究报告形式。

关于"一般法律原则"专题。中方支持委员会加强对一般法律原则的研究,认为这有利于增进对国际法的理解。本届会议上特别报告员向委员会提交了第二次报告,内容总体较为平衡。对于其中的结论草案5,即"确定世界主要法律体系共有的原则存在时,必须经过广泛且有代表性的比较分析",中方对此原则认同,认为有必要体现《国际法院规约》第 38 条第 1 款(寅)项要求,充分反映国际社会包括发展中国家普遍共识,建议委员会在结论草案评注中进一步强调,仅为少数国家或国家群体所认可的法律原则,不属于这里所指的“共有的原则”。

主席先生,

中方一贯重视和支持国际法委员会的工作。在刚刚结束的换届选举中,有 12 名来自亚非法协成员国的委员当选,中方对他们表示祝贺,期待他们积极履职,成为沟通亚非法协和国际法委员会的桥梁,在委员会工作中更充分反映亚非发展中国家的国际法实践和关切。中方将继续支持亚非法协与国际法委员会加强良性互动,为维护以国际法为基础的国际秩序做出贡献。

谢谢主席先生。

中国代表在亚非法协第59届年会“网络空间国际法”议题下的发言

（2021 年 12 月 1 日）

主席女士：

世界已经进入数字时代，网络技术日益成为经济社会发展的重要驱动力。与此同时，互联网领域发展不平衡、规则不健全、秩序不合理等问题日益凸显，推动建立多边、民主、透明的全球互联网治理体系是国际社会的共同课题。把握数字时代发展机遇对亚非国家至关重要，我们应更加积极主动参与网络领域国际规则讨论，维护共同利益。

今年上半年，联合国信息安全开放式工作组和信息安全政府专家组分别达成报告，重申各国应遵守《联合国宪章》、尊重网络主权，致力于维护网络空间和平。中方对此表示欢迎。中方认为，国际法对于维护网络空间的安全与稳定至关重要，包括《联合国宪章》在内的国际法应适用于网络空间。中方一贯倡导构建网络空间命运共同体，主张坚持尊重网络主权、维护和平安全、促进开放合作、构建良好秩序。中方愿与亚非各国一道，积极推动完善全球互联网治理体系，共同形成各方普遍接受的网络治理规则，共同建设和平、安全、开放、合作、有序的网络空间。

主席女士，

今年网络领域一个重要进展是第 75 届联大通过了第 282 号

决议,明确了《联合国打击网络犯罪公约》谈判安排,定于2022年1月17日至28日召开第一次谈判会议。这标志着国际社会开启了制定第一个互联网治理全球性公约的进程,中方愿继续与亚非国家一道,在联合国主持下早日谈成公约,为国际社会打击网络犯罪提供务实有效的解决方案。中方认为公约应切实尊重各国网络主权、司法主权,注重预防,并为发展中国家提供技术援助和能力建设支持。

主席女士,

中方感谢法协秘书长和法协网络空间国际法工作组为起草"网络空间国际法基本原则共识"所做的努力。中方认为,"原则共识"草案不仅聚焦传统国际法如何适用于网络空间,而且丰富了现有网络空间国际规则的讨论,为当前数据跨境流动和数字贸易、开展网络空间国际合作、打击网络犯罪等新问题提出了解决之道,有利于促进网络空间和平、推动共同发展。我们期待工作组早日通过该"原则共识"文件,为网络空间国际治理提出亚非方案、贡献亚非智慧。

谢谢主席女士。

中国代表在海管局第 26 届大会“秘书长报告”议题下的发言

（2021 年 12 月 14 日）

主席先生：

中国代表团感谢您当选本届大会主席以来所做的工作，正是在您的卓越领导下，我们通过静默程序成功处理了诸多迫切问题。我们也感谢秘书长所作全面而翔实的报告，并将一如既往支持海管局的工作。

主席先生，

“志合者，不以山海为远。”尽管疫情仍在全球肆虐，但各方克服重重困难，时隔近两年在云端和现场相聚，共商国际海底大事。两年来，在秘书长的协调和各方共同努力下，我们携手应对挑战，推动海管局各项工作稳步推进。尤其是去年 10 月以来，我们通过静默程序，审议通过了海管局 2021 至 2022 年财务预算、核准了牙买加蓝矿公司多金属结核矿区申请，完成了秘书长和理事会的换届选举，补选了法律和技术委员会、财务委员会委员等，有效确保了海管局工作的正常运转。

就在上周，包括中国大洋协会在内 7 家承包者的多金属结核勘探矿区合同延期申请，再次获得理事会核准，有效期延长至 2026 年。中方感谢法律和技术委员会、理事会对中国大洋协会的信任与支持，将继续严格履行担保国责任，鼓励中国的承包者为海底事业作出新的贡献。

主席先生，

开发规章制定是当前海管局工作的优先事项。在上周理事会会议上，各方针对开发规章路线图展开了热烈讨论。中方赞同秘书长所言，认为目前通过的路线图只是初步安排，具有灵活性。中方认为，开发规章案文复杂敏感，涉及各国重要利益，应确保各成员国平等、深入参与，由现场会讨论确定。各方应根据疫情形势和各国旅行限制，进一步评估确定现场会议的时间。中方愿同各方一道，继续推动开发规章制定稳步、高质量向前推进。

区域环境管理计划(REMP)是海管局采取的重要环保举措。上周，各方一致同意在克拉里昂—克利珀顿区域新增4个特别环境利益区，有效增强了该区环境保护网络的有效性。中方支持通过设立REMP加强深海环境保护，同时认为不同区域应平衡推进，避免不同区域的承包者因REMP问题受到不同对待。

我们高兴地看到，“区域”惠益分享研究已提上海管局工作日程，这是落实“人类共同继承财产”原则的重要举措。中方支持对直接分配和建立海底可持续基金两种惠益分享方式并行研究。在当前疫情形势下，深海活动受限，开发进程放缓，对海管局预算和设立企业部临时总干事等事宜，应本着渐进原则和实事求是的精神稳妥开展。

主席先生，

2021年是中华人民共和国恢复联合国合法席位50周年，也是中国参与国际海底事务50周年。50年来，中国始终是国际海底事业的坚定支持者和贡献者。国际海底区域所遵循的“人类共同继承财产”原则与中国外交一贯倡导的人类命运共同体理念高度契合。作为发展中大国，中方真心支持其他发展中国家参与国际海底事务。截至目前，中国已向海管局各类基金捐款33万美元，主要用于资助来自发展中国家的法律和技术委员会、财务委员会委员参加会议。去年，中国自然资源部与海管局共同启动了中国—国际海底管理局联合培训和研究中心。中方愿以此为平台进一步加大对发展中国家的深海能力建设。

主席先生，

海洋是人类共同的生存和发展空间。当前国际海底正处于从勘探向开发过渡的关键时期。明年是《联合国海洋法公约》开放签署40周年，中方愿以此为契机，与各国一道，共商共建共享，践行真正的多边主义，继续推进国际海底事业向前发展，共同增进全人类共同利益和共同福祉。

谢谢主席先生。

《中国国际法年刊》(2022)稿约

《中国国际法年刊》(以下简称《年刊》)是由外交部主管、中国国际法学会主办的学术出版物。《年刊》创办于1982年,是改革开放后全国最早的学术年刊。创办以来,《年刊》一直致力于成为中国学界在国际法领域的最高水准研究成果发表和交流的平台。《年刊》现已收入中国社会科学研究评价中心“中文社会科学引文索引”(CSSCI)核心集刊目录。

《年刊》设有论文、述评、书评、动态和资料汇编等栏目。欢迎国内外专家、学者赐稿。

《年刊》来稿要求如下:

1. 国际公法、国际私法和国际经济法领域的原创性作品,未经发表。稿件字数一般不少于1万字。

2. 稿件适用《年刊》注释体例[参见中国国际法学会网站(http://www.csil.cn/)“中国国际法年刊”菜单下“注释体例”]。

3. 来稿包括论文正文、题目(中英文)和作者简介(作者的姓名、单位、职务或职称、电子邮箱和电话),并请附中文摘要(不超过500字)、英文摘要(不超过300字)以及关键词。

4.《年刊》长期征稿。2022年《年刊》征稿截止日期为2022年12月31日。

5. 投稿《年刊》的稿件,请将电子版(WORD文档)发送至niankan@cfau.edu.cn。

《年刊》采用双匿名审稿制。从编辑部收到稿件起3个月内未收到采纳通知,可自行处理稿件。

中国国际法学会

《中国国际法年刊》编辑部